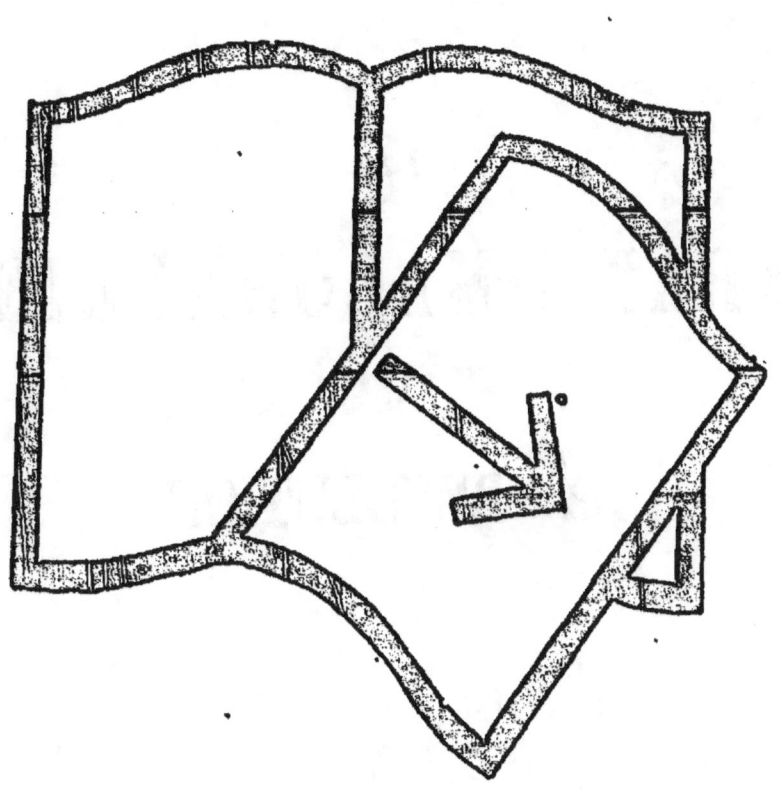

Couvertures supérieure et inférieure
manquantes

LA FRANC-MAÇONNERIE ET LA RÉVOLUTION

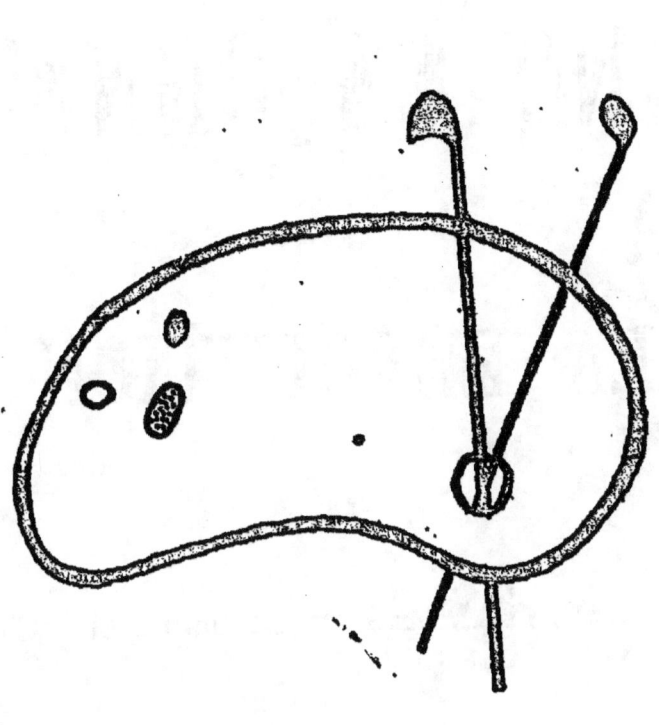

ORIGINAL EN COULEUR
NF Z 43-120-8

LA FRANC-MAÇONNERIE
ET
LA RÉVOLUTION

PAR

Louis d'ESTAMPES et Claudio JANNET

AVIGNON
SEGUIN FRÈRES, IMPRIMEURS-ÉDITEURS
13, rue Bouquerie, 13
—
1884

LETTRE ENCYCLIQUE

DE

SA SAINTETÉ LÉON XIII

PAPE

PAR LA GRACE DE DIEU

A NOS VÉNÉRABLES FRÈRES LES PATRIARCHES, PRIMATS, ARCHEVÊQUES ET ÉVÊQUES DE TOUT L'UNIVERS CATHOLIQUE EN GRACE ET EN COMMUNION AVEC LE SIÈGE APOSTOLIQUE.

LÉON XIII PAPE

Vénérables Frères,
  Salut et Bénédiction apostolique.

Après que, par la jalousie du démon, le genre humain s'est misérablement séparé de Dieu, auquel il était redevable de son existence et des dons surnaturels, il s'est partagé en deux camps ennemis, lesquels ne cessent pas de combattre, l'un pour la vérité et pour la vertu, l'autre pour tout ce qui est contraire à la vertu et à la vérité. — Le premier est le royaume de Dieu sur la terre, à savoir la véritable Église de Jésus-Christ, dont les membres, s'ils veulent lui appartenir du fond du cœur et de manière à opérer leur salut, doivent nécessairement servir Dieu et son Fils unique de toute leur âme, de toute leur volonté. Le second est le royaume de Satan. Sous son empire et en sa puissance se trouvent tous ceux qui, suivant les funestes exemples de leur chef et de nos premiers parents, refusent d'obéir à la loi divine et multiplient leurs efforts, ici pour se passer de Dieu, là pour agir directement contre Dieu.

Ces deux royaumes, saint Augustin les a vus et décrits avec une grande perspicacité sous la forme de deux cités opposées l'une à l'autre, soit par les lois qui les régissent, soit par l'idéal qu'elles poursuivent ; et avec un ingénieux laconisme, il a mis en relief dans les paroles suivantes le principe constitutif de chacune d'elles : *Deux amours ont donné naissance à deux cités ; la cité terrestre procède de l'amour de soi porté jusqu'au mépris de Dieu ; la cité céleste procède de l'amour de Dieu porté jusqu'au mépris de soi* (1). — Dans toute la suite des siècles qui nous ont précédés, ces deux cités n'ont pas cessé de lutter l'une contre l'autre, en employant toutes sortes de tactiques et les armes les plus diverses, quoique non toujours avec la même ardeur ni avec la même impétuosité.

A notre époque, les fauteurs du mal paraissent s'être coalisés dans un immense effort, sous l'impul-

---

(1) *De Civit. Dei*, lib. xiv, c. 27.

sion et avec l'aide d'une société répandue en un grand nombre de lieux et fortement organisée, la société des *Francs-maçons*. Ceux-ci, en effet, ne prennent plus la peine de dissimuler leurs intentions et ils rivalisent d'audace entre eux contre l'auguste majesté de Dieu. C'est publiquement, à ciel ouvert, qu'ils entreprennent de ruiner la sainte Église afin d'arriver, si faire se pouvait, à dépouiller complètement les nations chrétiennes des bienfaits dont elles sont redevables à Jésus-Christ Sauveur.

Gémissant à la vue de ces maux et sous l'impulsion de la charité, Nous Nous sentons souvent portés à crier vers Dieu : *Seigneur, voici que vos ennemis font un grand fracas. Ceux qui vous haïssent ont levé la tête. Ils ont ourdi contre votre peuple des complots pleins de malice et ils ont résolu de perdre vos saints. Oui, ont-ils dit, venez et chassons-les du sein des nations* (1).

Cependant, en un si pressant danger, en présence d'une attaque si cruelle et si opiniâtre livrée au Christianisme, c'est Notre devoir de signaler le péril, de dénoncer les adversaires, d'opposer toute la résistance possible à leurs projets et à leurs industries, d'abord pour empêcher la perte éternelle des âmes dont le salut Nous a été confié ; puis afin que le royaume de Jésus-Christ, que Nous sommes chargé de défendre, non seulement demeure debout et dans toute son intégrité, mais fasse par toute la terre de nouveaux progrès, de nouvelles conquêtes.

(1) Ps. LXXXII, 2-4.

Dans leurs vigilantes sollicitudes pour le salut du peuple chrétien, Nos Prédécesseurs eurent bien vite reconnu cet ennemi capital au moment où, quittant les ténèbres d'une conspiration occulte, il s'élançait à l'assaut en plein jour. Sachant ce qu'il était, ce qu'il voulait, et lisant pour ainsi dire dans l'avenir, ils donnèrent aux princes et aux peuples le signal d'alarme, et les mirent en garde contre les embûches et les artifices préparés pour les surprendre.

Le péril fut dénoncé pour la première fois par Clément XII (1) en 1738, et la constitution promulguée par ce Pape fut renouvelée et confirmée par Benoît XIV (2). Pie VII (3) marcha sur les traces de ces deux Pontifes ; et Léon XII, renfermant dans sa Constitution apostolique *Quo graviora* (4) tous les actes et décrets des précédents Papes sur cette matière, les ratifia et les confirma pour toujours. Pie VIII (5), Grégoire XVI (6) et, à diverses reprises, Pie IX (7) ont parlé dans le même sens.

Le but fondamental et l'esprit de la secte maçonnique avaient été mis en pleine lumière par la manifestation patente de ses agissements, la connaissance de ses principes, l'exposition de ses règles, de ses rites et

---

(1) Const. *In eminenti*, du 24 avril 1738.
(2) Const. *Providas*, du 18 mai 1751.
(3) Const. *Ecclesiam a Jesu Christo*, du 13 septembre 1821.
(4) Const. du 13 mars 1825.
(5) Encycl. *Traditi*, du 21 mai 1829.
(6) Encycl. *Mirari*, du 15 août 1832.
(7) Alloc. *Multiplices inter*, du 25 septembre 1865; Encyc. *Qui pluribus*, du 9 novembre 1846 ; etc.

de leurs commentaires, auxquels plus d'une fois s'étaient ajoutés les témoignages de ses propres adeptes. En présence de ces faits, il était tout simple que ce Siège Apostolique dénonçât publiquement la secte des francs-maçons comme une association criminelle, non moins pernicieuse aux intérêts du Christianisme qu'à ceux de la société civile. Il édicta donc contre elle les peines les plus graves dont l'Église a coutume de frapper les coupables, et interdit de s'y affilier.

Irrités de cette mesure, et espérant qu'ils pourraient, soit par le dédain, soit par la calomnie, échapper à ces condamnations ou en atténuer la force, les membres de la secte accusèrent les Papes qui les avaient portées, tantôt d'avoir rendu des sentences iniques, tantôt d'avoir excédé la mesure dans les peines infligées. C'est ainsi qu'ils s'efforcèrent d'éluder l'autorité ou de diminuer la valeur des Constitutions promulguées par Clément XII, Benoît XIV, Pie VII et Pie IX.

Toutefois, dans les rangs mêmes de la secte, il ne manqua pas d'associés pour avouer, même malgré eux, que, étant données la doctrine et la discipline catholiques, les Pontifes Romains n'avaient rien fait que de très légitime. A cet aveu, il faut joindre l'assentiment explicite d'un certain nombre de princes ou de chefs d'État qui eurent à cœur, soit de dénoncer la société des francs-maçons au Siège Apostolique, soit de la frapper eux-mêmes comme dangereuse, en portant des lois contre elle, ainsi que cela s'est pratiqué en Hollande, en Autriche, en Suisse, en Espagne, en Bavière, en Savoie et dans d'autres parties de l'Italie.

— VI —

Il importe souverainement de faire remarquer combien les évènements donnèrent raison à la sagesse de Nos Prédécesseurs. Leurs prévoyantes et paternelles sollicitudes n'eurent pas partout ni toujours le succès désirable ; ce qu'il faut attribuer, soit à la dissimulation et à l'astuce des hommes engagés dans cette secte pernicieuse, soit à l'imprudente légèreté de ceux qui auraient cependant eu l'intérêt le plus direct à la surveiller attentivement. Il en est résulté que, dans l'espace d'un siècle et demi, la secte des franc-maçons a fait d'incroyables progrès. Employant à la fois l'audace et la ruse, elle a envahi tous les rangs de la hiérarchie sociale et commencé à prendre au sein des États modernes une puissance qui équivaut presque à la souveraineté. De cette rapide et formidable extension sont précisément résultés, pour l'Église, pour l'autorité des princes, pour le salut public, les maux que, Nos Prédécesseurs avaient depuis longtemps prévus. On en est venu à ce point qu'il y a lieu de concevoir pour l'avenir les craintes les plus sérieuses, non certes en ce qui concerne l'Église, dont les solides fondements ne sauraient être ébranlés par les efforts des hommes, mais par rapport à la sécurité des États au sein desquels sont devenues trop puissantes ou cette secte de la franc-maçonnerie ou d'autres associations similaires qui se font ses coopératrices et ses satellites.

Pour tous ces motifs, à peine avions-Nous mis la main au gouvernail de l'Église, que Nous avons clairement senti la nécessité de résister à un si grand mal et de dresser contre lui, autant qu'il serait possible,

Notre autorité apostolique. — Aussi, profitant de toutes les occasions favorables, nous avons traité les principales thèses doctrinales sur lesquelles les opinions perverses de la secte maçonnique semblent avoir exercé la plus grande influence. C'est ainsi que dans notre Encyclique *Quod apostolici muneris*, Nous Nous sommes efforcé de combattre les monstrueux systèmes des socialistes et des communistes. Notre autre Encyclique *Arcanum* Nous a permis de mettre en lumière et de défendre la notion véritable et authentique de la société domestique dont le mariage est l'origine et la source. Dans l'encyclique *Diuturnum* Nous avons fait connaître, d'après les principes de la sagesse chrétienne, l'essence du pouvoir politique et montré ses admirables harmonies avec l'ordre naturel, aussi bien qu'avec le salut des peuples et des princes.

Aujourd'hui, à l'exemple de Nos Prédécesseurs, Nous avons résolu de fixer directement Notre attention sur la société maçonnique, sur l'ensemble de sa doctrine, sur ses projets, ses sentiments et ses actes traditionnels, afin de mettre en une plus éclatante évidence sa puissance pour le mal, et d'arrêter dans ses progrès la contagion de ce funeste fléau.

Il existe dans le monde un certain nombre de sectes qui, bien qu'elles diffèrent les unes des autres par le nom, les rites, la forme, l'origine, se ressemblent et conviennent entre elles par l'analogie du but et des principes essentiels. En fait, elles sont identiques à la franc-maçonnerie, qui est pour toutes les autres comme le point central d'où elles procèdent et où elles aboutissent. Et quoique à présent elles aient l'apparence de ne pas aimer à demeurer cachées, quoiqu'elles tiennent des réunions en plein jour et sous les yeux de tous, quoiqu'elles publient leurs journaux, toutefois, si l'on va au fond des choses, on voit bien qu'elles appartiennent à la famille des sociétés clandestines et qu'elles en gardent les allures. Il y a, en effet, chez elles des espèces de mystères que leur constitution interdit avec le plus grand soin de divulguer non seulement aux personnes du dehors, mais même à bon nombre de leurs adeptes. A cette catégorie appartiennent les conseils intimes et suprêmes, les noms des chefs principaux, certaines réunions plus occultes et intérieures, de même encore les décisions prises, avec les moyens et les agents d'exécution. A cette loi du secret concourent merveilleusement la division faite entre les associés des droits, des offices et des charges, la distinction hiérarchique savamment organisée des ordres et des degrés, et la discipline sévère à laquelle tous sont soumis. La plupart du temps, ceux qui sollicitent l'initiation doivent promettre, bien plus, ils doivent faire le serment solennel de ne jamais révéler à personne, à aucun moment, d'aucune manière, les noms des associés, les notes caractéristiques et les doctrines de la société. C'est ainsi que, sous des apparences mensongères et en faisant de la dissimulation une règle constante de conduite, comme autrefois les manichéens, les francs-maçons n'épargnent aucun effort pour se cacher et n'avoir d'autres témoins que leurs complices.

Leur grand intérêt étant de ne pas paraître ce

qu'ils sont, ils jouent le personnage d'amis des lettres ou de philosophes, réunis ensemble pour cultiver les sciences. Ils ne parlent que de leur zèle pour les progrès de la civilisation, de leur amour pour le pauvre peuple. A les en croire, leur but unique est d'améliorer le sort de la multitude et d'étendre à un plus grand nombre d'hommes les avantages de la société civile. Mais à supposer que ces intentions fussent sincères, elles seraient loin d'épuiser tous leurs desseins. En effet, ceux qui sont affiliés doivent promettre d'obéir aveuglément et sans discussion aux injonctions des chefs, de se tenir toujours prêts, sur la moindre notification, sur le plus léger signe, à exécuter les ordres donnés, se vouant d'avance en cas contraire aux traitements les plus rigoureux, à la mort elle-même. De fait, il n'est pas rare que la peine du dernier supplice soit infligée à ceux d'entre eux qui sont convaincus, soit d'avoir livré la dicipline secrète de la société, soit d'avoir résisté aux ordres des chefs ; et cela se pratique avec une telle audace, une telle dextérité que, la plupart du temps, l'exécuteur de ces sentences de mort échappe à la justice établie pour veiller sur les crimes et pour en tirer vengeance. — Or, vivre dans la dissimulation et vouloir être enveloppé de ténèbres ; enchaîner à soi par les liens les plus serrés, et sans leur avoir préalablement fait connaître à quoi ils s'engagent, des hommes réduits ainsi à l'état d'esclaves ; employer à toutes sortes d'attentats ces instruments passifs d'une volonté étrangère ; armer pour le meurtre des mains à l'aide desquelles on s'assure l'impunité du crime : ce sont là de monstrueuses pratiques condamnées par la nature elle-même. La raison et la vérité suffisent donc à prouver que la société dont Nous parlons est en opposition formelle avec la justice et la morale naturelles.

D'autres preuves, d'une grande clarté, s'ajoutent aux précédentes et font encore mieux voir combien, par sa constitution essentielle, cette association répugne à l'honnêteté. Si grandes, en effet, que puissent être parmi les hommes l'astucieuse habileté de la dissimulation et l'habitude du mensonge, il est impossible qu'une cause, quelle qu'elle soit, ne se trahisse pas par les effets dont elle est la cause : *un bon arbre ne peut pas porter de mauvais fruits, et un mauvais n'en peut pas porter de bons* (1).

Or, les fruits produits par la secte maçonnique sont pernicieux et des plus amers. Voici, en effet, ce qui résulte de ce que Nous avons précédemment indiqué, et cette conclusion Nous livre le dernier mot de ses desseins. Il s'agit pour les francs-maçons, — et tout leurs efforts tendent à ce but, — il s'agit de détruire de fond en comble toute la discipline religieuse et sociale qui est née des institutions chrétiennes, et de lui en substituer une nouvelle, façonnée à leurs idées et dont les principes fondamentaux et les lois sont empruntés au naturalisme.

Tout ce que Nous venons ou ce que Nous Nous proposons de dire doit être entendu de la secte maçonnique envisagée dans son ensemble et en tant qu'elle embrasse d'autres sociétés qui sont pour elle

---

(1) Matth. vii, 18.

des sœurs et des alliées. Nous ne prétendons pas appliquer toutes ces réflexions à chacun de leurs membres pris individuellement. Parmi eux, en effet, il s'en peut trouver, et même en bon nombre, qui, bien que non exempts de faute pour s'être affiliés à de semblables sociétés, ne trempent cependant pas dans leurs actes criminels, et ignorent le but final que ces sociétés s'efforcent d'atteindre. De même encore, il se peut faire que quelques-uns des groupes n'approuvent pas les conclusions extrêmes auxquelles la logique devrait les contraindre d'adhérer, puisqu'elles découlent nécessairement des principes communs à toute l'association. Mais le mal porte avec lui une turpitude qui d'elle-même repousse et effraie. En outre, des circonstances particulières de temps ou de lieux peuvent persuader à certaines fractions de demeurer en deçà de ce qu'elles souhaiteraient de faire, ou de ce que font d'autres associations. Il n'en faut pas conclure pour cela que ces groupes soient étrangers au pacte fondamental de la maçonnerie. Ce pacte demande à être apprécié moins par les actes accomplis et par leurs résultats, que par l'esprit qui l'anime et par ses principes généraux.

Or, le premier principe des naturalistes, c'est qu'en toutes choses la nature ou la raison humaine doit être maîtresse et souveraine. Cela posé, il s'agit des devoirs envers Dieu, ou bien ils en font peu de cas, ou ils en altèrent l'essence par des opinions vagues et des sentiments erronés. Ils nient que Dieu soit l'auteur d'aucune révélation. Pour eux, en dehors de ce que peut comprendre la raison humaine, il n'y a ni dogme religieux, ni vérité, ni maître en la parole de qui, au nom de son mandat officiel d'enseignement, on doive avoir foi. Or, comme la mission tout à fait propre et spéciale de l'Église catholique consiste à recevoir dans leur plénitude et à garder dans une pureté incorruptible les doctrines révélées de Dieu, aussi bien que l'autorité établie pour les enseigner, avec les autres secours donnés du ciel en vue de sauver les hommes, c'est contre elle que les adversaires déploient le plus d'acharnement et dirigent leurs plus violentes attaques.

Maintenant, dans les choses qui touchent à la religion, qu'on voie à l'œuvre la secte des francs-maçons, là principalement où son action peut s'exercer avec une liberté plus licencieuse, et que l'on dise si elle ne semble pas s'être donné pour mandat de mettre à exécution les décrets des naturalistes.

Ainsi, dût-il lui en coûter un long et opiniâtre labeur, elle se propose de réduire à rien au sein de la société civile le magistère et l'autorité de l'Église; d'où cette conséquence que les francs-maçons s'appliquent à vulgariser et pour laquelle ils ne cessent pas de combattre, à savoir qu'il faut absolument séparer l'Église et l'État. De ce fait, ils mettent hors des lois et ils excluent de l'administration de la chose publique la très salutaire influence de la religion catholique, et ils aboutissent logiquement à la prétention de constituer l'État tout entier en dehors des institutions et des préceptes de l'Église. — Mais il ne leur suffit pas d'exclure de toute participation au gouvernement des affaires humaines l'Église, ce guide si sage et si sûr;

il faut encore qu'ils la traitent en ennemie et usent de violence contre elle. De là, l'impunité avec laquelle, par la parole, par la plume, par l'enseignement, il est permis de s'attaquer aux fondements mêmes de la religion catholique. Ni les droits de l'Église, ni les prérogatives dont la Providence l'avait dotée, rien n'échappe à leurs attaques. On réduit presque à rien sa liberté d'action, et cela par des lois qui, en apparence, ne semblent pas trop oppressives, mais qui, en réalité, sont expressément faites pour enchaîner cette liberté. Au nombre des lois exceptionnelles faites contre le clergé, Nous signalerons particulièrement celles qui auraient pour résultat de diminuer notablement le nombre des ministres du sanctuaire, et de réduire toujours davantage leurs moyens indispensables d'action et d'existence. Les restes des biens ecclésiastiques, soumis à mille servitudes, sont placés sous la dépendance et le bon plaisir d'administrateurs civils. Les communautés religieuses sont supprimées ou dispersées. — A l'égard du Siège Apostolique et du Pontife Romain, l'inimitié de ces sectaires a redoublé d'intensité. Après que, sous de faux prétextes, ils ont dépouillé le Pape de sa souveraineté temporelle, nécessaire garantie de sa liberté et de ses droits, ils l'ont réduit à une situation tout à la fois inique et intolérable, jusqu'à ce qu'enfin en ces derniers temps les fauteurs de ces sectes en soient arrivés au point qui était depuis longtemps le but de leurs secrets desseins, à savoir de proclamer que le moment est venu de supprimer la puissance sacrée des Pontifes Romains et de détruire entièrement cette Papauté qui est d'institution divine. Pour mettre hors de doute l'existence d'un tel plan, et à défaut d'autres preuves, il suffirait d'invoquer le témoignage d'hommes qui ont appartenu à la secte, et dont la plupart, soit dans le passé, soit à une époque plus récente, ont attesté comme véritable la volonté où sont les francs-maçons de poursuivre le Catholicisme d'une inimitié exclusive et implacable, avec leur ferme résolution de ne s'arrêter qu'après avoir ruiné de fond en comble toutes les institutions religieuses établies par les Papes.

Que si tous les membres de la secte ne sont pas obligés d'abjurer explicitement le Catholicisme, cette exception, loin de nuire au plan général de la franc-maçonnerie, sert plutôt ses intérêts. Elle lui permet d'abord de tromper plus facilement les personnes simples et sans défiance, et elle rend accessible à un plus grand nombre l'admission dans la secte. De plus, en ouvrant leurs rangs à des adeptes qui viennent à eux des religions les plus diverses, ils deviennent plus capables d'accréditer la grande erreur du temps présent, laquelle consiste à reléguer au rang des choses indifférentes le souci de la religion et à mettre sur le pied de l'égalité toutes les formes religieuses. Or, à lui seul, ce principe suffit à ruiner toutes les religions, et particulièrement la religion catholique, car, étant la seule véritable, on ne peut, sans subir la dernière des injures et des injustices, tolérer que les autres religions lui soient égalées.

Les naturalistes vont encore plus loin. Audacieusement engagés dans la voie de l'erreur sur les plus importantes questions, ils sont entraînés et comme précipités par la logique jusqu'aux conséquences les plus extrêmes de leurs principes, soit à cause de la faiblesse de la nature humaine, soit par le juste châtiment dont Dieu frappe leur orgueil. Il suit delà qu'ils ne gardent même plus dans leur intégrité et dans leur certitude les vérités accessibles à la seule lumière de la raison naturelle, telles que sont assurément l'existence de Dieu, la spiritualité et l'immortalité de l'âme. — Emportée dans une nouvelle carrière d'erreurs, la secte des francs-maçons n'a pas échappé à ces écueils. Bien qu'en effet, prise dans son ensemble, la secte fasse profession de croire à l'existence de Dieu, le témoignage de ses propres membres établit que cette croyance n'est pas pour chacun d'eux individuellement l'objet d'un assentiment ferme et d'une inébranlable certitude. Ils ne dissimulent pas que la question de Dieu est parmi eux une cause de grands dissentiments. Il est même avéré qu'il y a peu de temps une sérieuse controverse s'est engagée entre eux à ce sujet. En fait, la secte laisse aux initiés liberté entière de se prononcer en tel ou tel sens, soit pour affirmer l'existence de Dieu, soit pour la nier ; et ceux qui nient résolûment ce dogme sont aussi facilement reçus à l'initiation que ceux qui d'une certaine façon l'admettent encore, mais en le dépravant, comme les panthéistes, dont l'erreur consiste précisément, tout en retenant de l'Être divin on ne sait quelles absurdes apparences, à faire disparaître ce qu'il y a d'essentiel dans la vérité de son existence.

Or, quand ce fondement nécessaire est détruit, ou seulement ébranlé, il va de soi que les autres principes de l'ordre naturel chancellent dans la raison humaine, et qu'elle ne sache plus à quoi s'en tenir ni sur la création du monde par un acte libre et souverain du Créateur, ni sur le gouvernement de la Providence, ni sur la survivance de l'âme et la réalité d'une vie future, immortelle, succédant à la vie présente. L'effondrement des vérités qui sont la base de l'ordre naturel et qui importent si fort à la conduite rationnelle et pratique de la vie, aura un contre-coup sur les mœurs privées et publiques. — Passons sous silence ces vertus surnaturelles qu'à moins d'un don spécial de Dieu, personne ne peut pratiquer, ni acquérir; vertus dont il est impossible de trouver aucune trace chez ceux qui font profession d'ignorer dédaigneusement la rédemption du genre humain, la grâce, les sacrements, le bonheur futur à conquérir dans le ciel. Nous parlons simplement de devoirs qui résultent des principes d'honnêteté naturelle.

Un Dieu qui a créé le monde et le gouverne par sa Providence; une loi éternelle dont les prescriptions ordonnent de respecter l'ordre de la nature et défendent de le troubler; une fin dernière placée pour l'âme dans une région supérieure aux choses humaines, et au delà de cette hôtellerie terrestre : voilà les sources, voilà les principes de toute justice et honnêteté. Faites-les disparaître (c'est la prétention des naturalistes et des francs-maçons), et il sera impossible de savoir en quoi consiste la science du juste et de l'injuste et sur quoi elle s'appuie. Quant à la morale, la seule chose qui ait trouvé grâce devant les membres de la secte maçonnique, et dans laquelle ils veulent que la jeunesse soit instruite avec soin, c'est celle qu'ils appellent « morale civique, — morale indépendante, — morale libre »; — en d'autres termes, morale qui ne fait aucune place aux idées religieuses.

Or, combien une telle morale est insuffisante ; jusqu'à quel point elle manque de solidité et fléchit sous le souffle des passions, on le peut voir assez par les tristes résultats qu'elle a déjà donnés. Là, en effet, où, après avoir pris la place de la morale chrétienne, elle a commencé à régner avec plus de liberté, on a vu promptement dépérir la probité et l'intégrité des mœurs, grandir et se fortifier les opinions les plus monstrueuses et l'audace des crimes couler à pleins bords. Ces maux provoquent aujourd'hui des plaintes et des lamentations universelles, auxquelles font parfois écho bon nombre de ceux-là mêmes qui, bien malgré eux, sont contraints de rendre hommage à l'évidence de la vérité.

En outre, la nature humaine ayant été viciée par le péché originel et étant devenue à cause de cela beaucoup plus disposée au vice qu'à la vertu, l'honnêteté est absolument impossible si les mouvements désordonnés de l'âme ne sont pas réprimés et si les appétits n'obéissent pas à la raison. Dans ce conflit, il faut souvent mépriser les intérêts terrestres et se résoudre aux plus durs travaux et à la souffrance, pour que la raison victorieuse demeure en possession de sa principauté. Mais les naturalistes et les francs-maçons, n'ajoutant aucune foi à la révélation que nous tenons de Dieu, nient que le père du genre humain ait péché et par conséquent que les forces du libre arbitre soient d'aucune façon « débilitées, ou inclinées vers le mal (1). » Tout au contraire, ils exagèrent la puissance et l'excellence de la nature, et mettant uniquement en elle le principe et la règle de la justice, ils ne peuvent même pas concevoir la nécessité de faire de constants efforts et de déployer un très grand courage pour comprimer les révoltes de la nature et pour imposer silence à ses appétits.

Aussi voyons-Nous se multiplier et mettre à la portée de tous les hommes tout ce qui peut flatter leurs passions. Journaux et brochures d'où la réserve et la pudeur sont bannies ; représentations théâtrales dont la licence passe les bornes ; œuvres artistiques où s'étalent avec un cynisme révoltant les principes de ce qu'on appelle aujourd'hui *le réalisme ;* inventions ingénieuses destinées à augmenter les délicatesses et les jouissances de la vie ; en un mot, tout est mis en œuvre en vue de satisfaire l'amour du plaisir, avec lequel finit par se mettre d'accord la vertu endormie.

Assurément, ceux-là sont coupables, mais en même temps ils sont conséquents avec eux-mêmes, qui, supprimant l'espérance des biens futurs, abaissent la félicité au niveau des choses périssables, plus bas même que les horizons terrestres. A l'appui de ces assertions, il serait facile de produire des faits certains, bien qu'en apparence incroyables. Personne, en effet, n'obéissant avec autant de servilité à ces habiles et rusés personnages que ceux dont le courage s'est énervé et brisé dans l'esclavage des passions, il

---

(1) Concile de Trente, sess. VI, *De Justific.*, chap. 1.

s'est trouvé dans la franc-maçonnerie des sectaires pour soutenir qu'il fallait systématiquement employer tous les moyens de saturer la multitude de licence et de vices, bien assurés qu'à ces conditions elle serait tout entière entre leurs mains et pourrait servir d'instrument à l'accomplissement de leurs projets les plus audacieux.

Relativement à la société domestique, voici à quoi se résume l'enseignement des naturalistes. Le mariage n'est qu'une variété de l'espèce des contrats ; il peut donc être légitimement dissous à la volonté des contractants. Les chefs du gouvernement ont puissance sur le lien conjugal. Dans l'éducation des enfants, il n'y a rien à leur enseigner méthodiquement ni à leur prescrire en fait de religion. C'est affaire à chacun d'eux, lorsqu'ils seront en âge, de choisir la religion qui leur plaira. Or, non seulement les francs-maçons adhèrent entièrement à ces principes, mais ils s'appliquent à les faire passer dans les mœurs et dans les institutions. Déjà, dans beaucoup de pays, même catholiques, il est établi qu'en dehors du mariage civil il n'y a pas d'union légitime. Ailleurs, la loi autorise le divorce que d'autres peuples s'apprêtent à introduire dans leur législation le plus tôt possible. Toutes ces mesures hâtent la réalisation prochaine du projet de changer l'essence du mariage et le réduire à n'être plus qu'une union instable, éphémère, née du caprice d'un instant, et pouvant être dissous quand ce caprice changera.

La secte concentre aussi toutes ses énergies et tous ses efforts pour s'emparer de l'éducation de la jeunesse. Les francs-maçons espèrent qu'ils pourront aisément former d'après leurs idées cet âge si tendre et en plier la flexibilité dans le sens qu'ils voudront, rien ne devant être plus efficace pour préparer à la société civile une race de citoyens telle qu'ils rêvent de la lui donner. C'est pour cela que, dans l'éducation et dans l'instruction des enfants, ils ne veulent tolérer les ministres de l'Église ni comme professeurs, ni comme surveillants. Déjà dans plusieurs pays, ils ont réussi à faire confier exclusivement à des laïques l'éducation de la jeunesse, aussi bien qu'à proscrire totalement de l'enseignement de la morale les grands et saints devoirs qui unissent l'homme à Dieu.

Viennent ensuite les dogmes de la science politique. Voici quelles sont en cette matière les thèses des naturalistes : les hommes sont égaux en droits; tous, et à tous les points de vue, sont d'égale condition. Etant tous libres par nature, aucun d'eux n'a le droit de commander à un de ses semblables, et c'est faire violence aux hommes que de prétendre les soumettre à une autorité quelconque, à moins que cette autorité ne procède d'eux-mêmes. Tout pouvoir est dans le peuple libre ; ceux qui exercent le commandement n'en sont les détenteurs que par le mandat ou par la concession du peuple, de telle sorte que si la volonté populaire change, il faut dépouiller de leur autorité les chefs de l'État, même malgré eux. La source de tous les droits et de toutes les fonctions civiles réside soit dans la multitude, soit dans le pouvoir qui régit l'État, mais quand il a été constitué d'après les nouveaux principes. En outre, l'État doit être athée. Il ne trouve, en effet, dans les diverses formes religieuses aucune raison de préférer l'une à l'autre : toutes doivent donc être mises sur un pied d'égalité.

Or, que ces doctrines soient professées par les francs-maçons, que tel soit pour eux l'idéal d'après lequel ils entendent constituer les sociétés, cela est presque trop évident pour avoir besoin d'être prouvé. Il y a déjà longtemps qu'ils travaillent ouvertement à le réaliser, en y employant toutes leurs forces et toutes leurs ressources. Ils fraient ainsi le chemin à d'autres sectaires nombreux et plus audacieux qui se tiennent prêts à tirer de ces faux principes des conclusions encore plus détestables, à savoir le partage égal et la communauté des biens entre les citoyens, après que toute distinction de rang et de fortune aura été abolie.

Les faits que Nous venons de résumer mettent en une lumière suffisante la constitution intime des francs-maçons, et montrent clairement par quelle route ils s'acheminent vers leur but. Leurs dogmes principaux sont en un si complet et si manifeste désaccord avec la raison qu'il ne se peut imaginer rien de plus pervers. En effet, vouloir détruire la religion et l'Église établies par Dieu lui-même et assurées par lui d'une perpétuelle protection, pour ramener parmi nous, après dix-huit siècles, les mœurs et les institutions des païens, n'est-ce pas le comble de la folie et de la plus audacieuse impiété ? Mais ce qui n'est ni moins horrible ni plus supportable, c'est de voir répudier les bienfaits miséricordieusement acquis par Jésus-Christ, d'abord aux individus, puis aux hommes groupés en familles et en nations ; bienfaits qui, au témoignage des ennemis mêmes du Christianisme, sont du plus haut prix. Certes, dans un plan si insensé et si criminel, il est bien permis de reconnaître la haine inexpiable dont Satan est animé à l'égard de Jésus-Christ et sa passion de vengeance.

L'autre dessein, à la réalisation duquel les francs-maçons emploient tous leurs efforts, consiste à détruire les fondements principaux de la justice et de l'honnêteté. Par là ils se font les auxiliaires de ceux qui voudraient qu'à l'instar de l'animal l'homme n'eût d'autre règle d'action que ses désirs. Ce dessein ne va rien moins qu'à déshonorer le genre humain et à le précipiter ignominieusement à sa perte. — Le mal s'augmente de tous les périls qui menacent la société domestique et la société civile. Ainsi que Nous l'avons exposé ailleurs, tous les peuples, tous les siècles s'accordent à reconnaître dans le mariage quelque chose de sacré et de religieux, et la loi divine a pourvu à ce que les unions conjugales ne pussent pas être dissoutes. Mais si elles deviennent purement profanes, s'il est permis de les rompre au gré des contractants, aussitôt la constitution de la famille sera en proie au trouble et à la confusion, les femmes seront découronnées de leur dignité ; toute protection et toute sécurité disparaîtront pour les enfants et pour leurs intérêts. Quant à la prétention de faire l'État complètement étranger à la religion et pouvant administrer les affaires publiques sans tenir plus compte de Dieu que s'il n'existait pas, c'est une témérité sans exemple, même chez les païens. Ils portaient si profondément gravée au plus intime de leurs âmes non seulement une idée vague des dieux, mais la nécessité sociale de la religion, qu'à leur sens, il eût été plus aisé à une ville de se tenir debout sans être appuyée au sol que privée de Dieu. De fait, la société du genre humain, pour laquelle la nature nous a créés, a été constituée par Dieu, auteur de la nature. De lui, comme principe et comme source, découlent dans leur force et dans leur pérennité les bienfaits innombrables dont elle nous enrichit. Aussi, de même que la voix de la nature rappelle à chaque homme en particulier l'obligation où il est d'offrir à Dieu le culte d'une pieuse reconnaissance, parce que c'est à lui que nous sommes redevables de la vie et des biens qui l'accompagnent, un devoir semblable s'impose aux peuples et aux sociétés.

De là résulte avec la dernière évidence que ceux qui veulent briser toute relation entre la société civile et les devoirs de la religion ne commettent pas seulement une injustice ; leur conduite prouve encore leur ignorance et leur ineptie. En effet, c'est par la volonté de Dieu que les hommes naissent pour être réunis et pour vivre en société ; l'autorité est le lien nécessaire au maintien de la société civile, de telle sorte que, lui brisé, elle se dissout fatalement et immédiatement. L'autorité a donc pour auteur le même Être qui a créé la société. Aussi, quel que soit celui entre les mains de qui le pouvoir réside, celui-là est le ministre de Dieu. Par conséquent, dans la mesure où l'exigent la fin et la nature de la société humaine, il faut obéir au pouvoir légitime commandant des choses justes, comme à l'autorité même de Dieu qui gouverne tout ; et rien n'est plus contraire à la vérité que de soutenir qu'il dépend de la volonté du peuple de refuser cette obéissance quand il lui plaît.

De même, si l'on considère que tous les hommes sont de même race et de même nature et qu'ils doivent tous atteindre la même fin dernière, et si l'on regarde aux devoirs et aux droits qui découlent de cette communauté d'origine et de destinée, il n'est pas douteux qu'ils ne soient tous égaux. Mais, comme ils n'ont pas tous les mêmes ressources d'intelligence et qu'ils diffèrent les uns des autres, soit par les facultés de l'esprit, soit par les énergies physiques ; comme enfin il existe entre eux mille distinctions de mœurs, de goûts, de caractères, rien ne répugne tant à la raison que de prétendre les ramener tous à la même mesure et d'introduire dans les institutions de la vie civile une égalité rigoureuse et mathématique. De même, en effet, que la parfaite constitution du corps humain résulte de l'union et de l'assemblage de membres qui n'ont ni les mêmes formes, ni les mêmes fonctions, mais dont l'heureuse association et le concours harmonieux donnent à tout l'organisme sa beauté plastique, sa force et son aptitude à rendre les services nécessaires, de même, au sein de la société humaine se trouve une variété presque infinie de parties dissemblables. Si elles étaient toutes égales entre elles, et libres, chacune pour son compte, d'agir à leur guise, rien ne serait plus difforme qu'une telle société. Si, au contraire, par une sage hiérarchie des mérites, des goûts, des aptitudes, chacune d'elles concourt au bien général, vous voyez se dresser devant vous l'image d'une société bien ordonnée et conforme à la nature.

Les malfaisantes erreurs que Nous venons de rappeler menacent les États des dangers les plus redoutables. En effet, supprimez la crainte de Dieu et le respect dû à ses lois ; laissez tomber en discrédit l'autorité des princes ; donnez libre carrière et encouragement à la manie des révolutions ; lâchez la bride aux passions populaires ; brisez tout frein, sauf celui des châtiments, vous aboutirez par la force des choses à un bouleversement universel et à la ruine de toutes les institutions : tel est, il est vrai, le but avéré, explicite que poursuivent de leurs efforts beaucoup d'associations communistes et socialistes ; et la secte des francs-maçons n'a pas le droit de se dire étrangère à leurs attentats, puisqu'elle favorise leurs desseins, et que, sur le terrain des principes, elle est entièrement d'accord avec elles. Si ces principes ne produisent pas immédiatement et partout leurs conséquences extrêmes, ce n'est ni à la discipline de la secte, ni à la volonté des sectaires qu'il faut l'attribuer, mais d'abord à la vertu de cette divine religion qui ne peut pas être anéantie, puis aussi à l'action des hommes qui, formant la partie la plus saine des nations, refusent de subir le joug des sociétés secrètes et luttent avec courage contre leurs entreprises insensées.

Et plût à Dieu que tous, jugeant l'arbre par ses fruits, sussent reconnaître le germe et le principe des maux qui nous accablent, des dangers qui nous menacent. Nous avons affaire à un ennemi rusé et fécond en artifices. Il excelle à chatouiller agréablement les oreilles des princes et des peuples et il a su prendre les uns et les autres par la douceur de ses maximes, l'appât de ses flatteries.

Les princes ? les francs-maçons se sont insinués dans leur faveur sous le masque de l'amitié, pour faire d'eux des alliés et de puissants auxiliaires à l'aide desquels ils opprimeraient plus sûrement les catholiques. Afin d'aiguillonner plus vivement le zèle de ces hauts personnages, ils poursuivent l'Église d'impudentes calomnies. C'est ainsi qu'ils l'accusent d'être jalouse de la puissance des souverains et de leur contester leurs droits. Assurés par cette politique de l'impunité de leur audace, ils ont commencé à jouir d'un grand crédit sur les gouvernements. D'ailleurs, ils se tiennent toujours prêts à ébranler les fondements des empires, à poursuivre, à dénoncer, et même à chasser les princes, toutes les fois que ceux-ci paraissent user du pouvoir autrement que la secte ne l'exige. — Les peuples ? ils se jouent d'eux en les flattant par des procédés semblables. Ils ont toujours à la bouche les mots de « *liberté* » et de « *prospérité publique.* » A les en croire, c'est l'Église, ce sont les souverains qui ont toujours fait obstacle à ce que les masses fussent arrachées à une servitude injuste et délivrées de la misère. Ils ont séduit le peuple par ce langage fallacieux, et excitant en lui la soif des changements, ils l'ont lancé à l'assaut des deux puissances, ecclésiastique et civile. Toutefois, la réalité des avantages qu'on espère demeure toujours au-dessous de l'imagination et de ses désirs. Bien loin d'être devenu plus heureux, le peuple, accablé par une oppression et une misère croissantes, se voit encore dépouillé des consolations qu'il eût pu trouver avec tant de facilité et d'abondance dans les croyances et les pratiques de la religion chrétienne. Lorsque les hommes s'attaquent à l'ordre providentiellement établi, par une juste punition de leur orgueil, ils trouvent souvent l'affliction et la ruine à la place de la fortune prospère sur laquelle ils avaient témérairement compté pour l'assouvissement de tous leurs désirs.

Quant à l'Église, si, par dessus toute chose, elle ordonne aux hommes d'obéir à Dieu, souverain seigneur de l'univers, l'on porterait contre elle un jugement calomnieux, si on croyait qu'elle est jalouse de la puissance civile ou qu'elle songe à entreprendre sur les droits des princes. Loin de là. Elle met sous la sanction du devoir et de la conscience l'obligation de rendre à la puissance divine ce qui lui est légitimement dû. Si elle fait découler de Dieu lui-même le droit de commander, il en résulte pour l'autorité un surcroît considérable de dignité et une facilité plus grande de se concilier l'obéissance, le respect et le bon vouloir des citoyens. D'ailleurs, toujours amie de la paix, c'est elle qui nourrit la concorde, en embrassant tous les hommes dans la tendresse de sa charité maternelle. Uniquement attentive à procurer le bien des mortels, elle ne se lasse pas de rappeler qu'il faut toujours tempérer la justice par la clémence, le commandement par l'équité, les lois par la modération ; que le droit de chacun est inviolable ; que c'est un devoir de travailler au maintien de l'ordre et de la tranquillité générale et de venir en aide, dans toute la mesure du possible, par la charité privée et publique, aux souffrances des malheureux. Mais, pour employer assez à propos les paroles de saint Augustin, *ils croient ou ils cherchent à faire croire que la doctrine chrétienne est incompatible avec le bien de l'État, parce qu'ils veulent fonder l'État, non sur la solidité des vertus, mais sur l'impunité des vices* (1). — Si tout cela était mieux connu, princes et peuples feraient preuve de sagesse politique et agiraient conformément aux exigences du salut général, si, au lieu de s'unir aux francs-maçons pour combattre l'Église, ils s'unissaient à l'Église pour résister aux attaques des francs-maçons.

Quoi qu'il en puisse advenir, Notre devoir est de Nous appliquer à trouver des remèdes proportionnés à un mal si intense et dont les ravages ne se sont que trop étendus. Nous le savons : notre meilleur et plus solide espoir de guérison est dans la vertu de cette religion divine que les francs-maçons haïssent d'autant plus qu'ils la redoutent davantage. Il importe donc souverainement de faire d'elle le point central de la résistance contre l'ennemi commun. Aussi, tous les décrets portés par les Pontifes Romains, Nos Prédécesseurs, en vue de paralyser les efforts et les tentatives de la secte maçonnique, toutes les sentences prononcées par eux pour détourner

---

(1) Epist. 137, al. 3, *ad Volusian.*, cap. V, n. 20.

les hommes de s'affilier à cette secte ou pour les déterminer à en sortir, Nous entendons les ratifier de nouveau, tant en général qu'en particulier. Pleins de confiance à cet égard dans la bonne volonté des chrétiens, Nous les supplions, au nom de leur salut éternel, et Nous leur demandons de se faire une obligation sacrée de conscience de ne jamais s'écarter, même d'une seule ligne, des prescriptions promulguées à ce sujet par le Siège apostolique.

Quant à vous, Vénérables Frères, Nous vous conjurons d'unir vos efforts aux Nôtres, et d'employer tout votre zèle à faire disparaître l'impure contagion du poison qui circule dans les veines de la société et l'infecte tout entière. Il s'agit pour vous de procurer la gloire de Dieu et le salut du prochain. Combattant pour de si grandes causes, ni le courage ni la force ne vous feront défaut. Il vous appartient de déterminer dans votre sagesse par quels moyens plus efficaces vous pourrez avoir raison des difficultés et des obstacles qui se dresseront contre vous. — Mais puisque l'autorité inhérente à Notre charge Nous impose le devoir de vous tracer Nous-mêmes la ligne de conduite que Nous estimons la meilleure, Nous vous dirons :

En premier lieu, arrachez à la franc-maçonnerie le masque dont elle se couvre, et faites la voir telle qu'elle est.

Secondement, par vos discours et par des Lettres pastorales spécialement consacrées à cette question, instruisez vos peuples ; faites-leur connaître les artifices employés par ces sectes pour séduire les hommes et les attirer dans leurs rangs, — la perversité de leurs doctrines, — l'infamie de leurs actes. Rappelez-leur qu'en vertu des sentences plusieurs fois portées par Nos Prédécesseurs, aucun catholique, s'il veut rester digne de ce nom et avoir de son salut le souci qu'il mérite, ne peut, sous aucun prétexte, s'affilier à la secte des francs-maçons. Que personne donc ne se laisse tromper par de fausses apparences d'honnêteté. Quelques personnes peuvent, en effet, croire que, dans les projets des francs-maçons, il n'y a rien de formellement contraire à la sainteté de la religion et des mœurs. Toutefois, le principe fondamental qui est comme l'âme de la secte étant condamné par la morale, il ne saurait être permis de se joindre à elle, ni de lui venir en aide d'aucune façon.

Il faut ensuite, à l'aide de fréquentes instructions et exhortations, faire en sorte que les masses acquièrent la connaissance de la religion. Dans ce but, nous conseillons très fort d'exposer, soit par écrit, soit de vive voix, et dans les discours *ad hoc*, les éléments des principes sacrés qui constituent la philosophie chrétienne. Cette dernière recommandation a surtout pour but de guérir par une science de bon aloi les maladies intellectuelles des hommes et de les prémunir tout à la fois contre les formes multiples de l'erreur et contre les nombreuses séductions du vice, surtout en un temps où la licence des écrits va de pair avec une insatiable avidité d'apprendre. L'œuvre est immense ; pour l'accomplir, vous aurez avant tout l'aide et la collaboration de votre clergé, si vous donnez tous vos soins à le bien former et à le maintenir dans la perfection de la discipline ecclésiastique et dans la science des saintes lettres.

Toutefois, une cause si belle et d'une si haute importance appelle encore une fois à son secours le dévouement intelligent des laïques qui unissent les bonnes mœurs et l'instruction à l'amour de la religion et de la patrie. Mettez en commun, Vénérables Frères, les forces de ces ordres, et donnez tous vos soins à ce que les hommes connaissent à fond l'Église catholique et l'aiment de tout leur cœur. Car, plus cette connaissance et cet amour grandiront dans les âmes, plus on prendra en dégoût les sociétés secrètes, plus on sera pressé d'en finir.

Nous profitons à dessein de la nouvelle occasion qui nous est offerte d'insister sur la recommandation déjà faite par Nous en faveur du Tiers-Ordre de Saint-François, à la discipline duquel nous avons apporté de sages tempéraments. Il faut mettre un grand zèle à le propager et à l'affermir. Tel, en effet, qu'il a été établi par son auteur, il consiste tout entier en ceci : attirer les hommes à l'amour de Jésus-Christ et à l'amour de l'Église, à la pratique des vertus chrétiennes. Il peut donc rendre de grands services pour aider à vaincre la contagion de ces sectes détestables. Que cette sainte association fasse donc tous les jours de nouveaux progrès. Parmi les nombreux avantages que l'on peut attendre d'elle, il en est un qui prime tous les autres : cette association est une véritable école de liberté, de fraternité, d'égalité, non de l'absurde façon dont les francs-maçons entendent ces choses, mais telles que Jésus-Christ a voulu en enrichir le genre humain et que saint François les a mises en pratique. Nous parlons donc ici de la liberté des enfants de Dieu, au nom de laquelle nous refusons d'obéir à ces maîtres iniques qui s'appellent Satan et les mauvaises passions. Nous parlons de la fraternité qui nous rattache à Dieu, commun créateur et père de tous les hommes. Nous parlons de l'égalité qui, établie sur les fondements de la justice et de la charité, ne rêve pas de supprimer toute distinction entre les hommes, mais excelle à faire de la variété des conditions et des devoirs de la vie une harmonie admirable, et une sorte de merveilleux concert dont profitent naturellement les intérêts et la dignité de la vie civile.

En troisième lieu, une institution due à la sagesse de nos pères et momentanément interrompue par le cours des temps pourrait, à l'époque où nous sommes, redevenir le type et la forme de créations analogues. Nous voulons parler de ces corporations ouvrières destinées à protéger, sous la tutelle de la religion, les intérêts du travail et les mœurs des travailleurs. Si la pierre de touche d'une longue expérience avait fait apprécier à nos ancêtres l'utilité de ces associations, notre âge en retirerait peut-être de plus grands fruits, tant elles offrent de précieuses ressources pour combattre avec succès et pour écraser la puissance des sectes. Ceux qui n'échappent à la misère qu'au prix du labeur de leurs mains, en même temps que, par leur condition, ils sont souverainement dignes de la charitable assistance de leurs semblables, sont aussi les plus exposés à être trompés par les séductions et les ruses des apôtres du mensonge. Il faut donc leur venir en aide avec une très grande bonté et leur ouvrir les rangs d'associations honnêtes pour les empêcher d'être enrôlés dans les mauvaises. En conséquence, et pour le salut du peuple, Nous souhaitons ardemment de voir se rétablir, sous les auspices et le patronage des évêques, ces corporations appropriées aux besoins du temps présent. Ce n'est pas pour Nous une joie médiocre d'avoir vu déjà se constituer en plusieurs lieux des associations de ce genre, ainsi que des sociétés de patrons, le but des unes et des autres étant de venir en aide à l'honorable classe des prolétaires, d'assurer à leurs familles et à leurs enfants le bienfait d'un patronage tutélaire, de leur fournir les moyens de garder, avec de bonnes mœurs, la connaissance de la religion et l'amour de la piété. — Nous ne saurions ici passer sous silence une société qui a donné tant d'exemples admirables et édifiants, et qui a si bien mérité des classes populaires : Nous voulons parler de celle qui a pris le nom de son père, saint Vincent de Paul. On connaît assez les œuvres accomplies par cette société et le but qu'elle se propose. Les efforts de ses membres tendent uniquement à se porter par une charitable initiative au secours des pauvres et des malheureux, ce qu'ils font avec une merveilleuse sagacité et une non moins admirable modestie. Mais plus cette société cache le bien qu'elle opère, plus elle est apte à pratiquer la charité chrétienne et à soulager les misères des hommes.

Quatrièmement, afin d'atteindre plus aisément le but de Nos désirs, Nous recommandons avec une nouvelle instance à votre foi et à votre vigilance la jeunesse qui est l'espoir de la société. — Appliquez à sa formation la plus grande partie de vos sollicitudes pastorales. Quels qu'aient déjà pu être à cet égard votre zèle et votre prévoyance, croyez que vous n'en ferez jamais assez pour soustraire la jeunesse aux écoles et aux maîtres près desquels elle serait exposée à respirer le souffle empoisonné des sectes. Parmi les prescriptions de la doctrine chrétienne, il en est une sur laquelle devront insister les parents, les pieux instituteurs, les curés, recevant l'impulsion de leurs évêques. Nous voulons dire la nécessité de prémunir leurs enfants ou leurs élèves contre ces sociétés criminelles, en leur apprenant de bonne heure à se défier des artifices perfides et variés à l'aide desquels leurs prosélytes cherchent à enlacer les hommes. Ceux qui ont charge de préparer les jeunes gens à recevoir les sacrements comme il faut agiraient sagement s'ils amenaient chacun d'eux à prendre la ferme résolution de ne s'agréger à aucune société à l'insu de leurs parents, ou sans avoir consulté leur curé ou leur confesseur.

Du reste, Nous savons très bien que nos communs labeurs pour arracher du champ du Seigneur ces semences pernicieuses seraient tout à fait impuissants, si, du haut du ciel, le Maître de la vigne ne secondait nos efforts. Il est donc nécessaire d'implorer son assistance et son secours avec une grande ardeur et par des sollicitations réitérées, proportionnées à la nécessité des circonstances et à l'intensité du péril. Fière de ses précédents succès, la secte des francs-maçons lève insolemment la tête et son audace semble ne plus connaître aucunes bornes. Rattachés les uns aux autres par le lien d'une fédération criminelle et de leurs projets occultes, ses adeptes se prêtent un mutuel appui et se provoquent entre eux à oser et à faire le mal.

A une si violente attaque doit répondre une défense énergique. Que les gens de bien s'unissent donc, eux aussi, et forment une immense coalition de prières et d'efforts. En conséquence, Nous leur demandons de faire entre eux, par la concorde des esprits et des cœurs, une cohésion qui les rende invincibles contre les assauts des sectaires. En outre, qu'ils tendent vers Dieu des mains suppliantes et que leurs gémissements persévérants s'efforcent d'obtenir la prospérité et les progrès du Christianisme, la paisible jouissance pour l'Église de la liberté nécessaire, le retour des égarés au bien, le triomphe de la vérité sur l'erreur, de la vertu sur le vice.

Demandons à la Vierge Marie, Mère de Dieu, de se faire notre auxiliaire et notre interprète. Victorieuse de Satan dès le premier instant de sa conception, qu'elle déploie sa puissance contre les sectes réprouvées qui font si évidemment revivre parmi nous l'esprit de révolte, l'incorrigible perfidie et la ruse du démon. — Appelons à notre aide le prince des milices célestes, St Michel, qui a précipité dans les enfers les anges révoltés; puis St Joseph, l'époux de la très Ste Vierge, le céleste et tutélaire patron de l'Église catholique; et les grands apôtres St Pierre et St Paul, ces infatigables semeurs et ces champions invincibles de la foi catholique. Grâce à leur protection et à la persévérance de tous les fidèles dans la prière, nous avons la confiance que Dieu daignera envoyer un secours opportun et miséricordieux au genre humain en proie à un si grand danger.

D'ailleurs, en gage des dons célestes et comme témoignage de Notre bienveillance, Nous vous envoyons du fond du cœur la Bénédiction apostolique, à vous, Vénérables Frères, au clergé et aux peuples confiés à votre sollicitude.

Donné à Rome, près Saint-Pierre, le 20 avril 1884, de Notre Pontificat la 7ᵉ année.

LÉON XIII, PAPE.

AVERTISSEMENT DES ÉDITEURS

*Le volume que nous publions aujourd'hui est un abrégé de la grande œuvre historique de feu le P. Deschamps sur les Sociétés secrètes et leur action dans les évènements accomplis depuis le milieu du XVIII*ᵉ *siècle.*

Le succès considérable de cet ouvrage, qui est arrivé si rapidement à sa sixième édition et forme aujourd'hui trois forts volumes in-8° (1), nous imposait le devoir d'en offrir un résumé concis à ce nombreux public, qui veut connaitre les résultats

---

(1) Les Sociétés secrètes et la société ou Philosophie de l'histoire contemporaine, par N. Deschamps, avec une introduction sur l'action des Sociétés secrètes au XIXᵉ siècle, *par* Claudio Jannet, 6ᵉ *édit. 2 fort vol. in-8° 1883*; t. III : Notes et documents pour faire suite à l'ouvrage du P. Deschamps, rassemblés par Claudio Jannet, *1 fort vol. in-8°, 1883.*

des plus importantes recherches scientifiques, mais peut leur consacrer seulement un temps limité.

Pour être assurés que ce travail, toujours délicat, répandrait davantage l'œuvre magistrale du P. Deschamps sans en affaiblir la portée, nous en avons confié l'exécution à M. Louis d'Estampes, qui, en suivant la politique contemporaine depuis quinze ans dans la presse quotidienne avec un talent si remarquable, a acquis une compétence toute spéciale pour une étude historique de ce genre. M. Claudio Jannet, qui a mis en ordre les manuscrits du P. Deschamps et les a complétés par ses travaux personnels, a bien voulu se charger encore de la révision de cet abrégé.

Le cadre dans lequel nous devions nous renfermer nous a obligés de laisser complètement de côté les importants développements contenus dans le tome III sur la Franc-Maçonnerie dans les pays étrangers, ainsi que tout ce qui a trait à ses origines, pour pouvoir donner plus de place à son action dans les évènements intéressant directement la France et le St-Siège.

C'est également à l'œuvre originale que devront recourir ceux de nos lecteurs désireux de retrouver publiés in extenso et sans coupures les documents émanés de la secte, sur lesquels le P. Deschamps a basé sa grande enquête avec une rigueur de méthode qui la met à l'abri de toute critique. Le P. Deschamps, en effet, n'a rien avancé sans preuve et tous les documents dont l'origine ne pouvait être contrôlée ont été soigneusement éliminés par lui.

Nous avons pu presque toujours nous dispenser de charger ce volume-ci de notes, parce que les titres des chapitres permettent facilement de se reporter aux parties correspondantes des trois volumes de l'ouvrage les Sociétés secrètes et la société.

Avignon, 15 avril 1884.

CHAPITRE PREMIER

Le problème de la Révolution

Depuis cent cinquante ans le monde moderne est en proie à une instabilité, qui se traduit tantôt par des convulsions dans lesquelles sont emportés les gouvernements et les institutions séculaires, tantôt par un travail lent, mais continu, qui dissout les principes de religion, de droit, de morale, de hiérarchie, sur lesquels la société a reposé de tout temps.

La *Révolution*, tel est le nom que nos contemporains donnent à ce formidable phénomène. Pour la plupart, ce nom est comme l'énigme du sphinx antique. Peu d'entre eux sauraient définir la *Révolution*, mais aucun ne reste indifférent devant elle : les uns l'acclament, d'autres l'envisagent avec terreur, tous sentent qu'elle est dans l'histoire un fait absolument nouveau, qui n'a rien de commun avec les révolutions accidentelles d'autrefois, et que sous ses formes les plus diverses, sous ses manifestations religieuses, politiques et sociales, la *Révolution* moderne est toujours une.

Le mal moral, c'est-à-dire la révolte de l'homme contre l'ordre, a sans doute toujours existé depuis le jour de la chute originelle. Mais jusqu'au siècle dernier une hérésie pouvait troubler la paix religieuse de la Chrétienté, sans que pour cela les gouvernements fussent ébranlés et la hiérarchie du monde du travail bouleversée. Seuls quelques esprits plus pénétrants embrassaient la chaîne entière des funestes conséquences morales et sociales, qui découlent nécessairement d'une atteinte portée au dogme ; mais les masses populaires et les nations restaient stables, comme fixées par le poids de leurs intérêts aux principes fondamentaux de la société, et le jour où la grande voix de la Papauté, le remède extraordinaire d'un concile œcuménique, la parole enflammée des Saints venaient faire la lumière sur le monde, la société raffermie sur sa base reprenait paisiblement le cours de ses destinées.

Le grand déchirement du Protestantisme au XVIe siècle ressemble, par certains de ses aspects, au terrible phénomène de notre siècle ; mais une grande partie de l'Europe en fut préservée, et après cinquante années d'agitations politiques et sociales, le mal se cantonna sur certains points ; le venin des nouvelles hérésies sembla même avoir perdu de son activité au sein d'une société, dont toutes les parties étaient liées comme les assises d'un gigantesque édifice.

Jadis l'ambition des princes, l'oppression des grands, l'indocilité des sujets, occasionnaient parfois des troubles sanglants, mais ils ne s'étendaient pas d'un pays à l'autre. La France ne ressentit pas le contre-coup des commotions excitées par Wiklef, l'Angleterre vit passer de loin les scènes douloureuses de la Jacquerie, l'Allemagne étouffa la guerre des

Hussites et, plus tard, la révolte des paysans, sans que les peuples voisins eussent même à s'en alarmer.

Toute autre est la Révolution moderne. Elle s'attaque d'abord à la religion. L'Église catholique est surtout l'objet de cette haine; parfois son culte est proscrit et ses ministres sont mis à mort; toujours elle est dépouillée des biens qui sont, entre ses mains, le patrimoine des pauvres et elle est privée de sa légitime influence sur l'ordre social. Les confessions chrétiennes séparées sont en butte à la même hostilité, précisément dans la mesure du Christianisme positif qu'elles retiennent; car la notion de la subordination de la société civile à une loi divine positive est le principe que la Révolution voudrait détruire à fond dans l'âme des peuples. Cette négation est son essence même.

Les souverains légitimes, qui se font ses instruments dans cette guerre anti-religieuse, sont d'abord entourés de flatteries; leur puissance est momentanément accrue; mais au bout d'un certain temps des mots toujours pleins de prestige, les mots de *liberté* et d'*égalité*, retentissent comme un glas funèbre. Il faut que les pouvoirs traditionnels se transforment, qu'ils s'inclinent devant le *dogme de la souveraineté populaire*, et puis, après une nouvelle étape, la *République* est proclamée la seule forme politique digne des peuples élevés sous ces nouvelles influences.

La constitution de la famille et l'organisation naturelle du travail, avec la hiérarchie qui en découle et subordonne l'ouvrier au patron, au grand propriétaire, vont également être bouleversées et détruites. La Révolution dissout la famille comme unité sociale, elle lui enlève la consécration religieuse en affectant de faire du mariage un acte purement civil, elle détruit ses fondements économiques en proclamant le droit exclusivement personnel de l'individu à jouir de la propriété, au lieu de faire de la transmission corrélative du patrimoine foncier ou de l'atelier et des devoirs attachés à leur possession l'assise solide des différentes classes.

Elle dit à l'ouvrier qu'il est l'*égal* de son patron, au patron qu'il est *libre*, c'est-à-dire n'a aucun devoir vis-à-vis de son ouvrier, et c'est ainsi qu'en proclamant la *fraternité*, elle allume la guerre sociale jusque dans le plus humble atelier.

La propriété est attaquée par les penseurs les plus logiques de la Révolution comme une institution oppressive; de nouvelles combinaisons sont imaginées pour faire travailler et paître les troupeaux humains. Les incendies de la Commune parisienne, les scènes sauvages de la guerre des chemins de fer en Amérique, les attentats féroces du Nihilisme russe, apparaissent comme les préludes du gigantesque travail de déblai, nécessaire, selon ses prophètes, pour qu'un ordre social nouveau puisse résulter de l'action des forces de la nature déchaînée.

La Révolution est universelle. Malgré les différences de race, de climat, d'état économique, elle répand chez les peuples des idées et des formules qui ont le don de les soulever; elle attaque toutes les institutions fondées sur la tradition historique; elle introduit, au besoin par la force, dans les sociétés, des principes nouveaux totalement inconnus aux âges précédents, comme la séparation de l'Église et de l'État, le monopole de l'enseignement par l'État, la liberté de la presse. Les peuples du nord sont atteints ainsi que ceux du midi, les jeunes républiques de l'Amérique ainsi que les monarchies du vieux monde. La Russie avec ses institutions communales si particulières, son immense territoire aux populations clair-semées, est ébranlée par le souffle révolutionnaire à l'égal des agglomérations pressées des régions manufacturières de l'occident.

Ce fait, si nouveau dans l'histoire, a frappé M. de Tocqueville et lui a inspiré ces paroles remarquables :

« Toutes les révolutions civiles et politiques ont eu une patrie et s'y sont renfermées. La Révolution française n'a pas eu de territoire propre ; bien plus, son effet a été d'effacer en quelque sorte de la carte toutes les anciennes frontières. On l'a vu rapprocher ou diviser les hommes en dépit des lois, des traditions, des caractères, de la langue, rendant parfois ennemis des compatriotes, et frères des étrangers, ou plutôt elle a formé, au-dessus de toutes les nationalités particulières, une *patrie intellectuelle commune*, dont les hommes de toutes les nations ont pu devenir citoyens. »

Depuis le milieu du siècle dernier, la Révolution n'a pas cessé de marcher et de progresser. Jusqu'à présent tous les efforts dirigés contre elle ont paru impuissants. Elle n'a encore reculé sur aucun point ni abandonné une seule de ses conquêtes. A peine un temps d'arrêt lui est-il imposé, qu'elle reprend avec plus de puissance son essor destructeur.

Les explications les plus diverses sont données de ce problème aussi vaste que nouveau.

Les panthéistes et les matérialistes y voient un fait brutal, qui trouve sa justification dans sa manifestation même. Pour eux, c'est un phénomène d'évolution semblable à cette transformation continue, que de faux savants prétendent reconnaître dans le monde végétal et animal. Le Socialisme, le Communisme, le Nihilisme, sont pour eux autant d'étapes fatales au même titre que le Libéralisme et le Rationalisme : ils les glorifient successivement comme des formes du perpétuel devenir qui emporte l'humanité.

Mais la raison, le sens intime de la personnalité et de la responsabilité individuelle protestent hautement contre cette théorie. La conduite pratique de chaque homme pris en particulier aussi bien que celle des peuples dément constamment ces hypothèses, instinctive protestation qui est la meilleure réfutation du sophisme !

Cependant les idées fausses ont de notre temps acquis tant d'influence par voie d'infiltration, si l'on peut ainsi parler, que la même théorie, dégagée de ses formes les plus choquantes, se produit sous la plume d'écrivains conservateurs, religieux même de sentiment.

M. de Tocqueville, qui, nous venons de le citer, a décrit avec tant de pénétration le phénomène de l'universalité de la Révolution, a subi à son insu l'influence de cette erreur, quand dans la suite de son

livre il représente le mouvement qui a éclaté en 1789, *et qui dure toujours*, comme le résultat fatal d'une longue et lente transformation des relations sociales, comme le fruit naturel de l'*ancien régime* parvenu à son dernier développement. Pour lui et quelques-uns de ses disciples attardés, « la guerre aux religions
« n'est qu'un incident de la Révolution, un trait
« saillant et pourtant fugitif de sa physionomie, un
« produit passager des idées, des passions, des faits
« particuliers qui l'ont précédée et préparée, et non
« son génie propre.

D'autres, allant plus loin, prétendent que la Révolution est *providentielle*, qu'elle est la conséquence nécessaire des prodigieux changements apportés au monde moderne par les grandes découvertes physiques de notre temps et par les progrès de l'industrie.

Rien n'est faux et dangereux comme de pareilles thèses.

Elles méconnaissent, contrairement aux faits les plus évidents, le caractère essentiellement anti-religieux de la Révolution, et l'on peut être assuré que, si l'illustre écrivain qui l'a propagée avait assisté aux évènements des trente dernières années, ses appréciations en eussent été grandement modifiées.

Ennemie avant tout et par son essence de l'Église, la Révolution ne peut pas être *voulue* par Dieu. Elle ne peut pas davantage être la conséquence nécessaire des découvertes, des progrès matériels qui sont des dons de sa bonté faits aux hommes. Ces dons augmentent leurs forces pour le bien comme pour le mal, et il dépend uniquement de leur libre arbitre de contre-balancer les effets amollissants de la prospérité matérielle par une recherche plus grande de la vertu morale.

La profonde altération des rapports des différentes classes a eu pour *occasion* la perturbation apportée dans le régime du travail par l'emploi de la houille, par les chemins de fer et par l'avènement de la grande industrie ; mais une révolution à peu près semblable avait eu lieu trois siècles auparavant à la suite de la mise en œuvre des moteurs hydrauliques et de la découverte du nouveau monde. Les anciennes relations économiques avaient été profondément changées, de nouvelles formes de la richesse s'étaient créées, de nouveaux patrons s'étaient élevés, mais l'essence des rapports entre le propriétaire et le travailleur était restée la même.

D'ailleurs, remarquez-le, la concentration de la puissance productrice aux mains des grands capitalistes est un fait absolument au rebours des idées philosophiques et politiques de la Révolution : il tend à constituer en fait une hiérarchie économique de plus en plus acccentuée, en même temps que dans l'ordre politique l'on proclame l'égalité absolue des citoyens et le suffrage universel !

La vraie cause de l'antagonisme social moderne, c'est la destruction de la religion chez toutes les classes et la méconnaissance de leurs devoirs que l'impiété entraîne chez les nations qui s'y livrent.

Le spectacle des révolutions politiques triomphantes et du renversement des souverainetés traditionnelles aggrave encore cet antagonisme, car il ébranle les idées du droit privé par la légitimation donnée aux faits de violence accomplis dans l'ordre public. Toute catastrophe politique est suivie fatalement d'un progrès nouveau du socialisme : on l'a vu en France en 1789 et en 1848, en Italie après 1860, en Espagne après 1868. L'Allemagne unifiée expérimente aux dépens de sa paix sociale ce que lui ont valu les annexions révolutionnaires de 1866 et de 1870.

La Révolution sociale n'est donc qu'une conséquence de la Révolution politique et religieuse.

Donner pour seule cause à celle-ci les abus de l'ancien régime en décadence, c'est placer au premier rang des causes secondaires et nier les causes principales, celles qui furent vraiment agissantes. Sans doute les abus des classes dirigeantes aux XVII° et XVIII° siècles avaient grandement affaibli les institutions qui sont la défense naturelle des sociétés, et ils ont ainsi rendu possible le succès de leurs ennemis. Mais les abus ont de tout temps existé, ils sont la conséquence de l'infirmité humaine, et l'histoire nous montre que les nations sont guérissables, qu'elles peuvent toujours se réformer, tant qu'elles n'ont pas perdu la notion du bien. Les règnes réparateurs de saint Louis, de Louis XII, d'Henri IV en sont, dans notre pays même, d'éclatants exemples. Aussi bien ces abus n'ont été qu'un prétexte pour la Révolution : partout où elle a triomphé elle les a conservés, aggravés même par des oppressions qu'elle dissimule en les systématisant et en leur donnant l'apparence de l'ordre légal.

D'ailleurs la violence de son attaque est en raison inverse de ces abus, pourrait-on dire. L'*ancien régime* était bien plus lourd en Allemagne qu'en France à la fin du XVIII° siècle. Jamais les abus de la féodalité n'ont été chez nous comparables à ceux qui ont asservi les populations ouvrières de l'Angleterre à la suite de l'établissement de la grande industrie et du triomphe du régime parlementaire après la révolution de 1688 ; or ces pays sont ceux que la Révolution a le plus longtemps épargnés. Seraient-ce des abus de l'ancien régime que rencontrent aujourd'hui sur le sol vierge de l'Amérique les radicaux et le parti socialiste ouvrier ? Est-ce le défaut de liberté publique, comme le prétendent certains libéraux confiants, qui multiplie les sociétés secrètes dans ce pays, où existe la liberté d'association la plus illimitée ? Il faut bien que ces sociétes poursuivent un but caché et universel, tout à fait indépendant de l'état social de l'Europe, pour que là aussi on les rencontre.

Que les hommes religieux y prennent garde ! La religion est aussi compromise par la thèse de *la Révolution fatale* que le principe politique traditionnel.

Eh quoi ! les changements contingents apportés par le cours naturel du temps auraient été funestes à la cause de la vérité éternelle ? La religion révélée aurait perdu son empire sur une si grande partie de l'humanité, par cela seul que les intérêts temporels des hommes auraient changé, qu'ils auraient vu croître leur richesse et leur culture intellectuelle, parce que tel ou tel gouvernement se serait trouvé inférieur à sa mission ? Comment le Christianisme aurait-il perdu de sa valeur pratique devant des phénomènes aussi secondaires ?

Voilà cependant les contradictions auxquelles aboutit la thèse qui présente comme un fait nécessaire et inévitable l'avènement d'une révolution essentiellement ennemie du Christianisme et de l'ordre social chrétien.

Mais les termes du problème sont tout à fait changés si l'on reconnaît que, depuis un siècle et demi, une puissante association, dont les principes sont identiques aux idées réalisées par la Révolution, s'étend dans le monde entier, se couvrant de mystère, agissant dans toutes les parties du corps social, tantôt par la presse, la tribune, l'enseignement de la jeunesse, tantôt par des complots, mais toujours marchant vers le même but.

Cette association existe, c'est la Franc-maçonnerie, qui est la source et comme la mère de toutes les sociétés secrètes. Elle a commencé à agir dès les premières années du XVIII° siècle, et les progrès de la Révolution ont été en proportion de sa diffusion. Aujourd'hui elle compte, dans le monde entier, plus de douze mille loges et d'innombrables adhérents, qui eux-mêmes occupent des positions, d'où ils dirigent la pensée et l'action de leurs concitoyens. Elle forme partout un corps compacte reliant dans son sein par des attaches secrètes les sociétés particulières les plus différentes en apparence ; ses doctrines sont partout les mêmes : son unité, son universalité, expliquent ainsi l'unité et l'universalité de la Révolution.

Dès que la Franc-maçonnerie est sortie de l'ombre de ses commencements, le Saint-Siège n'a cessé de la signaler comme le grand danger religieux, politique et social. Depuis Clément XII, en 1738, jusqu'à Léon XIII, tous les papes ont averti les souverains. Mais la secte, grâce au secret dont elle se couvre, au mensonge dont elle se fait un système, a eu la suprême habileté de tromper sur sa portée réelle ceux qu'elles poussait aux abîmes. Elle s'est posée au début comme une réunion de plaisir et une association de bienfaisance, alors qu'elle nourrissait dans son sein une conspiration contre la religion et les monarchies !

La Révolution, quand on la dégage des causes secondaires et des circonstances locales, apparait donc comme un immense complot qui jusqu'à présent a réussi, non point par une fatalité historique, ni par une cause supérieure aux responsabilités humaines, mais par l'audace des conspirations et surtout par la défaillance, par l'aveuglement volontaire de ceux qui, au lieu de la combattre, ont sysmatiquement fermé l'oreille aux avertissements du pilote infaillible donné par Dieu à l'humanité.

La majorité des écrivains depuis un siècle, le plus grand nombre des maîtres de la jeunesse depuis cinquante ans, presque toutes les voix de la grande presse européenne à l'heure présente, appartiennent à la Franc-maçonnerie. Mais c'est une règle jurée rigoureusement de ne jamais parler ni écrire dans le *monde profane* sur l'ordre maçonnique ni sur les associations secrètes. De là ce phénomène singulier entre tous qui fait que la Franc-maçonnerie seule est une chose sacrée à laquelle il ne faut pas toucher, chacun craignant d'en parler comme d'une sorte de spectre. *Cette position si étrange est déjà*, fait observer avec raison Mgr de Ketteler, cet esprit si pénétrant et si versé dans la politique contemporaine, *une preuve de l'immense puissance que la Franc-Maçonnerie exerce dans le monde.*

La plupart des histoires du XVIIIe siècle et de la Révolution gardent un silence systématique sur l'existence même des loges maçonniques. M. Bluntschli n'a même pas indiqué les sociétés secrètes dans les remarquables ouvrages où sont décrits tous les éléments de l'Etat moderne et de la politique. Il ne pouvait cependant en ignorer, car il était le grand maître d'une des puissances maçonniques de l'Allemagne, et a rempli des volumes entiers des publications spéciales de l'ordre avec ses discours sur l'influence de la Maçonnerie.

Néanmoins, au fur et à mesure que la Révolution a fait des progrès, le voile s'est soulevé, les aveux se sont multipliés, les hommes les plus avancés n'ont pas craint de hausser la voix et de reprocher aux arriérés leur manque de courage et de logique. Louis Blanc, dans son *Histoire de la Révolution*, a mis en pleine lumière l'action prépondérante des sociétés secrètes dans les évènements du XVIIIᵉ siècle. Henri Martin, dans son *Histoire de France*, conclut en disant, après avoir décrit la variété de leurs rites, qu'elles furent jusqu'en 1789 *l'instrument général de la philosophie et le laboratoire de la Révolution.*

C'est en faisant allusion à ces temps que Mᵐᵉ Georges Sand a dit de son côté « qu'il y a des moments où l'histoire des empires n'existe que nominalement et où il n'y a de réellement vivant que les sectes cachées dans leur sein. »

En 1874, l'*orateur* du Suprême Conseil du rite écossais, le F∴ Malapert, s'exprimait ainsi : « *Au XVIIIᵉ siècle, la Franc-maçonnerie était si répandue dans le monde,* QU'ON PEUT DIRE QUE RIEN NE S'EST FAIT DEPUIS CETTE ÉPOQUE SANS SON CONSENTEMENT. »

En 1854, le fameux Verhœgen, grand-maître du Grand-Orient de Belgique, proclamait à une assemblée des loges que la Maçonnerie a, « en maintes circonstances, unanimement méconnu la restriction de ses statuts », et s'est « activement mêlée aux luttes politiques ». Il ajoutait : « Qui donc oserait la blâmer ? *Ce serait calomnier l'histoire, nier l'immense service rendu à la patrie !* »

Des hommes d'État éminents n'avaient pas eu besoin de ces déclarations pour voir de quelle source découlait le poison qui agitait tout le monde moderne. Les Papes et leurs ministres ont été au premier rang. Les représentants d'une institution qui, comme l'Église, sait devoir durer autant que le monde sont assurément bien placés pour juger le cours du temps, et l'incomparable diplomatie du Saint-Siège le renseigne d'autant plus sûrement qu'elle est plus dégagée des intérêts secondaires.

Quand des esprits comme Consalvi et Joseph de Maistre signalaient à toutes les cours européennes le danger des sociétés secrètes, ils n'obéissaient pas à de vaines terreurs, ni à des hallucinations maladives.

Les avertissements se sont d'ailleurs succédé sans interruption et des côtés les plus opposés.

Des protestants, M. de Haugwitz, dans son mémoire aux souverains assemblés à Vérone, M. de Haller, l'éminent publiciste, John Quincy Adams, le président des Etats-Unis, et à sa suite les hommes d'Etat de l'*Anti-Masonic party*, Eckert, le courageux et érudit avocat saxon, ont montré que les sociétés secrètes mettaient en péril l'ordre politique et civil, non moins que la religion. Plus récemment, Mgr Ketteler, l'illustre évêque de Mayence, Mgr Dupanloup et le cardinal Deschamps, archevêque de Malines, ont démontré, avec leur haute autorité, que la Franc-maçonnerie était le péril des temps modernes, dans des écrits où les leçons de la logique et les enseignements de l'histoire sont présentés d'une façon saisissante.

Le cardinal Mathieu, résumant la longue expérience de sa vie d'évêque et d'homme public, écrivait à son tour :

« Je suis à m'interroger péniblement, et à savoir comment il se fait que les puissants de ce siècle ne regardent pas même autour d'eux, et si près d'eux, ce qui les mine et qui les ronge en attendant leur renversement complet. Je suis très persuadé que la plupart des grands et sinistres évènements de nos jours ont été préparés et consommés par la Franc-maçonnerie. » (*Lettre du 7 avril 1875 à M. Robinet de Cléry.*)

En Angleterre, c'est le cardinal Manning qui, le 1ᵉʳ octobre 1877, s'est exprimé ainsi devant une importante réunion politique :

« Si j'insiste sur toutes ces choses, c'est pour que vous compreniez bien que ce ne sont ni les empereurs, ni les rois, ni les princes, qui dirigent le cours des évènements en Orient. Il y a quelque chose au-dessus d'eux et derrière eux, et ce quelque chose, plus puissant qu'eux tous, se fera sentir quand l'heure en sera venue. Oui, le jour où toutes les armées de l'Europe seront engagées dans un immense conflit, alors, ce jour-là, la Révolution, qui jusqu'à présent travaille sous terre secrètement, aura trouvé l'heure favorable pour se montrer au grand jour. Ce qui s'est vu pour Paris se verra de nouveau pour l'Europe tout entière. »

Le cardinal ne faisait que redire d'une façon expressive ce que Disraëli avait affirmé en maintes occasions dans ses livres politico-littéraires, et aussi comme homme public, notamment dans un discours prononcé le 20 septembre 1876 à Aylesbury, discours qui contient ce passage :

« Les gouvernements de ce siècle n'ont pas affaire seulement aux gouvernements, aux empereurs, rois et ministres, mais encore aux sociétés secrètes, éléments dont il faut tenir compte, qui au dernier moment peuvent mettre à néant tous les arrangements, qui ont des agents partout, des agents sans scrupule qui poussent à l'assassinat et peuvent, s'il le faut, amener un massacre. »

On le voit, l'étude des sociétés secrètes est une nécessité absolue pour avoir l'intelligence des temps modernes. Le Père Deschamps l'a poursuivie en compulsant avec un zèle infatigable les constitutions et statuts maçonniques préparés par les commissions des plus illustres maçons, approuvés et votés par les *convents généraux* ou assemblées législatives des Grands-Orients, et qui ne peuvent être imprimés et distribués aux loges que par les ordres des grands maîtres et de leurs conseils. La comparaison de ces documents, dont l'esprit centralisateur se manifeste à chaque page, jette un jour singulier sur les révolutions françaises et européennes. Les *Manuels maçonniques* ou *Tuileurs*, les *cahiers officiels* des grades, les *rituels* des réceptions, les *instructions, catéchismes, serments* ou *obligations* des récipiendaires, les *signes* et *mots de passe*, les *cantiques* (c'est le nom qu'on leur donne) chantés aux *loges de table* ont fourni une source abondante d'informations au Père Deschamps sur les éléments constitutifs de la Franc-maçonnerie, l'esprit, les tendances, les principes et les conséquences de ce Briarée aux cent bras et de ses agissements diversifiés à l'infini.

Descendant au fond des abîmes maçonniques, le Père Deschamps a pu les sonder, découverts et mis à nu par les maçons eux-mêmes, maîtres à tous les degrés. Il a rapproché ses recherches et ses preuves des faits et gestes des maçons les plus célèbres, et c'est l'abrégé de son travail continué avec les moyens d'informations acquis jusqu'à ce jour, que nous présentons à nos lecteurs.

L'enquête offre toutes les garanties d'exactitude possible, et, si quelques erreurs inévitables de détails étaient relevées, elles ne sauraient enlever leur certitude à l'ensemble des résultats de ces investigations; certitude fondée sur la concordance de tant de témoignages et le rapprochement de faits si nombreux.

En signalant le rôle prépondérant joué par les sociétés secrètes dans la Révolution, nous n'entendons, d'ailleurs, nullement nier les autres causes qui viennent joindre leur action à la leur. Les nations, qui se sont abandonnées à la Révolution, ont subi l'impulsion des sectes anti-chrétiennes, mais elles ont aussi payé les peines de fautes et d'erreurs anciennes.

CHAPITRE II

DES CARACTÈRES PARTICULIERS DE L'ACTION MAÇONNIQUE SUIVANT LES TEMPS ET LES PAYS.

Le fond de la doctrine de la Maçonnerie, le but de son action consiste à mettre l'homme à la place de Dieu. L'*Humanité sans Dieu*, l'*Humanité se faisant Dieu*, l'*Humanité contre Dieu*, voilà les phases de son développement doctrinal, auxquelles correspondent, dans l'ordre des faits, le *Libéralisme*, le *Césarisme d'Etat*, la *Commune* ou le *Nihilisme*.

Malgré ce principe, commun à toutes ses formes, la Franc-maçonnerie ne saurait être qu'une contrefaçon grimaçante de l'unité divine de l'Église. Aussi son unité reste imparfaite et ne se réalise jamais pleinement. Non seulement ses doctrines sont toujours contradictoires comme l'erreur et le mensonge, mais encore les sectes maçonniques, selon les temps et les pays, obéissent à deux tendances distinctes, quoique non absolument opposées.

Les unes voudraient maintenir un ordre social matériel, dont leurs membres recueillent les avantages; elles ne dirigent leurs attaques que contre l'Église catholique et les dynasties qui, fidèles à leur mission, sont les auxiliaires de la vérité divine; elles acceptent, au contraire, les princes qui se font leurs instruments actifs ou au moins leurs complices par une indifférence coupable entre le bien et le mal : elles accepteraient même l'Église, si elle pouvait se réduire au rôle de simple organisation de police pour le peuple et renoncer à combattre les vices de l'humanité révoltée contre Jésus-Christ.

Mais cette *mesure dans le mal* n'est pas une position que ces sectes puissent maintenir indéfiniment. Une logique vengeresse pousse derrière elles des sectes plus avancées, se recrutant en majorité parmi les déshérités de l'ordre social et dirigées par des esprits distingués parfois, qu'un fanatisme destructeur anime. Cette nouvelle couche de l'armée maçonnique accepte toujours, à titre de premier travail de déblai, la destruction de l'Église catholique commencée par les premières, mais elle pousse plus avant la haine contre l'œuvre du Dieu créateur et prétend détruire tout l'ordre naturel des sociétés, le gouvernement civil, la propriété, la famille. L'Internationale, le parti démocrate-socialiste, le Nihilisme, représentent actuellement cette fraction de l'armée des sectes : elle paraît être en antagonisme avec la Maçonnerie proprement dite ; mais l'observateur attentif aperçoit les liens qui les empêchent de se diviser, au moins tant qu'il s'agit de combattre l'Église.

L'action de la Maçonnerie dans les différents pays est naturellement affectée par les circonstances propres à chaque peuple et à chaque époque. Nous n'hésitons pas à le dire bien haut : ce serait une grave exagération que de voir partout et exclusivement l'action des sociétés secrètes. La vérité est que cette action est UN des facteurs importants des évènements, et qu'*à certains moments* ce facteur a été prépondérant.

Une notable différence existe entre les pays exclusivement protestants, comme l'Angleterre, les États-Unis, les États scandinaves, d'une part, et, de l'autre, les pays purement catholiques, ainsi que ceux où l'Église a, concurremment avec les confessions protestantes, une position constitutionnelle, comme l'Allemagne du nord, la Suisse, la Hollande.

Dans les premiers, les institutions politiques présentent une stabilité qui fait leur force, et l'Église y jouit en fait d'une liberté que nous sommes réduits à envier.

M. de Laveleye, dont la secte a fait traduire le pamphlet en onze langues, en conclut que le Catholicisme est la source des conflits politiques et sociaux qui désolent la France, l'Italie, l'Espagne, la Belgique. Nous n'avons pas à réfuter ici après tant d'autres écrivains cette thèse sans valeur et sans sincérité.

Des catholiques sincères, mais empreints de libéralisme, attribuent aux vices des gouvernements le développement des sociétés secrètes et l'accentuation de leur caractère antisocial. Ils sont ainsi portés, au mépris des enseignements de l'Église, à regarder le renversement des gouvernements légitimement établis comme une chose bonne et exaltent, auxiliaires inconscients de leurs adversaires, les *bienfaits du mouvement de 1789*.

Lorsqu'on a étudié la suite de l'action des sociétés secrètes et que l'on connaît leur principe générateur, le contraste signalé entre l'état des pays protestants et celui des pays catholiques s'explique facilement.

Le Protestantisme, malgré toutes les vertus naturelles et surnaturelles même que peuvent avoir un bon nombre de ses adeptes, n'est qu'un christianisme en voie de décomposition. Deux siècles après les *Avertissements* de Bossuet, le travail de désagrégation produit par le libre examen est tel qu'un grand nombre de pasteurs protestants ne croient plus en la divinité de Notre-Seigneur Jésus-Christ. Les apostats de la Réformation ont dirigé contre l'Église des attaques dont les protestants se font de bonne foi les complices, et les gouvernements des pays qui ont abjuré la vérité, notamment ceux de la Prusse et de l'Angleterre, ont souvent propagé dans les nations catholiques la Révolution qu'ils combattaient chez eux. Le Protestantisme a fait ainsi l'œuvre de la Franc-maçonnerie, dont la fraction prépondérante jusqu'ici et la plus nombreuse poursuit presque exclusivement la destruction du Christianisme.

Il y a trente ans, la *Revue maçonnique*, organe très important de la secte, disait que le Protestantisme était la moitié de la Maçonnerie, et en 1874, le f∴ Conrard, vénérable d'une loge, écrivait dans le *Bauhütte* de Leipsig :

« Quant au Protestantisme, qui est resté lamentablement enfermé dans le marécage de la servitude à la lettre d'un livre, et qui, privé d'une discipline vivante poussant en avant le travail de l'esprit, s'est brisé et morcelé en partis confessionnels sans force, il n'y a plus à en tenir compte que comme d'une *ru-*

brique statistique. » Il jugeait tout autrement le Catolicisme, dont « seule l'organisation, si fortement cohérente, est encore un facteur actif, capable d'arrêter par une puissante barrière la formation des hommes en vue d'une humanité *indépendante* » (lisez athée).

Le Christianisme, en effet, ne se trouve à l'état intégral, vivant et expansif, que dans l'Église catholique. C'est pourquoi, depuis un siècle et demi, les efforts principaux de la Maçonnerie se sont tournés contre les pays catholiques, en butte, par suite, à des bouleversements politiques constants.

Les pays protestants ne doivent être, au contraire, atteints par le flot destructeur, que lorsque, l'Église catholique ayant perdu sa position prépondérante dans le monde, la logique du mal poussera les sectes à attaquer l'ordre social naturel. Les progrès des radicaux en Angleterre, des *social-démocrats*, en Allemagne, des internationalistes en Suisse et en Danemarck, des Nihilistes en Russie, des anarchistes dans certaines populations de la France, sont un premier symptôme de cette évolution à peine esquissée encore.

Il est nécessaire d'indiquer à grands traits la tactique que selon les circonstances de temps et de milieu la Maçonnerie a employée pour consommer ses desseins.

Ne comprenant pas l'assistance surnaturelle dont l'Église de Jésus-Christ est l'objet, les habiles directeurs de la Franc-maçonnerie ont cru pendant longtemps qu'ils pourraient parvenir à la séduire, du moins dans certains pays, qu'ils pourraient propager avec la connivence des gouvernements légitimes et d'un clergé aux mœurs corrompues leurs principes antichrétiens. Tel était l'ancien procédé des Gnostiques, des Manichéens, des Albigeois, des Templiers. Weishaupt l'a indiqué à son tour, et en l'année 1818 la Haute-Vente romaine avait arrêté un plan complet pour faire asseoir un affidé sur le siège de Pierre lui-même ! A la fin de XVIIIe siècle, cette tactique des loges n'a-t-elle pas reçu une certaine exécution dans une partie de l'Allemagne, dans le nord de l'Italie et la Toscane ? Au commencement de ce siècle n'en a-t-il pas été de même en Portugal ? Plus récemment, n'a-t-il pas fallu la prévoyante sagesse de Pie IX pour rompre au Brésil, par l'envoi de savants et énergiques évêques, les trames perfidement conçues des sectes ?

A cette période d'action, la Maçonnerie, tout en affectant extérieurement un grand respect pour la religion, cherche à séparer le clergé du foyer d'unité et pousse à l'empiétement, même dans l'ordre spirituel, le pouvoir civil qu'elle appelle *l'Évêque du dehors*, sans crainte de tout ce que ces mots dans sa bouche ont de grotesque, de suranné et de contradictoire avec ses théories d'une société purement humaine. Le Gallicanisme et le Fébronianisme ont été en leur temps de très utiles auxiliaires de la Maçonnerie, quoique la plupart de leurs fauteurs en fussent probablement inconscients. Les ordres religieux, qui ont précisément pour mission de réchauffer le zèle dans l'Eglise, sont particulièrement odieux à la Maçonnerie ; elle honore d'une haine spéciale ceux dont la direction est à Rome et qui contribuent ainsi davantage à resserrer l'unité catholique. C'est là le secret des attaques contre les Jésuites en 1760, sous la Restauration et de nos jours, où le cri de guerre : « Le cléricalisme, voilà l'ennemi ! » a désigné comme premières victimes les membres de l'illustre Compagnie.

Vis-à-vis des gouvernements légitimes, la conduite des sectes a toujours été subordonnée au but suprême qu'elles poursuivent.

Elles ont acclamé les chefs de dynastie qui, comme en Prusse et en Piémont, ont consenti à se mettre à la tête de la guerre contre l'Église.

Là où les circonstances locales ont permis d'élever des difficultés sur l'ordre de succession, comme en Portugal et en Espagne, elles se sont bornées, — sans attaquer le principe de légitimité dont les bons effets sont incontestables, même au point de vue matériel, — à choisir parmi les branches celles dont les chefs leur ont promis leur concours.

Quand la Franc-maçonnerie s'est trouvée en face de dynasties qui, malgré les défaillances individuelles de leurs membres, sont, par une disposition providentielle et une glorieuse tradition, les serviteurs de l'Église, les défenseurs de la vérité, elle a dirigé contre elles tout son effort. Tel a été le sort des Bourbons. *Lilia pedibus destrue* est, depuis le XVIIIe siècle, le mot d'ordre des sectes. La violence même des loges démontre l'intérêt majeur pour les catholiques du monde entier à combattre la « sécularisation de la vie sociale »; elles ont mis tout en œuvre pour empêcher la France de redevenir par la restauration de la monarchie traditionnelle un pays *rayonnant* pour le bien.

Lorsque la Révolution ne peut pas renverser les dynasties vraiment chrétiennes, elle cherche à les paralyser en les enveloppant dans les entraves du régime constitutionnel. C'est ce qui a eu lieu en France, en Italie, en Espagne, en Portugal et en Autriche. Le régime constitutionnel est une forme de gouvernement mixte parfaitement légitime en soi et acceptée par l'Église, pourvu qu'il soit établi selon la justice, c'est-à-dire, conformément à la constitution nationale. Mais lorsque la Maçonnerie s'est faite en ce siècle-ci la propagatrice de ce régime dans les pays catholiques, elle a eu uniquement pour but de poser comme un principe juridique le DROIT de l'erreur, et, en affaiblissant l'autorité des dynasties, de préparer de longue main leur renversement par de prétendues libertés qui dégénèrent toujours en licence, dès que la loi de Dieu n'est pas la base incontestée des institutions.

Dans les pays catholiques, l'action de la Francmaçonnerie passe donc successivement par deux phases :

1° Elle pose ses principes dans les lois ;

2° Quand la *légalité révolutionnaire* a pris racine, elle attaque directement les mœurs chrétiennes par l'organisation d'un enseignement impie et corrupteur, qui repose tout entier sur cette erreur, que l'État — délégation du peuple souverain, roi absolu ou organe de la science positive — crée le droit, et peut faire la loi sans tenir compte de la dépendance où est l'homme vis-à-vis de Dieu dans tous les ordres de son activité.

Les formules juridiques varient selon le tour d'esprit particulier à chaque peuple et le développement historique de la législation, mais, sauf les différences d'expression, le programme maçonnique est toujours le même.

Pour les Français, peuple à l'esprit logique, ami de l'égalité, habitué à la centralisation, le mot d'ordre maçonnique est : « Il faut soumettre les chrétiens au *droit commun,* » formule captieuse dont Mgr Isoard, évêque d'Annecy, a montré le caractère destructeur du Christianisme. En Italie, où le peuple est foncièrement religieux, mais où il est échauffé par de glorieux souvenirs appliqués à contre-sens, ce fut *l'Église libre dans l'État libre.* En Allemagne, pays couvert encore d'associations traditionnelles de toutes sortes et où la vie corporative a une vitalité indestructible, la formule d'oppression de l'Église est celle-ci : « L'Église est dans l'État et n'est devant lui qu'une corporation avec des droits subordonnés comme les autres. » Au Chili, au Canada, la *sécularisation* se poursuit sous le couvert des *idées du temps.*

Séparer l'éducation de la religion, voilà en ce moment, d'un bout à l'autre du monde, la direction donnée aux loges. L'*Instruction publique,* sous l'influence de la Franc-maçonnerie, dont l'État est la chose, devient une propagande continue d'athéisme et d'immoralité. Nous assistons au développement complet de ce plan en France et en Belgique. Dans ces deux pays, baptêmes, mariages et sépultures maçonniques y sont ostensiblement l'objet de fêtes et de pratiques ayant pour but avoué de remplacer le culte catholique dans les traditions populaires. Les fêtes de l'œuvre du *sou des écoles laïques* et de la *ligue de la libre-*

pensée, les *tenues de maçonnerie blanche* prennent la place de nos processions interdites par l'arbitraire administratif.

Les associations scientifiques et professionnelles sont envahies par la secte, et elle se fait de tous ces groupements naturels des hommes autant de moyens de retenir les populations sous son empire. De même que toute la vie sociale chez les peuples chrétiens s'imprégnait de la Religion, de même dans une nation livrée à la Maçonnerie, elle est pénétrée par son venin dans toutes ses manifestations, en attendant le jour où, selon la prédication de l'Apocalypse, *il faudra porter au front le signe de la bête pour pouvoir acheter et vendre.*

La Franc-maçonnerie, par son principe de l'établissement de l'État universel, de l'humanité cosmopolite, est essentiellement en contradiction avec le principe national ; mais, au prix de flagrantes palinodies, elle excelle à envenimer et à exploiter les questions patriotiques. En 1815, elle livrait la Belgique catholique à la Hollande et le pays rhénan à la Prusse ; en 1847, elle a détruit l'autonomie des petits cantons suisses ; en 1832 et 1876, elle a porté un coup mortel à l'antique constitution populaire des pays basques ; or, cette même secte a exploité contre l'Autriche le sentiment patriotique des Italiens et s'est fait de l'idée unitaire une arme contre le pouvoir temporel des Papes, le pouvoir national par excellence !

L'histoire lamentable de la Pologne, en 1830, et celle de l'Irlande, en 1881, montre comment, par son contact, la Franc-maçonnerie altère les mouvements nationaux les plus purs et les souille par des éléments de dissolution qui les font misérablement avorter.

Dans les pays dont les gouvernements sont protestants, mais où les catholiques forment des minorités importantes, et compactes et où ils avaient des droits reconnus, comme dans l'Allemagne du nord, dans plusieurs cantons de la Suisse et en Hollande, la situation acceptée par l'Église pour le bien de la paix a été troublée par la Franc-maçonnerie. C'est cette dernière qui a exigé de M. de Bismarck le *Kultur-Kampf,* comme gage de son concours à l'unification allemande. C'est elle qui a fait voter dès 1868 et 1870 les lois de Genève et de Berne, sœurs des lois de mai. Mais, trouvant un instrument commode de gouvernement dans les églises protestantes, dont beaucoup de pasteurs, comme chez les calvinistes français, sont affiliés aux loges, les gouvernements de Berlin et de Berne n'ont pas visé, ainsi que MM. Gambetta, Ferry, P. Bert, à ruiner dans le peuple toute idée religieuse, à le soustraire aux « rêveries » et aux « superstitions. » Cependant, il convient de noter que, si la Maçonnerie dans certains systèmes ou *rites* pratiqués en Allemagne a revêtu en ce pays des apparences chrétiennes et exclu les Juifs de quelques-unes de ses loges, les Juifs ont, d'autre part, exercé certainement et exercent encore par les loges supérieures la plus active direction sur la secte entière.

Dans les loges hollandaises, la Bible est placée comme une *simple figurante*, et l'on peut bien donner le sens le plus général à cette déclaration faite dès 1840 par le docteur Guerike, écrivain ecclésiastique protestant : « La pénétration de la Franc-Maçonnerie dans les églises protestantes a contribué, comme un marteau frappant sans cesse, à détruire le Christianisme positif, à élever à la place du Christ un nouveau temple. » Le même auteur dit aussi que la secte « s'est servie du principe de l'aide fraternelle comme d'un puissant système de corruption et de monopole pour envahir toutes les positions officielles et les emplois ayant une influence dans l'Église et la science. »

En Angleterre et aux États-Unis, le caractère antireligieux de la Franc-maçonnerie est plus effacé, mais cela est dû à ce que, sur ce point comme en bien d'autres choses, la race anglo-saxonne suit des voies très différentes de celles où sont engagées les races latines et germaniques. En se débarrassant des odieux conflits qui épuisent celles-ci, en repoussant l'immixtion de l'État dans la vie privée, elle se crée des éléments de prospérité matérielle incontestables. D'ailleurs la grande quantité de ministres qui appartiennent aux loges fait que peu à peu la Maçonnerie est devenu quelque chose d'analogue aux formes multiples de religiosité vague et mal définie dans lesquelles verse le Protestantisme. Toutefois, malgré ce caractère particulier, la Maçonnerie anglaise n'a jamais rompu avec la Maçonnerie continentale : elle a aidé toujours les entreprises des conspirateurs contre les gouvernements catholiques et offert aux révolutionnaires du monde entier une hospitalité très utile à leurs opérations. On peut dire la même chose de la Maçonnerie aux

États-Unis. Depuis un quart de siècle cependant les catholiques sont devenus assez nombreux dans ce pays pour être un facteur social important, et leur succès a suffi pour réveiller, mais inutilement, nous l'espérons, l'intolérance protestante *contre le Papisme* et pour pousser la Franc-maçonnerie à poser par delà l'Océan son principe de la *suprématie de l'État moderne*.

CHAPITRE III

Les luttes de l'Eglise, la Maçonnerie et le Judaisme

Tout l'ordre des sociétés humaines repose sur une vérité fondamentale et un fait primordial.

La vérité fondamentale est que l'homme a été créé par Dieu, que sa fin dernière est Dieu, et que, par conséquent, toutes ses actions, toutes les manifestations de son activité doivent tendre, chacune dans son ordre, à cette fin.

La religion est le premier des moyens donnés à l'homme pour réaliser cette fin : elle le rattache à Dieu par la reconnaissance qu'il fait de sa subordination et par l'emploi des grâces spirituelles que la bonté du Créateur lui a préparées. La moralité des actions humaines a pour critérium essentiel la conformité à cette fin et à cet ordre. La société générale qui existe entre tous les hommes en vertu de leur origine et de leur fin commune et qui se traduit matériellement par l'échange des services économiques, la famille qui assure la conservation du genre humain, les différentes nationalités qui partagent le monde, l'autorité politique légitime qui maintient la paix dans l'intérieur de chaque nation, les libertés publiques qui permettent à chaque homme de remplir ses devoirs envers Dieu, envers lui-même, envers sa famille, envers ses concitoyens, la propriété enfin qui est la condition de l'ordre économique naturel, et qui assure la perpétuité du travail d'où l'humanité attend sa subsistance; tous ces ordres de choses, dans lesquels l'homme se meut et agit, sont en réalité autant de moyens coordonnés par lesquels il doit tendre à sa fin dernière, et c'est dans cette coordination hiérarchique que tous les droits de famille, de citoyen, de propriétaire, toutes les libertés publiques, privées et économiques, trouvent leur raison d'être et leur garantie contre les abus de la force, qu'elle émane d'un despote, d'un homme supérieur par l'intelligence, ou d'une multitude ayant pour elle la puissance du nombre.

Cet ordre naturel des choses, qui est essentiellement conforme à la droite raison, au bon sens, est en effet constamment menacé par les passions humaines, qui portent l'homme à s'insurger contre Dieu, à se prendre lui-même pour fin, et à opprimer ses semblables.

Ce désordre a pour cause le fait primordial de la *chute originelle*. L'homme est tenté à toute heure par un esprit mauvais qui hait Dieu et sa créature. Le tentateur rencontre une complicité secrète dans le cœur humain, malgré les protestations de la raison. Mais Dieu, dans son infinie miséricorde, a réparé cette chute par la merveille infinie de la *rédemption* due aux mérites surabondants de son Fils, le Verbe éternel incarné. Ces mérites sont appliqués à l'homme par le moyen d'une Église visible, essentiellement unique, et qui a pour organe une hiérarchie aboutissant au siège infaillible et indestructible de Pierre.

Non-seulement l'Église a pour mission de guider les hommes dans les voies spirituelles, mais encore elle garde le dépôt des vérités de l'ordre naturel, que méconnaissent les passions. Elle est, à ce double titre, le ciment de la société et la conservatrice de l'ordre civil.

La Révolution consiste essentiellement dans la négation de cette coordination des choses, de cette subordination de toutes les actions humaines à leur fin dernière. Elle met les droits de l'homme à la place de la loi de Dieu et, par un renversement radical de l'ordre, pose l'homme comme sa fin à lui-même.

Un penseur profond, qui a étudié, lui aussi, à fond l'action et les doctrines de la Maçonnerie, le Père Pachtler, a condensé dans un seul mot l'idée fondamentale de la Franc-maçonnerie et de toutes les sociétés secrètes qui en dérivent : c'est la déification de l'humanité, ou l'homme mis à la place de Dieu.

Dans une lettre adressée à M. Claudio Jannet, Mgr Gay, l'éminent collaborateur du grand cardinal Pie, dont les catholiques honorent les vertus et la science, a résumé en ces termes la place qu'occupe la Franc-maçonnerie dans la série des hérésies :

« On ne peut lire votre exposé des doctrines, des desseins, de l'organisation, de l'histoire, de l'influence occulte ou publique de la Franc-maçonnerie, sans voir, et jusqu'à l'évidence, que sous ses noms divers, avec ses formes multiples et changeantes et malgré ses divisions et ses luttes intestines, cette exécrable et très criminelle société n'est que le corps constitué de l'antichristianisme et l'infernale contrefaçon de cette sainte Église catholique, dont Jésus-Christ est le chef invisible et le Pape le chef visible. . . . . . .

« Il est donc tout à la fois formulé et institué, il est là vivant, et opérant, avec des artifices surhumains, une activité formidable, hélas ! et un prodigieux succès, ce vieux « mystère d'iniquité » qui, du temps de saint Paul, avait déjà sa place et son action dans le monde, et dont le dernier fruit et l'agent souverain doit être « l'homme de péché, le fils de la perdition », l'Antechrist, le grand possédé et le maître ouvrier de Satan. Il sera, continue l'Apôtre, l'opposition, l'objection, la contradiction en personne, *qui adversatur*. Dans sa superbe et son audace, il se dressera contre tout ce qui porte le nom de Dieu et est honoré comme tel, *extollitur supra omne quod dicitur Deus aut quod colitur*, c'est-à-dire qu'il s'insurgera contre la Trinité adorable, Dieu unique, créateur et seigneur de toutes choses ; contre le Christ, fils éternel du Père et un seul Dieu avec lui ; contre toute autorité, soit divine, soit humaine ; contre toute paternité de grâce et de nature ; contre tout pouvoir exercé au nom du Très-Haut : pouvoir sacerdotal, politique, civil ou domestique. Il se révoltera contre toute loi, en tant que la loi se présente comme appuyée sur un droit supérieur à l'homme et dominant ses volontés ; enfin s'élevant par dessus tout, il foulera sous ses pieds choses et personnes, au nom du genre humain dont il se proclamera le roi, le verbe et même le dieu, car c'est jusque-là qu'il ira, et il est fatal qu'il y aille. Saint Paul l'annonce en termes explicites : « Ce monstre posera son siège dans le temple de Dieu, écrit-il, se faisant centre et maître de toute la religion comme de toute la puissance, et l'objet du seul culte qui, sous son règne, sera légalement permis, *ita ut in templo Dei sedeat ostendens se tanquam sit Deus.* »

« Et voici qu'en regardant l'État que l'on appelle *moderne*, encore que ce soit précisément l'État antique, l'État païen, celui des vieilles monarchies de l'Orient et des Césars de

Rome, l'État tel que la Franc-maçonnerie le rêve et le veut, tel qu'elle a commencé et réussi à l'établir dans le monde, l'État qui domine tout, centralise et absorbe tout, peut tout, et entend le faire sans contrôle, étant la nation même et ce peuple souverain « qui n'a pas besoin, dit Rousseau, d'avoir raison pour valider ses actes, — il faut reconnaître et confesser que la prophétie devient déjà de l'histoire.

« La Franc-maçonnerie est le champ qui produira ce fruit abominable. Elle est l'avant-courrière, elle sera tout à l'heure la mère de ce tyran déifié, régnant pour le compte de l'Enfer et en inaugurant l'État ici-bas. Elle prépare tout pour l'avènement et le triomphe de l'Antechrist ; elle lui aplanit les voies, lui concilie d'avance l'esprit des hommes, lui gagne leur sympathie ; elle lui crée ses ressources et lui forme en tout pays son organisme politique ; elle popularise ses principes et lui formule son dogme ; elle propage sa morale, qui, partant du mensonge, aboutit à la perversion ; elle fonde son enseignement et lui en assure le monopole ; elle recrute son armée ; elle pourvoit à ce qu'il ait son appareil scientifique, littéraire, artistique ; elle bâtit ses théâtres; elle lui dresse ses tribunes : elle prélude à sa législation et lui invente sa langue; elle tient sa presse toute prête ; enfin, en construisant son trône, qu'elle sait devoir être un jour un autel, elle lui façonne surtout son peuple, ce peuple aveuglé, dégradé et servile qu'il lui faut pour être acclamé, suivi et obéi.

« Le Père Deschamps écrit, en tête de son livre, qu'il est la *philosophie de l'histoire contemporaine* ; ce titre n'est que trop justifié. Comme il est impossible de comprendre l'œuvre et l'esprit des sociétés secrètes sans l'intelligence du mystère de Jésus-Christ, qui est le fondement divin de toutes choses, la grande question des siècles, le signe posé à la contradiction et la cause principale, quoique indirecte, des disputes et des guerres qui remplissent l'histoire ; de même, si l'on ignore les mystères de ces néfastes sociétés, on ne saurait expliquer ce qui, depuis la prétendue Réforme, mais surtout depuis la première moitié du dernier siècle, s'est passé en France et dans le monde et s'accomplit encore sous nos yeux

« Ah ! que le Saint-Siège était bien avisé et n'a cessé de l'être ! qu'il s'est montré et se montre encore fidèle à sa mission de paternité et de charité universelles, quand, depuis 1738, par la bouche de Clément XII, suivi en ceci par tous ses successeurs jusqu'à Pie IX et Léon XIII, il a sans relâche dénoncé aux souverains et aux peuples ces sociétés infâmes comme le grand péril de notre temps et une puissance diabolique qui menace de tout envahir avec le dessein arrêté d'abattre tout ce qui tient la société debout. Hélas ! il en a été des vicaires du Christ comme du Christ, qui disait : « Le jugement, » c'est-à-dire ce qui lui servira de thème et pour un trop grand nombre le rendra si redoutable, « le jugement, c'est que la lumière est venue dans le monde », cette lumière qui est le témoignage que je rends à la vérité, « et les hommes ont mieux aimé les ténèbres que la lumière, parce que leurs œuvres étaient mauvaises. » On n'a point écouté le Saint-Siège ; on a méprisé et raillé, non seulement ses avertissements et ses alarmes, mais les sentences d'excommunication dont il frappait les chefs, les membres et les fauteurs de ces ténébreuses associations, rois et peuples ont continué de marcher dans leurs voies, portant, sans en avoir toujours conscience, le joug honteux imposé par les loges. Chacun sait ce que, par suite, sont devenus les rois ; nous sommes en train d'apprendre ce que deviennent les peuples. »

Les mouvements antisémitiques de la Russie et de l'Allemagne, quelques faits récents qui ont accusé la prépondérance financière des israélites sur les bourses de Londres et de Paris, ont appelé vivement l'attention sur le rôle joué par les juifs dans la politique moderne et spécialement sur leur liaison avec la Maçonnerie.

Il est impossible de n'être pas frappé du fait que les principaux agitateurs nihilistes et communistes, que les chefs reconnus des partis radicaux en Allemagne, où le centre directeur de sectes a vraisemblablement son siège, en Russie, en Suisse, sont des israélites. L'auteur d'un remarquable article publié dans le *Nineteenth Century* de janvier 1882, sous ce titre significatif, *L'aurore d'une époque révolutionnaire*, s'exprime ainsi :

« Le traite plus remarquable de tous les bouleversements qui s'opèrent dans le continent, c'est le rôle prépondérant des juifs. Tandis qu'une partie d'entre eux s'empare des grands pouvoirs financiers, d'autres individus de leur race sont les chefs de ce mouvement révolutionnaire que nous avons esquissé... Ceux qui considèrent les juifs comme une force de conservation dans la société doivent changer leur point de vue. »

Pendant longtemps les israélites ont été exclus de la plupart des loges allemandes, anglaises et françaises. Ils ont alors fondé des rites spéciaux, comme celui de Misraïm en France, des Beni-Berith aux États-Unis, qui leur permettaient de bénéficier des avantages assurés par le caractère universel de la Maçonnerie et de communiquer au besoin avec toutes les loges. Cependant on a la preuve que, même au milieu du XVIIIe siècle, un certain nombre de loges maçonniques recevaient les juifs dans leur sein. Martinez Paschalis, le fondateur des Illuminés français, qui a eu un rôle très important dans la propagation des sectes à cette époque, était un juif. Des documents très sérieux indiquent que des juifs ont eu une part prépondérante dans la formation au commencement de ce siècle de ce groupe de hauts adeptes qui, sous le nom de Haute-Vente romaine, a de 1814 à 1840 dirigé toutes les sociétés secrètes et toutes les loges. Joseph de Maistre, dès 1811, signalait le rôle actif des juifs dans les manœuvres des sectes, et Disraëli a plus récemment répété les mêmes affirmations. Ce sont là assurément deux témoignages dont la portée est considérable. (V. chapitre VI.)

De nos jours, le mouvement interne de la Maçonnerie a renversé presque partout les barrières qu'un reste d'idées chrétiennes ou des préjugés sociaux opposaient à l'admission des juifs dans les loges ordinaires. La Maçonnerie des pays catholiques, celle de France, d'Italie et d'Espagne, a été la première à les admettre. L'Allemagne a suivi cette tendance. Aux États-Unis et en Angleterre, il n'y a que certains rites qui leur soient accessibles. Depuis que la plupart des loges allemandes ont abaissé les anciennes barrières, on constate même dans le monde maçonnique, non sans un certain effroi, l'influence que les enfants d'Israël y ont prise. L'appoint considérable qu'ils apportent aux partis *progressiste* et *national-libéral*, est devenu particulièrement désagréable au grand chancelier. Un de ses écrivains, Théodore Mommsen, dans une brochure intitulée : *Un mot sur les Juifs,* leur a reproché leur ingratitude et leur a adressé un curieux appel à l'union avec les Allemands contre la France et l'ultramontanisme.

En France, la question sociale juive n'existe pas, la proportion numérique des israélites dans la popupulation étant trop faible, mais le nombre des fonctions officielles qu'ils occupent est sans aucune proportion avec leur rapport à la population générale. De plus ceux qui sont arrivés à une certaine position sociale sont engagés dans la Maçonnerie et y exercent une influence considérable. L'un d'eux, le F∴ Crémieux, fut pendant de longues années grand maître du suprême conseil du rite écossais. Un grand rabbin, le F∴ Dalsace, est l'un des membres les plus anciens du Grand-Orient. Le grand rabbin de France, à la distribution des prix des écoles professionnelles israélites, qui avait lieu le 27 décembre 1879, à l'hôtel du Grand-Orient, louait solennellement au nom d'Israel les francs-maçons et célébrait leur action dans le monde. Le 29 juin 1869, un grand synode des juifs orthodoxes réformés et libéraux de toutes les nations, réuni à Leipzig, voyait dans le développement et la réalisation des IDÉES MODERNES (lisez : RÉVOLUTIONNAIRES) la *plus sûre garantie* pour le présent et l'avenir de la nation juive et de ses enfants.

Les transformations matérielles et économiques du monde augmentent de plus en plus la valeur des remarquables aptitudes des israélites, et dégagent la supériorité ethnique indiscutable qu'ils ont conservée à travers les siècles. L'influence croissante qu'exercent dans nos sociétés leurs penseurs, leurs écrivains, leurs artistes, leurs financiers ; leur pénétration dans certaines populations, comme aux États-Unis, où ils tendent à se fondre avec la grande masse devenue indifférente au Christianisme, voilà des faits providentiels dont les conséquences ne s'apercevront que plus tard. Notons seulement que les juifs retiennent toujours avec une grande ténacité la croyance au Dieu créateur, au Dieu vivant, tandis que de plus en plus les loges deviennent brutalement positivistes et matérialistes. Si les apostasies des peuples chrétiens comblaient la mesure, est-ce par eux que, suivant les antiques prophéties, se ferait le retour de l'humanité à son Auteur ?

CHAPITRE IV

L'ORGANISATION DE LA MAÇONNERIE

Malgré la variété des rites pratiqués par les loges, la Franc-maçonnerie est une association essentiellement une et universelle.

Cette unité repose sur les trois grades *symboliques* d'*apprenti*, de *compagnon*, de *maître*. Cinq maîtres suffisent pour constituer une loge et procéder à la réception de nouveaux membres, qui peuvent obtenir l'entrée de toutes les loges et réclamer l'assistance des membres de l'ordre dans tout l'univers.

Les trois grades *symboliques* forment la base sur laquelle s'édifient tous les rites.

Ces rites consistent dans une série de grades, dits *chapitraux* ou *philosophiques*, dans lesquels les doctrines de la Maçonnerie sont développées sous la forme d'allégories variées, et qui ont pour objet de rendre plus claires, d'inculquer plus fortement chez les initiés la doctrine de l'ordre, qui est d'ailleurs dans son essence tout entière contenue dans le rituel des trois grades symboliques. Le rite français ou moderne ajoute quatre grades chapitraux aux trois premiers grades et en compte ainsi sept en tout. Le rite des *anciens maçons libres et acceptés*, d'Angleterre, se réduit aussi à sept.

Le *rite écossais ancien accepté* a, dit-on, pour fondateur Frédéric II, qui ajouta huit grades à *l'ancien rite écossais* ou *d'Heredom*, qui était très répandu dès le XVIIIᵉ siècle. Il a trente-trois degrés. Il est très pratiqué en France, aussi bien dans les loges de l'obédience du Suprême-Conseil ou de la Grande-Loge symbolique écossaise, que dans celles placées sous le gouvernement du Grand-Orient. Les membres qui possèdent ces degrés forment, à côté et au dessus des loges symboliques, des *ateliers* supérieurs appelés *chapitres, consistoires, conseils*. Le *rite écossais ancien accepté*, avec la fantasmagorie de ses nombreux grades, a obtenu beaucoup de succès, car l'amour des décorations, des titres pompeux, sert d'attraction à la Maçonnerie auprès de beaucoup d'adeptes. Aussi ce rite est pratiqué actuellement dans tous les pays.

Le *régime rectifié*, ou de *stricte observance*, n'a que cinq grades, mais le dernier est divisé en trois sections. Après avoir été très répandu au XVIIIᵉ siècle, il n'est plus suivi aujourd'hui en France que dans une seule loge.

Le rite de *Misraïm*, d'origine juive, compte quatre-vingt-dix degrés. Le rite de Memphis, pratiqué en Italie et en Egypte, et qui a la même origine, en compte aussi un grand nombre.

C'est surtout pendant le XVIIIᵉ siècle, à l'époque où la conspiration contre la monarchie chrétienne se nouait, que furent créés les grades chapitraux, qui étaient, selon le mot de Louis Blanc, « d'arrière-sanctuaires » où se groupaient les initiés les plus actifs. Dans le rite écossais les trois derniers grades, dits administratifs, ne sont conférés qu'aux fonctionnaires du grand collège des rites dans le Grand-Orient et du Suprême-Conseil.

Les hauts grades sont aujourd'hui, en France, donnés assez indistinctement et l'on peut en parcourir toute l'échelle sans connaître le véritable secret de l'ordre. Les réceptions satisfont la vanité des récipiendaires et apportent d'abondantes ressources au budget du Grand-Orient, par les sommes qui sont perçues à cette occasion.

Suivant le développement des grades chapitraux, les centres directeurs se sont multipliés dans les divers rites sous les noms de *Grandes-Loges*, *Mères-Loges*, *Grands-Orients*, *Suprêmes-Conseils* ; on les appelle d'un terme générique, *puissances maçonniques*. Un peu avant la Révolution française, les chefs de la Franc-maçonnerie se sont efforcés de concentrer ces *puissances* et de fusionner ces rites. Ils n'y sont parvenus qu'en partie.

En France, il y a actuellement quatre puissances maçonniques :

Le Grand-Orient de France,
Le Suprême-Conseil du rite écossais ancien accepté,
La Grande-Loge symbolique écossaise,
Le Suprême-Conseil du rite de Misraïm.

Ces puissances maçonniques sont souveraines les unes vis-à-vis des autres, mais elles reconnaissent réciproquement les grades conférés par les loges de leur obédience comme dans les loges de tous les pays. L'unité de l'ordre n'est donc pas altérée.

Voici l'organisation intérieure du Grand-Orient, qui présentement est la plus importante de ces quatre puissances :

Le Grand-Orient se forme des vénérables des loges proprement dites et des présidents des divers ateliers qui pratiquent les hauts grades des rites français, écossais ancien et accepté ; à défaut de leurs présidents, ces divers corps sont représentés par des députés spéciaux, élus par eux annuellement à la majorité des voix. Il se complète par les membres du *conseil de l'ordre*, y compris ceux du *grand collège des rites*. Le Grand-Orient s'attribue la *puissance suprême, dogmatique, législative, judiciaire et administrative* de tous les ateliers, de tous les rites et de tous les grades existant dans toute l'étendue de la France et dans les colonies. L'assemblée générale du Grand-Orient a lieu une fois par an et statue comme un parlement sur les questions qui lui sont soumises. La direction effective appartient au *conseil de l'ordre*, composé de trente-trois délégués de l'assemblée générale, qui se réunissent à Paris et prononcent sur tous les cas qui se présentent. Le Grand-Orient se divise pour l'expédition des affaires courantes en différents comités permanents, dont le nombre et les attributions varient selon les temps. Dans son sein, mais fonctionnant d'une manière tout à fait indépendante, se trouve le *grand collège des rites*, qui se recrute lui-même, qui est composé des maçons possédant les trente-trois degrés du *rite écossais ancien accepté*, qui confère seul ces degrès. C'est lui qui gouverne souverainement les ateliers supérieurs, tandis que le Grand-Orient, assemblée générale et conseil de l'ordre, ne s'occupe que des loges symboliques.

Une *certaine* publicité est donnée aux affaires relatives aux loges symboliques, mais le secret le plus rigoureux couvre toujours les choses relatives aux ateliers des hauts grades.

Aucune loge ne peut se constituer ni prendre une décision de quelque importance sans l'aveu du Grand-Orient, qui peut la suspendre (*mettre en sommeil*) ou même la dissoudre. Celui-ci a habituellement à sa tête un grand-maître, choisi généralement parmi les membres des familles régnantes ou parmi les personnages affiliés. Ce grand-maître, souvent accepté avec défiance, et dupe autant que complice, ne peut imposer à l'ordre une direction réelle, car le pouvoir effectif réside tout entier dans les comités. Tel a été par exemple le cas du prince Murat, du maréchal Magnan qui, sous le second Empire, avaient été nommés grands-maîtres par le Gouvernement. En France, depuis 1870, le Grand-Orient n'a plus de grand-maître et institue seulement un président.

Le Grand-Orient de France laisse les loges de son obédience libres de pratiquer l'un des deux rites, le *français* ou *moderne* et le *rite écossais ancien accepté*.

Le *Grand-Orient* s'est constitué en 1772. Il comptait, en septembre 1883, sous son obédience, 286 loges et 47 ateliers des hauts grades. Quant au *Suprême-Conseil du rite écossais ancien accepté*, il remonte plus loin; mais, après diverses péripéties dans son fonctionnement, il a pris ce nom en 1803 et s'est consolidé en 1817, par la réunion de deux *puissances* rivales du rite écossais, qui fut due particulièrement au zèle du duc Decazes.

Le *Suprême-Conseil* a une constitution beaucoup plus autoritaire que le Grand-Orient. Ses membres sont élus à vie et se recrutent eux-mêmes; le pouvoir qu'il exerce sur les ateliers de son obédience, loges symboliques ou ateliers des hauts grades, est également beaucoup plus énergique. Les loges symboliques dépendant de lui sont au nombre de 77.

Le *Suprême-Conseil*, sous la Restauration et la Monarchie de juillet, groupait la partie la plus avancée de la Maçonnerie, parce qu'il avait mieux su se soustraire à la tutelle des pouvoirs politiques, que le Grand-Orient avait acceptée en recevant ses grands-maîtres et grands-maîtres adjoints des mains du gouvernement.

Mais aujourd'hui, en raison de sa constitution plus fermée, le *Suprême-Conseil* perd rapidement son influence. Beaucoup de loges, qui pratiquent d'ailleurs le rite écossais, l'ont abandonné pour passer dans l'*obédience* du Grand-Orient.

Pendant plusieurs années une lutte sourde d'influences a existé entre le Grand-Orient et le Suprême-Conseil du rite écossais, et quand on rapproche les noms des membres de ces deux corps, on s'explique facilement la division qui s'est produite dans les rangs du parti républicain et a abouti à une rivalité ouverte entre des hommes également considérables de ce parti et également engagés dans la Franc-maçonnerie.

Sous l'influence de ces dissensions intestines, onze des principales loges parisiennes de l'obédience du Suprême-Conseil s'en sont séparées, et ont constitué, au mois de février 1880, une quatrième puissance maçonnique sous le titre de *Grande-Loge symbolique écossaise*.

Cette nouvelle puissance Maçonnique a constitué depuis lors un certain nombre de loges : elle en compte actuellement vingt-sept sous son obédience.

Quant au *rite de Misraïm* ou *rite égyptien*, qui a été créé par Cagliostro, puis a été de nouveau propagé en France en 1816, il compte surtout des juifs. Il ne se compose actuellement que de six loges.

Ces divers groupes maçonniques sont souvent le théâtre de rivalités personnelles auxquelles il ne faut généralement pas attacher trop d'importance, car l'identité des principes de la secte et le but destructeur que toutes ses branches poursuivent les réunit toujours. A plusieurs reprises des tentatives ont été faites pour les unifier ; elles ont toujours échoué, chacun de ces groupes tenant à son autonomie et se réservant, dans les cas de périls pour la secte, une liberté de manœuvres plus grande.

Mais en septembre 1883 il a été conclu entre les quatre puissances de la Maçonnerie française un traité d'alliance et d'affiliation réciproque dont le *Bulletin maçonnique de la Grande-Loge symbolique* d'octobre 1883 indique ainsi la portée pratique :

« Cet acte mémorable consacre l'alliance de toutes les forces de notre institution fraternelle pour le plus grand bien de la démocratie française qui a besoin de l'union de tous les maçons.

« Maintenant, le faisceau des bonnes volontés est formé ; il ne s'agit plus que de les utiliser. Ce n'est point encore l'unité d'action, qui viendra plus tard, mais c'est l'union possible dans l'action. Peut-être cette étape sur la route de l'unité maçonnique était-elle le prélude nécessaire pour amener tous les maçons de France, par la démonstration progressive des faits, à la conception claire et précise de la possibilité comme de la nécessité de 'unir dans une vaste confédération, assez puissante pour tenir tête aux ennemis de la République, *dont la Maçonnerie doit être le plus énergique soutien.* »

La même organisation, avec la même variété de rites et de puissances maçonniques, existe dans les autres pays.

Depuis que les gouvernements en sont venus à reconnaître la Franc-maçonnerie ou officieusement ou officiellement, comme en Angleterre et en France même depuis 1851, les différents Grands-Orients ou Grandes-Loges font coïncider les limites de leur obédience avec celles des États où ils sont établis. Il y a ainsi un Grand-Orient de Belgique, un Grand-Orient de France, un Grand-Orient d'Angleterre, etc. Aux États-Unis, il y a trente-huit Grandes-Loges, autant que d'États.

Mais cette division des obédiences, nous le répétons, n'empêche nullement l'unité de la Maçonnerie. Des traités et des unions spéciales assurent à tout franc-maçon affilié dans une loge d'un rite quelconque l'exercice de ses droits maçonniques dans les loges du monde entier et lui donne droit à leur appui. Bien des indices tendent d'ailleurs à indiquer que par dessus tous les Grands-Orients, il existe un directoire secret qui, tout en laissant chacun d'eux gouverner ses loges comme il leur convient, leur donne une impulsion générale.

CHAPITRE V

LE SECRET DE LA FRANC-MAÇONNERIE ET LE BUT DERNIER DES SECTES

Le *secret*, disent les constitutions maçonniques, *est le premier signe caractéristique de l'ordre*, et à chaque grade on fait prêter aux initiés un nouveau serment, par lequel ils se dévouent aux peines les plus atroces au cas où ils viendraient à révéler les secrets de l'ordre.

Or l'immense majorité des maçons, même de ceux qui parviennent *aujourd'hui* aux plus hauts grades, ne reçoit jamais aucune confidence.

Quelle est donc la signification de ces serments, et le secret lui-même existe-t-il réellement ?

La rigoureuse obligation imposée aux maçons, de ne jamais rien *révéler de tout ce qu'ils pourraient voir, faire et entendre dire dans les loges* est une garantie contre les indiscrétions ou les surprises. Elle protège l'action occulte des directeurs suprêmes, l'existence des *ordres intérieurs*, qui à plusieurs époques se sont formés dans le sein de la Maçonnerie ordinaire ; elle couvre enfin des tentatives faites à certains moments dans les loges pour recruter des adeptes d'élite dans un but actif.

Quoiqu'en fait la grande majorité des francs-maçons ne reçoive jamais la confidence d'un secret à garder, l'ordre maintient soigneusement en principe la discipline du secret et a toujours repoussé les propositions que certains membres avancés, mais moins circonspects, lui faisaient de transformer définitivement la Maçonnerie en société publique, en club de Jacobins où tout le monde serait affilié.

Voici les articles que l'on lit encore dans la *Constitution de la Grande-Loge symbolique écossaise* en 1880 :

« EN TOUTE CIRCONSTANCE, LES MAÇONS SE DOIVENT AIDE PROTECTION ET ASSISTANCE, MÊME AU PÉRIL DE LEUR VIE. »

En toute circonstance, aucune restriction n'est apportée à cet engagement.

« LA GRANDE-LOGE SYMBOLIQUE MAINTIENT L'ORDRE, LES SIGNES, LES ATTOUCHEMENTS, LES MOTS SACRÉS, LES MOTS DE PASSE EXISTANT ACTUELLEMENT DANS LE RITE *écossais et non accepté*, ainsi *que* L'USAGE DES MOTS DE SEMESTRE. »

Tout l'appareil des sociétés secrètes est donc soigneusement conservé.

Les hauts grades, nous l'avons dit, sont souvent en France conférés à des personnages sans grande portée, amis surtout des décorations brillantes et des titres pompeux.

Cependant la Maçonnerie, même la plus radicale, n'entend pas les supprimer. Voici ce qu'on lit dans le *Bulletin de la Grande-Loge symbolique* de mars 1881.

« Le rôle de la Maçonnerie bleue (celle des trois pre-
« miers grades) est surtout intérieur ; son influence et son
« action doivent s'exercer dans le milieu profane où elle se
« développe ; celui de la Maçonnerie rouge — (celle des hauts
« grades) — est plus particulièrement extérieur ; c'est à
« elle qu'il appartient de maintenir et de développer les
« rapports maçonniques internationaux. »

Ecoutez encore ces paroles étranges prononcées en 1882 au 3ᵉ congrès des loges de l'est à Nancy.

« On a tort de se moquer des hauts grades, dit le compte-rendu. Pour sa part, l'orateur a préféré en tenter l'ascension, et à mesure qu'il s'y élève, il en comprend mieux la portée. Comme il n'a pas encore dépassé le 30ᵉ degré (*chevalier Kadosch*), il ne peut pas être encore arrivé à une pleine lumière. Déjà cependant il croit pouvoir affirmer que dans les derniers degrés se condense un travail maçonnique *international* d'une très grande profondeur. *Ne serait-ce pas de ces sommets, que viennent ces mots mystérieux, qui, partis on ne sait d'où, traversent parfois les foules au milieu d'un grand frémissement et les soulèvent pour le bonheur de l'humanité ?* »

Quant à la doctrine secrète en elle-même, au but final poursuivi par l'ordre, voici ce qu'en disait en 1794 un manifeste du duc de Brunswick, grand-maître de tous les rites allemands, adressé aux loges :

« Vos maîtres devaient vous dire, comme nos pères nous l'avaient appris, que les secrets de l'association ne peuvent être connus que par *quelques maîtres*, car que deviendraient des secrets qui seraient connus d'un trop grand nombre ? »

La possession de ce secret est indépendante de la

collation des hauts grades et à plus forte raison des dignités officielles de l'ordre. « Les sectes, dit un de « leurs historiens les plus érudits, ont presque tou- « jours deux sortes de règles et de doctrines : l'une « vulgaire et générale, l'autre particulière, connue « seulement de certains initiés, *qui sont rarement* « *dans les plus hauts grades*, mais par les mains des- « quels tout passe et tout se fait en réalité (1). »

Le grand-maître d'*un Grand-Orient* peut ne rien connaître du tout des secrets de l'ordre, pas plus qu'il n'a souvent de puissance effective sur ses travaux.

L'ordre sait se précautionner contre toute surprise, témoin ce serment du *chevalier St-André* ou *maître supérieur écossais*, qui se prête dans les loges allemandes :

« Je jure librement à Dieu créateur de l'univers, entre les mains du maître légitime de cette loge et en présence des frères écossais ici présents, de cacher de la façon la plus secrète du monde les secrets auxquels je suis présentement parvenu et *toutes les présomptions que j'en pourrai tirer*, et de ne les révéler à personne, QUAND MÊME CE SERAIT LE MAITRE DE L'ORDRE ENTIER, si je ne le reconnais dans une haute loge écossaise régulière, ou s'il ne m'est désigné comme tel par mes supérieurs de cette loge. »

En 1849, un haut maçon allemand, le F∴ Drœseke, disait à la loge la *Branche d'Olivier* de Brene :

---

(1) *Les Sectes et les Sociétés secrètes, Essai sur leur histoire jusqu'à la Révolution française*, par le comte Le Coulteux de Canteleu, ouvrage composé d'après les manuscrits du prince de Hesse (Paris, 1862, Dentu).

« Dans nos temples il est sans cesse question d'un *secret* ; même, pour parler plus exactement, on ne parle que de ce *secret*. Ce secret, on ne peut le cacher à celui *qui a des yeux* ; celui-là le pénètre *sans la loge ; il est initié sans être entré dans nos sanctuaires. Tel autre ne parviendra jamais à le connaître, pas même par la loge et par le moyen de tous ses grades* ; C'EST UN PROFANE, FUT-IL MÊME ASSIS A L'ORIENT DU TEMPLE, ET FIT-IL BRILLER LES BIJOUX DU GRAND-MAITRE.

« Nos symboles ne sont pas l'objet représenté ; ils ne sont que des *allusions*, des réminiscences ; par eux, l'esprit est stimulé à faire des efforts pour *conclure l'invisible de ce qui est visible.* »

Ce grand secret de l'ordre, il est donc possible même aux profanes de le pénétrer au moyen des écrits des fondateurs des sectes et à la lumière des évènements auxquels ils ont pris part.

Les chapitres VII° et VIII° de ce volume montreront précisément comment tous les rites pratiqués dans les loges, même dès la réception des grades symboliques, révèlent ce secret à tous ceux qui savent voir et qui comprennent.

La lumière maçonnique se produit aujourd'hui d'ailleurs si ouvertement que nul ne peut se faire illusion sur le but qu'elle poursuit.

On lisait dans le numéro du 15 décembre 1866 du *Freimaurer-Zeitung*, journal secret des loges, rédigé par le pasteur Zille, directeur du gymnase protestant de Leipzig :

« Dans une lecture sur l'élément religieux de la Franc-maçonnerie, faite le 28 juin 1866, dans la réunion de l'association des *francs-maçons allemands-américains*, le frère Charles de Gagern a fait les déclarations suivantes en promettant de faire imprimer son discours : « *Je suis fermement convaincu que le temps arrivera et doit arriver où* L'ATHÉISME SERA L'OPINION GÉNÉRALE DE L'HUMANITÉ ENTIÈRE, *et où cette dernière considèrera le déisme comme une phase passée, tout comme les francs-maçons déistes sont au-dessus des divisions religieuses. Il ne faut pas seulement nous placer au dessus des différentes religions*, MAIS AU DESSUS DE TOUTE CROYANCE EN UN DIEU QUELCONQUE. »

En Italie, le f∴ Mauro Macchi, membre du *Suprême-Conseil du rite écossais*, écrivait en 1874 :

« La clef de voûte de tout le système opposé à la Maçonnerie était et est le sentiment ascétique et transcendantal qui emporte les hommes au delà de la vie présente et les fait se regarder eux-mêmes comme des voyageurs sur la terre, les conduisant à sacrifier chaque chose pour un bonheur qui commencera dans le cimetière. Tant que ce système n'aura pas été détruit par le maillet de la Maçonnerie, nous aurons une société composée de pauvres créatures trompées qui sacrifient tout pour obtenir la félicité dans une existence future. »

Les loges françaises retentirent du même cri de haine contre l'Église. Jusqu'en 1870 elles mettaient une certaine prudence dans les manifestations de leur secrète pensée. Mais aujourd'hui où elles se croient sûres du succès, elles se vantent en toute occasion d'avoir sourdement miné le terrain pendant un siècle et préparé l'explosion d'antichristianisme qui se produit sous la pression d'un gouvernement qu'elles dirigent.

Dans le cours de ce livre comme dans les trois volumes de l'ouvrage du Père Deschamps on trouvera d'innombrables preuves de ce que nous affirmons ici.

Rappelons seulement qu'au *convent* du Grand-Orient, tenu en septembre 1883, le discours de clôture propose aux FF.·. comme but à atteindre la conquête définitive du monde profane et les encourage en leur montrant leur « minorité grandissante devenant bientôt peut-être la majorité de la nation. » Et il ajoute : « Ce jour là, MM.·. FF.·. notre œuvre aura vraiment accompli ses destinées. Dans ces édifices élevés de toutes parts depuis des siècles aux superstitions religieuses et aux suprématies sacerdotales, nous serons peut-être appelés, à notre tour, à prêcher nos doctrines, et au lieu des psalmodies cléricales, ce seront les maillets, les batteries et les déclamations de notre ordre qui en feront retentir les voûtes et les vastes piliers. »

Voilà le but suprême des sociétés secrètes, celui qu'elles poursuivent dans toutes les situations et sous toutes les formes politiques. Pour arriver à frapper l'Église catholique et particulièrement le Saint-Siège, elles ont besoin de renverser le principe de la légitimité dans tous les gouvernements, et avec toutes les bonnes coutumes nationales, de pervertir les bases mêmes de l'ordre social, et jusqu'au langage des peuples.

Toutes les sectes sont d'accord sur ce but de leurs efforts ; seulement, comme à leur haine satanique contre Dieu se mêlent toutes sortes de passions et de convoitises, elle se divisent souvent entre elles sur les moyens à employer et sur le point où elles voudraient s'arrêter dans leur œuvre de destruction.

Les révolutionnaires de haute lignée, les habiles, ceux qui ont su arriver les premiers à la fortune et aux honneurs, cherchent à concentrer leurs coups sur l'Église et la religion. Ils voudraient conserver dans la société un ordre purement matériel, autant parce qu'ils en recueillent les avantages que parce qu'ils connaissent la réaction inévitable des intérêts froissés par la démence des révolutionnaires, *qui vont jusqu'au fond*. Volontiers même, ils conserveraient l'Église comme un établissement humain, et se contenteraient de la corrompre pour s'en faire un instrument de règne, tel que l'anglicanisme, le schisme russe, l'évangélisme prussien.

Un franc-maçon célèbre et en même temps un homme d'État important en son temps, Blumenhagen, disait en 1825 : « Le monde entier doit être le « temple de l'ordre maçonnique, l'azur du ciel son « toit, les pôles ses murailles, *le trône et l'autel ses* « *piliers*..... » Voilà bien la pensée de cette Franc-maçonnerie, qui se fait au besoin constitutionnelle et *conservatrice*.

Bossuet a eu une profonde intuition des luttes des temps modernes quand, voyant dans la lumière des Écritures toutes les phases de l'existence des sociétés humaines, il a écrit ces paroles :

« Il y a deux sortes de persécutions : l'une est ouverte et déclarée, quand on attaque ouvertement la religion ; l'autre, cachée et artificieuse, comme celle de ce Pharaon qui, jaloux de l'abondance du peuple de Dieu, en inspirait la haine à ses sujets et cherchait des moyens secrets de le détruire : *Venez*, dit-il, *opprimons-le sagement* (Exode, I, 10, 11 et suiv.), c'est-à-dire secrètement et finement. »

Weishaupt, le fondateur de l'Illuminisme au XVIII⁰ siècle, voulait avoir pour lui les *écoles ordinaires*, gagner les *séminaires ecclésiastiques et leurs supérieurs*. Les adeptes de la Haute-Vente Romaine cherchaient à corrompre l'Église ; Enfantin, sous le second Empire, rêvait de *transformer le Catholicisme*. Si de pareils desseins pouvaient se réaliser, la Révolution serait vraiment maîtresse du monde et le règne de Satan remplacerait celui de Jésus-Christ.

Mais ils sont constamment déjoués par l'assistance que Dieu donne à son Épouse. La corruption peut trouver prise sur des ecclésiastiques isolés, sur un Talleyrand, un Dalberg, un d'Andréa, elle ne peut pénétrer l'Église. Celle-ci, fidèle à sa mission divine, et défendue dans sa foi et dans son chef contre tous les assauts humains, déjoue les complots les plus habilement ourdis ; et, soit dans les Catacombes, soit sous la protection d'un pouvoir temporel légitimement acquis, elle ne cesse jamais de revendiquer, contre les corrupteurs hypocrites ou déclarés, ce gouvernement des âmes, qui est l'objet de la convoitise éternelle des sectes.

D'ailleurs ces révolutionnaires à hautes vues et à profonds desseins sont incessamment poussés par les flots pressés des révolutionnaires, qui ne sont pas encore satisfaits et veulent s'attaquer à des objets plus tangibles que l'Église, faire des ruines plus profitables pour eux que la destruction des croyances et des mœurs. Une fois déchristianisées, les masses réclament l'égalité absolue et le droit à toutes les jouissances. Un des insurgés des journées de juin

1848 le disait avec un cynisme brutal : « Quarante-
« huit heures de pillage et de robes de soie, voilà
« notre programme ! »

C'est ainsi que la République marche derrière les monarchies libérales ou les césarismes démocratiques, et la Commune derrière les républiques conservatrices.

Le Socialisme est tout entier en germe dans les doctrines de la Maçonnerie, dans la symbolique de ses grades. Nous montrerons dans le dernier chapitre comment il n'est pas un des principes posés dans les loges dont il ne puisse faire la base de ses revendications. Mais les francs-maçons aristocrates ou bourgeois qui propageaient ces doctrines avec zèle, tant qu'ils étaient personnellement couverts par un gouvernement fort et par l'action morale de l'Église, se refusent obstinément à les réaliser une fois qu'ils sont face à face avec les revendications de la rue. C'est ainsi qu'on a pu voir, en 1848, bien des loges se transformer en clubs *conservateurs*..., conservateurs de la fortune des francs-maçons, a-t-on pu dire, car que signifie la politique conservatrice si elle ne s'appuie sur les droits de Dieu et l'ordre établi par lui ? Aujourd'hui encore dans certaines loges de Paris, l'économie politique est fort en honneur, et des républicains naïfs y défendent avec conviction les droits du capital et y prêchent la résignation au salariat.

De son côté, l'*Internationale* n'a pas épargné les sarcasmes à la Franc-maçonnerie. En 1870, elle l'excommuniait solennellement à Lyon, et en 1880, dans cette même ville, un comité radical exigeait de son candidat la déclaration qu'il n'était pas franc-maçon.

Mais, quelque violent que soit cet antagonisme entre les soldats des deux armées, les chefs ne le partagent pas. L'Internationale et les diverses organisations socialistes ont été jusqu'ici aux mains d'hommes qui se trouvaient plus ou moins dans la dépendance des directeurs suprêmes des sectes, et ceux-ci ont jusqu'à présent réussi à détourner contre l'Église les ardeurs révolutionnaires du prolétariat. L'élément jacobin, soit dans la Commune parisienne, soit encore actuellement, a évidemment l'avantage sur l'élément purement socialiste; nous en avons journellement la preuve.

Néanmoins cette politique d'équilibre et d'intrigues ne peut pas toujours dominer les passions qu'elle déchaîne, et l'opposition d'intérêts entre la Franc-maçonnerie et l'Internationale, entre le Jacobinisme et le Socialisme, si l'on veut se représenter la diversité des sectes sous ces noms, cette opposition, disons-nous, est réelle, car elle découle de la nature des choses et de la position sociale de leurs membres.

Unies tant que l'édifice social chrétien est debout, les différentes couches des sociétés secrètes entrent en lutte quand elles croient avoir triomphé définitivement, et elles défont souvent leur œuvre, anticipant ainsi par leur propre confusion l'heure des justices divines.

Ces rivalités et ces mouvements, tantôt parallèles, tantôt opposés, sont un des éléments les plus importants, et quelquefois les plus difficiles à apprécier, de l'action des sociétés secrètes dans l'histoire contemporaine.

CHAPITRE VI

L'ARMÉE DES SOCIÉTÉS SECRÈTES

Si même parmi les plus haut gradés beaucoup de maçons ignorent le secret de la société dont ils font partie, tous les affiliés, ne fût-ce qu'au grade d'*apprenti*, n'en sont pas moins francs-maçons : ils portent partout ce caractère avec eux, sont en possession des signes et attouchements, et se trouvent liés par leurs serments à l'obéissance et aux obligations que l'ordre prétend imposer à ses adeptes. On les appelle membres *passifs*, par opposition aux membres *actifs* ou *réguliers* qui sont affiliés à une loge particulière et *paient la cotisation annuelle*.

Or, beaucoup de personnages politiques, qui sont affiliés et en bénéficient, n'aiment pas à fréquenter les loges, surtout en présence de leur envahissement croissant par des éléments sociaux assez inférieurs. D'autres tout simplement cherchent à se dispenser du paiement des cotisations. Ce qui nous confirme dans cette appréciation, c'est que la *Chaîne d'union*, dans son numéro de décembre 1882, se livre à de vives récriminations contre les hommes politiques, qui, après s'être servis des loges, les ont abandonnées et ne contribuent plus à leurs dépenses. Ils n'en servent malheureusement pas moins activement les projets des sectes.

Les écrivains maçonniques évaluent en général le nombre des membres passifs au triple de celui des membres actifs, ce qui donnerait un total de trois à quatre millions de francs-maçons.

A Paris, on comptait en 1880, d'après l'*Indépendance belge*, 15.000 membres actifs, et 120.000 qui ont quitté l'association, mais qui restent unis à leurs anciens collègues par une communauté de vues et de principes.

En France, le Grand-Orient groupait en 1883 près de 26.000 membres actifs, répartis entre environ 333 ateliers. Les trois autres puissances maçonniques françaises comptent à elles trois une centaine de loges, ce qui, d'après la même proportion, ferait 5 à 6 mille membres actifs. Le total de ces membres serait donc dans notre pays de 31 à 32 mille.

En Allemagne, en 1879, il y avait 354 loges fréquentées par 42.211 membres actifs.

Le Grand-Orient d'Italie comptait, en 1882, 185 ateliers, ayant plus de 9.000 membres actifs.

Aux États-Unis, existent 54 grandes loges, 10.000 loges possédant 700.000 membres actifs.

Ces chiffres suffisent à démontrer l'insuffisance des évaluations de Findel qui, en 1876, estimait pour le monde entier le nombre des grandes loges à 120, celui des loges à 9000, comprenant de 400.000 à 600.000 membres actifs. A la statistique atténuée de cet écrivain maçonnique, qui ne veut pas faire entrer dans ses calculs les loges dites *irrégulières*, nous préférons les faits relevés par Pachtler, et qui portent le nombre des loges en 1874 à 11.000 ayant plus d'un million de membres actifs.

Ce chiffre considérable, qui s'est accru, dans certains pays, et dans le nôtre notamment, sous l'influence des succès de la Révolution, ne justifierait pas cependant, même en tenant compte de 52 revues entretenues par la secte, l'action exercée par la Franc-maçonnerie, si l'on négligeait deux considérations importantes :

1° La collaboration des membres passifs, disséminés dans les petites villes et les campagnes, ou parvenus au faîte du pouvoir, comme l'était le F∴ Gambetta, comme l'est encore le F∴ Jules Grévy.

2° Les associations secrètes ou non qui sont des *formes simplifiées* de la Franc-maçonnerie et dont il convient de parler ici.

Au point de vue de l'action internationale, les preuves abondent pour établir les rapports liant la Franc-maçonnerie aux diverses conjurations révolutionnaires, notamment le Carbonarisme et le Mazzinisme. Les sectes militantes n'ont fait que tirer les conséquences des prémisses posées par les loges. Une direction unique semble les faire mouvoir à certains moments.

En France, à la fin du XVIIIe siècle, une association absolument occulte, qui s'intitulait l'*Ordre du Temple* et qui était en relation étroite avec les Illuminés de Weishaupt, remplissait vis-à-vis des loges, et sans que celles-ci s'en doutassent, le rôle d'*ordre intérieur*, et dirigeait leurs travaux. C'est ainsi qu'à la fin du siècle, l'Illuminisme parvint à dominer toutes les loges et tous les rites. Les hauts grades écossais servaient de sanctuaire à cet ordre intérieur, et c'est pour cela qu'ils ont toujours été reconnus par les *puissances maçonniques*, malgré les protestations de nombreux maçons des grades symboliques, et même malgré des schismes passagers. Les hauts grades ayant perdu de nos jours cette signification, ce n'est point dans leurs chapitres qu'il faut aller chercher le centre où se cache la direction de la Maçonnerie universelle, direction qui a continué cependant à exister, comme le prouve la brusque évolution de la Franc-maçonnerie abandonnant Napoléon Ier en 1808, et de nombreux témoignages relatifs aux complots tramés sous la Restauration. Un écrivain maçonnique attribue ce rôle à la continuation de l'ordre du Temple. La Haute-Vente romaine, dont le gouvernement de Grégoire XVI a saisi les correspondances, exerçait une influence incontestée sur les loges maçonniques de France et d'Allemagne. Un peu plus tard le centre de direction se déplace, et comme nous l'apprend le F∴ Malapert, *orateur* du *Suprême-Conseil*, dans un discours prononcé en 1874, « le mot d'ordre donné aux loges du monde entier part de Pétersbourg et de Berlin et non plus de Paris. » Vers 1840, elles deviennent livrées aux courants du pan-germanisme et du pan-slavisme.

Les travaux de Eckert, le savant avocat saxon qui a dévoué sa vie à dévoiler les mystères des Sociétés secrètes, ont eu pour conclusion que *l'ordre in-*

térieur existait toujours et gouvernait souverainement la Maçonnerie de *l'ordre extérieur*.

Dans une discussion sur la Franc-maçonnerie qui a eu lieu à la chambre des représentants de Belgique en 1882, le f∴ Bergé, ancien grand-maître national, a prononcé ces paroles qui éclairent d'un jour bien net la question :

« Si les loges sont attaquées par le parti ultramontain, c'est parce qu'il sait bien que les loges sont les citadelles où on se réfugie quand monte le flot de la réaction et que si ces citadelles n'existaient pas, il y aurait longtemps que la réaction aurait triomphé. »

Le résultat auquel ses longues études ont conduit Eckert, est confirmé dans ses traits essentiels par ces paroles que M. Disraëli a jetées non sans dessein dans un de ses romans politiques et auxquelles ses derniers discours officiels donnent plus de portée encore :

« Le monde est gouverné par de tout autres personnages que ne se l'imaginent ceux dont l'œil ne plonge pas dans les coulisses. Cette diplomatie mystérieuse de la Russie, qui est la terreur de l'Europe occidentale, est organisée par les juifs, et ils en sont les principaux agents.... Cette puissante révolution qui, actuellement même, se prépare et se brasse en Allemagne, où elle sera de fait une seconde réforme plus considérable que la première, et dont l'Angleterre sait encore si peu de chose, se développe tout entière sous les auspices du juif, à qui est échu le monopole presque complet de toutes les chaires professorales. »

M. Gougenot-Demousseaux, dans ses belles études sur *le Juif, le Judaïsme et la Judaïsation des*

peuples chrétiens (in-8° Paris 1869), a réuni un grand nombre d'indications sur les relations des hauts chefs de la Maçonnerie avec le Judaïsme. Il les résume ainsi : « La Maçonnerie, cette immense association
« *dont les rares initiés*, c'est-à-dire dont les chefs
« réels, qu'il faut se garder de confondre avec les
« chefs nominaux, vivent dans une étroite et intime
« alliance avec les membres militants du Judaïsme,
« princes et imitateurs de la haute cabale ! Car cette
« élite de l'ordre, ces chefs *réels* que *si peu d'initiés*
« connaissent, et qu'ils ne connaissent pour la plupart
« que sous des noms de guerre, fonctionnent dans la
« profitable et secrète dépendance des cabalistes
« israélites. Et ce phénomène s'accomplit grâce
« aux habitudes de rigoureuse discrétion auxquel-
« les les assujétissent des serments et des mena-
« ces terribles, grâce encore à *la majorité* des
« membres juifs que la mystérieuse constitution de la
« Maçonnerie asseoit dans son conseil souverain. »
Il reproduit dans les pages suivantes un article des *Historisch politische Blætter*, de Munich, de 1862, où l'on signale l'existence en Allemagne, en Italie et à Londres, de loges directrices inconnues au gros des maçons et où les juifs sont en majorité : « A Lon-
« dres, où se trouve le foyer de la Révolution sous le
« grand-maître Palmerston, il existe deux loges jui-
« ves, qui ne virent jamais de chrétiens passer leur
« seuil. C'est là que se réunissent tous les fils de tous
« les éléments révolutionnaires, qui couvent dans les
« loges chrétiennes. » M. Gougenot-Demousseaux cite encore l'opinion d'un homme d'État protestant, au ser-

vice d'une grande puissance germanique, qui lui écrivait en décembre 1865 : « Depuis la recrudescence ré-
« volutionnaire de 1845, je me suis trouvé en relations
« avec un juif qui, par vanité, trahissait le secret des
« Sociétés secrètes auxquelles il s'était associé, et qui
« m'avertissait huit à dix jours d'avance de *toutes les*
« *révolutions* qui allaient éclater sur un point quel-
« conque de l'Europe. Je lui dois *l'inébranlable con-*
« *viction* que tous ces grands mouvements *des peu-*
« *ples opprimés*, etc., etc., sont combinés par une
« *demi-douzaine d'individus*, qui donnent leurs or-
« dres aux Sociétés secrètes *de l'Europe entière !* »

Un homme qui avait joué un rôle fort actif dans les révolutions d'Italie, vers 1830, et qu'un concours de circonstances très particulières avait mis en rapport avec le Père Deschamps, Henri Misley, lui écrivait en 1855 :

« Je connais un peu le monde, et je sais que, dans tout ce grand avenir qui se prépare, il *n'y en a que quatre ou cinq qui tiennent les cartes.* Un plus grand nombre croient les tenir, mais ils se trompent ! »

H. Misley était en correspondance avec Espartero, Kossuth, Fazy, Cavour, le roi Victor-Emmanuel, et surtout Palmerston. Son opinion mérite donc d'être retenue comme celle d'un témoin très compétent et qui a vu clair dans le jeu de quelques meneurs s'imposant à la vaste catégorie des gens que Mazzini, après Weishaupt, appelait des « imbéciles » et a exploités comme tels. Or, les lettres de Misley indiquent, malgré la grande réserve de leur auteur, l'action du comité directeur pesant sur les cabinets européens et dirigeant toutes les sociétés secrètes, mais elles révèlent aussi les discussions qui existaient alors comme aujourd'hui entre les éléments divers dont ces sociétés sont formées.

Tout en admettant l'existence continue de ce centre de direction unique, nous sommes portés à croire que l'autorité de cette direction n'est pas toujours reconnue universellement, que parmi l'armée des sociétés secrètes de nouvelles forces s'élèvent qui entrent parfois en conflit avec les anciennes, cherchent à s'emparer de la direction suprême, et ne se soumettent qu'à moitié à ses ordres en attendant qu'elles puissent elles-mêmes pénétrer dans ce centre souverain. De nos jours, Mazzini et la Haute-Vente romaine, Louis Napoléon et Mazzini, Karl Marx et M. de Bismarck, n'ont pas toujours pu s'accorder, malgré les liens qui les rattachaient les uns aux autres.

Dans un récit fort curieux que les évènements ont jusqu'ici confirmé dans ses grands traits, le général Etzel, un des chefs les plus avancés de la Maçonnerie, aurait dit en parlant de M. de Bismarck, après le convent de Locarno, en octobre 1872 : « Il est à nous « complètement, et le jour où nous le verrions titu« bant, nous lui retirerions notre confiance, il le sait « très bien. » Ce mot nous semble résumer exactement l'état de dépendance où sont, les unes vis-à-vis des autres, les différentes fractions des sectes et en même temps l'antagonisme, la défiance que la poursuite d'intérêts différents suscite entre elles, sans même parler des rivalités personnelles de leurs chefs.

Ces discordes intestines sont souvent les moyens dont la Providence se sert pour arrêter l'essor de la Révolution et ménager aux peuples les moyens de se retenir sur la pente où ils sont emportés.

Si la Franc-maçonnerie s'appuie sur *l'ordre intérieur*, elle intervient aussi en préparant un personnel de choix à toutes les sociétés secrètes agissantes, et en fournissant un appui discret à ceux de ses membres qui s'engagent dans une carrière plus active.

Dès la réception au premier grade, le *vénérable* fait entendre à *l'apprenti* ces paroles significatives pour ceux qui ont l'esprit ouvert :

« Les maçons sont obligés de s'assister l'un l'autre par tous les moyens, quand l'occasion s'en offre. Les francs-maçons ne doivent pas se mêler dans des conspirations ; mais si vous apprenez qu'un maçon s'est engagé dans quelque entreprise de ce genre et est tombé victime de son imprudence, vous devez avoir compassion de son infortune, et le lien maçonnique vous fait un devoir d'user de toute votre influence et de l'influence de vos amis pour diminuer la rigueur de la punition en sa faveur. »

Toutes les sociétés secrètes actives, depuis les illuminés et les carbonari jusqu'à l'Internationale, se sont recrutées dans les loges maçonniques. Ce ne peut être évidemment que de l'aveu de leurs directeurs suprêmes.

Du reste, tous les fondateurs des sociétés secrètes se sont expliqués nettement sur le rôle que jouait la Franc-maçonnerie. Weishaupt, le fondateur en 1776 de la secte des Illuminés allemands, dont nous raconterons plus loin l'histoire, disait dans ses écrits destinés aux seuls initiés, mais qu'un hasard providentiel fit tomber dans la publicité (1) :

« Dans chaque ville un peu considérable, les chapitre secrets établiront des loges maçonniques des trois grades ordinaires. Ils feront recevoir dans ces loges des hommes *de bonnes mœurs, jouissant de la considération publique* et d'une fortune aisée. Ces hommes-là doivent être recherchés et reçus francs-maçons, quand même ils ne devraient pas être utiles à l'Illuminisme pour *nos travaux ultérieurs.*

« Laissez-moi-là les *brutes*, les *grossiers* et les *imbéciles*, écrit-il dans le chapitre *des exclusions des hauts grades.* Il est cependant une espèce *d'imbéciles* à qui il ne faut pas le dire, parce qu'on peut tirer quelque avantage de leur sottise. Sans avoir de l'esprit, ils ont au moins des écus. Ce sont de bonnes gens que ces gens-là, et il nous en faut. *Ces bonnes gens font nombre et remplisssent la caisse* ; mettez-vous donc à l'œuvre ; il faut bien que ces messieurs mordent à l'hameçon ; mais gardons-nous bien de leur dire nos secrets. Ces sortes de gens doivent toujours être persuadés que le grade qu'ils ont est le dernier.

« Le député maître des loges, ordinairement réviseur des comptes, doit être aussi membre de notre chapitre : *il fera croire aux loges qu'elles disposent de leur argent* ; mais il doit employer cet argent, *suivant le but de notre ordre.* S'agit-il d'aider un de nos confrères, on en fait la proposition à la loge. Si ce confrère n'est pas maçon, n'importe :

---

(1) Les écrits de Weishaupt et de ses principaux adeptes, saisis et publiés juridiquement par le gouvernement de Bavière, furent déposés aux archives secrètes de Munich, avec ordre du duc électeur d'en communiquer les originaux à quiconque aurait quelque doute sur leur authenticité. Barruel et Robiano en ont reproduit en français toutes les parties importantes, l'un dans ses *Mémoires sur le Jacobinisme*, l'autre dans son *Histoire de l'Église*, sans que personne en ait jamais contesté la vérité et l'exactitude.

il n'en faut pas moins en venir à bout par quelque expédient.

« On ne prendra point sur le capital, afin que nous puissions trouver un jour *des moyens ou des fonds pour de plus grandes entreprises.* Il faut annuellement envoyer au chapitre secret le dixième de la recette de ces loges. Le trésorier, à qui ces fonds sont remis, les ramasse et cherche par *toute sorte d'entreprises* à les augmenter.

« Avant que de toucher à nos propres fonds pour aider nos confrères, il faut, autant qu'on le pourra, chercher à leur procurer des secours ou leur entretien sur les fonds des loges qui ne sont pas dans notre système. En général, il faut faire *servir à notre grand but l'argent* que ces sortes de loges dépensent si inutilement. »

En 1822, un juif, membre de la Haute-Vente romaine, écrivait à un de ses complices de multiplier partout les associations, même celles qui sont en apparence inoffensives, et surtout la Franc-maçonnerie :

« Dans l'*impossibilité* où nos frères et nos amis se trouvent de *dire encore le dernier mot*, il a été jugé bon et *utile de propager partout la lumière et de donner le branle à tout ce qui aspire à remuer.*

« Cette vanité du citadin ou du bourgeois de s'inféoder à la Franc-maçonnerie a quelque chose de si banal et de si *universel*, que je suis toujours en admiration devant la *stupidité humaine.*

« Je m'étonne de ne pas voir le monde entier frapper à la porte de tous les vénérables, et demander à ces messieurs l'honneur d'être l'un des ouvriers choisis pour la reconstruction du temple de Salomon. Le prestige de l'inconnu exerce sur les hommes une telle puissance, que *l'on se prépare avec tremblement aux fantasmagoriques épreuves de l'initiation et du banquet fraternel.*

« *Se trouver membre d'une loge, se sentir, en dehors de sa femme et de ses enfants, appelé à garder un secret qu'on ne vous confie jamais, est, pour certaines natures, une volupté et une ambition.*

« Les loges peuvent bien aujourd'hui procréer des gourmands; elle n'enfanteront jamais de citoyens. On dîne trop chez les T∴ C∴ et T∴ R∴ F∴ de tous les Orients ; mais c'est *un lieu de dépôt, une espèce de* HARAS, un centre par lequel il faut passer avant d'arriver à nous. Les loges ne font qu'un mal relatif, un mal tempéré par une fausse philanthropie et par des chansons encore plus fausses, comme en France. Cela est trop pastoral et trop gastronomique, mais *cela a un but qu'il faut encourager sans cesse.*

« En lui apprenant à porter arme avec son verre, on s'empare ainsi de la volonté, de l'intelligence et de la liberté de l'homme. On le dispose, on le tourne, on l'étudie. On devine ses penchants ses affections et ses tendances ; quand il est mûr pour nous, on le dirige vers la société secrète, dont la Franc-maçonnerie ne peut être que l'antichambre assez mal éclairée.

» La Haute-Vente désire que, sous un prétexte ou sous un autre, on introduise dans les loges maçonniques le plus de princes et de riches que l'on pourra... Une fois qu'un homme, un prince même, un prince surtout, aura commencé à être corrompu, soyez persuadé qu'il ne s'arrêtera guère sur la pente. Il y a peu de mœurs, même chez les plus moraux, et l'on va très-vite dans cette progression. Ne vous effrayez pas de voir les loges florissantes, lorsque le Carbonarisme se recrute avec peine. C'est sur les loges que nous comptons pour doubler nos rangs ; elles forment à leur insu notre noviciat préparatoire ; elles discourent sans fin sur les dangers du fanatisme, sur le bonheur de l'égalité sociale et sur les grands principes de liberté religieuse. Elles ont entre deux festins des anathèmes foudroyants contre l'intolérance et la persécution. C'est plus qu'il n'en faut pour nous faire des adeptes. Un homme imbu de ces belles choses n'est pas éloigné de nous ; il ne reste plus qu'à l'enrégimenter. »

Mazzini, le grand agitateur, comprenait bien aussi l'utilité des loges et de toutes les associations *libérales*, même composées d'honnêtes bourgeois :

« Le concours des grands est d'une indispensable nécessité pour faire naître le réformisme dans un pays de féodalité. Si vous n'avez que le peuple, la défiance naîtra du premier coup, on l'écrasera. S'il est conduit par quelques grands, les grands serviront de passe-port au peuple. L'Italie est encore ce qu'était la France avant la Révolution ; il lui faut donc ses Mirabeau, ses La Fayette et tant d'autres. Un grand seigneur peut être retenu par des intérêts matériels ; mais on peut le prendre par la vanité ; laissez-lui le premier rôle tant qu'il voudra marcher avec vous. Il en est peu qui veuillent aller jusqu'au bout. L'essentiel est que le terme de la Révolution leur soit inconnu. Ne laissons jamais voir que le premier pas à faire.....

« Associer, associer, associer, tout est dans ce mot. Les sociétés secrètes donnent une force irrésistible au parti qui peut les invoquer. Ne craignez pas de les voir se diviser ; plus elles se diviseront, mieux ce sera ; *toutes vont au même but par un chemin différent*. Le secret sera souvent dévoilé : tant mieux. Il faut du secret pour donner de la sécurité aux membres, mais il faut une certaine transparence pour inspirer la crainte aux stationnaires. Quand un grand nombre d'associés, recevant le mot d'ordre pour répandre une idée et en faire l'opinion publique, pourront se concerter pour un moment, ils trouveront le vieil édifice percé de toutes parts et tombant comme par miracle au moindre souffle du progrès. Ils s'étonneront eux-mêmes de voir fuir devant la seule puissance de l'opinion les rois, les riches, les prêtres, qui formaient la carcasse du vieil édifice social. Courage donc et persévérance (1). »

(1) Instruction du 1er novembre 1846, publiées par Lubienski, *Guerres et Révolutions d'Italie* (Paris, Lecoffre 1852), p. 44.

Ce qui prouve jusqu'à l'évidence la filiation de ces sociétés secondaires vis-à-vis de la Maçonnerie, qui est comme leur mère à toutes, c'est qu'au paragraphe 3 des statuts de la *Jeune Allemagne*, publiés par l'autorité judiciaire dans l'enquête relative au meurtre de Lessing, il est expressément défendu à tous et à chacun de ses membres *de s'agréger à aucune société secrète, hors celle des francs-maçons !*

Il en est actuellement ainsi encore.

Dans la grande enquête sur les actes du gouvernement de la défense nationale à laquelle a procédé l'Assemblée nationale, M. de Sugny a pu constater que la Franc-maçonnerie avait toujours fourni leurs cadres aux sociétés secrètes les plus avancées et leur état-major aux sociétés populaires, qui sont dans sa dépendance.

Voici ce qui se passe maintenant en France, notamment dans l'Est et le Sud-Est. Chaque ville tant soit peu importante a une loge maçonnique composée de bourgeois et qui est en relation avec le centre. Cette loge ne compte pas seulement des adhérents dans la ville où son siège est établi. Elle a dans tous les bourgs et villages des affiliés recrutés principalement dans les professions qui mettent en rapport avec le public, médecins, notaires, vétérinaires, marchands. Elle admet aussi, mais en petit nombre, certains ouvriers, que leur intelligence et leur fanatisme élèvent au-dessus de leurs camarades.

A leur tour ces affiliés sont, dans chaque village, dans chaque commune, à la tête d'une association composée de paysans ou d'ouvriers sous forme de cercles, de *chambrées,* de sociétés chorales, qu'ils dirigent et qu'ils mettent au service de la loge sans que leurs membres fassent directement partie de la Maçonnerie. Suivant le tempérament des populations, leurs habitudes et le degré d'excitation politique, de véritables sociétés secrètes populaires se forment : telles étaient l'*Alliance républicaine* de St-Étienne, la *Charbonnerie* de Die, qui ont été l'objet de procès en 1872 et 1873 et qui tombaient sous le coup de la loi à cause de l'affiliation formelle et des serments exigés. Des groupes de ce genre existent encore recrutés et affiliés à un centre directeur selon le même système secret. Ailleurs les associations publiques donnent presque les mêmes résultats. Par un système comme par l'autre, on arrive à ceci, c'est que dans chaque village de certaines parties de la France, un seul individu est le meneur incontesté de toutes les élections. Souvent rien dans sa situation sociale extérieure ne paraît justifier cette influence ; la vérité est que son pouvoir repose sur quelqu'une de ces organisations.

La Franc-maçonnerie a été de tout temps habile à grouper des catégories d'individus en vue de les préparer à l'initiation des loges, dont ils secondaient inconsciemment le travail destructeur. Ainsi la branche des *Odd Fellows*, qui a été transportée d'Angleterre en Allemagne sous le nom de *Souderbaren Bruder*, et qui en 1874 comptait 1143 loges, est une véritable société dépendant de la Franc-maçonnerie, étroitement affiliée avec elle, et comme elle se proclamant « une institution destinée à *délivrer le peuple des prêtres, des superstitions et du fanatisme.* »

Les *Odd-Fellows* des États-Unis et du Canada jouent le même rôle.

En 1845, ces procédés étaient saisis sur le vif par M. d'Horrer, ancien ambassadeur, qui décrivait ainsi l'organisation du *parti radical* en Suisse par les loges :

« Pendant cette longue période de conspirations d'une part et d'aveuglement de l'autre, la Suisse entière s'organisait en sociétés, dont le but et les démonstrations variaient à l'infini. Toutes n'avaient pas originairement pris la couleur révolutionnaire ; mais comme les loges et les ventes avaient eu soin d'y faire entrer leurs principaux dignitaires et leurs plus hardis orateurs, toutes tombèrent un peu plus tôt, un peu plus tard, sous leur direction occulte, c'est-à-dire sous le joug de la vassalité maçonnique. Telles furent les *sociétés helvétique, géologique, archéologique, d'histoire naturelle, de musique, d'agriculture*, et jusqu'à cette association banale qui se disait *d'utilité commune*, véritable hospice intellectuel et scientifique, destiné à recevoir quiconque avait l'ambition d'appartenir à quelque association patriotique, sans avoir cultivé aucun art ni aucune branche de savoir quelconque. Pour le peuple, on imagina les *associations de chant*, où il recevait *inter pocula* des leçons de libéralisme, c'est-à-dire d'impatience de toute autorité à laquelle lui-même ne prendrait pas une part active et prépondérante. Toutes ces sociétés étaient primées par celle des *Francs-tireurs (Schutzen-Gesellschaft)*, qui bientôt embrassa toute la Suisse. »

Actuellement, en France, la Maçonnerie emploie les mêmes moyens. Elle a fondé à côté d'elle, il y a quatorze ans, la *Ligue de l'enseignement* et ses *cercles*, puis l'œuvre du *sou laïque*, associations philotechniques et autres organisations semblables. A Bordeaux, les loges ont créé une *œuvre maçonnique des crèches*, sur laquelle sont greffées deux œuvres composées de tout jeunes gens appelés les *Amis réunis* et les *Frères unis*. L'évêque de Verdun a indiqué avec une grande précision cette situation à propos du type de cette *seconde couche maçonnique* :

« Les propagateurs les plus ardents de la *Ligue*, par leur union étroite avec la Franc-maçonnerie et les œuvres qu'elle patronne, par leur adhésion aux publications, aux manifestations les plus antichrétiennes, prouvèrent que la neutralité religieuse, dont la Ligue avait promis de ne point se départir, n'était qu'un stratagème pour surprendre les âmes sincèrement croyantes... Mettons tout en œuvre pour soustraire nos jeunes générations aux influences qui cherchent à les séduire en flattant leur orgueil, leur indépendance, leur présomption et leur inexpérience. C'est dans ce but que la Ligue patronne ouvertement des réunions, des cours publics, des conférences. C'est dans ce même but qu'elle cherche à s'emparer des réunions de toute nature, *cours de dessin, cours d'adultes, orphéons, sociétés de gymnastique*, afin d'enrôler dans ses cadres la jeunesse entière. (*Circulaire du 2 janvier* 1882.)

Au troisième congrès des loges de l'est, qui a eu lieu à Nancy en juillet 1882, la tactique des loges en cette matière a été exposée avec toute la clarté désirable par le rapporteur d'une commission chargée d'étudier la formation dans cette ville d'un cercle d'étudiants.

« Nous pensons qu'à la Maçonnerie incombe le devoir et appartient l'honneur de réveiller l'esprit d'association en France. Nous estimons, toutes les fois qu'est lancée dans une ville une idée bonne et généreuse, quelle qu'elle soit, d'où qu'elle vienne, qu'un groupe de maçons doit se former dans la loge avec l'approbation et l'appui de leur atelier pour fonder la société qui réalisera cette idée et la fera passer dans le domaine des faits.

« Telle est d'ailleurs la vieille pratique de toutes celles des loges qui se tiennent à la tête de notre Maçonnerie. Pour ne citer que quelques exemples, la grande société industrielle de Mulhouse, la société des loyers de Strasbourg, les fourneaux économiques de Nancy, les banques populaires récemment installées à Paris, la ligue de l'enseignement par toute la France, toutes ces créations ont été élaborées par le travail de nos ateliers.

« Quand, sous l'inspiration d'une loge, un noyau de maçons, aidés de tous les amis profanes, ont ainsi créé une soc'été quelconque, ils ne doivent pas en laisser la direction à des mains profanes. Tout au contraire il faut qu'ils s'efforcent de maintenir dans le comité directeur de cette société créée par eux un noyau de maçons, qui en restent comme *la cheville ouvrière*, et qui, *tenant la direction de la société en leurs mains*, continueront à la pousser dans une voie conforme aux aspirations maçonniques.

Quelle force n'aura pas la Maçonnerie sur le monde profane, quand existera autour de chaque loge comme une couronne de *sociétés, dont les membres dix ou quinze fois plus nombreux que les maçons, recevront des maçons l'inspiration et le but*, et uniront leurs efforts aux nôtres pour le grand œuvre que nous poursuivons! — Ce cercle une fois fondé, on devra avec soin y perpétuer *un noyau* de jeunes maçons de manière à ce que la jeunesse des écoles se trouve directement soumise à l'influence maçonnique. »

Avec ces organisations-là, la Maçonnerie peut à certains moments agir puissamment sur l'opinion, et, maintenant qu'elle est devenue une institution quasi-officielle, elle multiplie les manifestations extérieures faites pour frapper les masses populaires.

Tel a été par exemple un grand festival donné par

les loges de Bordeaux dans le jardin public, le 24 juin 1879. Toutes les sociétés musicales y exécutaient la *Marseillaise;* des quêtes étaient faites par les jeunes membres des *Frères réunis* et des *Amis réunis.* Puis l'on tirait un feu d'artifice, « dont la pièce principale, « portant en frontispice *OEuvres maçonniques*, vient « rappeler aux dix-sept mille personnes pressées dans « les allées du jardin le but que poursuit la Maçonne- « rie. »

Le *Monde maçonnique*, à qui nous empruntons ce récit, débute en faisant remarquer que la fête a eu lieu « au moment où les dernières bannières des « processions rentraient dans leurs sacristies respec- « tives. »

On voit là la pensée secrète des loges, qui est de remplacer le culte religieux par des fêtes publiques, comme sous la Convention. La Maçonnerie cherche ainsi à offrir au peuple une diversion, car les loges ont été assez puissantes dans bien des villes pour faire interdire les processions catholiques par l'autorité administrative, contrairement au Concordat et au véritable esprit de la loi.

Dans d'autres pays la Maçonnerie emploie d'autres formes, mais son mode d'action est toujours le même au fond. Ainsi dans l'Amérique du Sud, elle s'était, par des procédés semblables, emparée des confréries religieuses. Un vénérable évêque a été obligé, à la Martinique, de dissoudre toutes les associations de pénitents, et mêmes les confréries de femmes parce qu'elles étaient tombées sous la direction des francs-maçons. Ils n'en affiliaient pas directement les membres à la Maçonnerie, mais ils leur faisaient jurer le secret, faisaient tenir les réunions dans la soirée et les détournaient par là peu à peu de leur but primitif pour les mettre au service du pouvoir occulte des sectes.

C'est là le grand danger que présentent les nombreuses sociétés secrètes, qui se forment aux États-Unis et au Canada, pour défendre des intérêts professionnels ou nationaux, telles que l'*Ancient order of Hibernians*, un de plus répandus actuellement, les *Fénians* et bien d'autres. Elles deviennent facilement les instruments des meneurs cachés.

CHAPITRE VII

LA LÉGENDE ET LES RITUELS MAÇONNIQUES : LES GRADES D'APPRENTI, DE COMPAGNON ET DE MAITRE.

Mettre les droits de l'homme à la place des droits de Dieu ; détruire l'ordre divin qui fait tendre à Dieu d'une manière coordonnée toutes les manifestations de l'activité libre des hommes, voilà, nous l'avons dit, le fond de la doctrine maçonnique.

Cette déification de l'Humanité, la Franc-maçonnerie ne l'exprime pas brutalement au premier abord; mais elle l'insinue dans tous ses rites, et l'exprime par tous ses symboles.

Un vaste temple à construire ; des apprentis, des compagnons et des maîtres qui y travaillent ; Hiram ou Adonhiram, un de ces maîtres, assassiné par trois des compagnons pour lui arracher le *mot de passe* ou *la parole de maître* ; le corps de ce maître enfoui dans la terre à retrouver et à remplacer; sa mort à venger; la construction du temple reprise pour être achevée : telle est la fondamentale et universelle allégorie, base et essence de la Franc-maçonnerie et de toutes les sociétés secrètes. Ainsi l'enseignent tous leurs rituels et manuels, leurs orateurs et leurs interprètes les plus autorisés. Cette allégorie est indiquée dans les grades d'*apprenti* et de *compagnon* ; elle est longuement développée dans le grade de *maître* et va se complétant et s'éclaircissant dans les grades de *Rose-Croix*, de *Kadosh* et les derniers grades du rite de Misraïm, où elle atteint son dernier développement.

Quel est ce temple? quels sont ces compagnons, assassins du maître ? quel est ce maître ?

Ce temple est le *temple de la nature* ou l'âge d'or maçonnique.

Le Dieu qu'on y adore est la NATURE elle-même, le DIEU-TOUT, ou DIEU-PAN, le FEU qui en est l'essence et qui a pour représentant le SOLEIL et le LINGAM INDIEN, tout ce qu'il y a de plus arriéré, de plus matérialiste et de plus fangeux dans les bas-fonds du vieux paganisme.

Les compagnons assassins à poursuivre et à exterminer sont : le mensonge ou la superstition, l'ambition et la tyrannie, l'ignorance ou les préjugés; c'est-à-dire sous ces noms, tels que les entendent les sociétés secrètes, LA RELIGION, ET SURTOUT LA RELIGION CATHOLIQUE, LA MORALE ET TOUTE RÈGLE DE MOEURS, LA MONARCHIE ET TOUTE AUTORITÉ, LA FAMILLE, *la propriété et la nationalité, l'éducation chrétienne, l'égalité, la liberté, la fraternité* elles-mêmes, ce triple et brillant voile maçonnique, la PAPAUTÉ enfin, et pour elle-même et comme étant le résumé, le centre et la garantie de toutes ces grandes et divines choses qui constituent et sur qui repose, comme sur sa base, la société qu'il faut détruire pour revenir à la nature.

Le *maître à venger*, le *Hiram ressuscité et vainqueur de tous ses ennemis et assassins*, l'adorateur et tout ensemble l'adoré du temple, c'est le vrai maçon, le philosophe, le sage, l'homme primitif, l'homme revenu ou ramené à l'âge d'or, à l'état de nature ou sauvage, qui est l'état par excellence de la liberté maçonnique.

De tous les dogmes chrétiens, il n'en est point que la Franc-maçonnerie n'attaque plus radicalement que celui du péché originel, malgré le douloureux témoignage de la conscience et l'universelle croyance du genre humain. En cela ce n'est pas seulement le dogme fondamental du Christianisme, mais encore la base de toutes les constitutions civiles qu'elle renverse, car c'est sur ce fait primordial que repose l'autorité sociale à tous les degrés.

« Les erreurs morales et religieuses et *surtout cette fatale croyance à la perversité naturelle* de l'homme, disait il y a quarante ans le *Globe*, journal maçonnique, sont cause de presque toutes les méchancetés humaines. *L'homme est né bon, les institutions seules sont mauvaises.* »

En 1877 le F∴ Peulevey, député du Havre, s'écriait dans une loge de Paris, en présentant la conclusion de toute l'œuvre de la Maçonnerie: « Qu'il
« ne soit donc plus question de réhabilitation :
« l'homme n'a jamais déchu ; il ne fait que grandir incessamment. »

C'était la thèse de Rousseau dans le *Contrat social* ; ça été celle des constituants de 1789 et des conventionnels de 1793 ; c'est encore celle de tous les systèmes socialistes contemporains : or, les uns et les autres ont puisé cette erreur fondamentale dans l'enseignement des loges.

Puisque l'homme est bon par nature, ce sont les prescriptions de la morale qui sont la source du mal, et ce sont les institutions, à commencer par la religion et à finir par la propriété, qui le rendent mauvais.

C'est ce que dit nettement un haut maçon allemand, le juif Bechstein, dans son *Manuel maçonnique* :

« La Maçonnerie possède, dans ses symboles, d'autres trésors qu'elle partage entre ceux qui pratiquent la *loi morale dans toute son étendue*. Ici nous AVONS UN BESOIN PLUS IMPÉRIEUX DE TENIR SECRÈTE LA MAÇONNERIE. *Son secret consiste dans la* SIMPLICITÉ DE LA LOI MORALE, *dans sa tolérance sans limite et dans l'enchaînement de ses grades.* Tout le monde veut être heureux ; *la jouissance de la vie est un droit pour chaque homme, mais ce droit périclite par la pression des évènements actuels.* »

L'esprit de la Maçonnerie s'est, à la fin du XVIIIe siècle, résumé tout entier dans la secte des Illuminés allemands, fondée par Weishaupt. Cette secte s'est emparée à cette époque de la direction des loges de toute l'Europe continentale, et ses visées continuent à inspirer encore aujourd'hui les arrière-loges qui dirigent tout l'ordre. Or, Weishaupt esquissait ainsi la pensée fondamentale de son système :

« L'égalité et la liberté sont les droits essentiels que l'homme, dans sa perfection originaire et primitive, reçut de la nature. La première atteinte à cette égalité fut portée par la propriété ; la première atteinte à la liberté fut portée par les sociétés politiques ou les gouvernements ; les *seuls appuis de la propriété et des gouvernements* sont les lois religieuses et civiles. Donc, pour rétablir l'homme dans ses droits primitifs d'égalité et de liberté, il faut commencer par détruire toute religion, toute société civile et finir par l'abolition de la propriété. »

Ces quelques lignes indiquent l'idée mère de la Maçonnerie et de toutes les sociétés secrètes : elle est en germe dans les grades symboliques, dans ceux que l'on donne à tout venant ; elle se développe scientifiquement dans les hauts grades, et se réalise brutalement dans le communisme de l'Internationale et l'anarchisme de Bakounine et de la démocratie socialiste.

En analysant les négations destructives qui composent cette synthèse du mal, on verra que la Franc-maçonnerie et les sociétés secrètes ont pour but la destruction de toute religion, — de toute morale, — de la famille, — de tout l'ordre des sociétés civiles.

Nous allons en trouver les preuves dans les rituels des différents grades et dans les écrits des fondateurs, directeurs suprêmes et principaux adeptes des sectes maçonniques.

Les trois grades, *apprenti*, *compagnon* et *maître*, qu'on appelle aussi symboliques ou *maçonnerie bleue*, forment la base même de la Franc-maçonnerie et de toutes ses branches, quels que soient les noms qu'on leur donne. Tous les rites, dans tous les pays, sont édifiés sur cette base. Les grades élevés ou chapitraux, dits également *maçonnerie rouge* ou *philosophique*, ajoutés plus ou moins récemment pour mieux développer l'esprit de la Maçonnerie, ou lui donner une direction propre dans chaque pays, se sont inspirés les uns des autres et souvent même copiés. Il suffit donc d'étudier les principaux degrés des rites les plus répandus ou qui ont servi de type à tous les autres.

Les citations et les interprétations que nous allons donner sont extraites mot pour mot des principaux ouvrages *approuvés par le Grand-Orient*, comme le *Tableau historique, philosophique et moral de la Franc-maçonnerie*, par le F∴ Bazot, secrétaire du Grand-Orient; l'*Histoire pittoresque de la Franc-maçonnerie*, par le F∴ Clavel, officier du Grand-Orient; le *Cours interprétatif* du F∴ Ragon, fondateur de la loge célèbre des *Trinosophes* en 1823. Ce dernier s'est acquis dans l'ordre maçonnique une incontestable autorité ; il avait vu se grouper autour de lui les frères Berville, les Dupin aîné, Dupin jeune, Barthe, Mérilhou, Dupont (de l'Eure), Odilon Barrot, et autres notoriétés de l'époque.

« Notre religion, dit frère Bazot, est la *religion naturelle, primitive, la religion unique, universelle et immuable* : c'est la Franc-maçonnerie. » Et le secrétaire du Grand-Orient en donne sur-le-champ le sommaire historique.

Il nous parle d'abord du culte primitif, du Dieu-cause et de l'immortalité de l'âme, découverts par les hommes après qu'ils eurent satisfait par leur industrie à leurs premiers besoins, des brahmanes et des prêtres d'Egypte, fils des premiers inventeurs d'une religion naturelle découverte à nouveau par Salomon, fondateur du temple et restaurateur de l'ordre maçonnique.

« La maçonnerie, dit-il, n'est pas autre chose que le culte primitif que les hommes découvrirent quand ils eurent satisfait leurs premiers besoins. Les brahmanes et les prêtres égyptiens en transmirent les mystères à Salomon.

« Jérusalem, victime des révolutions, ayant été détruite, le peuple juif s'étant dispersé, cette même Maçonnerie se répandit avec lui par toute la terre. Ce furent les *mystères de la Maçonnerie salomonique*, que plus convenablement on appelle Maçonnerie libre ou Franc-maçonnerie. Aussi pure qu'à son aurore, la religion primitive se montre parmi nous dans la Franc-Maçonnerie, *unique*, *universelle et immuable*.

« Malgré les passions, les vices et les crimes, on ne peut se dissimuler *que les hommes ne sont pas méchants, et que loin de faire le mal pour le plaisir de mal faire, ils cherchent à faire le bien quand leurs lumières l'ont indiqué*.

« Ce qui fortifie la bonté de l'homme, c'est la religion, et comme nulle religion ne commande le mal, *chaque religion est respectable*.

« Mais les religions, égales dans leurs principes, diffèrent tellement dans leurs dogmes, qu'au lieu de rapprocher les hommes, elles les éloignent en se proscrivant mutuellement.

. . . .

« Le brahmiste, le juif, le mahométan, le chrétien, le protestant, qui ont leur religion sanctionnée par les lois, les temps et les climats, doivent la conserver, et ils ne peuvent avoir deux religions, car ces lois sociales et sacrées, appropriées aux usages, aux mœurs et aux préjugés de tels pays, sont *l'ouvrage des hommes*.

« La Maçonnerie, dont les *inspirations* ont une haute portée, est le résumé de la sagesse divine et humaine, c'est-à-dire de toutes les perfections qui peuvent le plus approcher l'homme de la divinité. Elle est la *morale universelle* qui convient à l'habitant de tous les climats, à l'homme de tous les cultes. Comme ces derniers, elle ne *reçoit pas la loi, elle la donne, parce que sa morale, une et immuable,* est plus étendue et plus universelle que celle des *religions natives,* toujours exclusives. »

Ces extraits suffisent déjà pour nous convaincre que le but évident de la Franc-maçonnerie est bien la négation et la destruction, dans les âmes, de toute religion révélée. Toutes les religions ne sont pour elle que des *inventions humaines* et des *ouvrages des hommes, des filles des hommes.* Dieu lui-même, en tant que cause de ce qui est, n'est qu'une découverte des premiers hommes, lorsqu'après avoir pourvu à leurs premiers besoins, ils eurent le loisir d'observer et de réfléchir. Quant à l'immortalité de l'âme, à son châtiment, à sa récompense dans une autre vie, ce ne sont que des *additions* ou *inventions* des prêtres égyptiens ou des brahmanes de l'Inde.

Ainsi, tout en laissant à chacun sa religion en apparence, la première opération de la Maçonnerie est de détruire la foi dans l'esprit des adeptes, en leur montrant toutes les religions comme *l'ouvrage des hommes,* comme des erreurs et des préjugés qui ne servent qu'à les diviser, à les porter à se persécuter entre eux. C'est pour les en affranchir que la Francmaçonnerie est instituée, c'est là ce qu'entend le Grand-Orient par *but éminemment moral et philosophique.*

Peur se mettre d'accord avec Bazot, qui fait de la Maçonnerie la religion *primitive et universelle*, Ragon a soin de faire plus loin cette distinction : « Le premier homme qui, à l'aspect de l'ordre de cet univers, conclut qu'il y avait un Dieu, fut le bienfaiteur du monde ; mais celui qui le fit parler fut un *imposteur.* »

Voilà dans quel sens la Franc-maçonnerie n'est pas une religion : elle ne s'appuie sur aucune révélation quelconque ; c'est la seule nature.

L'un des premiers orateurs de la loge du *Mont-Thabor*, à Paris, disait dans le même sens en 1824 :

« Il n'y a rien de plus incontestablement vrai que la nature, que l'existence. L'ordre maçonnique dérive des anciens mystères qui, à leur tour, n'ont pris naissance et n'ont eu pour base sacramentelle que cette même nature. Il est en conséquence indubitable que cet art royal, ce temple symbolique et mystérieux, l'ordre maçonnique enfin, est l'emblème de la nature, de la vérité préexistante. Cet ordre est donc la loi naturelle, l'unique et véritable religion. »

C'est la doctrine que le Positivisme devait, trente ans après, mettre en circulation dans le monde profane.

Les citations qui précèdent étaient nécessaires pour nous donner sur le temple maçonnique une idée d'ensemble. Pénétrons maintenant dans son intérieur tel que nous le décrivent Ragon et Clavel :

« Le temple des maçons symbolise l'univers. Sa voûte est azurée, étoilée comme celle des cieux ; un temple maçonnique doit être orienté ; on y entre par l'Occident ; la lumière s'y trouve à l'Orient; au Midi sont placés les maîtres ; l'apprenti occupe le Nord, c'est-à-dire la partie la moins éclairée. Le mot *Orient*, employé pour désigner la place du vénérable et des frères dignitaires de l'Ordre, annonce le lieu d'où part la lumière physique qui nous éclaire, vers laquelle l'homme tourne constamment les yeux comme vers la source de son existence. *Cela prouve aussi que les premiers cultes ont été solaires et avaient pour but de rendre hommage à la divinité dans son organe visible.* Quant à nous, le nom d'Orient, donné à cette partie de nos loges, nous rappelle que les mystères de la sagesse sont venus des peuples orientaux, de qui découlent par le fait toutes nos connaissances . . . .

« Les temples de la Grèce, l'école même de Pythagore, qui a le plus contribué à répandre la lumière et dont les disciples méritent toute la confiance des maçons par la sublimité de leurs principes et la moralité de leurs sentiments, ont perdu leur haute réputation ; la Franc-maçonnerie les remplace. Tous les philosophes pythagoriciens ont cru à *l'éternité de la nature* et à la *transmuabilité des éléments les uns dans les autres*, et, selon les doctrines indiennes, l'âme, en se séparant des corps, *retourne à l'âme universelle qui anime tout.* Et voilà pourquoi les emblèmes des ministres du premier ordre dans les mystères anciens étaient les mêmes que ceux des chefs de la Maçonnerie.

« Ainsi l'hiérophante a revêtu les ornements de la divinité suprême, comme plus tard nous verrons le *grand prêtre de Jéhovah* représenté dans nos loges par le *vénérable* dont l'emblème est *l'étoile flamboyante*. L'étoile flamboyante était jadis l'image du fils du soleil, auteur des saisons et *symbole du mouvement*, de cet *Orus, fils d'Isis, cette matière première, source intarissable de vie, cette étincelle du feu incréé, semence universelle de tous les êtres.*

« Le soleil et la lune, symboles du Dadouque et de l'Epibôme, ont été consacrés aux premier et second surveillants ; voilà pourquoi ces chefs sont appelés *lumières*. Tel est le temple maçonnique et ses principales décorations. Le mot *loge* qu'on lui donne vient de *loga*, qui, dans la langue sacrée du Gange, signifie *monde*. L'antre de Mithra, où les mages avaient leurs mystères, et l'antre d'Athis signifiaient aussi le monde. La Perse, que l'on regarde comme le berceau de l'initiation scientifique, donne à ce que nous appelons loge le nom de *Jehan*, qui a le même sens. De là sans doute le nom de loge de *St-Jean*, sorte de pléonasme accepté par les templiers, qui sont *johannistes*, c'est-à-dire *disciples de Saint-Jean*, en opposition aux papistes romains qui sont disciples de Saint Pierre. (1)

« La loge se nomme encore *atelier, école, temple* ou *sanctuaire*; en effet une loge est un *atelier d'initiation, une école d'enseignement, un temple ou sanctuaire où l'on doit développer, expliquer* et rendre palpables aux adeptes, par le raisonnement, les symboles, les allégories ou les hiéroglyphes qui servent de voile à la philosophie et aux religions anciennes.

« Le *soleil* et la *lune*, dont la figure décore nos temples, signifient moralement que nos institutions doivent avoir pour bases les LOIS *de la nature*. C'est la connaissance de ces lois immuables qui élève le maçon au plus haut degré de l'échelle sociale; toute religion, toute association politique qui s'éloigne de ces lois est informe, contre nature et n'a point de durée. »

Deux colonnes semblent soutenir l'édifice tout entier; frère Clavel nous apprend que ce sont « les colonnes *Booz* et *Jakin*; elles figurent les deux phallus

(1) On reconnait dans ce fatras de fausse érudition les fantaisies historiques auxquelles à l'époque où écrivait Ragon se livraient les FF∴ Cousin, Matter et Renan. N'est-ce pas aux loges qu'ils ont emprunté ces systèmes qui ont eu un succès éphémère? On peut le croire, car à l'époque où ils y sont entrés et avant leur enseignement public un certain frère Rhegellini y professait ces mêmes interprétations panthéistes et *éclectiques*. Il a laissé de volumineux ouvrages qui constatent sa *priorité*.

générateurs, l'un de la lumière, de la vie et du bien ; l'autre des ténèbres, de la mort et du mal qui entretiennent l'équilibre du monde. »

« Le dogme des deux principes, reprend maître Ragon, enseignés sous l'allégorie de la lumière et des ténèbres, forme en effet le fond de la Maçonnerie, comme de tous les mystères anciens. Les histoires d'Athis, de Mithra, la lutte d'Ormuzd et d'Ahrimane, d'Osiris et de Typhon, celles de Christ et de Satan ne sont également que la lutte perpétuelle de la lumière et des ténèbres, de la révolution annuelle du soleil. Typhon signifie serpent, il signifie aussi un arbre qui produit des pommes, origine judaïque de la chute de l'homme. Typhon veut dire qui supplante, et signifie les passions humaines qui chassent de notre cœur les leçons de la sagesse. Au moral, il signifie *orgueil, ambition, superstition, hypocrisie, mensonge, ignorance, préjugés, ténèbres de l'âme.* »

Voici donc le premier parvis du temple, la loge des *apprentis*. C'est le lieu où l'on amène les profanes avant leur réception. C'est une chambre tapissée de noir, où sont des inscriptions capables de faire réfléchir : *Si tu es capable de dissimulation, tremble, on te pénétrera. — Si tu tiens aux distinctions humaines, sors, on n'en connaît point ici. — On pourra exiger de toi les plus grands sacrifices, y es-tu résigné ?*

Cette chambre est ce qu'on appelle *le cabinet de réflexions* ; le candidat doit rédiger son testament et répondre par écrit à trois questions, dont la première est : *Quels sont les devoirs de l'homme envers Dieu ?*

« C'est un moyen de *tâter*, dit maître Ragon, les candidats qui se présentent ; mais cette première question ne paraît pas logiquement posée ; les termes en semblent clairs, mais quand on veut s'en rendre compte avec précision, on s'aperçoit de la difficulté. Veut-on définir les trois mots ? Si l'on cherche seul cette définition, il est à craindre qu'on ne rencontre l'idée de personne. Le devoir de l'homme envers Dieu variera selon les individus, et selon l'idée qu'on se sera faite du *grand Être* à qui l'on rend ce culte. Admirons ici la haute sagesse et la *prudence* de ceux qui ont conçu le plan de la Maçonnerie. Ils connaissaient toutes les variétés d'opinions et de doctrines qu'il est inutile d'énumérer ici ; ils s'appelèrent maçons et dirent qu'ils bâtissaient un temple à la vérité et à la vertu ; ils nommèrent *ce par quoi tout existe :* GRAND ARCHITECTE DE L'UNIVERS. »

C'est un travail bien coordonné, on le voit ; tous les devoirs envers Dieu, se réduisant à l'idée qu'on s'en forme, deviennent arbitraires comme cette idée elle-même ; toute révélation, toute religion n'est qu'un mot, *un vieux petit mot*, comme disait F∴ Renan, que chacun interprète à sa guise. C'est faire table rase de la conscience humaine.

« Le moment étant venu de recevoir le profane, continue Clavel, le *frère terrible* se rend auprès de lui dans *le cabinet des réflexions*, prend à la pointe de son épée le testament et les réponses préparées et les apporte au vénérable, qui en donne connaissance à la loge. S'il ne s'y trouve aucune proposition contraire aux principes de la Franc-maçonnerie, le *frère terrible* retourne près du candidat, lui bande les yeux, lui ôte tous les objets de métal qu'il peut avoir sur lui ; il lui découvre ensuite le sein, le bras gauche et le genou droit, lui fait chausser du pied gauche une pantoufle, lui entoure le cou d'une corde dont il tient l'extrémité, puis, dans cet état, il l'amène à la porte du temple où il le fait heurter trois fois avec violence, et, sur la demande faite de l'intérieur quel est l'audacieux qui tente de forcer l'entrée du temple, le *frère terrible* répond : « L'homme qui vient de frapper est un *profane* désireux de voir la lumière et qui vient la solliciter humblement de notre respectable loge. »

« Il est introduit alors dans la loge, prête un premier serment de ne rien dévoiler de ce qui passe, et, après trois épreuves qui rappellent celles des mystères anciens et qu'on nomme *de la terre*, *du feu*, et *de l'air*, le bandeau lui est arraché, la lumière lui est donnée et il contemple la loge, tout ce qui s'y trouve, et les frères armés de glaives tournés contre lui ; puis on lui donne le mot d'*ordre* et de *passe* du grade. »

Tel est le temple maçonnique, tels sont ses symboles et le sens auquel le *vénérable* et l'*orateur* vont en quelques instants initier l'apprenti.

« L'apprenti, ni *nu*, ni *vêtu*, comme parlent nos rituels, — nos mœurs ne pouvant plus, dit Bazot, souffrir la nudité entière, — les yeux couverts d'un bandeau épais, la corde au cou, et amené ainsi au temple pour y recevoir la lumière, figure dans cet état l'*homme de la nature* ; les ténèbres de son corps figurent celles de son âme ; la corde qui le lie, les préjugés, les erreurs et les superstitions qui l'enchaînent et lui ôtent la liberté. Initié, il reçoit un vêtement nommé par nous *décoration*, le vêtement qu'indique la pudeur native, un tablier de peau de bête qui représente aussi la vie laborieuse ; on lui donne une truelle pour cacher les défauts de ses frères ; la pierre brute, qui est lui-même et sur laquelle il doit travailler pour se délivrer de ses préjugés, vices et erreurs ; le compas dont la branche fixe indique le point central d'où tout part, et l'autre, par son écartement, les cercles sans nombre de la Maçonnerie ; il voit suspendu au cordon du vénérable ou du surveillant l'équerre, qui signifie que tout doit se faire dans l'esprit et le but de la Maçonnerie ; le niveau, symbole de l'égalité, base du droit naturel ; la perpendiculaire, qui signifie que le maçon doit aller au but de l'ordre sans se laisser détourner par aucune *affection d'intérêt, ni de famille.*

« On lui donne pour mot d'ordre, dans le rite français, *Jakin* qui signifie *initiation, science des choses ou de la nature*, et pour mot de passe, *Tubalcaïn*, qui veut dire *métal, possession de la terre* ; et, quand il reçoit la lumière, il voit un peuple de frères armés pour sa défense s'il lui arrivait d'être attaqué, et aussi pour le punir s'il trangressait les lois qu'il vient d'accepter.

« Les glaives qui brillent aux yeux du récipiendaire, les faisceaux d'armes, les trophées de guerre qui s'unissent aux emblèmes des arts libéraux, tout cet appareil quasi militaire exprime allégoriquement la guerre morale que la Maçonnerie fait continuellement au vice, à l'ignorance, à la superstition. »

C'est d'un enchaînement on ne peut plus clair. Toutes les religions positives ne sont qu'erreurs, préjugés, superstitions, ignorance, inventions de l'orgueil, de l'ambition et de l'hypocrisie, pour enchaîner les hommes et s'en rendre maîtres. C'est là ce qu'il faut d'abord faire disparaître de l'esprit et du cœur des candidats, et, par eux ensuite, de leur famille et de la société.

A peine ce déblai est-il commencé, que, sur-le-champ, on commence à jeter le premier fondement du nouveau temple, à savoir : *la nature, et un double principe, lumière et ténèbres, vie et mort*, qui entretient l'équilibre du monde et qui est la vraie science des choses, la sagesse, ou la véritable philosophie, au fond de laquelle vient déjà poindre le *feu sacré, le feu incréé, dont le soleil est la plus éclatante manifestation*, comme la source intarissable de la vie, la semence universelle de tous les êtres, le *grand architecte de l'univers.*

Ce double travail de déblaiement et d'édification ne laisse pas de demander beaucoup de science, de temps et de peines. Il y a tant de préjugés encore, malgré tous les progrès enfantés par l'ordre ; mais l'œuvre avance toujours en profondeur, en largeur et en hauteur ; ce que *l'apprentissage* a commencé, le *compagnonnage* vient bientôt l'affirmer et le développer.

L'*apprenti*, en devenant *compagnon*, passe de la *perpendiculaire* au *niveau*, c'est-à-dire de la colonne *Jakin*, qui signifie *initiation, science de la nature*, à la colonne *Booz*, qui signifie *force, travail, sagesse, philosophie* ; ou encore, dit Clavel, de la colonne des ténèbres, du mauvais principe, de la nature passive, à la colonne de la lumière, du bon principe, de la nature active.

« Dépouillé pendant son apprentissage des *préjugés et des fausses maximes* puisés parmi les profanes, l'initié, devenu *compagnon, va travailler activement* à édifier dans lui, sous les ordres du maître, le temple nouveau de la nature, et voir succéder au nombre *trois* de l'apprenti le nombre *cinq* ou du *progrès.*

Entre les questions faites au *compagnon*, tous les manuels et, entre autres, celui du secrétaire du Grand-Orient, donnent, comme une des premières et des plus importantes, les questions et les réponses suivantes :

« D. Pourquoi vous êtes-vous fait recevoir *compagnon*?
« Pour connaître la lettre G.

7

« D. Que signifie cette lettre ? Que vous en a-t-on appris ?

« R. 1° Qu'elle signifiait géométrie, science qui a pour base l'application de la propriété des nombres aux dimensions des corps, et particulièrement au triangle, auquel se rapportent généralement toutes les figures ; 2° qu'elle était l'initiale d'un des noms du grand architecte de l'univers, et le symbole du feu divin qui nous fait *distinguer, connaître, aimer, pratiquer la vérité, la sagesse et la justice.*

« D. Où avez-vous été reçu compagnon ?

« R. Dans une loge juste et parfaite.

« D. Quelle forme avait-elle ?

« R. Un carré long.

« D. Quelle en était la longueur ?

« R. De l'Orient à l'Occident.

« D. Et la largeur ?

« R. Du Midi au Septentrion.

« D. Et la hauteur ?

« R. Incalculable ; des pieds, des toises et des coudées sans nombre.

« D. De quoi était-elle couverte ?

« R. D'un dais d'azur parsemé d'étoiles.

« D. Qui la soutenait ?

« R. Trois grands piliers de forme triangulaire : *sagesse, force, beauté*: sagesse, pour inventer ; force, pour exécuter ; beauté, pour orner.

« D. Quelle était sa profondeur ?

« R. De la surface de la terre au centre. »

L'emblème est encore facile à comprendre. La loge dans laquelle est entré le *compagnon* c'est la nature, le monde matériel aux dimensions incalculables, aux toises et aux coudées sans nombre, infinies par conséquent. Et il y est entré pour connaître la lettre G, c'est-à-dire la géométrie et Dieu lui-même, le Dieu de la Maçonnerie, car il a dû préalablement renoncer au Dieu du Christianisme, au Dieu esprit, éternel, infini en toutes perfections, créateur, conservateur, rémunérateur, vengeur, qu'adore l'univers.

Le Dieu de la Maçonnerie, c'est le Dieu *Tout*, le Dieu *Pan*, les deux principes bons et mauvais unifiés, et devenant ainsi la *quintessence universelle*, les deux esprits, *supérieur* et *inférieur*, respirés ou aspirés l'un par l'autre et s'identifiant avec la terre, l'eau, l'air, le feu et l'éther, qu'ils géométrisent incessamment dans leur perpétuelle et continuelle activité.

C'est ce que dit nettement Ragon :

« *La lettre G est non seulement l'initiale d'un des noms du grand architecte de l'univers, mais le symbole du feu divin qui nous fait distinguer, connaître, aimer, pratiquer la vérité, la sagesse et la justice. La nature, symbolisée par le feu sacré, indique au compagnon, au néophyte, le genre d'étude auquel il doit désormais appliquer son esprit. Le feu anime tout ce qui respire, dans les airs, sur la terre et sous les eaux... Le soleil, dont l'image est consacrée dans nos temples, est le feu inné des corps, le feu de la nature, auteur de la lumière, de l'ignition. Il est la cause efficace de toute génération ; sans lui point de mouvement, point d'existence ; il donne la forme à la matière, il est immense, indivisible, impérissable et présent partout.* »

Ailleurs, à propos du grade de Rose-Croix, il revient sur le culte du feu comme principe de la Maçonnerie et paraphrase ainsi deux vers célèbres :

« C'est ce feu caché, mais toujours agissant, qui produit tout, qui entretient tout, *cuncta parit, cunctaque alit*. C'est le feu, l'âme de la nature, dont il renouvelle perpétuellement les formes, qui divise les *éléments des corps*, ou qui réunit *leurs molécules éparses : cuncta renovat, cunctaque dividit*. C'est cet élément enfin qui, après avoir été le *principe de la vie de tous les êtres*, devient, par suite de son activité, la cause toujours agissante de leur *destruction* et de leur *agrégation* à d'autres mixtes, *cuncta unit*.

« Pour eux, Isis n'est plus cette déesse, sœur et femme d'Osiris, que le vulgaire adore sous tant de formes et avec tant d'attributs différents. C'est la *nature dans toutes ses époques que caractérisent ses symboles*, la nature qu'un de nos plus savants interprètes maçonniques, Reghellini, fait ainsi parler après Apulée sous le nom d'Isis : « Je suis la nature, mère de toutes choses, maîtresse des éléments, le commencement des siècles, la souveraine des dieux, la première de la nature céleste, la face uniforme des dieux et des déesses. C'est moi qui gouverne la multitude innombrable des cieux, les vents salutaires des mers, le silence lugubre des enfers ; ma divinité unique, mais à plusieurs formes, est honorée avec différentes cérémonies et sous différents noms : Pessinontienne ou Cybèle, Minerve, Vénus, Diane, Proserpine, Cérès, Junon, Bellone, Hécate, Rhamnusie. Les Égyptiens les Orientaux, les Ariens, et ceux qui sont instruits de l'ancienne doctrine, m'honorent avec des cérémonies qui me sont propres et m'appellent de mon véritable nom, la *reine Isis*. »

Cette interprétation des mystères maçonniques n'est pas particulière à Ragon. Le grand maçon allemand Strauss, le maître de Renan, s'est rattaché d'une façon significative au culte d'Isis et d'Osiris. Par son testament il ordonna qu'on exécutât à ses funérailles, en guise de cérémonie religieuse, le chœur des prêtres d'*Isis et d'Osiris* de la *Flûte enchantée*. Cet opéra de Mozart fut fait sur un livret qui était une allusion constante à la rénovation de l'humanité par la Révolution française et la Maçonnerie. Ses représentations à Vienne en 1791 servaient aux initiés de moyen de se reconnaître. Ce détail indique combien dans sa vie, consacrée à la propagation de l'impiété, Strauss était animé par la pensée maçonnique. Nous avons sous les yeux un ouvrage publié en 1877 à New-York sous ce titre : *Isis unveiled a masterkey to the mysteries of ancient and modern science and theology*, by Blavatsky, correspondent secretary of *the theosophical society*, dont la conclusion est que le culte des *Pitris* védiques (flamme du foyer) est appelé à devenir le culte de la partie spiritualiste de l'humanité et que c'est en s'unissant à ce feu, à l'âme universelle du monde, qui est Dieu, que l'homme arrive à la toutepuissance !

C'est bien là la pensée mère de la Franc-maçonnerie. Elle est plus ou moins développée suivant l'esprit qui règne dans chaque loge particulière ; mais les livres de Bazot, de Ragon, de Clavel, de Guillemin de St-Victor, ont précisément pour but de fournir aux orateurs et vénérables les thèmes de leurs discours lors des réceptions. Ces interprétations des grades varient d'ailleurs dans les détails, et la Maçonnerie ne se pique pas plus d'unité que d'érudition véritable. Ainsi Ragon et Clavel fournissent une autre série d'interprétations où les trois premiers grades sont rapportés à la révolution du soleil, la mort d'Hiram, à sa disparition pendant l'hiver. Mais le fond en est toujours l'adoration de la nature, et les deux fêtes des maçons, la St-Jean d'été et la St-Jean d'hiver, ont pour objet le culte du soleil mourant en hiver et ressucitant au printemps.

Ragon indique à cette occasion la *force génératrice*,

les phénomènes de la génération comme l'objet du culte de la Maçonnerie, comme son Dieu.

« Le grade de *maître* retrace donc allégoriquement la mort du Dieu-lumière, soit que l'on ne considère ce Dieu que comme le soleil physique, mourant en hiver pour reparaître et ressusciter au printemps, à Pâques, soit que, comme le philosophe, on ne voie qu'une commémoration figurée, une peinture emblématique du chaos, du sein duquel jaillit la *lumière éternelle*, ou bien, ce qui revient au même, de la *putréfaction* exprimée par le mot substantiel du grade, *Macbenac*, mort apparente des corps, mais source inépuisable de vie, par laquelle le germe au printemps reçoit son développement.

« Beaux mystères de la nature, dont les opérations ne sont qu'une suite de combats et de réactions entre le principe générateur et le principe destructeur !

« Or, le résultat de la fécondation, n'est-ce pas la fermentation, la fermentation par le feu, comme l'indique le mot lui-même, la putréfaction des principes séminaux, cet état de ténèbres, de désordre, de confusion, que les anciens désignaient par le mot de chaos, qui précède le développement et l'apparition du germe régénérateur ? Le *chaos*, que nous regardons comme l'aurore des siècles, précurseur de la création, n'était pour les *sages* de l'antiquité qu'une *hypothèse* ou plutôt une *induction* qu'ils tirèrent de la génération des êtres.

« La putréfaction et la mort, voilà le premier point de la *maîtrise* ; la renaissance et la résurrection, voilà le second point. Tel est le phénomène important, le *mystère ineffable*, vraie *clef de la nature*, qu'avaient su pénétrer les anciens sages et dont ils firent un des fondements de leur doctrine, et le sujet de leurs légendes sacrées. En effet, tout dans l'univers n'est-il pas soumis aux lois qui viennent d'être exposées ? Tout ne retrace-t-il pas la lutte éternelle des *deux grands agents de la nature* et leurs victoires alternatives ?

On ne saurait trop le répéter : *la vie et la mort se partagent le monde.* Toutes deux en sont le terme, l'une ne peut exister sans l'autre, et toutes deux émanent d'une seule et même puissance.

« Comme le nombre *un* désignait l'harmonie, l'ordre et le bon principe, le nombre *deux* offrait l'idée contraire. Il exprime aussi *l'état de mélange* et de *contrariété* dans lequel se trouve la nature où tout est double : ainsi la *nuit* et le *jour*, la *lumière* et les *ténèbres*, la *santé* et l'état de maladie, *l'erreur* et la *vérité*, l'un et l'autre sexe s'engendrant l'un par l'autre, comme le grain de blé, cause et résultat tout ensemble. »

Ce sont, d'après maître Clavel, les deux colonnes du temple, les deux phallus générateurs, l'un de la lumière, de la vie et du bien ; l'autre, des ténèbres, de la mort et du mal, qui entretiennent l'équilibre du monde.

« Et cependant, ajoute Ragon, le ternaire ou nombre trois est le *nombre par excellence et de prédilection,* c'est celui qui représente mieux la nature. De là, la consécration dans nos loges du *triangle, dont les côtés figurent les trois règnes, la nature en Dieu.* Au milieu est l'Iod hébraïque, *esprit animateur,* ou *le feu, principe générateur,* représenté par la lettre G, initiale du mot Dieu dans les langues du Nord, et dont la signification philosophique est *génération.*

« Le premier côté du triangle offert à l'étude de l'apprenti est le règne *minéral,* symbolisé par *Tubalcaïn,* inventeur de l'art de travailler les métaux, et mot de passe du grade au rite français. — Le deuxième côté que doit méditer le compagnon est le règne *végétal,* symbolisé par *Schibboleth,* qui signifie *épi,* mot de passe. Dans ce règne commence la génération des corps, et voilà pourquoi la lettre G est présentée radieuse aux yeux du compagnon. — Le troisième côté, dont l'étude concerne le règne *animal* et complète l'instruction du maître, est symbolisé par *Macbenac*, la chair quitte les os, ou mieux *fils de la putréfaction*.

« Mais le triangle entier a toujours signifié *Dieu* ou *la nature*, et les allégories des trois vérités, fondement des premiers mystères, les effets successifs et éternels de la nature : 1° Que tout est formé par la génération ; 2° que la destruction suit la génération dans toutes ses œuvres ; 3° et que la génération rétablit sous d'autres formes les effets de la destruction. »

CHAPITRE VIII

LES GRADES DE ROSE-CROIX ET LE CHEVALIER KADOSCH

Cet athéisme grossier à peine déguisé, ce panthéisme sert non-seulement de base aux trois premiers degrés de la Maçonnerie, bases eux-mêmes ou tronc de toutes ses branches et de toutes ses sectes diverses ; mais il monte et se développe avec elles jusqu'à leurs plus hautes sommités, enfantant les sombres complots, les haines sauvages, détruisant dans les intelligences et les cœurs tout ce qui peut y rester de religieux et de social.

Pour ramener l'homme et le monde au seul culte de la nature et achever la construction de son temple, il faut, tout en continuant d'étendre et d'affermir le naturalisme panthéiste, abattre et vaincre leurs trois ennemis : la religion révélée, la société formée par elle ou dont elle est le fondement et le lien, la royauté enfin ou les magistratures qui en sont les défenseurs et les gardiens. Tel est le but, nous venons de le voir, de la Maçonnerie bleue ou symbolique ; tel est le but encore, plus expressément avoué par la

Maçonnerie rouge et philosophique ou des hauts grades.

Parmi ceux-ci nous relèverons seulement ceux de *Rose-Croix*, de *chevalier Kadosch*; mais tous ont pour but de faire disparaître sous de nouvelles images et de nouvelles hypothèses le Christianisme, qui ne s'en dresse pas moins contre le travail de démolition panthéiste, démolition commencée sous le nom même de *construction du temple*. Les noms de Dieu et de Jésus-Christ son fils, les noms de pape, d'évêques, de prêtres, tiennent une trop large place dans les intelligences et dans les cœurs ; ils sont écrits dans trop de monuments historiques depuis dix-huit siècles, et au milieu de tous ces royaumes et de toute cette civilisation qu'ils ont façonnée comme l'abeille fait sa ruche, pour s'effacer si facilement et si vite. Aussi la Franc-maçonnerie multiplie-t-elle ses instruments de vengeance, de calomnie de crime et de sacrilège.

Les maîtres en Maçonnerie ne sont pas d'accord sur l'origine du grade de *Rose-Croix*. Ceci importe peu. Ce qui est certain, c'est que dans les rituels français modernes et écossais, et dans les interprétations officielles, il accentue l'esprit de la Franc-maçonnerie, le fond de sa haine contre toute religion en général, contre la religion catholique en particulier. Commençons par l'exposition des principaux points du grade, tels qu'ils se trouvent dans les rituels consacrés :

« La loge doit être tendue de rouge, et, à l'Orient, au lieu d'un trône, c'est un autel triangulaire dont une face est tournée vers l'Occident. Sur cet autel, il faut un grand tableau en transparent, représentant un calvaire. Les deux croix des côtés sont nues ; mais sur celle du milieu, il y a une rose et une draperie entrelacée, et au-dessus l'inscription qui était à la croix du Sauveur. Au bas, sur le devant du tableau, il y a des colonnes brisées, sur les débris desquelles des gardes endormis, et au milieu d'eux on voit une espèce de tombe dont la pierre est dérangée, et de laquelle il sort un linceul. C'est la décoration de la loge toutes les fois qu'on y tient chapitre. Mais lorsqu'il y a réception, toute la tenture, le transparent et l'autel doivent être recouverts de noir. Alors il faut trois grandes colonnes triangulaires dont les noms écrits dessus en transparent sont ceux des trois vertus théologales, de manière que la Foi est à l'Occident, l'Espérance au Midi et la Charité à l'Orient.

« Pour donner le grade de *Rose-Croix*, il faut encore deux autres appartements : l'un que l'on nomme *chambre des pas perdus*, où il n'y a qu'une table pour écrire et des sièges pour le candidat et ceux qui s'y trouvent ; et l'autre appelée *chambre obscure*, assez sombre pour qu'on n'y puisse rien voir ; dans cette dernière, il n'y a que des chaînes pour intimider le récipiendaire pendant son voyage.

A l'ouverture de la loge, le *très sage* est assis sur la troisième marche de l'autel, qui en compte sept, la tête appuyée sur une de ses mains. Après les premiers ordres, il dit : Mon frère, vous me voyez accablé de tristesse ; tout a changé de face ; le voile du temple est déchiré, les colonnes de la Maçonnerie sont brisées, la pierre cubique a sué sang et eau, la parole est perdue, et *consummatum est*. Très respectable premier et second chevaliers, voyez chacun sur votre colonne si, à l'aide de nos dignes chevaliers, vous ne pourriez pas la recouvrer ; alors vous viendrez me la rendre.

« Ils obéissent ; chaque frère leur donne le mot, bas à l'oreille ; et le *très sage* dit : Très respectable premier chevalier, à présent que la parole est retrouvée, que nous reste-t-il à faire ?

« *Le premier chevalier* : Très sage, respecter les décrets du Très-Haut, rendre hommage au suprême architecte, et nous humilier sans cesse devant tout ce qui peut retracer *son image* (1).

« *Le très-sage* : Oui, très respectables chevaliers, voilà le but de nos travaux ; mes frères, fléchissons le genou devant celui qui nous a donné l'être.

« En disant ces mots, il se lève, ainsi que toute l'assemblée ; chacun se tourne du côté de l'Orient, fait le signe, s'incline et met un genou en terre. Le souverain chapitre est ouvert.

« Après les préliminaires ordinaires, le récipiendaire, préparé dans la première chambre par l'orateur et le maître des cérémonies, qui ont pris son nom et lui ont donné 33 ans d'âge, est introduit dans la loge, alors voilée en noir, parsemée de larmes blanches. Tous les frères ainsi que le très sage ont pris ou doivent prendre un air triste.

« Très-sage, dit le premier surveillant, voici un digne chevalier de l'Orient qui se présente au souverain chapitre pour obtenir la faveur d'être admis au sublime grade de Rose-Croix.

« *Le très-sage* : Digne chevalier, qui êtes-vous ?

« *Le récipiendaire* : Je suis né de parents nobles de la tribu de Juda.

« *Le très-sage* : Quel est votre pays ?

« *Le récipiendaire* : La Judée.

« *Le très-sage* : Quel art professez-vous ?

« *Le récipiendaire* : La Maçonnerie.

« *Le très-sage* : Digne chevalier, vous m'inspirez la plus parfaite estime ; mais vous nous voyez accablés de tristesse ; tout est changé, le premier soutien de la Maçonnerie n'est plus, le voile du temple est déchiré, les colonnes sont brisées, les ornements les plus précieux sont enlevés et la parole est perdue. Nous n'avons d'espérance de la retrouver

---

(1) L'étoile flamboyante, le Delta et la lettre G ou J, sont placés à l'Orient, et c'est devant ces signes que, sans superstition ! ils s'agenouillent et adorent le Dieu-feu ou Pan.

que dans votre courage. Nous promettez-vous de l'employer pour nous ?

« *Le récipiendaire* : Oui, très sage.

« *Le très-sage* : Venez ici nous en donner l'assurance en prêtant serment que, si vous venez à connaître nos mystères, vous en garderez le plus profond silence.

« Le serment prêté, un genou en terre, auprès de l'autel triangulaire, le très sage le relève ; le maître des cérémonies lui fait faire le tour du chapitre en lui montrant successivement les trois colonnes : foi, espérance et charité; puis le conduit à la chambre obscure, lui en fait faire sept fois le tour et l'introduit de nouveau dans la chambre du souverain chapitre, d'où les tentures noires ont été enlevées, et ont laissé à découvert la chambre rouge dans tout son éclat et ses ornements.

« Le très sage lui fait alors les demandes suivantes, auxquelles le frère qui le conduit lui dicte les réponses :

« D. D'où venez-vous ?

« R. De la Judée.

« D. Par où avez-vous passé ?

« R. Par Nazareth.

« D. Qui vous a conduit ?

« R. Raphaël.

« D. De quelle tribu êtes-vous ?

« R De la tribu de Juda.

« D. Rassemblez les lettres initiales de ces quatre noms, que font-elles ?

« R. Inri.

« *Le très-sage* : Oui, mon frère, *c'est l'inscription que vous voyez en haut de cette croix et la parole que nous avons perdue* et que votre zèle nous a fait retrouver. Venez au pied de cet autel recevoir le prix qui vous est dû.

« Le récipiendaire obéit, et lorsqu'il est à genou au pied de l'autel, le très sage lui met son épée nue sur la tête et dit à haute voix : En vertu du pouvoir que j'ai reçu de la métropole loge d'Hérédon, et devant cette auguste assemblée de chevaliers, mes frères et mes égaux, je vous admets, reçois et constitue à présent et pour toujours *chevalier prince de l'aigle et du pélican, parfait maçon libre d'Hérédon, sous le titre souverain de Rose-Croix.*

« Le très-sage le relève ensuite, lui donne le cordon, la parole, le signe et l'attouchement ; la parole est INRI. »

Tel est le grade de Rose-Croix au rite écossais.

Le même grade du rite ancien réformé, ou rite français, n'en diffère que dans la rédaction des formules et les accessoires.

L'odieuse parodie de la mort de N.-S. Jésus-Christ et des mystères eucharistiques s'y trouve encore plus accentuée dans cette réponse adressée au très sage demandant, à l'ouverture de la loge : *Quelle heure est-il ?*

Le premier surveillant répond : « *L'instant où le voile du temple fut déchiré, où les ténèbres se répandirent sur la terre, où la lumière fut obscurcie, où les colonnes et les outils de la Maçonnerie furent brisés, où l'étoile flamboyante disparut, où la pierre cubique sua sang et eau, où la parole fut perdue.* »

« L'habillement du candidat est fait en forme de *chasuble* très-courte ; au milieu il doit y avoir une croix de ruban de couleur ponceau ; sur le tablier il y aura un grand J∴, et un peu plus loin Jéhovah, qui veut dire la parole expirante ; au milieu du tablier sera un globe représentant le monde, ce globe entortillé d'un serpent. Le maître doit porter une étoile flamboyante sur le cœur, au milieu de laquelle la lettre G∴ et autour des pointes, les lettres F∴ (foi), E∴ (espérance), C... (charité). Tous sont censés assis à terre sur des banquettes de six pouces de hauteur en signe de deuil.

« Le récipiendaire répond, quand il lui est demandé ce

qu'on a fait de lui après son serment : L'on m'a revêtu des marques de *douleur et de repentir* ; l'on m'a appris ce que signifiait chaque chose et en *mémoire de quoi je la faisais*. Ensuite tous les chevaliers ont fait un voyage commémoratif, lequel nous a fait *passer de la tristesse à la joie, après avoir parcouru des chemins obscurs* (1) ».

Et le reste comme au *rite écossais*.

Dans le banquet qui suit la réception, la table, en forme de croix, se nomme *autel*; les verres, *calices*; le pain et le vin s'y distribuent comme à la dernière cène du Sauveur, et les membres s'y rendent deux à deux, portant chacun une baguette à la main.

Or, quelques efforts que l'on fasse pour donner le change aux dupes et aux profanes, il est évident qu'il ne s'agit dans ce grade que du Dieu des chrétiens, de Jésus-Christ. Le récipiendaire a pour objet de le figurer, comme dans les grades précédents il a figuré successivement *Zorobabel*, le maître Hiram, l'homme de la nature, etc.; c'est son âge qu'on lui donne, 33 ans ; ce sont les initiales de son nom inscrit au haut de la croix ; il est de son pays, de la tribu de Juda, d'une famille noble.

Il est évident encore qu'il s'agit de sa mort. C'est *d'une chasuble avec la croix du haut en bas et en travers* que le récipiendaire est revêtu. C'est sa croix, ce sont les signes qui accompagnèrent sa mort ; c'est un *calvaire avec ses trois croix, celle du milieu avec une draperie entrelacée, et au haut l'inscription* INRI; c'est l'image du saint mont, sur lequel

---

(1) *Manuel pratique du franc-maçon* (Rose-Croix), p. 97, 127.

le fils du grand architecte expire, qui y sont représentés, disent les rituels et les manuels adonhiramites, écossais et français. Au dessous de la croix est le *tombeau ouvert, symbole de sa résurrection;* aussi est-ce le vendredi-saint que les Rose-Croix tiennent leur chapitre et font leurs réceptions.

Il est évident encore, et les deux rituels le disent en termes exprès, que, par cette mort et par la résurrection qui l'a suivie, le voile du temple, dont la Maçonnerie prétend être la succession, a été déchiré; que les soutiens de la Maçonnerie, ses colonnes, ses outils ont été brisés ; que la pierre cubique, emblème du dieu Pan et du panthéisme, a sué sang et eau ; que le mot sacré qu'elle contenait, aussi bien que l'étoile flamboyante avec la lettre G ou le *Dieu-nature*, le *Dieu-tout*, ont disparu; que la parole retrouvée dans les grades d'écossais s'est de nouveau perdue ; que toute la Maçonnerie porte le deuil, accablée de tristesse.

A peine le récipiendaire, de retour de son voyage dans la chambre obscure avec les frères qui lui ont fait voir et *entendre toutes les choses*, a-t-il fait connaître *ce qu'il est*, et formé avec les initiales des mots par lesquels on a fait connaître son signalement, le nom de *Inri*, aussitôt tous les frères sont rentrés dans la joie, la loge s'est illuminée, l'étoile flamboyante a reparu plus brillante que jamais, le soleil et la lune ont repris tout leur éclat, les ténèbres se sont dissipées, les colonnes du temple se sont relevées, la lettre G ou J s'est montrée sous le dais au haut de l'Orient, entourée de gloire, la parole perdue a été retrouvée et la pierre cubique et la croix rose replacées au sommet du calvaire ou du mont sacré, figuré par les trois triangles et les trois circonférences.

Que signifie tout ce mystérieux imbroglio si astucieusement confus ? L'explication en est facile pour tout profane qui veut réfléchir, aussi bien que pour le récipiendaire. Il n'y en a qu'une seule possible, tant le secret est transparent.

La divinité de Jésus-Christ étant un dogme irrévocablement acquis, sa religion étant démontrée divine, c'en est fait de tous les mystères d'Athis, de Mithra, d'Isis, d'Ormuz et d'Ahrimane ; c'en est fait de la Maçonnerie elle-même, de ses initiations mystérieuses et de ses initiés ; ses princes très puissants ou très sages ne sont plus que des insensés ou des imposteurs ; l'étoile flamboyante, emblème de la seule et multiple divinité des maçons, est éteinte à jamais ; la parole panthéiste et athée est perdue pour toujours.

Aussi le deuil et la tristesse ont-ils envahi la très haute et souveraine loge. Un cri a retenti dès lors au fond des antres souterrains et de leurs chambres noires : c'est le cri proféré par le plus célèbre des maçons philosophes : A BAS L'INFAME !

INRI, le secret, la parole sacrée du rose-croix, n'a plus signifié pour les sociétés secrètes qu'un homme venu de la Judée, passant par Nazareth, conduit par Raphaël et appartenant à la tribu de Juda, un homme comme un autre, un juif mort sur la croix infâme ! Le reniement du Christ, le blasphème total, telle est, dans ses plus hauts grades, comme dans ses plus infimes, toute la science maçonnique. Quand ses adeptes se sont crus assez nombreux et assez forts, c'est dans des repas publics longtemps annoncés d'avance, et le *vendredi-saint*, qu'ils ont célébré leur triomphe impie.

Les rituels de ce ce grade, dont l'importance dans la Maçonnerie est capitale, expliquent dans quel sens les interprètes de la secte semblent quelquefois exalter Jésus-Christ. Ils en font un Christ humanitaire, *le représentant le plus élevé de l'être*, comme l'a dit Renan dans son œuvre éminemment maçonnique de la *Vie de Jésus*. C'est là un point de vue sur lequel il faut être bien fixé pour juger des œuvres de la littérature et de la philosophie éclectiques, où les formules de la *religiosité* jouent un grand rôle. Il faut examiner si elles présentent Notre-Seigneur Jésus-Christ comme Dieu réel et vivant, Verbe incarné, seconde personne de la sainte Trinité. Or, elles évitent de se prononcer sur ce point, et alors elles sont des œuvres maçonniques. C'est là ce que, dans le langage actuel des loges, on appelle *la transformation, le perfectionnement du sentiment religieux* (1).

Cette influence de la doctrine maçonnique sur la littérature contemporaine est plus grande qu'on ne le croit. Une foule d'auteurs en renom, à commencer par Renan, sont allés chercher dans Ragon et Clavel des systèmes d'interprétation religieuse qu'ils jettent ensuite avec un vain appareil d'érudition, en pâture au public peu instruit.

---

(1) V. travaux de la loge la *Parfaite Union* de Mons, cités par le *Courrier de Bruxelles* du 30 août 1870.

Ragon termine son interprétation de ce grade par ces paroles, qui en démontrent toute la portée :

« Le grade de Rose-Croix, consacré au triomphe éclatant de la *vérité* sur le *mensonge*, de la *liberté* sur l'*esclavage*, de la *lumière* sur les *ténèbres*, ou de la *vie* sur la *mort*, sous le *voile du culte évangélique*, développe, *couronne et sanctifie tout*. Le travail maçonnique est complet et s'arrête ici. »

Et cette vérité, cette liberté, cette lumière, cette vie ne sont autre chose que le *culte de la nature*, la *régénération universelle* La rose est l'emblème de la femme, comme la croix celui de la *virilité* ou du soleil, et leur assemblage, le *lingam indien*, tout ce qu'il y a de plus honteux dans la fange du culte idolâtrique des Indes.

Aussi tous les blasphémateurs de la divinité de Notre-Seigneur Jésus-Christ sont particulièrement chers à la Maçonnerie. Après la publication de la *Vie de Jésus* par Renan, une souscription fut faite dans toutes les loges belges pour offrir une *plume d'or* à l'auteur. Tout récemment, quand son prédécesseur, l'allemand Strauss, est mort, le *Bauhütte*, journal maçonnique de Leipzig, célébrait ainsi sa mémoire :

« Il a accompli son grand œuvre ! Salut à lui ! Un franc-maçon doit se sentir obligé en conscience de tirer des méditations de cet héroïque illuminateur des résolutions fécondes pour l'activité des loges. Des milliers et des millions de frères sympathisaient de cœur avec ce puissant destructeur, qui s'aidait à déblayer le plan sur lequel doit s'élever le temple de l'humanité de l'avenir ! »

Tous les grades maçonniques inspirent le mépris de la papauté, clef de voûte de la religion, en excitant dans l'âme des initiés la haine de toute révélation et de toute autorité religieuse.

Elle s'affirme encore plus dans le dernier grade philosophique, celui de *chevalier Kadosch* ou de chevalier de *l'aigle blanc ou noir*, que les rituels représentent à l'envi comme celui où l'initiation devient complète. Voici comment s'explique le *Tuileur de l'Écossisme* :

« 30° degré, *grand inquisiteur, grand élu, chevalier Kadosch, dit aussi chevalier de l'aigle blanc et noir*. Quoique les écossais ne confèrent jamais, disent-ils, ce grade que par communication, et qu'il n'occupe dans le rit ancien que le 30° degré, l'on ne doit pas moins le considérer comme dernier terme, comme *but réel* de l'Écossisme, de même qu'il est le *nec plus ultra de la Maçonnerie* TEMPLIÈRE. On y commémore l'abolition de l'ordre des Templiers par Philippe le Bel et le pape Clément V, et le supplice du premier grand-maître Jacques Molay, qui périt dans les flammes le 11 mars 1314. »

Il n'est plus question d'Hiram et de sa fin tragique. Ce personnage allégorique est remplacé par J.-M.B. Jacobus Burgundus Molæus, dont le récipiendaire doit venger la mort, soit figurativement sur les auteurs mêmes de son supplice, *soit implicitement sur qui de droit*. Ici cesse toute possibilité de l'allégorie, puisqu'il y a une légende, authentiquement reconnue historique. En vain nous répète-t-on avec complaisance que le *Kadosch* de France est *purement philosophique*. Des hommes incapables de réfléchir peuvent seuls s'y tromper. On pourrait dire à la rigueur que la vengeance indéterminée, qui porte sur la mort du soleil, est très susceptible d'une *interprétation physique*. Mais du moment que la vengeance est *motivée* et historiquement SPÉCIFIÉE, nous ne voyons plus dans le récipiendaire qu'un APPRENTI ASSASSIN. Clément VI et Philippe le Bel n'existent plus sans doute ; mais nous avons des rois et des pontifes. *Guerre au trône et à l'autel !* est le grand cri de l'ordre. Le farouche *Nekam Adonaï* a produit les *illuminés*, les *carbonari* ; dans les mains d'hommes exaltés, aidés de circonstances favorables, il donnera constamment de pareils résultats. Ce n'est pas ici le lieu d'examiner si les Templiers furent innocents ou coupables, mais que le récipiendiaire honnête réfléchisse sur ce qu'il voit, sur ce qu'on lui propose, sur ce qu'on exige de lui, sous le sceau d'un serment exécrable ; il frémira sans doute à la seule pensée d'entrer dans une pareille association.

Le *chevalier Kadosch* est représenté dans les rituels comme l'homme définitivement affranchi, comme l'*homme réintégré dans la liberté et l'égalité primitives*. Pour lui il n'y a plus de loi imposée par une autorité quelconque. *Moi, rien que moi, tout à moi, tout pour moi, par tous les moyens,* telle est l'odieuse morale de celui qui ose prendre le titre de *sage*, du vrai *Kadosch*, de l'*illuminé* ; et l'on agite encore la question de savoir si les sociétés secrètes sont dangereuses !

Le grade de *Kadosch* figure dans beaucoup de rites. Il est l'essence du rite écossais. Les rituels varient, *suivant que le but que l'on s'y propose est plus ou moins clairement exprimé.* Celui qu'ont adopté la plupart des loges de France est extrêmement mitigé. Il est assez significatif cependant :

« *Le vrai chevalier Kadosch,* dit Ragon, *est le résumé de la plus sublime philosophie* : C'EST LE COMPLÉMENT ESSENTIEL DE LA VÉRITABLE MAÇONNERIE ; il porte avec raison le titre de *nec plus ultra,* — les trois degrés au-dessus ne sont qu'administratifs, — et *ne doit être composé que* DE L'ÉLITE *des maçons.* Sanctuaire, foyer d'intelligence pour les sages qui se trouvent admis, *il est destiné à* SIGNIFIER LE BUT DE LA FRANC-MAÇONNERIE DANS TOUS SES DEGRÉS. . . . . . Ce grade est le SEUL dans lequel la haute maçonnerie, dite *philosophique, soit réellement digne de son objet,* et le *seul que puisse ambitionner un maçon éclairé.* C'EST LE BUT MÊME DE LA MAÇONNERIE DANS TOUS SES DEGRÉS. »

Qu'on remarque bien et qu'on pèse attentivement tous ces mots ; qu'on se rappelle ensuite l'authenticité maçonnique du livre d'où ils sont tirés, et l'autorité de son auteur, un des rédacteurs des cahiers des grades et du classement des rites au Grand-Orient de France, et l'on sera convaincu qu'il est impossible de rien trouver de plus décisif sur le but ultérieur de la Maçonnerie.

« Le chevalier Kadosch quitte le crayon et le burin (symbole des premiers grades et des chapitres) pour *dresser des balustres,* qu'il date près du *buisson ardent,* B∴ A∴, IMAGE DU FEU, symbole de la vérité, qui indique suffisamment l'occupation des frères dans ce degré, ou plutôt qui révèle l'esprit philosophique du grade. L'existence d'un grade élevé, où les maçons inférieurs n'arrivent qu'après avoir donné à l'ordre de longues preuves de capacité et de dévouement, est de toute nécessité.... Le chevalier Kadosch doit être prêt à se *charger de tout ce qui lui* SERA ORDONNÉ *pour le bonheur de l'humanité et le triomphe du bien.* Il connaît l'homme moral, intellectuel, civilisé, et toute la nature extérieure ; il connaît aussi ses droits et ses devoirs généraux. Le Kadosch n'est donc pas seulement le maçon des loges, le maçon des chapitres, mais admis au troisième sanctuaire, c'est à lui que s'adresseraient ces deux préceptes des anciennes initiations : *Adonnez-vous à la science de la nature, étudiez la politique pour le bonheur de vos semblables. Pénétrez les secrets de la religion et des hautes sciences, et communiquez vos idées avec prudence.* Ainsi, chez les anciens, la politique, basée sur la morale, était l'art de gouverner les hommes en les rendant heureux, et les mystères religieux faisaient partie *des hautes sciences*.

« L'initié étudiait donc et la politique et la religion ; mais dans les temps postérieurs, où la *barbarie et le fanatisme* exercèrent leurs ravages, le citoyen perdit ses droits et son titre d'homme ; le prêtre oublia ses devoirs et perdit ses secrets religieux ; le despotisme du pouvoir, uni au despotisme du sacerdoce, devint de plus en plus ombrageux et cruel ; et pour exercer leur puissance et conserver leur empire, ils retinrent le plus longtemps qu'il leur fut possible le peuple dans l'ignorance et la servitude.

« Combien les mystères maçonniques seraient *dégénérés* si, comme le pense et le proclame le *vulgaire des maçons*, le haut initié moderne, qui appartient à l'*élite de la société*, ne devait s'occuper ni de religion, ni de politique !

« Lorsqu'on interroge un chevalier Kadosch sur son âge, il répond : *Un siècle et plus*, ou bien : *Je ne compte plus*. Il ne porte point de *tablier*, parce que pour lui *l'ouvrage est fini* (1). »

---

(1) *Cours*, etc., p. 374, 375. — Ou bien encore, selon l'explication donnée par le profond interprète sur la nécessité du *tablier* au grade d'apprenti, parce que les préjugés ont disparu pour le chevalier Kadosch, et qu'il n'a point rougi de la nudité de la nature.

On voit déjà par ce début toute la *sublimité philosophique résumée dans le vrai chevalier de l'aigle blanc et noir, et comment il est le complément nécessaire de la véritable Maçonnerie.* Entrons maintenant dans l'intérieur du grade, et pénétrons jusqu'à son plus profond sanctuaire en ayant toujours le f∴ Ragon pour guide :

« Il y a dans ce grade quatre appartements : *l'initiation s'accomplit dans le quatrième.*

« *Le mot hébreu kadosch signifie saint, consacré, purifié. Il ne faut pas croire que les chevaliers de l'aigle blanc et noir aient quelque prétention à la sainteté. Ils veulent exprimer par ce mot qu'eux seuls sont les élus, les hommes par excellence, purifiés de* TOUTE LA SOUILLURE DES PRÉJUGÉS. *Ce mot annonce une préparation à de grands mystères. Nous retrouverons dans ce grade l'allégorie des deux principes qui se partagent le monde : le bien et le mal... De là le titre de chevalier de l'aigle blanc et noir.*

« *Premier appartement.* Il est tendu de noir, éclairé par une seule lampe de forme triangulaire suspendue à la voûte : il communique à un caveau, espèce de cabinet de réflexion, où se trouvent confondus les symboles de la destruction et de la mort. *On y voit,* ajoute le manuel de Willaume, un *cercueil couvert d'un voile noir.* Ce lieu sépulcral et silencieux, cet appareil funèbre et les questions qui partent d'un cercueil inspirent au candidat de sérieuses réflexions. Cette sombre allégorie lui rappelle les dangers auxquels se sont exposés les propagateurs de la *philosophie, Socrate, Jésus, Galilée* et beaucoup d'autres (1), et lui donne à penser qu'il *pourra peut-être,* un jour, s'y trouver également exposé ; c'est dans cette prévision qu'une voix lui crie : *Si tu ne te sens pas le courage d'affronter les plus grands dangers, retourne sur tes pas.*

---

(1) Ainsi N-S. Jésus-Christ n'est plus qu'un propagateur de philosophie, placé entre Socrate et Galilée. C'est la confirmation de l'apostasie contenue implicitement dans le grade de *Rose-Croix.*

« Le candidat persévère : deux voix se font entendre et disent (entre autres maximes) : Rends à l'Être suprême un culte dégagé de toute superstition, sois fidèle à tes engagements, et songe qu'une des *premières vertus des philosophes est la discrétion*. Tel est le désir des philosophes.

« *Deuxième appartement*. Il est tendu en *blanc*. Deux autels occupent le centre : sur l'un est une urne pleine d'esprit de vin allumé, qui éclaire la salle ; sur l'autre autel est un réchaud avec du feu et de l'encens à côté ; un aigle aux ailes déployées est suspendu au delta... Cette pièce, le temple de la vertu, n'est occupée que par le frère *sacrificateur*. Pour la réception, dit aussi le manuel Teissier, il ne doit y avoir que le GRAND SACRIFICATEUR, ainsi que le candidat avec son interlocuteur.

« *Mortel*, dit le sacrificateur au candidat, *prosterne-toi*.

« Le candidat obéit, et jetant de l'encens sur le feu, il entend cette invocation : « O sagesse toute puissante, objet de nos adorations, c'est toi qu'en ce moment nous invoquons ! *Cause et souveraine de l'univers, raison éternelle, lumière de l'esprit*, loi du cœur, inspire-nous l'éloquence nécessaire pour faire sentir à cet aspirant combien est auguste et sacré *ton culte sublime* ; soutiens ses pas chancelants dans cette carrière ! Pour toi l'immense assemblage des êtres forme un *tout régulier* ! Tu es le flambeau dont l'éclat peut seul dissiper les ténèbres qui dérobent à nos yeux la nature... Purifie de ton souffle divin ce candidat, et fais qu'il soit digne de te rendre ses hommages (1). »

« *Troisième appartement*. Sa tenture est *bleue*, sa voûte

---

(1) On sait par toutes les citations précédentes du docte interprète que cette cause souveraine, grand architecte de l'univers, c'est la nature, c'est le feu, qui a pour emblème dans les loges le soleil ou l'étoile flamboyante avec la lettre G, ou l'initale de Jéhovah au milieu. C'est donc lui que le grand sacrificateur fait ici adorer à l'adepte, lui devant qui il se prosterne, et à qui il offre de l'encens, naguère encore sur un autel, dans un réchaud plein de feu, maintenant devant une idole qu'on appelle la *Sagesse*, comme on donnait en 93 le nom de la *Raison* à une prostituée qui en tenait la place.

est étoilée, il n'est éclairé que par trois bougies jaunes ; c'est l'Aréopage, c'est-à-dire *réunion des sages*. Au fond, ajoute le Manuel Teissier, est une table couverte d'un tapis pareil à la tenture ; derrière cette table prennent place les deux surveillants et l'orateur, qui forment l'Aréopago ; le premier surveillant est dans le milieu et préside, il tient à la main un *sceptre d'or*, il porte sur la poitrine, ajoute Willaume, une image de la *vérité brodée en or* ; le deuxième surveillant est à sa droite, et tient une *main de justice également en or*, et l'orateur placé à gauche du président tient *un glaive* ; sur les deux côtés de l'appartement sont des banquettes, sur lesquelles sont placés les chevaliers.

« Le président rappelle à l'introducteur qu'on ne peut admettre aux *derniers mystères* que ceux que leur intégrité, une réputation intacte et la probité la plus épurée placent au-dessus du vulgaire ; ceux que la fidélité, le zèle et la fermeté mettent au-dessus de *toute crainte* ; ceux qui, *dégagés de tous préjugés, sont susceptibles d'adopter les principes philosophiques* ; enfin ceux dont le *génie*, guidé par la *raison*, peut atteindre à la découverte de la *vérité*, en perçant le sombre voile qui dérobe aux mortels les *mystères de la nature*.

« L'introducteur ayant répondu de l'aspirant comme de lui-même, il l'introduit avec les formalités voulues dans le *quatrième appartement*, où se tient le *conseil souverain des grands élus chevaliers Kadosch*.

« Cet appartement est tendu en rouge. A l'est est un trône surmonté d'un double aigle couronné, les ailes déployées, tenant un *glaive* dans ses serres (Willaume et Teissier disent un *poignard*). Dans ce local, éclairé de douze bougies jaunes, le chapitre prend le titre de *sénat*, c'est-à-dire l'assemblée des *anciens*. Les frères se nomment *chevaliers*. Tous se tutoient ; on tutoie même le grand maître.

« Une draperie noire et blanche, parsemée de croix rouges, ajoutent Willaume et Teissier, descend dans les ailes de l'aigle et forme un pavillon ; de chaque côté du trône sont deux drapeaux, l'un blanc avec une croix verte, l'autre noir avec une croix rouge, et un double aigle avec ces mots : *Vaincre ou mourir*, brodé en argent. L'aigle a les becs et les ongles en or. Le chef du conseil ou sénat s'appelle *grand maître*, ou GRAND COMMANDEUR, ou GRAND SOUVERAIN ; il est qualifié de *trois fois puissant*, et représente Frédéric II, roi de Prusse.

« Tous les officiers prennent le titre de *grand* et de *parfait*. Les frères sont dits *grands chevaliers*.

« Parvenu dans ce *divin sanctuaire*, le candidat apprend les engagements qu'il *contracte*. Il y a dans ce sanctuaire une croix, un serpent à trois têtes portant, la première une couronne, la seconde une tiare, et la troisième un glaive ; et on lui remet à lui-même un poignard au manche blanc et à la lame noire.

« La croix, dit le haut interprète, c'est le *Thau phallisé* (l'infâme bijou de la dégradation indienne).

« Le serpent désigne le *mauvais principe* ; ses trois têtes seront l'emblème des *abus* où *du mal*, qui s'introduit dans les trois hautes classes de la société.

« La tête du serpent qui porte une couronne indique les *souverains*.

« Celle qui porte une tiare ou clé indique *les papes*.

« Celle qui porte un glaive, *l'armée*.

« Le grand initié qui occupe des fonctions civiles doit veiller, dans l'intérêt de sa patrie et de la philosophie, à la RÉPRESSION DE CES ABUS.

« Le poignard, qui effraie la *foule ignorante des maçons*, n'est pas cette *arme vile* que nous abandonnons aux mains *jésuitiques*, mais il n'est autre chose que le *poignard mithriaque, la faulx de Saturne* ; ainsi *cet attribut des élus* rappelle de nouveau aux parfaits initiés *l'empire dominant du bien et du mal, symbolisés par le manche qui est blanc et par la lame qui est noire*. Cette arme, au moral, rappelle aux grands élus qu'ils doivent continuellement travailler à combattre et détruire les *préjugés, l'ignorance et la superstition*, ou ce qui est sur les trois têtes du serpent.

Ainsi le grade de *Kadosch*, dans le sens le plus adouci, et tel qu'on ne craint pas de le publier avec approbation du Grand-Orient, consiste à apprendre que la papauté, la royauté et tous ceux qui les soutiennent, et surtout les armées fidèles, sont des abus nés du mauvais principe, cause de tous les maux représentés par le serpent, et à contracter l'obligation de réprimer et de détruire ces trois grands abus par tous les moyens possibles, signifiés par un poignard, c'est-à-dire, *au moral*, en combattant sans cesse et détruisant les préjugés, l'ignorance et la superstition, par tous les genres de calomnies et de propagande impie et corruptrice, et, au *physique*, par tous les genres de séditions, de spoliations et d'assassinats.

Aussi, d'après Willaume et Teissier dont les manuels ont été publiés également avec l'autorisation du Grand-Orient, le signe du grade de Kadosch consiste-t-il à porter la main droite sur le cœur, les doigts écartés, à laisser ensuite retomber la main sur le genou droit, que l'on empoigne en fléchissant, puis à saisir le poignard qui est à l'écharpe et à la hauteur de l'épaule, comme pour en frapper, en disant : *Nekam Adonaï*, vengeance, Seigneur ! et les mots *sacrés* de *passe*, ou *pour entrer au conseil*, commencent-ils tous trois par *Nekam*, vengeance !

« Il y a des aréopages, ajoute Willaume, où les chevaliers portent l'ancien costume des *chevaliers du Temple*; ils sont bottés, cuirassés et casqués ; ce sont ceux de l'antique et *stricte observance*, répandue surtout en Allemagne.

Mais écoutons une revue belge de 1820, citée par l'avocat saxon Eckert :

« Lorsque le chevalier Kadosch a prononcé son serment ; on lui met le poignard en main, et l'on dépose à ses pieds un crucifix, puis le *très-grand* lui dit : Foule aux pieds cette image de superstition, brise-la. S'il ne le fait pas, afin de ne rien faire deviner, on applaudit, et le très-grand lui adresse un discours sur sa piété. On le reçoit *sans lui révéler les grands secrets*. Mais s'il écrase le crucifix, alors on le fait approcher de l'autel, où sont trois représentations, trois cadavres si l'on peut s'en procurer. Des vessies pleines de sang sont à l'endroit où on lui crie de frapper. Il exécute l'ordre et le sang rejaillit sur lui, et en prenant par les cheveux les têtes coupées, il s'écrie : *Nekam ! la vengeance est faite !*

« Alors le très-grand lui parle ainsi : Par votre constance et votre fidélité, vous avez mérité d'apprendre les secrets des *vrais maçons*. Ces trois hommes que vous venez de frapper sont la *superstition*, le *roi*, et le *pape*. Ces trois idoles des peuples ne sont que des *tyrans* aux yeux des sages. C'est au nom de la superstition que le *roi* et le *pape* commettent tous les crimes imaginables. »

« Après ces engagements pris et contractées, reprend maître Ragou, on fait monter et descendre au candidat l'échelle mystérieuse, qui par sa forme rappelle le *Delta*. Elle se compose de deux montants ; l'un représente la *morale*, base première de la Maçonnerie, et l'autre la *science* qui doit éclairer les hommes, but principal de l'institution. »

Vient alors le discours du très-sage au nouveau *grand élu Kadosch* :

« Chevalier nouvellement admis,

« Tu connais *les fonctions qui te sont confiées, les devoirs que tu as à remplir*; il n'est point de vertus, *si l'on ne se rend utile*... Tu te connais maintenant toi-même ; n'oublie jamais qu'il n'existe *aucun degré de bonheur auquel l'homme qui rentre dans ses droits primitifs ne puisse prétendre*. N'oublie point que tu renfermes en toi le fil précieux à l'aide duquel tu peux sortir du labyrinthe des choses matérielles... *Réintégré aujourd'hui dans tes droits naturels*, te voilà pour toujours affranchi du joug des *préjugés*; applique-toi sans cesse à en délivrer tes semblables..

« Vis dans la société sans te laisser *corrompre* par elle. Enfin, souviens-toi que *chacun des captifs que tu auras déliés* placera sur ton front une fleur immortelle, et que de la somme de tous les heureux que tu auras faits se composera ce diadème qui couronnera tout homme qui ne sera point *mort sans avoir vécu*, mais qui, parvenu au développement de toutes ses puissances, se sera ouvert en *conquérant* les portes du *Temple*, celles de cet édifice éternel dont tu as vu dans ces lieux la fidèle représentation. »

Ainsi Dieu, son amour et son culte ont disparu sous les noms de quelques vertus naturelles. Il n'y manque que les inscriptions du rit des *sophiciens* qui portent en haut de leur échelle : *Videbunt et non videbunt*, ils verront et ne verront pas, et au dernier échelon : *Fodias et invenies*, creusez encore et vous trouverez, et *l'affranchissement de tous les préjugés, la réintégration dans tous les droits primitifs*. Le but de ce grade est donc la destruction, par le *poignard moral* ou par les moyens moraux, c'est-à-dire par tous les genres de mensonges et de calomnies, et par le poignard au manche blanc et à la lame noire, l'un poussant l'autre, c'est-à-dire par tous les genres d'assassinats et de spoliations, de la royauté, de la papauté et de tout ce qui, sous le nom d'*armée*, les défend et les soutient.

Le *Courrier français* écrivait impunément, à Paris, sous les yeux de Napoléon III, pour justifier l'usage de tous ces moyens :

« Nous avouons que non seulement nous considérons les adversaires de la papauté, et de ceux qui la soutiennent comme étant *dans le cas de défense* où TOUS LES MOYENS DEVIENNENT LÉGITIMES, mais encore nous pensons que ce serait un *véritable service à rendre à l'humanité* que de la *purger de cette secte malfaisante, et que tous les moyens peuvent être bons pour arriver à un résultat si désirable.* » (N° du 15 novembre 1867) (1).

Le 15 novembre 1880 un journal radical, sous ce titre : l'*Ennemi*, publiait ces abominables excitations :

« L'ennemi, c'est le maître.... Le peuple a sans cesse ouvertes sous ses pas ces trois mâchoires dévorantes : *le prêtre, le soldat, le juge*... Trois ennemis en un seul !

« *Sus au triple maître :* prêtre, soldat, magistrat ! Place à l'unité seule dominatrice, seule souveraine, le Peuple ! »

Aussi ce grade, quintessence de l'esprit maçonniques, appartient-il à tous les rites. On le retrouve

---

(1) Constamment dans la presse radicale ou les discours politiques des républicains, on trouve des phrases, des manières de parler qui rappellent clairement les rituels des loges. C'est ainsi que M. Waldeck-Rousseau, dans un discours prononcé à Vannes en mai 1883, s'est permis de traiter la religion chrétienne de *symbolique !*

dans le quatrième grade du *rite moderne français*, sous le nom d'*élu*. Il est identiquement le même que nous venons de le décrire dans le *rite écossais*, trentième degré, dans le *rite égyptien* ou de *Misraïm*, soixante-cinquième, dans le *rite d'Hérédon* ou de la *perfection*, vingt-cinquième, dans le *rite* ou *ordre du temple*, d'où on le croit sorti, dans les rites de *large et stricte observance*, dans le *rite adonhiramite*, cinquième, sixième et septième, où il prend les noms d'*élu des neuf*, *élu de Perignan*, *élu des quinze grades*. Ce serait même dans la loge de Lyon, qui servit plus tard de berceau à l'Illuminisme français, sous le nom de *chevaliers bienfaisants de la sainte cité*, que fut inventé, en 1743, le grade de *petit élu*, comme expression, dit l'ancien franc-maçon Robison, du *système universel des loges maçonniques où l'on faisait des prosélytes aux maximes les plus étranges et les plus criminelles*. Ce fut là, selon le frère baron de Tschoudy, dans son *Écossais d'Écosse*, cité par Ragon, le premier échelon du Kadosch, qui ne respire que vengeance, et qui développé a formé l'*élu des neuf*, l'*élu des quinze*, le *maître illustre*, le *chevalier de l'ancre ou de l'espérance*, et enfin le *grand inspecteur*, *grand élu*, ou *chevalier Kadosch*, en pénétrant avec l'Illuminisme toutes les loges maçonniques.

Comment ne pas le reconnaître encore dans l'*Epopte*, le *régent roi-mage* du système de Weishaupt et dans le *grand élu* de la *Carbonara*, ou mieux encore dans le P... S... P... *principi summo patriarcha*, son septième et dernier grade, où l'initié *jure*, dit Witt, *la ruine de toute religion et de tout gouvernement positif*, et par *tous les moyens, le meurtre, le poison, le faux serment*, l'assassinat sous toutes les formes, mais surtout par le *poignard, comme plus sûr et faisant moins de bruit* (1).

LA DESTRUCTION DE LA PAPAUTÉ est donc le *résumé, le complément essentiel de la véritable Maçonnerie, son but même dans tous ses degrés*. Il n'est pas jusqu'aux loges d'adoption, à la Maçonnerie des femmes, qui n'ait, dans son cinquième grade, l'élue ou sublime écossaise, le *bijou du poignard* et *Judith*, pour cri de guerre, avec *Vagao*, le nom de l'eunuque d'Holopherne, pour *mot de passe*.

Ragon, dans son *Orthodoxie maçonnique*, a publié même en partie le rituel d'un *ordre de juges philosophes inconnus*, dont il n'avait dit mot dans son *Cours d'initiations*, et qu'il donne comme appartenant au rite templier, conservé et *continué*, d'après ce rituel même, *en Portugal, sous le nom d'ordre du Christ*. Ce mot, qui explique pourquoi le régent Philippe d'Orléans en fit demander les statuts, quand il rétablit les loges templières, explique bien d'autres évènements relativement aux révolutions de ce pays et à ses rapports avec la papauté (2).

Dans ce rite, fort répandu à la fin du XVIIIe siè-

---

(1) Jean de Witt, *Mémoires secrets pour servir à l'histoire de ma vie.* p. 21, 173.

(2) Il est à remarquer que Saint-Martin présentait son livre : *Erreurs et vérités* comme l'œuvre d'un *philosophe inconnu* ; c'était aussi le nom d'un grade du système des *philalèthes* créé par lui.

cle et au commencement du XIXᵉ, le président du chapitre où est conféré le grade de Kadosch s'exprime ainsi :

« Êtes-vous bien persuadé, mon frère, que l'ordre maçonnique professant le rite écossais soit en possession du souverain principe de l'*art royal*, et qu'il connaît *seul* le plus grand secret de la Maçonnerie ? Le grade que vous allez recevoir est le *nec plus ultra* de la Maçonnerie, et c'est ici que *l'ordre est absolument à découvert, ici que les hiéroglyphes des différents grades sont expliqués et* ENTIÈREMENT DÉVOILÉS. *Vous devez apprendre ici comment on peut lier les pieds et les mains aux usurpateurs des droits de l'homme...* En nous vous voyez une partie des légions inconnues unies par des liens indissolubles, pour combattre en faveur de la *vertu opprimée*. Nous ne devons les sublimes connaissances que nous enseignons qu'à la bienveillance de nos chefs, des illustres inconnus qui nous gouvernent. »

Dans le grade suivant et dernier, vient un serment en sept points, dont le cinquième s'exprime ainsi :

« *Vous jurez et promettez de faire, de dire et d'écrire en tout temps, en tout lieu et à toute heure, tout ce qui vous sera prescrit par les ordres d'une puissance légitime, à laquelle vous jurez obéissance, quoiqu'elle vous soit jusqu'à présent inconnue et qu'elle puisse l'être encore pour longtemps.* »

Le président explique ainsi l'échelle de Kadosch :

« Vous n'avez sans doute point oublié, mon frère, le premier *point moral* de l'hiéroglyphe de l'échelle, dont une explication vous a été donnée le jour de votre initiation. J'ajouterai à ce que vous savez, que le vulgaire des maçons est encore à cet égard dans la plus grande erreur. Cette échelle nous appartient particulièrement, elle est le type mystique de notre ordre ; elle se compose de deux montants qui nous rappellent l'union qui eut lieu entre Philippe le Bel et le pape Clément V, et la force que cette union leur donna contre nos infortunés prédécesseurs. Ces sept degrés représentent les sept points de l'obligation que vous avez contractée entre nos mains, de la même manière dont le roi de France en agit avec l'archevêque pour le forcer à participer à l'anéantissement des chrétiens templiers. *Comme vous-même venez de vous engager et de jurer une haine implacable aux ennemis de cet ordre, vous êtes tenu de réunir tous vos efforts pour leur ruine totale, afin de rentrer dans la possession de nos droits qui ont été usurpés...* Vous êtes maintenant au *rang des élus appelés pour accomplir la grande œuvre.* »

Le septième point du serment est ainsi conçu : « Enfin vous jurez et promettez de ne jamais pardonner aux traîtres et de leur faire subir le sort que *l'ordre leur réserve.* »

Au commencement de ce siècle reparut, combinée avec les grades dits français et écossais, la Maçonnerie de Cagliostro, sous le nom de rite de Misraïm ou d'Égypte. Cette maçonnerie, qui comprenait 90 degrés, dont les trois derniers accessibles seulement à des supérieurs inconnus, se divise en quatre séries : symbolique, philosophique, mystique et cabalistique. L'abrégé du rite de Misraïm, dont une partie des adeptes se fondit en 1816 dans le Grand-Orient, a pour titre : *Arcana arcanorum.* Il résume presque toute la science maçonnique, dit Ragon, qui avait approfondi les développements des emblèmes et des catégories. Nous nous bornons ici à en indiquer sommairement la doctrine :

L'homme est éternel comme le *Dieu-feu* dont il est l'essence, Isis, le Dieu-tout, Osiris, le Dieu-soleil, le Dieu-Pan, qui, sous la forme d'un bouc, apparaissait comme symbole de paternité et de force génératrice dans les récits du moyen âge. Il n'est pas jusqu'aux cornes qui ne fussent considerés autrefois comme un signe de noblesse. L'adepte ne doit pas s'effrayer des rapports avec les esprits malfaisants ; il faut qu'il croie fermement que le pire d'entre eux, le pire de ces êtres que le vulgaire appelle *démons*, *n'est jamais mauvaise compagnie* pour l'homme, qui doit savoir même préférer dans bien des cas la visite des mauvais génies à celle des bons.

M. Cousin et les philosophes universitaires de l'école éclectique ont emprunté au rite de Misraïm la théorie du centre, du rayon et de la circonférence représentant Dieu, l'homme et l'univers.

Les travaux du 90ᵉ degré du rite de Misraïm finissent par des *fiat* répétés par tous les frères. La salle où ils se réunissent est ronde pour représenter l'univers, la terre et les mondes qui l'entourent. Le cachet du grade, la circonférence zéro du philosophe inconnu entourée d'un autre circonférence formée par un serpent qui se mord la queue et qui est le symbole de l'éternité du mauvais principe, Satan. C'est lui qu'appellent et que proclament sous la forme du feu les dernières paroles des frères au dernier grade.

Arrivés jusqu'au *nec plus ultra* de la Maçonnerie, considérons l'ensemble de ses grades, et voyons comment ils s'enchaînent.

Au grade d'*apprenti*, le franc-maçon représente *l'homme de la nature*; il est dépouillé de ses vêtements et de ses métaux, argent, monnaie, pour lui *apprendre que le vrai maçon ne doit rien posséder en propre*, et que le *luxe, celui même des vêtements, enfante les vices*. On lui donne cependant un tablier, parce que la civilisation ne permet pas l'entière nudité, et pour lui *indiquer l'obligation du travail*. Comment et par qui se trouve-t-il ainsi fait? par la nature; la Maçonnerie ne s'occupe pas du comment. Libre à lui de choisir son créateur parmi les gaz, et ses ancêtres dans les générations spontanées ou parmi les singes. On lui apprend seulement que le temple à élever, sous la conduite du maître, à qui il doit aveuglement obéir, est celui de la nature, et que le but de la Maçonnerie consiste à *effacer parmi les hommes les distinctions de couleurs, de rang, de croyances*.

La vengeance en sort comme de sa source. Il faut punir par la mort les trois compagnons infidèles, et les faire disparaître pour revenir à la nature et en continuer et affermir l'œuvre. Aussi le grade *d'élu* a-t-il été le premier inventé, et *Nekam, vengeance, vaincre ou mourir*, ont-il été ses *mots de passe*, ou *sacrés*, et le *poignard*, son outil; — puis vient l'*écossais*, ou l'homme roi-prêtre et législateur dans sa famille; et la *tête sous la hache lui démontre*, dit l'interprète autorisé, que, pour devenir tout cela, il *ne peut plus reculer, mais périr, s'il est nécessaire pour la cause de la vérité*.

Confirmé dans cette disposition, affranchi pour lui-même et les siens des préjugés qui mettent au dessus de lui les rois et prêtres, il est fait *chevalier d'Orient* pour en affranchir les autres. L∴ D∴ P∴ est le grand mot du grade. Il veut dire *liberté de penser* et *Lilia destrue pedibus, détruire les Bourbons en foulant aux pieds les lys.* Voilà l'objet du grade. Le *parlementarisme*, qui arrache aux rois le pouvoir législatif et judiciaire pour n'en faire que des délégués ou commis des peuples, est le grand moyen moral à employer pour atteindre le but, dût-on, pour le mettre en œuvre, faire vingt révolutions.

Parvenu là, la liberté de penser et le parlementarisme marchant de pair, le franc-maçon devient *Rose-Croix* : la divinité de Jésus-Christ est reniée ; sa croix, mémorial du grand sacrifice qui a sauvé le monde, est changée en *phallus* et traînée dans la plus horrible fange, et avec elle périt desséchée la source du vrai sacerdoce catholique et de la royauté chrétienne, l'esprit de sacrifice, la religion, la société.

Mais leur colonne, leur image vivante, la pierre fondamentale sur laquelle ils sont assis, est encore debout dans le pontife-roi et la papauté romaine : c'est donc par elle qu'il faut en finir. Le *Kadosch*, brandissant son poignard au manche blanc et à la pointe noire, s'est levé ; il a fait entendre le dernier cri de guerre : *vengeance, Nekam, Maka* ; d'un bout du monde à l'autre les sociétés secrètes l'ont répété, et tous, ministres et diplomates, maçons et carbonari, se sont mis en marche, brûlant de pouvoir ajouter le dernier mot, le mot de la victoire, *phal-kol, operatum est omne*, tout est consommé. Plus de prêtres, plus de rois, plus de famille, plus de propriété, plus de nations, plus de morale, plus de religion : ils ont passé. Il n'y a plus que Pan, Isis, ou la nature, les forêts, les cavernes et les bois. Prosternez-vous avec Misraïm, *arcana arcanorum*, devant Uriel, l'ange du feu !

C'est le dernier mystère, la loge la plus profonde ; c'est le feu, le feu éternel, d'où l'on ne revient pas !

Longtemps la Franc-maçonnerie dissimula ses projets destructeurs de l'Église; elle prétendait recevoir dans son sein, avec une neutralité dont M. Ferry devait plus tard emprunter la formule et la sincérité, les hommes de toute religion. En réalité, comme l'État accordant une égale protection à tous les cultes, elle faisait profession d'athéisme.

Il avait donc bien jugé le pontife Pie VII, lorsque, dans son encyclique du 22 mai 1818, il disait : « *Sous cette égale protection de tous les cultes se cache et se déguise la persécution la plus dangereuse, la plus astucieuse qu'il soit possible d'imaginer contre l'Église de Jésus-Christ, et malheureusement la mieux concertée pour y jeter la confusion et même la détruire, s'il était possible que la force et les ruses de l'enfer puissent prévaloir contre Elle.*

Mais ce que Pie VII n'a pas dit, et ce qu'on n'a pas assez remarqué, c'est que cette conséquence, posée à son tour comme principe à la tête de toutes les constitutions modernes, est la source la plus féconde tout à la fois des plus ignobles tyrannies et des plus basses dégradations.

L'État, monarchie ou république, roi, dictateur ou

président, ministre ou consul, un ou plusieurs, sous le nom de majorité ou de peuple, avec Mirabeau ou Danton, Marat ou Robespierre, Bonaparte, Bismarck ou Thiers, Gambetta, Frère-Orban ou Ferry pour meneurs, devient évidemment juge et régulateur suprême de la conscience, de la foi, de la morale, des âmes, l'organisateur souverain de toutes les religions et de tous les cultes, et le maître des biens, de la propriété, des corps, par la guerre, les impôts et les lois.

CHAPITRE VIII

L'ATHÉISME ET LE POSITIVISME DANS LA MAÇONNERIE

Nous avons reproduit dans les chapitres précédents de longs extraits des auteurs maçonniques les plus autorisés, qui montrent la doctrine essentiellement panthéiste et naturaliste cachée comme sous un voile dans tous les rites de la Maçonnerie.

C'est là l'enseignement qui pendant plus d'un siècle a été donné par les vénérables et les orateurs à tous ceux qui ont traversé les loges. A ce titre seul la Maçonnerie a eu une action considérable, et elle doit être, avec l'enseignement donné dans un grand nombre des chaires de l'université, rendue responsable du vague des idées, de la désorganisation intellectuelle qui règne aujourd'hui dans la patrie de Descartes.

Mais la Maçonnerie ne s'en est pas tenue là : tout en ayant toujours la même haine pour l'Église, elle varie selon les temps les formules de l'erreur et elle reflète dans son enseignement intérieur tous les sophismes qui se succèdent avec le cours des âges.

Déiste à l'époque de Voltaire, éclectique et panthéiste au temps de Victor Cousin et d'Henri Martin, elle est aujourd'hui athée et positiviste. Actuellement il n'est plus guère question dans les loges françaises d'Isis et d'Osiris : le F∴ Crémieux a été le dernier, croyons-nous, à en faire le thème de ses longs discours. Mais on y parle le jargon de la science positiviste, on y célèbre les mythes non moins grotesques du culte de l'humanité, ou l'on y adore la matière nue et brute. On commence même à remanier les rituels en ce sens dans les loges les plus avancées de Paris.

Un coup d'œil rapide sur ces nouveaux développements de l'erreur maçonnique est ici nécessaire.

En 1866, le Grand-Orient, qui ne voulait pas, comme institution officielle de l'empire, supprimer tout égard pour les croyances de l'immense majorité du peuple français, suspendit pour six mois la loge de l'*Avenir* qui, sur la proposition du F∴ Eugène Pelletan, aujourd'hui sénateur, faisait une déclaration hostile à tout culte religieux et favorable à la secte des *solidaires*, conçue par l'athée Quinet. C'était l'époque où M. Duruy, alors ministre de l'instruction publique, venait de proclamer que l'homme retournait dans le sein de la nature, après avoir parcouru, sous la direction de la nature, tous les degrés du règne animal en commençant par le singe.

En 1869, un congrès des loges de Strasbourg, de Nancy, de Vesoul, de Metz, de Châlons-sur-Marne, de Reims, de Mulhouse, de Sarreguemines, se réunit à Metz du 29 juillet au 1ᵉʳ août 1869, juste un an avant la guerre et l'invasion qui allaient désoler ces villes. Il réclama la suppression de l'article des statuts du Grand-Orient de France qui, depuis le convent du 26 octobre 1854, était ainsi conçu :

« L'ordre des Francs-maçons a pour objet la bienfaisance, l'étude de la morale et la pratique de toutes les vertus.

« *Il a pour base : l'existence de Dieu, l'immortalité de l'âme et l'amour de l'humanité.* »

L'initiateur de ce mouvement fut le F∴ Macé, qui, à l'instigation de M. le ministre Duruy, venait de fonder la *ligue de l'enseignement*, destinée à éliminer toute religion des écoles et par là, comme il le disait, à mettre bien *réellement en pratique les principes proclamés dans les loges*. Le F∴ Macé est aujourd'hui sénateur opportuniste ; il n'est plus socialiste comme en 1851, mais il est l'un des plus persévérants adeptes de la devise empruntée par Gambetta à la Franc-maçonnerie : Le cléricalisme (lisez le Catholicisme voilà l'ennemi !

En Belgique les libres-penseurs ne rencontrèrent aucun obstacle. Sur la tombe d'un maçon on entendit à cette même époque retentir « *le cri de suprême insurrection, un cri de victoire et de révolte intellectuelle contre le ciel et la terre.* » L'orateur, comme conclusion de ses blasphèmes, dit que « la paix de l'âme se puise dans la négation de Dieu ! »

La voix d'un poëte ajoutait :

> « Solidaires, celui dont la voix vous rappelle
> Les principes qu'on doit propager en tout lieu,
> Jusqu'à son dernier souffle y demeura fidèle
> Et brava préjugés, et culte, et prêtre, et Dieu ! »

Ce délire d'impiété enfanta l'anti-concile de Naples, où le F∴ Andrieux, le futur préfet de police de la République, représentait le journal *l'Excommunié* de Lyon. Dans cette réunion des 700 délégués des groupes les plus avancés de la Franc-maçonnerie, présidée par Ricciardi, fut adoptée cette déclaration préliminaire qui a été publiée par le journal officiel de la Maçonnerie à Florence :

« Les soussignés, délégués des diverses nations du monde civilisé, réunis à Naples pour prendre part à l'anti-concile, affirment les principes ci-après : ils proclament la liberté de la raison contre l'autorité religieuse, l'indépendance de l'homme contre le despotisme de l'Église et de l'État, l'école libre contre l'enseignement du clergé ; ne reconnaissant pas d'autre base des croyances humaines que la science, ils proclament l'homme libre, et la nécessité d'abolir toute église officielle. La femme doit être affranchie des liens que l'Église et la législation opposent à son plein développement. La morale doit être complètement indépendante de toute intervention religieuse. »

Une autre déclaration, présentée par un délégué de la grande loge de la capitale d'un des plus grands empires d'Europe, adoptée par acclamation et contre-signée par le Président, est plus explicite encore. Elle porte ce qui suit :

« Les libres-penseurs reconnaissent et proclament la liberté de conscience et la liberté d'examen. Ils considèrent la science comme l'unique base de toute croyance, et repoussent en conséquence tout dogme fondé sur une révélation quelconque. Ils réclament l'instruction à tous les degrés, gratuite, obligatoire, exclusivement laïque et matérialiste.

« En ce qui concerne la question philosophique et religieuse, considérant que l'idée de Dieu est la source et le soutien de tout despotisme et de toute iniquité, considérant que la religion catholique est la plus terrible personnification de cette idée, que l'ensemble de ses dogmes est la négation même de la société, les libres-penseurs assument l'obligation de travailler à l'abolition prompte et radicale du catholicisme, à son anéantissement, par tous les moyens, y compris la force révolutionnaire. »

Un incident soulevé par l'impudence d'un des sectaires de cette orgie força la police à dissoudre l'assemblée, hideuse parodie du concile du Vatican, après quelques jours de séance. Une émeute populaire, provoquée par les horribles blasphèmes de ces impies contre Jésus-Christ et sa Mère Immaculée, contraignit les membres à se disperser. Toutefois les plans d'action ayant été arrêtés à l'avance, le président avait eu le temps de les communiquer aux délégués, tels que nous les voyons aujourd'hui se dérouler sous nos yeux, et de faire proclamer les déclarations de principes de la secte.

Les délégués à l'anti-concile de 1869, ne formaient que l'avant-garde de l'armée révolutionnaire. Le Grand-Orient de France devait poursuivre la lutte au grand convent de Paris, le 14 septembre 1877, et, après avoir pris l'avis de toutes les loges soumises à son obédience, décider l'abolition de l'article des statuts qui affirmait, comme bases de l'ordre, « l'existence de Dieu et l'immortalité de l'âme. »

Cet article fut remplacé par cette déclaration :

« La Franc-maçonnerie a pour principes : la liberté obsolue de conscience et la solidarité humaine. Elle n'exclut personne pour ses croyances. »

Cette décision fut l'objet de longues délibérations. Mais les dissentiments qui se produisirent portèrent uniquement sur une question d'opportunité. Quelques frères craignaient de commettre une imprudence ; c'est ce que disait au convent de 1876, quand la discussion s'y produisit pour la première fois, M. Massicault, l'orateur de l'*opportunisme* maçonnique, aujourd'hui préfet du Rhône.

« Il résulterait de l'abolition de cet article une perturbation grave dans les loges, rien ne passionnant les esprits comme ces *discussions stériles* sur les causes premières, discussions qui se succèdent depuis deux mille ans, *sans aboutir à aucun résultat*.... Il fallait laisser faire le temps et attendre le *jour prochain* où la Maçonnerie pourrait, *sans crainte de se désorganiser*, supprimer la déclaration dogmatique contraire à la logique des amis de la liberté de conscience. »

On répondit au frère opportuniste que depuis longtemps les francs-maçons étaient habitués à entendre traiter Dieu comme un *bon petit vieux mot*, sous lequel tout le monde entendait ce qu'il voulait ; que par conséquent on ne risquait rien en disant tout haut ce que chacun des frères pensent depuis longtemps. Il ne faut donc pas croire qu'à cette époque se soit produit un changement considérable en fait dans la doctrine maçonnique. Nous pourrions multiplier à l'infini les citations qui justifieraient cette assertion. Nous donnerons seulement une idée de la tactique de la Maçonnerie, en reproduisant un discours de M. Félix Hément, inspecteur de l'enseignement, à une distribution des prix des écoles du VIIe arrondissement, le 5 décembre 1880.

« J'ai prononcé le nom de Dieu, et je dois à ce propos deux mots d'explication, afin de ne point me séparer des personnes, qui dans l'auditoire ne partageraient pas mes idées. Supposons que je n'aie pas prononcé le mot, et que je me sois borné à dire que la justice, la vérité, la beauté humaines sont infirmes par quelque côté ; que nous concevons une justice, une vérité, une beauté parfaites ; que cet ensemble de toutes les perfections soit nommé l'*idéal*. Personne assurément ne peut nier ce que nous avançons, et, s'il est vrai de dire que la sensation de soif prouve l'existence d'un corps qui doit l'éteindre, nos aspirations vers l'*idéal* sont une preuve non moins certaine de son existence. Enfin, il n'est pas vrai que notre supériorité dépend des progrès que nous faisons vers l'idéal. Accordons-nous donc sur les points que tous peuvent admettre. Disons que le faisceau des perfections se nomme l'idéal, et que par nos efforts nous devons y tendre.

« Les uns lui donnent une forme et un corps pour le mieux saisir, et le nomment Dieu ; les autres le conçoivent, mais renoncent à le représenter. »

On ne s'étonnera donc pas qu'en 1877, sauf deux ou trois individus, pas un seul franc-maçon français n'ait quitté les loges à la suite de l'abolition du nom de Dieu dans les statuts.

Par contre, une émotion très vive s'est produite dans les loges de l'Angleterre et des États-Unis. Depuis lors elles ont rompu leurs relations avec le Grand-Orient de France et les loges de son obédience.

Dans ces deux pays, grâce à la supériorité de l'organisation sociale et à la force des traditions politiques, la Maçonnerie a éprouvé une sorte de transformation. Elle s'est fusionnée avec les confessions protestantes, et a même donné une grande place à la Bible dans son rituel. Si la religion n'y a pas gagné, les loges ont dû à ce rapprochement de perdre beaucoup du caractère impie qu'elles avaient à l'origine.

Mais l'attitude des loges anglaises et américaines est tout à fait isolée.

La Maçonnerie d'Allemagne, de Belgique, de Hollande, d'Italie, d'Espagne, de Hongrie en est absolument au même point que la Maçonnerie française. Si dans ces divers pays on n'a pas rayé encore le nom de Dieu des statuts officiels, c'est parce qu'on pense comme M. Félix Hément, l'inspecteur officiel des écoles de la République française.

La Franc-maçonnerie en France, en Italie, en Belgique a adopté d'une manière générale les doctrines du positivisme.

Le F∴ Ferry, actuellement président du conseil des ministres, alors député, dans un discours à la loge de la *Clémente Amitié*, à Paris, qui venait de recevoir Littré et Wyrouboff, disait en 1877 :

« Si le positivisme a fait son entrée dans la Maçonnerie, c'est que la Maçonnerie était depuis longtemps positiviste sans le savoir.

« La fraternité est quelque chose de supérieur à tous les dogmes, à toutes les conceptions métaphysiques, non seulement à toutes les religions, mais à toutes philosophies. Cela veut dire que la sociabilité, qui n'est pas autre chose que le nom scientifique de la moralité, est capable de se suffire à elle-même ; cela veut dire que la morale sociale a ses garanties, ses racines dans la conscience humaine, qu'elle peut vivre seule, qu'elle peut enfin jeter ses béquilles théologiques et marcher librement à la conquête du monde.

« Vous êtes un des plus précieux instruments pour cette
« culture du sentiment social, pour ce développement de la
« morale sociale et laïque à laquelle vous appartenez......

« J'estime qu'il est de l'essence de notre institution de
« dégager l'homme de la crainte de la mort, parce qu'à cette
« terreur séculaire, à cette servitude la plus difficile à rejeter,
« vous opposez le sentiment fortifiant et consolateur de la
« continuité et de la perfectibilité de l'espèce humaine.
. . . .
« Quand on est animé de cette conviction, quand l'hu-
« manité nous apparaît, non plus comme une race déchue,
« frappée de décadence originelle et se traînant péniblement
» dans une vallée de larmes, mais comme un cortège sans
« fin, qui marche en avant vers la lumière, alors on se sent
« partie intégrante de ce grand Être qui ne peut périr, de
« cette humanité incessamment grandie, améliorée, alors
« on est affranchi de la crainte de la mort.» (*Bravos redou-*
« *blés*).

Au sénat (séance du 4 juillet 1881), dans la discussion sur la loi de l'instruction primaire, le F∴ Ferry disait, en répétant en cela le langage des loges : « La conception de Dieu varie suivant les systèmes philosophiques. »

Le 29 août 1881, le F∴ Gambetta, président à Paris une conférence faite par le F∴ P. Bert sur l'enseignement laïque, s'exprimait ainsi :

« *Voilà notre religion, mes amis, la religion de la culture intellectuelle.* CE MOT SUBLIME DE « RELIGION » NE VEUT PAS DIRE AUTRE CHOSE, EN EFFET, QUE LE LIEN QUI RATTACHE L'HOMME A L'HOMME *et qui fait que chacun, égal à celui qu'il rencontre en face, salue sa propre dignité dans la dignité d'autrui et fonde le droit sur le respect réciproque de la liberté.*

« C'est pour un acte de cette religion que nous sommes ici tous rassemblés dans un esprit de solidarité commune. Nous venons apporter, vous, votre obole, nous, notre parole, à cette communion que l'on peut et doit nommer les Pâques républicaines de la démocratie. »

Jamais la terrible puissance du blasphème, qui a été permise à la créature révoltée contre Dieu, ne s'était produite d'une manière plus calculée et plus affirmative.

L'homme seul en face de l'homme ; toute la religion étant dans ce lien de l'homme à l'homme; l'homme en un mot se faisant Dieu : — voilà ce que le f∴ Gambetta affirme comme le dogme de la société *maçonnisée*, après que le F∴ Ferry a outrageusement nié le vrai Dieu !

A la suite des premiers rôles, les doublures répètent les mêmes blasphèmes d'un bout à l'autre des loges:

« Dans sa tenue du 25 septembre 1882, la L∴ *Union et Persévérance* (de Paris) a décidé, à l'unanimité, de nommer membre d'honneur le F∴ Bradlaugh, membre du parlement anglais, expulsé pour refus de serment religieux.

« Le F∴ Fontainas, vén∴ de l'at∴, raconte qu'introduit en Angleterre auprès du f∴ Bradlaugh, sur la recommandation des FF∴ Yves Guyot et Dreyfus, il a reçu un charmant accueil. Le libre-penseur anglais a déclaré ne plus aller aux l∴ anglaises à cause des allures religieuses de la Maç∴ de son pays. C'est dans ces circonstances que le F∴ Fontainas, lui exposant les progrès faits en France, lui a offert de l'affiliation. »

Le F∴ Bradlaugh ne doit sa célébrité qu'à sa profession scandaleuse d'athéisme au parlement anglais et à la part qu'il a prise à la fondation de la ligue malthusienne.

Ecoutez maintenant le F∴ de Lanessan, député de Paris, inaugurant le temple de la loge l'*Etoile de la Haute-Marne*, à Chaumont, en octobre 1883 :

« Dans un discours fréquemment interrompu par des applaudissements, dit le compte rendu officiel, l'orateur esquisse à grands traits l'histoire du développement de l'idée religieuse dans l'humanité. Il la montre naissant du besoin qu'éprouvent les hommes d'expliquer les phénomènes de la nature dont l'enchaînement leur échappe, d'autant plus forte et plus généralement répandue que l'ignorance est plus grande, prenant une forme moins grossière à mesure que la science progresse, et finissant par disparaître de l'esprit de tous les hommes *qui sont suffisamment instruits pour n'avoir plus besoin de mettre au delà de la matière ce Dieu que Laplace considérait avec raison comme une hypothèse inutile.* Le rôle de la Franc-maçonnerie est de travailler d'abord à l'instruction mutuelle de ses membres et ensuite à la propagation des connaissances qui, *en faisant disparaître les croyances et les superstitions, supprimeront la puissance du prêtre* beaucoup plus sûrement que toutes les mesures de rigueur dont il pourrait être l'objet.

« Des applaudissements répétés saluent la fin de ce discours, dont l'éloquence et la rigoureuse logique (*sic*) ont produit sur tous les auditeurs une impression aussi vive que durable. »

Le positivisme a la prétention, comme la Maçonnerie, de fournir aux hommes une morale basée uniquement sur la nature et absolument indépendante de la loi de Dieu et des sanctions résultant de la vie future pour l'âme immortelle. Il faut donc examiner ce que deviennent les principaux devoirs de la morale, la famille, le droit de propriété, les libertés publiques dans l'enseignement pratique que la Maçonnerie donne journellement à ses initiés par ses rites, par leurs interprétations, par les livres de ses principaux initiés.

L'*égalité* et la *liberté primitives*, ou le prétendu

état de *nature* à rétablir par la destruction de toute autorité spirituelle et temporelle, ce sont là les bases de la morale maçonnique. Cette morale-là ressort de tous les grades et de tous les rites. Ainsi l'entend le Grand-Orient ; ainsi le proclament le rite français, l'Écossisme, le rite de Misraïm et leurs interprètes ; ainsi l'ont propagée et la propagent encore l'Illuminisme, la Carbonara, le rite templier, le Martinisme, Fourier, St-Simon, et leurs derniers-nés, l'Internationale et l'anarchisme. Et comme, en 1789, la Maçonnerie triomphante en fit la base *des droits de l'homme et du citoyen*, arrêtons-nous quelques instants pour en extraire, à l'aide du *bijou du compagnon maçon*, la *logique*, les évidentes et irréfragables conséquences.

« Les hommes naissent et demeurent *libres* et *égaux* en droits. Les premiers de ces *droits essentiels, imprescriptibles, naturels*, sont l'*égalité et la liberté*. »

Donc, aucun homme, franc-maçon ou profane, *Grand-Orient, Suprême-Conseil*, ou *puissance suprême*, n'a le droit d'interpréter la nature en général et la nature de l'homme en particulier, et d'en tirer des lois ou des doctrines pour les imposer à d'autres hommes ; et quiconque d'ailleurs, fût-il hiérophante, *fait parler le dieu des francs-maçons, Isis, Pan, Feu* ou tout autre, *bon ou mauvais principe, est un* IMPOSTEUR, un tyran, un envahisseur des droits essentiels, imprescriptibles, naturels de l'homme et du citoyen. C'est un principe proclamé en chœur par la Franc-maçonnerie et, à sa tête ou à sa suite, par les philosophes.

Donc, puisqu'il est de la nature et de l'essence de

l'homme d'être libre et égal aux autres hommes, et que ce droit est inaliénable et imprescriptible, aucun homme ne peut céder de son droit à un ou à d'autres hommes, sans aller contre la nature, sans qu'un pacte ou contrat ainsi fait ne soit radicalement nul.

Leur composé, *Dieu ou la nature, qui se divise en trois règnes, les minéraux, les végétaux, les animaux, le tout ne faisant qu'un ou la trinité*, a lui-même pour attributs : l'*éternité*, l'*infinité*, la *toute-puissance*. Mais ce qui est nécessaire, éternel, infini, tout-puissant, est également immuable. Impossible d'y rien changer. Une inexorable fatalité pèse sur l'ensemble, aussi bien que dans les parties. Donc plus de liberté, plus de morale quelconque, et il n'y a, il ne peut pas plus y avoir de crimes ou de vertus, pour un principe que pour l'autre, pour une partie que pour le tout, pour un côté du triangle que pour l'autre, pour l'animal que pour le végétal ou le minéral, pour l'homme que pour la bête, la plante ou la pierre.

La morale en particulier se divise en devoirs envers Dieu, devoirs envers soi-même, devoirs envers les autres.

Or, la première conséquence des doctrines de la Maçonnerie est d'anéantir tous les devoirs envers Dieu en anéantissant, sous les noms de superstition et de fanatisme, toute religion, expression de ces devoirs.

Mais l'homme-maçon peut-il s'imposer des devoirs ? Peut-il en avoir lui-même ? Écoutons d'abord sur ce second chef de la morale les renseignements de l'interprète autorisé, Ragon, expliquant le rituel du grade d'apprenti :

« Je passe à la deuxième question : Qu'est que l'homme se doit à lui-même ? Ces paroles expriment-elles bien ce qu'on a voulu dire ? nous ne le pensons pas. On ne parle ici que de l'homme, c'est donc un homme seul ; or, qu'est-ce qu'un homme, qui serait seul, se devra ? Rien. Cette réponse est la seule juste, puisqu'un individu ne peut se trouver en même temps, sous le même rapport, son débiteur et son créancier. »

Qu'est-ce que l'homme doit a ses semblables ? C'est la troisième question donnée à résoudre à l'adepte admis à se présenter à l'initiation au grade d'apprenti.

« Cette question, dit Ragon, est juste, exacte et d'un grand intérêt social. L'homme doit à ses semblables tout ce qu'il se croit dû à lui-même par ses semblables; les droits de l'un sont les devoirs de l'autre; chacun se dira : Ce que j'attends de mon frère, il l'attend de moi : j'attends de lui, quand il me parle, *franchise et sincérité* ; j'userai envers lui de *franchise et de sincérité.*

« *Cette réciprocité de droits et de devoirs ou de services rendus est le lien de toute société:* brisez-la, je vois bien encore des hommes placés les uns à côté des autres, mais je ne vois plus de rapports, je ne vois plus de société. »

Ainsi, toute la morale, selon l'enseignement maçonnique, consiste dans les devoirs de l'homme envers ses semblables, et ces devoirs eux-mêmes sont uniquement ce que l'homme se croit *dû* à lui-même par ses semblables, en sorte que, s'il ne se croit rien *dû* par les autres ou qu'il n'en reçoive rien, il ne leur *doit* rien non plus, et ces prétendus devoirs s'allongent ou se rétrécissent au gré ou au goût de chacun dans le plus vague, le plus universel arbitraire. Qu'est-ce qu'un tel lien social et que peut-il lier ?

Mais si moi-même je ne dois *rien* et ne peux *rien* me devoir à moi-même, rien, absolument rien, quelle sera la base logique de mes devoirs vis-à-vis de mes semblables ?

Du reste les chefs des sociétés secrètes ont toujours fait bon marché de cet article. Woishaupt écrivait aux premiers supérieurs de l'Illuminisme :

« Pour rester maîtres de nos discours, faisons observer aux élèves que les supérieurs jouissent d'une grande liberté sur cet article ; que nous parlons tantôt d'une manière, tantôt d'une autre ; que nous faisons souvent une question avec assurance pour sonder l'opinion des élèves et leur fournir l'occasion de la manifester par leurs réponses. Ce subterfuge, ou cet échappatoire, répare bien des fautes. Disons toujours que la fin montrera quel est de nos discours celui qu'il faut prendre pour la vérité.

« On parle ainsi tantôt d'une façon tantôt d'une autre, pour n'être pas embarrassé, et pour laisser notre véritable pensée impénétrable aux inférieurs. Que cet avis soit inséré dans l'instruction, *etiam hoc inseratur instructioni* (il est devenu la troisième loi des *aréopagistes*). Il serait encore mieux, et l'expédient aurait plus de succès, si vous avertissiez, si vous chargiez nos *illuminés majeurs* de varier de même leurs discours avec leurs inférieurs, et cela pour les raisons susdites, *ex rationibus supra dictis.* »

Le silence et le secret, disent les *Statuts de l'ordre*, sont *l'âme de l'ordre* ; et vous l'observerez, est-il dit aux novices, auprès de ceux mêmes que vous pourriez soupçonner aujourd'hui être vos frères, et auprès de ceux qui seront connus dans la suite. Vous regarderez *comme un principe constant parmi nous que la franchise n'est une vertu qu'auprès des supérieurs ; la méfiance et la réserve sont la pierre fondamentale.* »

En somme, quand on examine de près l'enseignement moral pratique de la Maçonnerie, on voit que tous les devoirs envers les hommes se réduisent à l'obéissance aux chefs, à l'observation du secret, à l'assistance des « frères » préférablement aux profanes ; en un mot à la dissolution de l'ordre social.

Partout le *dévouement à l'ordre*, c'est-à-dire à la Maçonnerie, est rappelé et impérieusement prescrit. Au grade d'écossais, on place une hache *sur le cou* du récipiendaire ; un des signes est celui du *ventre coupé* ; le sacrifice d'Abraham sert d'allégorie ; le tout pour montrer jusqu'où doit aller le dévouement et l'obéissance d'un maçon.

« Si on voulait former des assassins, dit l'auteur du *Voile levé*, s'y prendrait-on autrement pour les accoutumer aux horreurs de la mort, et leur faire étouffer les remords d'une conscience qui serait susceptible de s'alarmer ? Si ce n'est pas là l'école où ont été instruits les meurtriers des Foulon et des Berthier, des Belsunce et de tant d'autres victimes malheureuses d'une fureur fanatique, on conviendra au moins qu'avant la Franc-maçonnerie, on n'avait jamais vu chose semblable. »

On comprend, après ces essais et ces doctrines, le *patet exitus* de Weishaupt, ou cette liberté du *suicide* qui est comme un axiome de toutes les philosophies maçonniques, dont l'Illuminisme et la haute Maçonnerie font un devoir et une secrète volupté à ses adeptes plutôt que de trahir leurs secrets, ou un refuge quand la nature impose un fardeau trop pesant; que Voltaire fait passer à Rome pour férocité bar-

bare, à Paris pour folie, mais à Londres, pays de la vraie philosophie, pour grandeur d'âme ; que Ragon présente comme un moyen tout puissant de liberté, et le plus propre, en bannissant la crainte de la mort, à rendre le maçon *maître de sa vie et de celle des autres* ; que M. Cousin, le haut maçon, grand-maître de l'université, déclare n'être jamais ni un *crime*, ni une *injure*, et ne renfermer quelque mal que lorsque, *sans raison* et par *caprice*, il nous fait détruire un corps qui *fait partie du monde* ; que son ami le grand-maître et pontife de la Carbonara, Jean Witt, exalte sans cesse dans ses mémoires comme l'œuvre du courage et de la liberté, à laquelle il est toujours prêt.

N'est-ce pas à bon droit que Lamennais, alors devenu lui-même un des démolisseurs de l'ordre social, et associé avec Eugène Sue et Georges Sand, s'écriait comme effrayé de son œuvre :

« En vertu de la souveraineté de la raison humaine, on se soulève contre Dieu et on se déclare libre et égal à lui; au nom de la *liberté* on renverse toutes les institutions politiques et religieuses ; au nom de l'*égalité*, on abolit toute hiérarchie, toute distinction religieuse et politique... Alors, sur les ossements du prêtre et du souverain, commence de règne de la haine et de la terreur. Effroyable accomplissement de cette prophétie : *Un peuple entier se ruera homme contre homme, voisin contre voisin, et avec un grand tumulte, l'enfant se lèvera contre le vieillard, la populace contre les grands.* »

Le Père Deschamps, dans le chapitre 10 du livre premier de l'ouvrage *Les Sociétés secrètes*, a montré comment les doctrines maçonniques, en ne reconnaissant que les besoins de la nature physique pour base de la morale, amenaient la destruction de la famille. Nous renvoyons à cette magistrale démonstration, ainsi qu'aux faits si nombreux que nous avons cités dans le tome III et qui montrent les loges actuelles, arrivées aux conséquences logiques de leur doctrine, se faisant les propagatrices du divorce, de l'union libre du Malthusianisme.

Dans leurs professions de foi et discours publiés les francs-maçons parlent toujours de patriotisme : à les entendre ils en auraient le monopole. Mais leur doctrine le détruit radicalement en supprimant tous les devoirs basés sur le respect de la loi de Dieu et en faisant sans cesse miroiter aux yeux des adeptes l'humanité cosmopolite, les États-Unis universels.

Il est impossible d'exprimer plus clairement la subordination du patriotisme au but maçonnique. Il faut surprendre dans leurs publications secrètes leur pensée véritable, pour savoir avec quel dédain ils traitent « la vertu appelée patriotisme. »

« Diminuez, retranchez l'amour de la patrie, disait au siècle dernier un de leurs docteurs, les princes et les nations disparaîtront sans violence de dessus la terre. »

Leur doctrine n'a pas changé de nos jours :

« La France régénérée, écrivait naguère un des secrétaires du Grand-Orient, n'a pas encore atteint le degré de perfection que commandent les doctrines de la Franc-Maçonnerie... La patrie de tous les hommes, c'est l'univers ! »

Le degré de perfection qu'il faut atteindre n'est autre chose qu'une indifférence absolue pour les destinées de la patrie, lorsqu'elles doivent être sacrifiées aux intérêts de la secte.

« La Maçonnerie n'est d'aucun pays, écrit Ragon, un de ses historiens les plus autorisés. Elle n'est ni française, ni écossaise, ni américaine. Elle ne peut pas être suédoise à Stockholm, prussienne à Berlin, turque à Constantinople, si elle y existe : elle est une et universelle. Elle a plusieurs centres d'action, mais elle n'a qu'un centre d'unité qui est le plus grand bienfait de la société antique. Si elle perdait ce caractère d'universalité et d'unité, elle cesserait d'être la Maçonnerie. »

Un de leurs principaux adeptes, le F∴ Frédéric Marin, n'a pas craint d'écrire que « le patriotisme n'est « que l'esprit de corps considéré dans l'une de ses « applications les plus imposantes, — qu'il est un « produit de notre vanité personnelle, bien plus con- « forme à la médiocrité de notre nature, — le lot du « vulgaire », et il exalte la supériorité du *sentiment politique*, de cet amour « du droit idéal qui nous porte « à le réaliser le plus longuement possible dans toutes « les sociétés, quelles qu'elles soient. »

Ce n'est pas là la conception isolée d'un esprit chagrin. Les mêmes déclarations nous parviennent des pays étrangers.

En Suisse, Bluntschli développe la thèse que l'État moderne doit embrasser l'humanité entière :

« L'humanité progressive ne trouve pas sa pleine satisfaction dans les États particuliers et elle les consume. »

— « La liberté que réclame la génération actuelle, s'écriait récemment un orateur de Gœttingue, c'est la suppression de toutes les barrières devenues superflues lorsque les hommes sont réunis en un seul État. »

Le patriotisme est un obstacle à ce beau plan. Aussi la *Bauhutte*, organe maçonnique allemand, a-t-elle soin de dire :

« L'Union maçonnique ne doit pas différer à marquer le point exact où le patriotisme cesse d'être une vertu. »

La propriété privée ne résiste pas davantage au travail disolvant de la doctrine maçonnique, fondée sur le retour à l'égalité et à la liberté native.

La *liberté*, au point du vue humain des loges, signifie l'indépendance complète et de tous les côtés de l'homme vis-à-vis de tous les législateurs et de toute loi en dehors de l'homme lui-même, non seulement dans l'ordre dogmatique, mais encore dans l'ordre moral, et conséquemment dans l'ordre politique et social. Le Décalogue vaut, tout au plus encore, comme satisfaction privée, concédée à l'être individuel qui veut l'observer, mais jamais comme loi générale de l'humanité, car se serait là une barrière pour le moi humain. L'homme et l'humanité se font d'eux-mêmes des lois avec une pleine indépendance vis-à-vis de tout, et ne s'adressent pour cela à aucune autorité. Ils l'ont au contraire en horreur comme une usurpation. Par là tombe le septième commandement de Dieu, et avec lui la propriété. Comme toute autre chose, la propriété devient une institution qui, selon la libre et indépendante volonté de l'homme, est soit établie, soit renversée par la loi. Et la pure raison de l'homme athée trouvera beaucoup plus convenable de placer le patrimoine commun de l'État sous la direction du peuple et d'assigner à chaque individu d'après son travail sa quote-part dans les acquêts communs, pour égaliser par là le prétendu amoncellement de l'or entre les mains du petit nombre, et la pauvreté de l'énorme grand nombre, en d'autres termes, *on introduira l'état du peuple socialiste.*

Il y a dix ans, Mgr de Ketteler tirait déjà cette conséquence des prémisses du libéralisme, quand il écrivait : « Si les principes de l'État moderne, qui fait abstraction de toute religion et considère la négation de Dieu comme un droit de la culture intellectuelle, sont vrais, alors ce que la majorité des Chambres décide est *le droit*, et il ne peut plus être question d'une entreprise illégitime de cette volonté du peuple à l'encontre du droit de propriété. »

« La conséquence de tout le système libéral (c'est-à-dire humanitaire) est: *Une Chambre, et ce que cette seule Chambre ordonne est la loi*, et quiconque, pour lui résister, s'appuie sur sa conscience, sur sa foi, sur le droit transmis, sur le Christ et Dieu, est coupable de haute trahison, il pèche contre la majesté de la volonté populaire. Pourquoi donc, au nom du ciel, cette majesté devrait-elle s'arrêter devant la bourse des riches libéraux ? Si elle a le droit de fouler aux pieds notre conscience,... il serait bien extraordinairement risible de prétendre qu'une fois devant la bourse pleine d'or des millionnaires, cette nouvelle force ordonnatrice du monde dût rester immobile comme par enchantement. »

Mais la Maçonnerie, qui déchaîne la démocratie et la République, quand elle y a un intérêt actuel, n'entend pas se faire la sujette du suffrage universel. Il y a dans sa doctrine un principe emprunté au Gnosticisme où se trouvent en germe tous les despotismes.

« C'est la connaissance des lois immuables de la nature, dit Ragon, qui élève le maçon au plus haut degré de l'échelle sociale. Toute religion, toute asociation politique, qui s'éloigne de ces lois est informe, contre nature, et n'a point de durée. Si l'homme initié à cette science connaît le bien et le mal, il connaît l'année, et si par des études profondes, il pouvait apprécier et savoir tout ce que la nature prépare et accomplit dans une année, il connaîtrait Dieu. »

Ces derniers mots touchent aux hallucinations de la Kabale. Elles n'ont pas cessé de hanter l'esprit des maçons les plus avancés, et c'est l'essence de la science politique formulée par l'école positiviste. Ici encore nous surprenons le positivisme comme étant depuis longtemps dans la Maçonnerie.

Avec de tels principes moraux, les faits que nous allons raconter dans les chapitres suivants sur *l'action* des sociétés secrètes n'ont rien que de logique.

CHAPITRE IX

LA PROPAGATION DE LA FRANC-MAÇONNERIE AU XVIIIe SIÈCLE

La naissance et le développement, au sein de la société chrétienne, de sociétés secrètes telles que la Franc-maçonnerie, dont l'idée mère est la négation du Christianisme et de tout l'ordre social élevé sur ses principes, est un des phénomènes les plus dignes d'attirer l'attention du philosophe et de l'historien. Jusqu'à ces dernières années, la plupart des écrivains francs-maçons, pour donner à leur secte, par une prétendue antiquité, une autorité qu'elle ne peut tirer ni de l'histoire, ni de la raison, cherchaient à lui assigner pour origine les pagodes de l'Inde, les temples de Memphis ou d'Héliopolis, les mystères d'Éleusis en Grèce ou le culte de la « bonne déesse » chez les Romains, la construction enfin du temple de Salomon, sans réfléchir que toutes ces institutions, en posant à leur base le sacerdoce et la théocratie ou l'aristocratie, étaient la contradiction même du but et de la base de la Maçonnerie, à savoir l'égalité et la négation de toute supériorité, de celle de Dieu même. Mais on y trouvait le panthéisme et l'immonde *lingam*, Osiris et Typhon ou les deux principes, Isis, Cérès ou la nature, l'explication des noms des masques et des peaux de bêtes dont les maçons se servent pour mieux leur ressembler, un prétexte enfin à la fable de maître Hiram et aux loges d'adoption, sans se soucier ni de l'histoire, ni de la vérité. Cette revendication, d'une descendance des plus honteux mystères de l'antiquité par tous les écrivains maçonniques prouve seulement que la Franc-maçonnerie tend, par ses doctrines et ses pratiques, à la restauration du paganisme antique dans sa plus grande perversion. Au point de vue historique il est certain qu'aucune organisation, qu'aucune secte formant corps, ne s'est perpétuée depuis les temps anciens jusqu'à l'époque moderne. Il faut donc avouer, et cet aveu les habiles l'ont fait eux-mêmes, que tout ce fatras de fausse érudition n'était qu'une amorce pour les libertins et les sots. Aussi nous laisserons ces farces grossières, pour en venir de suite aux origines réelles et démontrées.

L'organisation extérieure de la Maçonnerie est celle des grandes *guildes* de *maçons libres*, qui, comme celle des *merciers*, celle des *Lombards* pour les marchands et les banquiers, groupaient les ouvriers de l'art de bâtir dans les différentes contrées de l'Europe, grâce à la large et féconde communauté que le Catholicisme avait créée entre tous les membres de la république chrétienne. Une secte déterminé à combattre à fond le Christianisme a pris les formes de ce compagnonnage au XVIIe siècle, peut-être même dès le XVIe siècle.

La légende d'Hiram et du temple de Salomon est vraisemblablement contemporaine de la corporation des maçons libres, très répandue en Angleterre et en Allemagne à ces époques. Mais à côté d'elle, nous en trouvons d'autres non moins considérables, qui se rattachent à la destruction du fameux ordre des chevaliers du Temple et sont comme un cri prolongé de vengeance contre les pouvoirs ecclésiastiques et civils qui ont dû les détruire. Mêlés à ces souvenirs et à ces rites, d'autres signes, d'autres cérémonies nous ramènent jusqu'à la grande hérésie du moyen âge, à celles des albigeois, des catarrhes, des patarins, et à leurs ancêtres les manichéens et les gnostiques.

La Gnose, le Manichéisme, les Albigeois, les Templiers, telles sont les sources de libertinage sacrilège d'où la Franc-maçonnerie est doctrinalement sortie. Et l'on peut voir dans la Kabale judaïque, dans Socin, dans Spinoza les précurseurs de la secte dont la confrérie des Rose-Croix doit être considérée comme la sœur aînée.

Il y a identité entre les doctrines de la Franc-maçonnerie moderne et celle de toutes ces hérésies. L'historien se rend compte des formes diverses qu'a revêtues l'antagonisme organisé contre l'œuvre de Jésus-Christ, *l'église de Satan*, pour l'appeler de son nom, dès le commencement des âges chrétiens. Vaincu à plusieurs reprises par la foi des peuples catholiques, le même ennemi rassemble ses forces à la faveur des désordres du grand schisme d'Occident, et de la séparation du monde chrétien en deux par le protestantisme ; et il engage contre l'Église une nouvelle lutte universelle dans son principe, et ayant le monde entier pour théâtre, sous la forme d'une association secrète qui lui sert de masque. Ce masque, il le soulève peu à peu de lui-même, au fur et à mesure que ses succès, dans les temps modernes, enhardissent son audace.

Nous n'entrerons pas plus avant dans les questions des origines et des précurseurs de la Franc-maçonnerie. Le lecteur curieux d'étudier ce grave problème historique en trouvera tous les éléments dans l'ouvrage du Père Deschamps (tome I, liv. Ier, chapitres I et II). Avec le commencement du XVIIIe siècle, nous sommes sur un terrain historique parfaitement sûr ; c'est par l'Angleterre et l'Allemagne du Nord qu'à cette époque s'organise d'une façon active la propagation de la Maçonnerie. C'est à cette époque qu'elle commence à jouer un rôle décisif dans la marche des grands évènements de l'histoire moderne.

Bolingbroke, Coolins, Tindall, Wolston, David Hume étaient les principaux membres d'une société dont Toland était l'âme. Ce dernier a précisément laissé sous le titre de *Pantheisticon*, dédié *lectori philomatho* et *philalethi* — (notez cette appellation de *philalètes*, qui sera celle d'une des loges les plus avancées de Paris au moment de la Révolution); — un livre où est exposée la tenue des réunions de ce qu'il appelle des *sodalités socratiques*. Elle se réunissent particulièrement aux *solstices* et et aux *équinoxes* pour célébrer des banquets, d'où les profanes, même les serviteurs, étaient rigoureusement exclus. Le rituel de ces réunions est presque mot pour mot semblable à celui des *tenues de table* actuelles. Les discours que l'auteur met dans la bouche du roi du festin et de l'assistance sont empreints du panthéisme le plus avoué et célèbrent la mort comme la réunion de la personnalité dans le grand tout.

La Franc-maçonnerie en Angleterre, grâce à la forte constitution sociale du pays, avait pris dès cette époque le caractère relativement modéré qu'elle a conservé depuis, et elle remplissait déjà peut-être le rôle de société de secours mutuels, que bien des circonstances économiques rendaient dès lors nécessaire.

Cependant l'antagonisme de ses doctrines à toute révélation et à toute religion positive se révèle très nettement dans des statuts arrêtés en 1717, dans une loge dont faisaient partie le médecin Désaguliers, le théologien James Anderson et George Payne. En 1723 ils furent publiés à Londres, comme les *constitutions générales de la Maçonnerie*, et ils sont restés la bases des statuts de la Maçonnerie dans tous les pays.

Comme le fait très-bien remarquer le P. Pachtler, la quintessence de la doctrine maçonnique se trouve dans ce passage :

« Le maçon est, *en tant que vrai noachite*, obligé de se conformer à la règle des mœurs. Celui qui connaît et pratique bien l'art ne sera ni un athée insensé, ni un libertin sans religion. Contrairement à ce qui avait lieu dans les temps anciens, il est jugé convenable dans le temps présent d'obliger seulement les maçons à cette religion de laquelle tous les hommes conviennent, c'est-à-dire à cette ancienne religion catholique, de les obliger à être des hommes d'honneur et de probité et à observer les prescriptions morales universellement reconnues. Après cela, il est permis à chaque membre en particulier de demeurer dans sa confession et persuasion religieuse ; toutes les controverses et disputes politiques et religieuses doivent être écartées, et les maçons doivent demeurer paisiblement soumis aux autorités civiles. Cependant un frère qui s'est engagé dans une révolte contre l'État et n'a pas d'ailleurs commis d'autre faute, doit rester attaché à la loge. La loi essentielle entre tous les membres de l'ordre, c'est l'amour fraternel, l'assistance, la fidélité. Ils doivent tous se considérer comme égaux et frères. La société entière doit être une fraternisation de l'humanité et procurer l'amour des hommes, la tolérance et la sociabilité. »

Plus de morale révélée ; Noé ou l'homme seul substitué à Jésus-Christ et à son Église, comme source de toute règle de mœurs ; toutes les religions également indifférentes et n'étant plus qu'une affaire de police locale ; l'Humanité absorbant toutes les nations ; et les membres de l'ordre assurés de la protection de leurs frères dans toutes les entreprises qu'ils pourraient faire contre les gouvernements : la Maçonnerie est là tout entière.

Si les constitutions maçonniques de 1717 s'en tiennent à un déisme vague, qui fait de Dieu un monarque constitutionnel, régnant sans gouverner et sans se mêler des actions humaines, n'oublions pas qu'il s'agit là d'un document public destiné au monde profane. D'arrière-sanctuaires reconnaissaient déjà, en effet, les hauts grades, et quand il s'agit de ces époques, on ne peut méconnaître leur importance pratique.

C'est dans une des *sodalités* décrites par le *Pantheisticon* que Voltaire fut reçu franc-maçon, lors de son premier voyage en Angleterre, où il mena pendant trois ans « la vie d'un Rose-Croix toujours ambulant et toujours caché (1). »

Nous voici arrivés au point décisif de l'histoire. A partir de la régence du duc d'Orléans, l'Église ne rencontre plus seulement l'opposition que sa morale soulèvera toujours dans les cœurs livrés aux passions, elle ne voit plus seulement tel ou tel de ses dogmes attaqué par une hérésie déterminée, les monarchies ne sont plus exposées seulement à des complots ou à des révoltes, fruits des ambitions des grands ou des souffrances populaires ; un vaste mouvement d'ensemble, contraire à tous les dogmes religieux et à tous les principes de la société civile, se produit dans les intelligences, se traduit dans la littérature comme dans la vie politique, et prépare l'explosion révolutionnaire de la fin du siècle.

Ce grand mouvement, cet avènement d'une puissance sans précédent, insaisissable et irresponsable, qu'on appelle d'un nom nouveau, l'opinion publique, et qui attaque avec la religion tous les principes de l'ordre civil, l'assaut acharné livré aux institutions dans lesquelles la religion et la société se réalisent pratiquement, Église catholique, Papauté, ordres religieux, monarchies légitimes, tout cela n'est pas un mouvement spontané, c'est le résultat du travail souterrain accompli par les sectes.

C'est d'Angleterre que Maçonnerie et Philosophie

---

(1) Plus tard, lors de son dernier voyage à Paris, il fut affilié solennellement à la loge des Neuf-Sœurs, et reçut solennellement le tablier d'Helvétius ; mais l'affiliation n'est pas la même chose que l'initiation.

étaient sorties l'une et l'autre et qu'ensemble, pour ainsi dire, elles avaient envahi les deux continents, avec leur haine commune pour toutes les institutions catholiques.

« Il est certain, dit Robison, un franc-maçon, qu'avant 1743 il existait une *association* ayant pour *but unique* de détruire jusque dans leurs fondements les établissements religieux, et de renverser tous les gouvernements existant en Europe, que le système de cette association était devenu *universel*, et que les loges de francs-maçons lui servaient d'école.

Les premières loges qui furent établies en France et en Belgique le furent toutes par des anglais et dans des villes où les relations avec eux étaient fréquentes. Telles furent celles de Dunkerque et de Mons en 1721, de Paris en 1725, de Bordeaux en 1732, de Valenciennes en 1733, du Havre en 1739. Quand les loges furent assez nombreuses pour avoir un centre régulier d'administration, la première loge centrale prit le nom de *Grande-Loge anglaise de France*, et ce ne fut qu'en 1743, quoique la demande eu eût été faite en 1735 par une députation des loges de Paris, que le diplôme d'autorisation en fut délivré par la *Grande-Loge d'Angleterre*. Les deux premiers grands maîtres furent deux Anglais, lord Dervent-Waters et lord d'Harnouester. Ils eurent pour successeurs le duc d'Antin en 1738, et en 1743 le comte de Clermont, prince du sang, dont les concurrents furent le prince de Conti et le maréchal de Saxe.

A côté de la Maçonnerie de l'ancien rite, émanée

de la Grande-Loge de Londres, nous voyons apparaître à cette époque un nouvel ordre du Temple, étroitement apparenté à la Maçonnerie et destiné à s'unir à elle. Clavel raconte que le régent Philippe d'Orléans fut l'auteur de cette reconstitution et qu'il fit des démarches auprès de l'ordre du Christ de Portugal pour avoir les anciennes constitutions du Temple. Quoi qu'il en soit, l'ordre eut pour grand maître successivement le duc du Maine, le comte de Clermont, le prince de Conti, puis le duc de Cossé-Brissac, qui, au moment de la Révolution, en avait le titre (1). Tous les historiens sont unanimes pour signaler l'étroite liaison des loges avec l'ordre du Temple et le rôle prépondérant de ce dernier.

La Franc-maçonnerie eut d'étranges propagateurs. Frédéric de Prusse s'occupa activement, pendant son règne, de l'organisation de la Maçonnerie, dont il avait été reçu membre à Brunswick dans la nuit du 14 au 15 août 1758. Son père avait été très opposé à la secte, qui fut assez habile pour s'assurer du concours du fils, alors prince héritier, et depuis complice des turpitudes philosophiques. Pour mettre en rapports plus directs l'ordre maçonnique qu'on appelait en Allemagne de St-Jean, et qui ne comptait que quatre grades, avec les systèmes templiers, qui reparaissaient alors, il organisa la Maçonnerie écossaise

---

(1) C'est ici le cas de rappeler que dans l'ordre du Temple, comme dans les divers rites maçonniques, les grands-maîtres sont la plupart du temps complètement étrangers aux secrets de l'ordre. Choisis à cause de leur position sociale, ils servent simplement de paravent aux habiles qui manœuvrent derrière eux.

avec vingt-cinq degrés, se superposant à la Maçonnerie Johaniste. Le rite créé par lui s'appela le *rite des princes du royal secret*, du nom de son dernier grade : avec divers remaniements datant de la fin du XVIIIe siècle, c'est là le *rite écossais ancien accepté*, que gouverne de nos jours le Suprême-Conseil en France et qui est pratiqué dans la plupart des Grands-Orients.

Parmi les propagateurs les plus zélés de la Franc-maçonnerie, à cette époque, se trouve le chevalier de Ramsay, le premier auteur du rite écossais. Il ne put le faire accepter par la Grande-Loge de Londres, qui avait dès lors rompu avec les Stuarts ; mais il le propagea rapidement en France sous le nom de *rite de perfection* ou *d'Heredom*, grâce aux grades nombreux qu'il offrait à la frivolité des adeptes. Il le présentait comme une continuation de l'ordre du Temple, soit que réellement il en eût trouvé quelques traditions dans sa patrie, soit que ce fût un pur subterfuge pour ses desseins politiques.

Ramsay agissait, en effet, dans l'intérêt de l'héritier légitime des Stuarts, et il espérait se servir de cette organisation pour le faire remonter sur le trône d'Angleterre. Ce n'est pas la seule fois que des partis honnêtes ont essayé de se servir des associations occultes pour réaliser un dessein légitime. Toujours cette arme s'est retournée contre eux, et le génie du mal, caché dans la Maçonnerie, a pris le dessus. Ce fut là l'issue de cette tentative. Le malheureux Charles-Edouard, livré à des illuminés et à des kabalistes, parfois même à de vulgaires chevaliers d'industrie, passa les dernières années de sa vie à constituer des systèmes maçonniques nouveaux, à délivrer des chartes à des mères-loges, dont les vénérables étaient perpétuels, propriétaires en quelque sorte de ces ateliers, comme les colonels l'étaient de leurs régiments à cette époque, et percevaient les droits de collation aux grades.

C'est ainsi que les rites maçonniques de toute sorte se propageaient, avec une étrange confusion de buts, de personnes et de moyens. De tels patronages expliquent comment tant d'hommes honorables s'y trouvèrent engagés; mais l'influence des Stuartistes dans les loges qu'ils avaient fondées fut éphémère, et nous dirons plus tard comment, à la veille de la Révolution, les chefs du mouvement s'y prirent pour éliminer les éléments honnêtes qui s'y trouvaient. Le nom de Robespierre, père du célèbre conventionnel, qu'on trouve dans les loges d'Arras de 1747, indique assez quels éléments dangereux s'y glissaient aussi dès lors.

Ce furent également des anglais qui établirent les premières loges d'Allemagne, d'après Clavel, à Cologne en 1716, selon Robison, à Hambourg en 1734.

En 1740, la *Loge anglaise* fonda elle-même la loge *Absalon*, qui réunit toutes les autres.

La Maçonnerie se propagea à la même époque par les anglais dans les pays du midi de l'Europe.

« C'est de 1726, dit Clavel, que date l'introduction de la Franc-maçonnerie en Espagne. En cette année des constitutions furent accordées par la *Grande-Loge* d'Angleterre à une loge qui s'était formée à Gibraltar ; en 1727 une autre loge fut ondée à Madrid. Jusqu'en 1779, celle-ci reconnut la juridiction de la Grande-Loge d'Angleterre, de laquelle elle tenait ses pouvoirs ; mais à cette époque elle secoua le joug et constitua des ateliers tant à Cadix qu'à Barcelone, qu'à Valladolid et dans d'autres villes.

« Les premières loges, en Portugal, furent érigées en 1727 par des délégués de sociétés de Paris ; la Grande-Loge d'Angleterre fonda aussi, à partir de 1735, plusieurs ateliers à Lisbonne et dans les provinces. Depuis lors, les travaux maçonniques ne furent jamais entièrement suspendus dans ce royaume, mais ils y furent constamment entourés du mystère le plus profond. »

Il existait à Rome, en 1742, plusieurs loges de francs-maçons. La Maçonnerie s'y maintint dans le secret jusqu'à 1789. Une loge notamment, *les Amis sincères*, y était alors en vigueur, et sa fondation remontait à plus de vingt ans. D'abord indépendante, elle s'était fait depuis régulariser par le Grand-Orient de France, dont les commissaires l'avaient installée au mois de décembre 1787. Elle avait contracté successivement des affiliations avec les loges *Parfaite égalité* de Liège, *Patriotisme* de Lyon, *Secret et harmonie* de Malte, *Concorde* de Milan, *Parfaite union* de Naples, et avec plusieurs autres corps maçonniques de Varsovie, de Paris, etc. Son diplôme était une louve allaitant deux enfants au milieu d'un triangle placé dans un cercle.

Dans la première moitié du XVIIIe siècle, la société paraît avoir eu un certain nombre d'ateliers dans le royaume de Naples. En 1756 ils y avaient formé une Grande-Loge nationale, en correspondance avec la Grande-Loge de la Haye, et qui subsistait encore en 1789, malgré une interdiction temporaire en 1777.

A Venise, dès la même époque, la Franc-maçonnerie

était très répandue et les rites les plus avancés y avaient des adeptes.

Vers 1760 les premières loges s'introduisirent en Suisse, et nous les retrouverons bientôt affiliées à l'Illuminisme français, qui avait son siège à Lyon.

Dans les Pays-Bas autrichiens, de nombreuses loges furent fondées dans le courant du siècle. La Maçonnerie commença, comme partout, par de grands seigneurs légers. « A Liège, dit Robison, j'avais été admis dans une loge magnifique, dont le prince-évêque, ses tréfonciers et la principale noblesse du pays étaient membres. » Les plus grandes dames du pays figuraient dans les *loges d'adoption*, en attendant que les éléments agissants de la secte en fissent, en 1791, les loges de la Révolution et le centre de la trahison.

La rapidité avec laquelle la Franc-maçonnerie se répandit en France, depuis Paris jusque dans les plus petites villes de province, l'engouement qui portait les membres de la haute noblesse à prendre part à des réunions où ils se rencontraient non seulement avec des lettrés et des auteurs, mais même avec des hommes des plus basses classes, est un des traits les plus curieux de l'histoire.

La frivolité du temps était telle qu'en 1730 des loges de femmes furent créées et détruisirent, dans le foyer de beaucoup de grandes familles, les vertus chrétiennes et les traditions domestiques.

Ce fut une invention française, et pas une des moins utiles pour la propagation de la Maçonnerie.

Assurément, plus encore que de nos jours, la plus

grande partie des hommes et des femmes qui se faisaient affilier obéissaient à l'entraînement de la mode, au goût du plaisir si vif à cette époque dans les hautes classes, et ne se rendaient pas compte du dessein impie et antisocial qui était caché dans les loges.

Ce dessein n'échappait pas cependant aux hommes clairvoyants et aux autorités, entre les mains desquelles des renseignements arrivaient en grand nombre.

Le procureur général au parlement de Paris, Joly de Fleury, et le garde des sceaux Daguesseau eurent à s'occuper à cette époque du développement de la nouvelle société ; plusieurs des magistrats avec lesquels ils correspondent, à ce sujet, signalent la profonde irréligion, l'esprit de révolte contre l'autorité royale qui s'est propagé. Dès 1729 le chevalier de Folard, cédant à la voix du remords, de disciple zélé de la Franc-maçonnerie devint son dénonciateur courageux ; il la signala comme une secte d'autant plus digne de fixer l'attention des souverains que, dans l'ombre du mystère, elle couvait une révolution qui devait frapper du même coup toutes les puissances légitimes. On ne prit d'abord pas garde à ses révélations, tant la conspiration paraissait invraisemblable. Cependant les symptômes se multiplièrent, et le cardinal de Fleury, le sage ministre de Louis XV, interdit formellement la Franc-maçonnerie. L'année d'après, par la bulle *In eminenti*, du 28 avril 1738, le pape Clément XII lança un arrêt d'excommunication contre les francs-maçons, après avoir pris les longues et consciencieuses informations qui précèdent les actes de ce genre. Successivement tous les gouvernements de l'Europe, même protestants, défendirent leurs réunions (1), à l'exception de l'Angleterre, où les classes dirigeantes étaient généralement affiliées à l'ordre, et pensaient en faire un instrument pour la politique nationale sur le continent. Malheureusement la légèreté des hautes classes était telle à cette époque, l'immoralité développée par le Régent, puis par les exemples de Louis XV, débordait à tel point, qu'aucune mesure répressive sérieuse ne put être prise, à cause de la complicité même de ceux qui auraient dû appliquer cette mesure.

La correspondance du procureur général Joly de Fleury nous montre qu'à partir du milieu du siècle la magistrature parlementaire comptait un grand nom-

(1) Dès 1735, les états généraux de Hollande rendent un édit qui interdit pour toujours la Franc-maçonnerie dans les provinces unies. En 1737, édits semblables de l'électeur palatin de Bavière et du grand duc de Toscane ; en 1738, du magistrat de Hambourg. La même année, Frédéric Ier, roi de Suède, interdit toutes les réunions maçonniques sous peine de mort, et l'empereur Charles VI les défend dans les Pays-Bas autrichiens. Dans les années suivantes, les rois de Naples, de Portugal, de Pologne, d'Espagne, le gouvernement du canton de Berne, la Porte Ottomane, prennent des mesures contre les loges. En 1763, le magistrat de Dantzick prohibe les loges maçonniques par un édit où on lit le passage suivant : « Vu que nous avons appris que ces soi-disant francs-maçons, en recommandant certaines vertus, cherchent à miner les fondements du Christianisme, à introduire l'esprit d'indifférence contre cette doctrine, et ce, pour la remplacer par la religion naturelle ; qu'ils ont établi, pour parvenir à ce but pernicieux, des statuts cachés qu'ils communiquent sous un serment qu'ils font prêter à leurs candidats, serment plus terrible qu'aucun autre exigé par un souverain à l'égard de ses sujets ; qu'ils ont une caisse expressément destinée au but pernicieux de leurs intentions dangereuses, laquelle ils augmentent continuellement par des cotisations qu'ils exigent de leurs membres ; qu'ils *entretiennent une correspondance intime et suspecte avec les sociétés étrangères de la même espèce...* » Les nombreuses prohibitions des autorités civiles montrent bien que les tendances subversives de la Franc-maçonnerie étaient déjà parfaitement constatées.

bre de francs-maçons. Vers 1770 même on voit dans les loges de province beaucoup de chanoines, de cordeliers, de bénédictins se faire affilier dans les loges. Tous n'étaient pas des hommes pervertis, mais le gallicanisme et le jansénisme avaient tellement faussé les idées, que pratiquement beaucoup d'ecclésiastiques n'attachaient plus d'importance aux censures du St-Siège. Seuls un certain nombre d'évêques courageux et perspicaces continuaient à signaler les périls de ces entraînements. Mais leur action était paralysée par la tyrannie des parlements.

A partir du ministère de Choiseul et sous sa protection le mouvement s'accentua davantage encore. 282 villes érigeaient ces prétendus *temples*. Paris en comptait 81 reconnaissant un grand-maître, et une égale quantité à peu près de loges indépendantes. Philosophes, conseillers, hommes de lettres, avocats, bourgeois, abbés de nom et de bénéfice y affluaient; on signalait même quelques prélats courtisans, sans fanatisme ou sans foi, à qui on faisait écrire, comme à celui de Strasbourg, des lettres de flatterie par Voltaire. « Ces loges, dit Robison, n'étaient plus que des écoles de scepticisme et de licence effrénée, où religion, Église, sacerdoce, rois et autorités civiles étaient l'objet perpétuel de sarcasmes et de dérisions de tout genre, et l'égalité universelle saluée comme l'ère future de la liberté et de la félicité sans nuages. » Les jansénistes par les parlements venaient s'y unir aux philosophes. On refusait hautement d'enregistrer les bulles de Clément XII et de Benoît XIV contre la Franc-maçonnerie; on résistait ouvertement aux édits du roi en faveur de la religion ; on persécutait audacieusement les évêques et les prêtres fidèles à l'Église ; on foulait aux pieds les droits les plus saints et les plus incontestables du clergé en matière spirituelle ; Voltaire pouvait écrire aux frères et au premier d'entre eux :

« *L'église de la sagesse* commence à s'étendre dans nos quartiers, où régnait, il y a douze ans, le plus sombre fanatisme. Les provinces s'éclairent, les jeunes magistrats pensent hautement ; il y a des avocats généraux qui sont des *anti-omer* ; il y a beaucoup de confesseurs, et j'espère qu'il n'y aura point de martyrs. »

CHAPITRE X

LES PHILOSOPHES, LES ENCYCLOPÉDISTES ET LA DESTRUCTION DES JÉSUITES

Indépendamment des hommes à l'esprit plus réfléchi qui poursuivaient dans les loges un dessein systématique, la multiplication de celles-ci en France et dans toute l'Europe, parmi les classes cultivées, rendit possible la campagne menée si vigoureusement contre l'Église et la monarchie chrétienne, par les lettrés impies du temps.

Leur action, présente partout, explique le prodigieux succès qu'avaient les œuvres les plus médiocres de ces sectes de lettrés qui s'appelaient eux-mêmes les *économistes* et les *philosophes*, et qui battaient en brèche toutes les institutions avec les armes les plus diverses. Il y avait alors aussi des évêques éloquents et des écrivains habiles qui se vouaient à la défense de la religion et des traditions nationales. Mais aucun écho ne leur répondait, et leur voix était étouffée par la conspiration du silence. Seuls les détracteurs de l'Église et de la royauté trouvaient partout des applaudissements commandés et des comparses officieux. Ainsi se fit cette tyrannie du *roi Voltaire*, qui pesa si lourdement sur tout le siècle.

Tous les *philosophes* étaient affiliés aux loges dès le commencement.

Voltaire, nous l'avons dit, était franc-maçon.

Aussi écrivait-il en 1766 à d'Alembert : « Grimm m'a appris que vous aviez initié l'empereur à nos *saints mystères*; » et précédemment, en 1763, dans des instructions au même, il disait: «Les mystères de Mithra ne doivent pas être révélés. » Après la fusion de l'Illuminisme et de la Franc-maçonnerie française, il fut *agrégé* à la loge des Neuf Sœurs. Immédiatement après la réception, il fut installé à *l'Orient*, où le vénérable, qui était l'athée Lalande, le salua, et où La Dixmérie, Garnier et Grouvelle lui adressèrent des discours de félicitation. La veuve d'Helvétius avait envoyé à cette Loge les insignes de son époux décédé; on offrit le tablier du défunt à Voltaire. Avant de le ceindre, il le *baisa* pour témoigner toute l'estime qu'il faisait de celui qui le premier avait affiché l'athéisme en France.

A son retour d'Angleterre à Paris, il avait réuni une loge semblable, où, sous les auspices de d'Holbach, se réunissaient Diderot, Naigeon, Grimm, Helvétius, Morelet, Fréret, Lagrange; et c'est de cette officine athée que sortaient les ouvrages les plus impies sous les noms différents d'hommes morts ou anonymes : le *Christianisme dévoilé*, la *Théologie portative*, l'*Essai sur les préjugés*, le *Système de la nature*, le *Bon sens du curé Meslier*, la *Morale universelle*, la traduction des livres de presque tous les membres du *Pantheisticon anglais*, d'Hobbes, de Toland, de Collins, de Gordon, etc. C'est là qu'étaient apportés les *articles de l'Encyclopédie*, les *petits paquets de libelles du seigneur de Ferney*, par Damilaville, à qui ils étaient adressés comme *commis des vingtièmes*, afin de n'avoir pas de droit de port à payer, ou par l'entremise, à Lyon, du frère Bourgela, qui y occupait un poste de ce genre, et que d'Alembert appelait un *des meilleurs tireurs de la voiture philosophique, et assurément des mieux dressés*, souvent même sous le couvert du ministre Choiseul ou du directeur de la librairie, Malesherbes. Mais il fallait élargir le cercle, ou en faire un second moins tranché qui reliât tous les philosophes.

« Que les philosophes véritables, écrivait donc de Ferney, 20 avril 1761, Voltaire à d'Alembert, *fassent une confrérie comme les francs-maçons, qu'ils s'assemblent, qu'ils se soutiennent, qu'ils soient fidèles à la confrérie, et alors je me fais brûler pour eux.* »

Et voilà pourquoi les adeptes sont appelés frères, et qu'on lui donne à lui le nom de maître, ainsi qu'à Timothée Thiriot celui de *diacre*, comme dans les loges anglaises ; voilà pourquoi il les salue comme frères en communion avec Lucrèce, Collins, Hume, Shaftesbury, Midleton, Bolingbroke, et qu'ils les aime tous comme ses frères en *Socrate* ou en *Belzébuth*.

Qui ne souscrirait après cela au jugement peu suspect de Ste-Beuve :

« Toute la correspondance de Voltaire et de d'Alembert est laide, elle sent la *secte* et le *complot*, la *confrérie* et la *société secrète*; de quelque point de vue qu'on l'envisage, elle ne fait point honneur à des hommes qui érigent le mensonge en principe, et qui partent du mépris de leurs semblable comme de la première condition pour les éclairer. *Éclairez et méprisez le genre humain !* triste mot d'ordre, et c'est le leur... marchez toujours en ricanant, mes frères, dans le chemin de la vérité ; c'est le refrain perpétuel. »

Le Père Deschamps s'est livré à un travail des plus instructifs en rapprochant la correspondance intime des philosophes, des doctrines de la Maçonnerie en fait de religion, de morale, de famille, de gouvernement civil, de patriotisme. On y voit comment leurs écrits étaient l'écho de l'enseignement des loges. La propagande philosophique qui remplit le XVIIIe siècle apparaît ainsi à la fois avec sa vraie portée et l'explication de son succès.

Il est important de remarquer qu'un grand nombre de lettres où Voltaire révèle ainsi les desseins de la secte maçonnique sont adressées à Frédéric II de Prusse. Nous avons raconté plus haut l'affiliation de ce prince. Une fois monté sur le trône, il fut pendant tout le siècle le grand réalisateur de l'idée maçonnique, et les loges contribuèrent, de leur côté, à ses succès dans la guerre de Sept Ans (1). Aussi l'un des écrivains les plus autorisés de la secte, le F∴ Bluntschli, a revendiqué pour Frédéric II l'honneur de fixer la date de l'hégire révolutionnaire. La conception de l'*État moderne indépendant de toute théocratie*, c'est-à-dire de toute soumission à la loi divine, doit remonter à 1740, année de son avènement au trône ;

---

(1) *Histor. politische Blatter*, t. XVI, p. 477, et XXIX, p. 477. Quelques mots à double entende de Mirabeau, dans la *Monarchie prussienne*, semblent confirmer cette donnée.

c'est à tort, dit-il, que les français, *dans leur vanité*, veulent fixer cette date à 1789 !

C'est de lui que Voltaire attend la destruction de la papauté, des ordres religieux, la destruction de l'Autriche, de la Pologne, de la France même, sa propre patrie, parce qu'elles sont des puissances catholiques.

Voltaire sentait que, pour *écraser l'infâme*, la religion chrétienne et Jésus-Christ, il fallait renverser son Vicaire sur la terre, arracher la pierre qui servait de fondement à son Église ; et ce n'est pas là une des moindres raisons qui ont poussé la Maçonnerie et ses chefs à lui élever une statue. C'est lui qui le premier eut l'idée de dépouiller le pape de sa puissance temporelle, pour atteindre et détruire la suprématie de sa juridiction spirituelle. C'est lui qui, lui appliquant mensongèrement le nom de *souverain étranger*, mit tout en œuvre pour le rendre odieux aux peuples et aux rois et à cette tourbe de libres-penseurs et de libertins impatients de s'affranchir, à la suite de Luther, de Calvin et de Henri VIII, de la houlette de Pierre, de la foi et de la morale évangélique qui avaient civilisé le monde.

Il regrettait que le pape Clément XIV n'eût pas quelque bon domaine dans le voisinage prussien et que son « ami » de Berlin fût si loin de Notre-Dame de Lorette.

Dès 1743, Voltaire, chargé d'une négociation secrète auprès du roi de Prusse, écrit de Berlin au ministre Amelot que « Sa Majesté prussienne embellirait volontiers Berlin du bien de l'Église », et il ajoute :

« Il est certain qu'il veut parvenir à ce but. » *Fédériq*, comme il signe toujours, se rappelait l'histoire de son pays et de sa race devenue souveraine par une apostasie et la sécularisation des biens de l'ordre teutonique, au profit de son grand-maître Albert de Hohenzollern, apostat luthérien. Le mobile de ces annexions temporelles, dès le commencement, était donc déjà, comme depuis, la destruction du spirituel et des libertés des peuples, au profit du césarisme le plus brutal.

Détruire la « superstition christicole », cela voulait dire dépouiller l'Église, et le *summo patriarcha* louait le roi-Kadosch de l'idée de l'attaquer *par les moines.* C'est là, écrivait-il, l'idée d'un « grand capitaine. »

Tout était donc parfaitement convenu entre les hauts chefs de la Maçonnerie. C'était pour détruire, non-seulement le pouvoir spirituel de la papauté, mais la religion chrétienne, pour écraser *l'infâme, la superstition christicole,* qu'il fallait travailler à dépouiller la papauté de son principat temporel ; c'était par les moines, les religieux et les couvents qu'il fallait commencer l'œuvre du dépouillement et de la destruction, pour en venir ensuite aux evêques et au clergé ; c'était par les jésuites mêmes qu'il fallait débuter.

Si Voltaire vivait dans une intimité maçonnique de vingt ans avec l'ennemi de sa patrie, acceptait de lui le titre de « père des fidèles, » il excitait de toute sa rage les philosophes encyclopédistes. Dans une lettre à Damilaville, il s'exprime ainsi :

« La victoire se déclare pour nous de tous côtés. Je vous assure que dans peu il n'y aura plus sous les étendards de nos ennemis que la *canaille* (ailleurs il dit *les cordonniers et les servantes*), et nous ne voulons pas de cette *canaille* ni pour partisans, ni pour adversaires. Nous sommes un corps de braves *chevaliers* (Rose-Croix, Kadosch), *défenseurs de la vérité*, qui n'admettons parmi nous que des gens bien élevés. »

N'écrivait-il pas encore au même le 1ᵉʳ avril 1766 :

« Je crois que nous ne nous entendons pas sur l'article du peuple, que vous croyez digne d'être instruit. J'entends par peuple la populace qui n'a que ses bras pour vivre. Je doute que cet ordre de citoyens ait jamais le temps ni la capacité de s'instruire. Il me paraît *essentiel* qu'il y ait des *gueux ignorants*.... Quand la populace se mêle de raisonner, tout est perdu. »

L'impie autocrate aurait voulu dès lors en venir directement aux évêques et au pape, leur chef ; mais le *grand capitaine* prussien, tout en reconnaissant que tout ce qu'on lui disait des *évêques teutons*, que lui-même flétrissait du nom de *porcs engraissés des dîmes de Sion*, n'était que trop vrai, voulait qu'on attendît encore et qu'on continuât l'emploi des *moyens moraux, du poignard moral* : « C'est la seule marche à suivre ; *miner sourdement* et sans bruit l'édifice de la déraison, c'est l'obliger à s'écrouler de lui-même » (13 août 1775). Et des torrents de pamphlets, de calomnies, de sarcasmes, sous toutes les formes, contre le clergé, inondaient la France, le monde et la papauté.

Là, c'est le club de d'Holbach, où se réunissent

Diderot, d'Alembert et Volney. Voici ce qu'en a révélé son secrétaire, M. Leroy, lieutenant des chasses du roi, quelques jours avant les journées des 5 et 6 octobre 1789 :

— « Eh bien ! voilà pourtant l'ouvrage de la philosophie, disait à Leroy M. d'Angevillers, intendant des bâtiments du roi, chez qui il avait dîné, en parlant de la Révolution qui préludait déjà de toutes parts par tous les genres de désordres.

— « Atterré par ces mots : Hélas ! répond le lieutenant des chasses, à qui le dites-vous ? je ne le sais que trop, mais j'en mourrai de douleur et de remords !

— « Mais quoi donc ! y auriez-vous contribué vous-même ?

— « Beaucoup plus que je ne le voudrais. J'étais le secrétaire du comité à qui vous la devez ; mais j'atteste les cieux que jamais je n'ai cru qu'on en vînt à ce point. J'en mourrai de douleur et de remords ! Ce comité, cette société plutôt était une espèce de club que nous avions formé entre nous philosophes, et dans lequel nous n'admettions que ceux dont nous étions bien sûrs ; nos assemblées se tenaient régulièrement à l'hôtel du baron d'Holbach. De peur que l'on n'en soupçonnât l'objet, nous nous donnâmes le nom d'*économistes* ; nous créâmes Voltaire, quoique absent, président honoraire et perpétuel ; nos principaux membres étaient d'Alembert, Turgot, Helvétius, Condorcet, Diderot, Grimm, La Harpe, Thiriot, Damilaville, le comte d'Argental, Naigeon et ce Lamoignon, garde des sceaux, qui, lors de sa disgrâce, s'est tué dans son parc..... Voici quelles étaient nos occupations : la plupart des livres que vous avez vu paraître depuis longtemps contre la religion, les mœurs et le gouvernement étaient notre ouvrage ou celui de quelques auteurs affidés. Tous étaient composés par les membres ou par les ordres de la société. Avant d'être livrés à l'impression, tous étaient envoyés à notre bureau ; là, nous les révisions, nous ajoutions, nous retranchions, nous corrigions, selon que l'exigeaient les circonstances..... L'ouvrage paraissait ensuite, sous un titre et sous un nom qui cachaient la main d'où il partait. Ceux que vous avez crus des œuvres posthumes, tel que *Le Christianisme dévoilé*, la *Théologie portative*, sous le nom de l'abbé Bergier, le *Système de la nature*, sous le nom de Mirabeau, vrai code d'athéisme et de matérialisme, le *Bon sens du curé Meslier*, et divers autres, attribués à Fréret, à Boulanger, après leur mort, n'étaient pas sortis d'ailleurs que de notre société.

« Quand nous avions approuvé tous ces livres, nous en faisions tirer d'abord, sur papier fin ou ordinaire, un nombre suffisant pour rembourser les frais d'impression, et ensuite une quantité immense d'exemplaires sur le papier le moins cher, pour être distribués, pour rien ou presque rien, au peuple, par les libraires ou colporteurs affidés. Voilà ce qui a changé ce peuple et l'a conduit où vous le voyez ; j'en mourrai de douleur et de remords. »

La Harpe, Marmontel et Chamfort, tous trois confidents et complices alors du travail maçonnique contre les rois et les prêtres, eurent donc raison, à la vue de la Révolution française, d'écrire dans le *Mercure*, dont ils étaient les rédacteurs, ce témoignage célèbre :

« *Voltaire n'a point vu tout ce qu'il a fait, mais il a fait tout ce que nous voyons.... Le premier auteur de cette grande révolution, qui étonne l'Europe et qui répand, de tous côtés, l'espérance chez les peuples et l'inquiétude dans les cours, c'est sans contredit Voltaire. C'est lui qui a fait tomber le premier la plus formidable barrière du despotisme, le pouvoir religieux et sacerdotal. S'il n'eût pas brisé le joug des prêtres, jamais on n'eût brisé celui des tyrans. L'un et l'autre pesaient ensemble sur nos têtes et se tenaient si étroitement que, le premier une fois secoué, l'autre devait l'être bientôt.* »

La propagande maçonnique commençait à s'attaquer au peuple des campagnes, et des témoignages contemporains nous montrent la part qu'y prenait cette secte des *économistes*, dans lesquels M. de Tocqueville a reconnu des ancêtres de la Révolution.

Bertin, administrateur de la cassette du roi, a raconté que Quesnay et ses amis essayèrent, en profitant de la faveur de M{{me}} de Pompadour, d'obtenir de Louis XV l'établissement d'un système général d'écoles indépendant des évêques et des curés.

« Résolu enfin de donner au roi une preuve certaine qu'on le trompait, je cherchai à gagner la confiance de ces marchands forains qui courent les campagnes et vont étalant leurs marchandises dans les villages et aux portes des châteaux. Je soupçonnais surtout ceux qui vendaient des livres de n'être que les agents du philosophisme auprès de ce bon peuple, et j'acquis bientôt les preuves incontestables de cette vérité. Tous ces livres sortaient du club d'Holbach, dont Voltaire était le président honoraire et perpétuel, et les colporteurs en recevaient gratis des ballots entiers, sans savoir d'où ils leur arrivaient, avertis seulement de les vendre dans leurs courses au prix le plus modique »

Louis XV, averti par le compte que le ministre lui rendit de sa découverte, reconnut enfin que l'établissement des écoles, si ardemment sollicité par la secte, ne serait pour elle qu'un moyen de plus pour pervertir le peuple ; mais, tout en abandonnant le projet, il ne remonta point à la source du mal et ne fit rien pour en arrêter l'exécution.

Toutes ces haines, toutes ces manœuvres se réunissaient-elles déjà en un complot proprement dit pour le renversement de la monarchie française ? Il y a là un mystère que l'histoire ne parviendra jamais à éclaircir complètement. Au moins un homme politique exercé, Horace Walpole, considérait en 1766, la situation de la monarchie comme très critique, ainsi que l'atteste sa lettre du 28 octobre au feld-maréchal Conway.

Peu après en 1771, un des coryphées du philosophisme qui fut plus tard conventionnel, Mercier, publiait, sous ce titre : *L'an 2240 ou rêve s'il en fut jamais*, un livre étrange, où tous les évènements qui allaient s'accomplir dans dix-huit ans étaient nettement indiqués.

Il annonçait la souveraineté absolue abolie par les États assemblés : « la monarchie n'est plus »; le râteau, la navette, le marteau sont plus brillants que le sceptre. Pourquoi le gouvernement ne serait-il pas républicain ? Ce sera l'époque terrible et sanglante d'une guerre civile, mais le signal de la liberté, remède affreux mais nécessaire ; la Bastille est renversée.... — Les monastères sont abolis, les moines mariés, le divorce permis, le pape dépossédé de ses États. « O Rome, disait-il que je te hais ! Que tous les cœurs embrasés d'une juste haine ressentent la même horreur que j'ai pour ton nom ! »

Et ce chapitre étrange était intitulé : *Pas si éloigné qu'on ne le pense !*

Même après un demi-siècle de propagande impie, après Voltaire et Jean-Jacques Rousseau, l'ancienne société présentait encore une force de résistance contre laquelle les sectes craignaient de se briser. Cette solidité était due à l'enseignement chrétien que l'Église avait créé et qui répandait dans toutes les classes de la société, jusque dans les campagnes les plus reculées, les connaissances fondamentales d'où découlent la science de la vie présente, l'élévation des pensées et l'amour des institutions de la patrie.

Depuis le XVIe siècle, les jésuites occupaient le premier rang dans l'enseignement chrétien, par la merveilleuse appropriation de leurs méthodes aux besoins des temps nouveaux, et par la façon dont ils savaient inspirer à leurs disciples, dans les différents pays, un patriotisme éclairé. La France d'Henri IV les avait établis, malgré les jalousies de leurs rivaux et les oppositions des ennemis de l'orthodoxie, et leurs nombreuses maisons d'éducation étaient autant de séminaires de fidélité à l'Église et à la monarchie.

C'est précisément pour cela que l'on vit se réunir contre les jésuites, dans tous les pays du monde, toutes les haines de la Maçonnerie et de ses philosophes, aidés par toutes les sectes et toutes les hérésies. Depuis longtemps le plan d'attaque était arrêté, peut-être même pourrait-on le faire remonter à Bourg-Fontaine, dénoncé le 19 mai 1645 à la reine, mère de Louis XIV.

Le concours si empressé des jansénistes n'en est-il pas une preuve ?

En 1752, un membre de leur société, le P. Raffay, professeur de philosophie à Ancône, fit part à ses supérieurs de la singularité suivante. Un seigneur *anglais*, franc-maçon des plus hauts grades, qui voyageait par l'Italie, ayant fait la connaissance de ce religieux sous le rapport d'hommes de lettres, et paraissant l'avoir pris en particulière affection, lui dit en confidence que, jeune et libre encore, il ferait bien de songer à se procurer un état, parce qu'*avant peu, et* SÛREMENT AVANT VINGT ANS, *sa société serait détruite.* Le jésuite, étonné de ce ton d'assurance, demanda au donneur d'avis en punition de quel crime son ordre aurait à subir un pareil sort. Ce n'est pas, reprit le franc-maçon, que nous n'estimions des individus de votre corps ; mais l'esprit qui l'anime contrarie nos *vues philanthropiques sur le genre humain. En assujettissant, au nom de Dieu, tous les chrétiens à un pape et tous les hommes à des rois, vous tenez l'univers à la chaîne. Vous passerez les premiers ; après vous, les despotes auront leur tour.* »

Un des hauts adeptes de la Maçonnerie philosophique, d'Alembert, indiquait, quelques années avant l'abolition des jésuites, le but que poursuivait la secte :

« Une autre raison me fait désirer beaucoup de voir, comme on dit, leurs talons : c'est que le dernier jésuite qui sortira du royaume emmènera avec lui le dernier janséniste dans le panier du coche ; *le plus difficile sera fait quand la philosophie sera délivrée des grands grenadiers du fanatisme et de l'intolérance* ; les autres ne sont que des cosaques et des pandours, qui ne tiendront pas contre *nos troupes réglées.* »

La destruction des Jésuites fut poursuivie et réalisée simultanément dans tous les États avec un ensemble évidemment concerté par des ministres francs-maçons ou créatures de la secte, en Portugal par Pombal, qui créa les premières loges du pays ; en Espagne par d'Aranda, le premier grand-maître de la Maçonnerie en Espagne ; à Naples, par Tannuci ; en

France, par Choiseul qui était l'instrument des philosophes et des parlementaires. On trouve dans l'ouvrage du Père Deschamps (tome II, livre II, chap. V et t. III chap. VI § I et XII) le tableau de cette grande iniquité, une des plus odieuses qu'ait à enregistrer l'histoire et en même temps les preuves de la part qu'y prirent les sectes.

Après ce grand coup la Maçonnerie fut assurée de ne plus rencontrer de résistance sérieuse, au jour suprême, de la part des monarchies. Elle savait comment elle les amènerait à se désarmer elles-mêmes. La lutte ne fut plus soutenue du côté des principes traditionnels qu'avec peu de vigueur. Sans même attendre l'explosion révolutionnaire, nous voyons dès lors Diderot, la Chalotais, Roland d'Erceville, président au Parlement à Paris, multiplier les projets *d'enseignement d'État*. La conception de l'État enseignant et ayant le monopole de la jeunesse date de cette époque. Les plans qui furent élaborés à ce moment furent ceux que plus tard des adeptes comme Taylleyrand, Condorcet Daunou firent voter par les assemblées de la Révolution et que Napoléon réalisa par la création de l'Université impériale.

CHAPITRE XI

LA RÉVOLUTION DE 1789

Les écrivains révolutionnaires ont dit, et les conservateurs ont répété aveuglément que la révolution de 1789 fut la conséquence fatale des abus de l'ancien régime, conséquence inévitablement provoquée par le désordre des finances. A la fois plus franc et plus avancé dans la science des révolutions, M. Louis Blanc a nettement établi le rôle prépondérant joué par la Franc-maçonnerie dans le *mouvement* de 1789. La franchise de l'historien radical est, du reste, motivée par le désir de montrer que les classes ouvrières sont en droit de réclamer une nouvelle organisation sociale et que les manœuvres de la bourgeoisie révolutionnaire en 1789 leur ont tracé la voie à suivre.

Pour que la Franc-maçonnerie passât de la propagande doctrinale et de l'influence morale à l'action politique, un travail de concentration et d'organisation était nécessaire. Il s'accomplit en ayant pour pivot le duc de Chartres, qu'une funeste ambition entraînait, dès lors, à se faire le jouet des sectes. Il réunit la grande-maîtrise de la plupart des rites, et sous sa direction en 1776 le Grand-Orient se constitua avec une vigoureuse organisation centrale. L'inamovibilité des vénérables des loges fut supprimée et leur renouvellement annuel permit à un esprit nouveau de pénétrer les ateliers maçonniques, dont un bon nombre étaient à cette époque fort inoffensifs, à cause de leur composition. Il est au moins fort curieux de constater en Allemagne un travail de concentration semblable sous la grande-maîtrise du duc de Brunswick, l'un des généraux de Frédéric II.

Mais cette concentration des loges n'était que la moindre partie du travail opéré par les sectes.

John Quincy Adams, le président des États-Unis, a fait remarquer que toute l'organisation intérieure de la Maçonnerie est combinée pour être une école de conspiration.

Suivant Robison, dont nous avons cité plus haut le témoignage, dès le second tiers du XVIII° siècle, il y aurait eu par dessus les loges ordinaires une sorte d'*ordre intérieur* qui préparait une explosion révolutionnaire. Vers 1760, nous voyons un juif, Martinez Paschalis, propager dans les loges maçonniques des rites particuliers, où les théories les plus avancées étaient enseignées. C'est l'origine de la secte des Illuminés français ou Martinistes, qui fit assez de bruit de 1789 à 1794 et sur laquelle on trouve beaucoup de détails dans le grand ouvrage du Père Deschamps.

En 1776, Mirabeau, qui se trouvait alors en Hollande, se préoccupait de faire servir la Franc-maçonnerie à la grande Révolution, dès lors en voie de préparation. M. Lucas de Montigny a publié, en 1834, dans les *Mémoires biographiques, littéraires et politiques de Mirabeau*, un mémoire de lui jusque là inédit et intitulé ainsi : *Mémoire concernant une association intime à établir dans l'ordre des F∴ M∴ pour le ramener à ses vrais principes et le faire tendre véritablement au bien de l'humanité, rédigé par le F∴ Mi..... nommé présentement Arcésilas en 1776.*

Cette association doit être absolument entée sur l'ordre des francs-maçons pour pouvoir faire manœuvrer les loges à sa volonté : elle se compose elle-même de deux degrés subordonnés l'un à l'autre. Les frères du premier degré doivent principalement s'occuper à procurer *l'établissement de bons instructeurs, surtout pour le peuple,* et *à encourager tous les établissements d'éducation publique* fondés SUR DE BONS PRINCIPES et *non sur la façon pédantesque et pleine de préjugés dont on a élevé jusqu'ici la jeunesse !!!*

Les frères du grade supérieur, liés entre eux par les serments les plus redoutables, s'obligent à préparer la réforme politique de l'Europe, *à renfermer le despotisme dans les bornes les plus étroites,* à amener la liberté de la presse, à répandre les écrits qui donneront ombrage au despotisme. « Si un frère est membre ou souverain d'un État, s'il devient ministre ou favori d'un prince, il emploiera tout son crédit aux buts de l'association *et il rendra compte de ce qu'il aura fait à ce sujet à ses frères...* »

D'après le mémoire, « ce n'est là que l'esquisse du plan d'un édifice, dont on pourrait ensuite déterminer les détails dès qu'on l'aurait fondé. »

Le même complot se nouait en Allemagne à cette

époque, et Mirabeau allait en être l'instrument en France.

C'est une étrange figure que celle d'Adam Weishaupt. Né en Bavière en 1748, il comptait à peine vingt-huit ans, quand on lui confia une chaire de droit canon à l'université d'Ingoldstadt. Grâce à l'apparence extérieure de moralité qu'il sut toujours conserver, grâce au but humanitaire qu'il sut donner à l'Illuminisme, il put en imposer aux hommes les plus instruits de l'Allemagne. Initié depuis plusieurs années déjà aux loges maçonniques, il réunit, le premier mai 1776, ses amis et élèves en une association secrète, qu'il nomma l'*Ordre des illuminés*. D'après leur doctrine, le gouvernement de la société appartenait à l'illuminé ; or, cette illumination consistait à ramener l'homme à la liberté et à l'égalité primitives en détruisant la religion, tout l'ordre de la société civile et la propriété.

L'organisation que Weishaupt donna à l'ordre est peut-être le chef-d'œuvre du génie des conspirations : sa souveraine habileté consistait dans la liaison qu'il lui donnait avec la Franc-maçonnerie.

Il divisait tout son système en trois grandes catégories ou classes. La première classe, ou celle des préparations, contenait deux grades : ceux de *novice* et de *minerval*.

Les *minervals* formaient le gros de l'ordre, et ils étaient placés d'une façon absolue sous la direction des chefs, *Epoptes* et *Régents*, qui formaient peu à peu leur esprit.

Les instructions que Weishaupt rédigeait pour le

petit groupe des adeptes supérieurs contiennent le plan le plus vaste et la conception la plus profonde de cette guerre que l'esprit du mal inspire aux siens contre l'œuvre de Dieu, aussi bien contre l'œuvre naturelle basée sur les rapports de créature à créature, que contre l'œuvre surnaturelle qui a pour expression vivante sur la terre l'Église de Jésus-Christ. Weishaupt ne faisait d'ailleurs que développer les principes cachés dans la Maçonnerie depuis son origine, et parfaitement indiqués pour qui savait voir et comprendre dans les *Constitutions* d'Anderson de 1723, dans les rites pratiqués depuis lors par les loges, dans les rites anglais, écossais, templier, de la stricte observance (1).

C'est là la cause des succès de ses émissaires au grand convent de tous les rites maçonniques, convoqué en 1781, à Wilhemsbad, dans le Hanau.

---

(1) Voici à quelle circonstance on doit la publicité de ces écrits :

Un ministre protestant, nommé Lanze, fut frappé de la foudre en juillet 1785. On trouva sur lui des instructions par lesquelles il constatait qu'il était chargé, en qualité d'illuminé, de voyager en Silésie, de visiter les loges et de s'enquérir entre autres de leur opinion sur la persécution des francs-maçons en Bavière.

Mis sur la trace, le gouvernement procéda à une enquête sévère. Les abbés Cosandey et Renner, le conseiller aulique Utschneider et l'académicien Grünberger, qui s'étaient retirés de l'ordre dès qu'ils en avaient connu toute l'horreur, firent une déposition juridique. Le 11 octobre 1876, la justice fit une visite domiciliaire dans la maison de Zwach, à Landshut, ainsi que dans le château de Sanderdor, appartenant à l'adepte baron de Bassus. On y découvrit tous les papiers et toutes les archives des conjurés, que la cour de Bavière publia sous le titre d'*Écrits originaux de l'ordre et de la secte des illuminés*.

Étrange aveuglement des princes ! l'appel de l'électeur de Bavière ne fut pas entendu ; l'interdiction de l'ordre des *illuminés* dans l'électorat et dans l'empire d'Autriche fut sans portée, car tous les chefs de la secte trouvèrent une protection déclarée dans les autres États allemands.

On décréta dans cette réunion :

« 1° Une espèce de réunion de tous les systèmes maçonniques dans les trois premiers grades, de manière qu'un franc-maçon admis à ces trois grades fût reconnu pour frère légitime dans toutes les loges, de quelque classe et dans quelque système qu'il fût d'ailleurs ; 2° que dans la Franc-maçonnerie ordinaire, il ne fût jamais fait mention ni des hauts grades, ni des chefs inconnus ; 3° que tout envoi *aux supérieurs maçonniques* fût interdit ; 4° qu'il fût travaillé à un nouveau code pour les frères ; 5° que toutes les loges eussent le choix de leurs maîtres et de leur directoire, c'est-à-dire de la principale loge à laquelle la leur serait soumise. »

Mais surtout la direction effective des loges de France passa aux mains des illuminés allemands et de leurs affiliés français.

Un des membres des plus distingués de la noblesse du Dauphiné, le comte de Virieu, qui avait été trompé par les apparences mystiques du système de St-Martin, faisait partie de la loge des *chevaliers bienfaisants de Lyon* et avait été en cette qualité délégué au congrès de Wilhemsbad.

De retour à Paris, félicité sur les admirables secrets qu'il était censé apporter de sa députation, pressé par les saillies de M. le comte de Gilliers, qui, dans les francs-maçons, n'avait vu que des hommes dont l'esprit et le bon sens ont droit de se jouer : « *Je ne vous dirai pas les secrets que j'apporte*, répondit enfin le comte de Virieu, *mais ce que je crois pouvoir vous dire, c'est qu'il se trame une conspiration si bien ourdie et si profonde qu'il sera bien difficile et à la religion et aux gouvernements de ne pas succomber !* »

Mirabeau, qui, nous l'avons vu, s'était rencontré avec Weishaupt dans ses projets, fut le grand instrument de la propagation de l'Illuminisme dans notre pays.

Il commença par en introduire les mystères dans la loges des *Philalèthes* de Paris, où il avait pour collègue le fameux Talleyrand. Puis, pour répandre l'esprit de la nouvelle secte dans la Maçonnerie française, on convoqua à Paris, le 15 février 1785, un convent de toutes les loges sous prétexte de traiter la question des rites et des hauts grades.

C'est dans cette réunion que les derniers mots d'ordre furent échangés.

Mounier, Bonneville et Mirabeau lui-même, pour tromper l'opinion, publièrent divers écrits, où ils prétendaient que les jésuites avaient pénétré dans la Francmaçonnerie et la dirigeaient sous main ! Un grand émoi s'empara des loges devant ces prétendues révélations et les habiles en profitèrent pour en exclure les hommes sincèrement attachés à la religion et à la monarchie.

Les faits que nous venons de rapporter dans les chapitres précédents et qui sont exposés avec beaucoup plus de particularités dans le grand ouvrage du Père Deschamps, montrent assez que la Révolution ne s'est pas faite *toute seule*, comme le prétend Tocqueville.

La direction fatale que devaient prendre les États-généraux et le mouvement réformiste, provoqué par Louis XVI lui-même, était l'œuvre proposée de loin par les sectes. On va retrouver les mains de celles-ci dans la plupart des crimes de cette époque.

L'anarchie ne fut *spontanée* ni dans l'armée, ni dans le peuple ; la pénétration maçonnique avait fait son œuvre quand éclata, sous le prétexte de généreuses réformes, la conspiration qui, depuis plusieurs années, minait sourdement le trône et l'autel. Les loges avaient semé la corruption partout : au sein d'une aristocratie inconsciente ou pervertie, dans une bourgeoisie envieuse de l'immoralité autant que de la richesse des nobles, dans un clergé qui allait être purifié par le sang, dans l'armée où les affiliés étaient assez nombreux pour déterminer une passive inertie en face de l'émeute, de honteuses désertions en présence du devoir militaire.

Nous allons analyser ici quelques-uns des tragiques évènements d'une époque de massacres et de deuil, et nous aurons soin de les rapprocher des plans arrêtés dans les loges.

Dans les assemblées primaires, le tiers-état avait rivalisé avec la noblesse et le clergé, pour affirmer sa foi catholique et son attachement au gouvernement monarchique ; il en avait consigné l'expression authentique dans les cahiers, véritables mandats impératifs, en dehors desquels les députés étaient absolument sans pouvoirs. D'où vient donc que ces députés aient déchiré les cahiers et trahi avec leurs serments la confiance des mandants ?

Le voici : les loges n'avaient pas osé affronter une discussion publique lors de la rédaction des cahiers ; mais elles avaient pris leur revanche durant les opérations électorales, et fait nommer beaucoup de leurs membres, qui avaient eu grand soin de dissimuler leur affiliation. Ces membres, une fois élus, furent placés entre les engagements vis-à-vis de la nation mandataire et la soumission aux ordres de la Franc-maçonnerie, ordres dont on retrouve la trace dans la circulaire envoyée en juin 1788, par le comité central du Grand-Orient, aux vénérables des loges de province :

« Aussitôt que vous aurez reçu le paquet ci-joint, vous en accuserez la réception. Vous y joindrez le serment d'exécuter fidèlement et ponctuellement tous les ordres qui vous arriveront sous la même forme, sans vous mettre en peine de savoir de quelle main ils partent, ni comment ils vous arrivent. Si vous refusez ce serment ou si vous y manquez, vous serez regardé comme ayant violé celui que vous avez fait à votre entrée dans l'ordre des frères. Souvenez-vous de l'*Aqua Tophana*; souvenez-vous des poignards qui attendent les traîtres ! »

A l'ouverture des États-généraux, l'organisation maçonnique se développa considérablement. Les convents généraux, convoqués à Paris par le comité directeur des Philalèthes, s'y étaient réunis, leurs comités secrets y avaient traité et des *articles spécifiés* dans la circulaire de convocation, et de ceux qui étaient indiqués sous le nom de *travaux plus importants, que la prudence défendait de confier au papier et encore moins encore à l'impression*. Un club ou loge de *propagande* se forma pour l'exécution, ainsi qu'il résulte de cette note copiée sur les papiers trouvés chez le cardinal de Bernis :

« Listes des honorables membres qui composent le club de *la Propagande*, lequel s'assemble rue de Richelieu, 26, à Paris.

« Ce club a pour but, *comme chacun sait*, non seulement de *consolider la Révolution en France*, mais de l'introduire chez tous les autres peuples de l'Europe et *de culbuter tous les gouvernements actuellement établis*. Ses statuts ont été imprimés séparément. Le 23 mars 1790, il y avait en caisse 1,500,000 fr., dont M. le duc d'Orléans avait fourni 400,000; le surplus avait été donné par les honorables membres à leur réception. *Ces fonds sont destinés à payer les voyages des missionnaires qu'on nomme apôtres, et les brochures incendiaires que l'on compose* pour parvenir à un but salutaire. Toutes les affaires, tant internes qu'étrangères, sont préparées et proposées au club par un comité de quinze personnes, présidé par M. l'abbé Sieyès. »

La loge des *Amis réunis*, ou *Philalèthes*, et celle *des Amis des noirs* comptaient, à côté de vieux et beaux noms de France fourvoyés dans cet antre de perdition, ceux des hommes qui allaient acquérir la plus hideuse notoriété.

Voici les principaux noms de cette liste :

L'abbé Sieyès, l'abbé Pérochet, le duc de Biron, l'abbé d'Espagnac, d'Espagnac, conseiller au parlement, le comte de Praslin, le comte de Castellane, le prince de Broglie, le vicomte de Rochambeau fils, le duc d'Aumont, Lacretelle, avocat, Garat l'aîné, Garat le cadet, le marquis de Condorcet, Clavières, génevois, du Roveray, id., le comte de Mirabeau, Barnave, Chapelier, Duport, Target, Pétion de Villeneuve, Charles de Lameth, Alexandre de Lameth, Théodore de Lameth, le comte de Tessé, le marquis de Latour-Maubourg, l'abbé de Pampelonne, Boissy-d'Anglas, d'Annonay, Freteau, Poulain de Bellancour, baron de Giliey, à Valence, le comte de Crillon, d'André, de Toulongeon, le vicomte de Beauharnais, le vicomte des Androuins, le marquis de Blaçon, Deprès de Crassier, le vicomte de Lusignan, le marquis d'Harambure, Lancosme, Salomon, de Montélimar, Garnon fils, du Vivarais, Lord Stanhope, de Fontenay, gendre de M. de Cabarrus, Martel et Dinocham, journalistes, Hérault de Séchelles, avocat général du parlement.

Après ces noms, il y a un long intervalle en blanc. — Ces noms étaient-ils ceux des membres des comités ordinaires ? — Puis à la tête d'un autre page la liste continue :

Le duc de Larochefoucauld, Dupont de Nemours, Robespierre, le vicomte de Noailles, Fournier l'américain, Pigre de Montalinge, Boyle, irlandais, Okard, id., O' Konnor, id., de Saint-Severanda, espagnol, le vicomte de Narbonne, le docteur Price, Benarvides, espagnol, d'Aguilar, le marquis de Satilieu, Fontana, de Langeron fils, le vicomte de Damas, Guillaume, avocat, l'abbé Grégoire, le duc de Liancourt, le comte de Montmorin, ministre des affaires étrangères, Williams Howard, le baron d'Oyoso, Barrère de Vieuzac, Verne, ministre génevois, Germain et Julien, trésoriers du club, l'abbé de la Roche, Cabanis, médecin à Paris, Garau-Coulon, Laborde père, Laborde de Méreville, Grétry, musicien, Dugazon, comédien, le marquis de Montalembert, Garneri, imprimeur du club, Volland (ou Voulland), libraire pour les envois, le comte de Kersaint, Chatenai-Lanti, Volney, le curé de Souppe, Dillon, curé du vieux Poussange, Pascal, prieur de Colombiers, comte de Croix, le marquis de la Coste, Chamfort (secrétaire de Talleyrand, rédacteur du *Mercure*), Bureau de Puzzi, baron d'Allarde, Thouret, avocat, comte de la Marck, Anson, l'abbé de Saint-Nom, Violti, musicien, Gorsas, Valdec Dellessart, Nompère de Champagny, Rabaud, à Uzès, Beaumarchais, Chambon fils, à Montpellier, Morveaux, à Dijon, Ernout, à

Lons-le-Saulnier, Rœderer, Jurinne Duluc, à Lyon, libraire et imprimeur chargé de l'envoi des livres en pays étrangers, Delly d'Agier, à Romans, Grimm, Lachenaye, à Montélimar, chargé des envois en Espagne, Lachapelle, aide de camp de M. de Lafayette, Gouvion, major-général de la garde-nationale, Salle, médecin, Lecoulteulx, Lecoulteux de la Noraye, Populus, Martineau, Goupil de Préfeln, Vandermonde, de l'Académie, Genton, en Vivarais l'abbé Noël, l'abbé Fauchet, le comte d'Aubusson, le comte Choiseul-Gouffier, Nérac, à Bordeaux, chargé des colonies et du Mexique, Regnaud de Saint-Jean-d'Angely....

M. Lecoulteux de Canteleu ajoute à ces noms des premiers affiliés de la loge des *Amis réunis* des noms qui ne marquèrent pas moins dans les fastes les plus sanglants de la Révolution :

Babœuf, Bonne, Ceruty, Chapelier, Chénier, le marquis de Lacoste, Château-Randon, Courtois, Dolomieux, Dupont, Fourcroy, Gudin, Gramont, Hébert, Laclos, Lamettrie. Lasalle, Lebon, Marat, Melin, Mercier, Rabaut, Saint-Just, Sillery, etc.

Dans la loge des *Philalèthes* ou *Chevaliers bienfaisants*, ou disciples de Pasqualès, de Jacob Bœhm et de St-Martin, dominaient, après les membres du Grand-Orient, le prince de Hesse, le vicomte de Tavannes, d'Amar, de Saint-Jammes, Tassin, de Bondy, Mesmer, Duchanteau, Cagliostro, etc., Grimm et le reste du club d'Holbach.

Dans la loge de la *Candeur* étaient, outre les députés au Grand-Orient, les Lameth, Lafayette, le marquis de Montesquieu, Moreton de Chabrillan, Custine, Laclos, Latouche, Sillery, d'Aiguillon, le marquis de Lusignan, le prince de Broglie, et généralement les maçons dévoués au duc d'Orléans.

Dans la loge des *Neuf Sœurs*, sous le *vénérable* Pastoret, on distinguait le duc de la Rochefoucauld, et, outre les députés du Grand-Orient, le commandeur Delomieu, Lacépède, Bailly, Cerutti, Fourcroy, Millin, Bonne, Chateau-Randon, Chénier, Mercier, Gudin, Lametterie, le marquis de la Salle, l'apostat Noël, dom Gerles, Rabaud St-Étienne, Petion, Fauchet et Goupil de Préfeln, qui passèrent bientôt après à la *Bouche de fer*. On y voyait encore Francklin, La Dixmerie, Cordot de St-Firmin, Meslay, Delort, Bignon, Rémy, Mercier, Lalande, Dufresne, qui y avaient reçu Voltaire.

L'anniversaire de la prise ou plutôt de la surprise de la Bastille a été choisie par la République actuelle comme la date de la *fête nationale*. C'est un scandale contre lequel a protesté la conscience française. Mais si l'indignation qui rappelle une journée de défections et d'assassinats est générale, peu de gens savent peut-être que *l'élan irrésistible* du 14 juillet avait été préparé de longue main, ainsi que les émeutes et les incendies qui éclataient de toutes parts, au milieu de la panique universelle.

Un témoignage indiscutable, celui de Bertrand de Molleville, le ministre de Louis XVI, montre que tous ces crimes avaient été prémédités dans le comité de propagande de la loge des *Amis réunis*, à l'époque de la réunion des ordres, soit la fin de juin 1789 :

« Mirabeau, qui, même avant l'ouverture des États-généraux, avait marqué sa place à la tête des factions les plus violentes, était aussi *initié dans le secret des factions secondaires* qui, avec des plans moins vastes et une marche plus timide, n'en concouraient pas moins à affermir et accélérer celle de la Révolution. *Tous ces mystères, dont la connaissance donnait la clef de plusieurs évènements importants, qu'on avait jusqu'alors attribués au hasard*, furent dévoilés non-seulement à M. de Montmorin, mais au roi et à la reine dans plusieurs entretiens secrets que Leurs Majestés eurent avec Mirabeau ; il leur apprit, entre autres choses, que le système de la Terreur, qui a réellement opéré la révolution et qui n'a pas été abandonné depuis, avait pris naissance dans la faction *philanthropique*. Ces comités se tenaient tantôt chez le duc de Larochefoucauld, tantôt dans la petite maison du duc d'Aumont près de Versailles..

« Adrien Duport, qui était peut-être celui des membres de l'assemblée qui avait le plus étudié l'histoire et la tactique de toutes les révolutions anciennes et modernes, était admis dans les conciliabules les plus secrets de cette *faction philosophique* et s'était chargé de la rédaction des plans. Il y lut, dans cette circonstance, un mémoire dans lequel il dépeignit le caractère et discuta les intérêts de tous les souverains de l'Europe, de manière à en conclure qu'aucun d'eux ne prendrait la moindre part à la révolution qui allait s'opérer en France et dont il était aussi nécessaire que pressant de régler la marche et de déterminer le but par un plan sagement combiné ; il proposa alors celui qui, depuis longtemps, dit-il, était l'objet de ses méditations. Ses principales bases étaient les mêmes que celles qui furent adoptées dans la Constitution de 1791. Après de longues discussions sur ce mémoire, Lafayette, qui se trouvait aussi à ce comité, s'il faut en croire Mirabeau, prit la parole et dit à Adrien Duport : *Voilà sans doute un très grand plan ; mais quels sont les moyens d'exécution ? En connaissez-vous qui soient capables de vaincre toutes les résistances auxquelles il faut s'attendre ? Vous n'en indiquez aucun.* — Il est vrai que je n'en ai point encore parlé, répondit Adrien Duport en poussant un profond soupir ; j'y ai beaucoup réfléchi..., j'en connais de sûrs... ; mais ils sont d'une nature telle que *je frémis* moi-même d'y penser, et que je ne pourrais me déterminer à vous les faire connaître, qu'autant que vous approuverez tout mon plan, que vous serez bien convaincus qu'il est indispensable de l'adopter, et qu'il n'y en a pas d'autres à suivre pour assurer, non-seulement le succès de la révolution, mais aussi le salut de l'État.... Après avoir ainsi excité la curiosité de ses auditeurs, il ajouta : *Ce n'est que par les moyens de terreur qu'on parvient à se mettre à la tête d'une révolution et à la gouverner. Il n'y en a pas une seule, dans quelque pays que ce soit, que je ne puisse citer à l'appui de cette vérité. Il faut donc, quelque répugnance que nous y ayons tous, se résigner au sacrifice de quelques personnes marquantes.* Il fit pressentir que Foulon devait naturellement être la première victime, parce que depuis quelques temps, disait-il, on parlait de lui pour le ministère des finances et que *tout le monde était convaincu que sa première opération serait la banqueroute.* Il désigna ensuite l'intendant de Paris. *Il n'y a qu'un cri*, dit-il, *contre les intendants ; ils pourraient mettre de grandes entraves à la révolution dans les provinces. M. Berthier est généralement détesté : on ne peut pas empêcher qu'il ne soit massacré, son sort intimidera ses confrères : ils seront souples comme des gants...*

« Le duc de La Rochefoucauld fut très-frappé des réflexions d'Adrien Duport et finit, comme tous les autres membres du comité, par adopter le plan et les moyens d'exécution qu'il proposait. Des instructions conformes à ce plan furent données aux principaux agents du comité des insurrections, qui était déjà organisé et auquel Ad. Duport n'était rien moins qu'étranger ; l'exécution suivit de près : le massacre de MM. de Launay, de Flesselles, Foulon et Berthier, et leurs têtes promenées au bout d'une pique furent les premiers effets de cette conspiration *philanthropique.* Ses succès rallièrent bientôt, et pour longtemps, les différents partis révolutionnaires qui commençaient à se défier les uns des autres, mais qui, voyant tous les obstacles aplanis par cette mesure, se réunirent pour en recueillir le fruit. »

Dès 1789, Mirabeau avait communiqué ce plan à Chamfort, qui en fit part à Marmontel. Les indications que donne ce dernier dans ses *Mémoires* sont absolument identiques à celles de M. de Molleville :

« L'argent surtout et l'espoir du pillage sont tout puissants parmi ce peuple. *Nous venons d'en faire l'essai au faubourg Saint-Antoine, et l'on ne saurait croire combien peu il en a coûté au duc d'Orléans pour faire saccager la manufacture de cet honnête Réveillon qui, dans ce même peuple, fait subsister cent familles. Mirabeau soutient plaisamment qu'avec un millier de louis on peut faire une jolie sédition.*

« Avons-nous à craindre l'opposition de la grande partie de la nation, qui ne connaît pas nos projets et qui ne serait pas disposée à nous prêter son concours ? Sans doute, dans ses foyers, à ses comptoirs, à ses bureaux, à ses ateliers d'industrie, la plupart de ces citadins casaniers trouveront peut-être hardis des projets qui pourraient troubler leur repos et leurs jouissances. Mais, s'ils les désapprouvent, ce ne sera que timidement et sans bruit. Du reste, la nation sait-elle ce qu'elle veut ? *On lui fera vouloir et on lui fera dire ce qu'elle n'a jamais pensé.* Si elle en doute, on lui répondra comme Crispin au légataire : *C'est votre léthargie. La nation est un grand troupeau qui ne songe qu'à paître, et qu'avec de bons chiens les bergers mènent à leur gré.* Après tout, c'est son bien que l'on veut faire, *à son insu*. Ni son vieux régime, ni son culte, ni ses mœurs, ni toutes ses antiquailles de préjugés ne méritent qu'on les ménage. Tout cela fait honte et pitié à un siècle comme le nôtre, et pour tracer un nouveau plan il faut faire place nette.

« On aura, s'il est nécessaire, *pour imposer à la bourgeoisie cette classe déterminée qui ne voit rien pour elle à perdre au changement et croit avoir tout à gagner.* Pour l'ameuter, on a les plus puissants mobiles : *la disette, la faim, l'argent, les bruits d'alarme et d'épouvante et le délire de terreur et de rage dont on frappera les esprits.* La bourgeoisie ne produit que d'élégants parleurs ; tous ces orateurs de tribune ne sont rien en comparaison de ces Démosthènes *à un écu par tête qui, dans les cabarets, dans les places publiques, dans les jardins et sur les quais, annoncent des ravages, des incendies, des villages saccagés, inondés de* sang, *des complots d'assiéger et d'affamer Paris.* Ainsi le veut le mouvement social. Que ferait-on de tout ce peuple en le muselant aux principes de l'honnêteté et du juste ? Les gens de bien sont faibles et timides ; *il n'y a que les vauriens qui soient déterminés.* L'avantage du peuple dans les révolutions est de n'avoir point de morale. *Comment tenir contre des hommes à qui tous les moyens sont bons ?* Il n'y a pas une seule de nos vieilles vertus qui puissent nous servir ; il n'en faut point au peuple, ou il lui en faut d'une autre trempe. *Tout ce qui est nécessaire à la Révolution, tout ce qui lui est utile est juste : c'est là le grand principe.* »

Louis Blanc attribue aussi à Duport l'organisation des massacres de Paris et des paniques répandues dans les provinces ; le *Journal des voyages en France,* d'Arthur Young, confirme bien l'épouvantable révélation de Bertrand de Molleville, et de Bezenval dit qu'on « voyait des gens exciter le tumulte et même distribuer de l'argent. »

La garde nationale fut un des actifs instruments de la Révolution en 1789 et depuis.

Sait-on qu'elle eut pour créateur Savalette de Lange, le directeur de la *chambre de correspondance du Grand-Orient ?* Lui-même vint présenter à la Commune de Paris un certain nombre d'affiliés, équipés en soldats, et tint ce langage qui ne laisse place à aucune équivoque :

« *Messieurs, voici des citoyens que j'ai exercés à manier les armes pour la défense de la patrie ; je ne me suis point fait leur major ou leur général ; nous sommes tous égaux ; je suis simplement caporal, mais j'ai donné l'exemple ; ordonnez que tous les citoyens le suivent, que la nation prenne les armes, et la liberté est invincible.* »

Quoi d'étonnant, après de telles origines, que la garde nationale ait toujours été si chère à la Francmaçonnerie et qu'elle l'ait partout introduite? c'est l'instrument né de toutes les révolutions.

Comme pour bien marquer la part que la Francmaçonnerie avait dans les évènements, lorsque, après la prise de la Bastille, Louis XVI, obéissant à l'Assemblée, vint sanctionner l'émeute par une visite solennelle à l'Hôtel-de-ville, tous les chefs du mouvement se rangèrent sur son passage et, joignant leurs épées au-dessus de sa tête, formèrent la *voûte d'acier*, qui est le signe d'honneur maçonnique, et Moncau de St-Méry, le harangant au nom de tous, lui dit dans le langage des loges : « Vous deviez votre couronne à la naissance, vous ne la devez maintenant qu'à vos vertus. »

Déjà, à l'ouverture des États-généraux, on avait fait passer les députés sous la *voûte d'acier*.

La fête de la déesse Raison se produisit le 20 brumaire 1793, sur l'autel profané de Notre-Dame de Paris. Or, dès 1751, un ouvrage impie, dédié à Frédéric II, de Prusse, publiait comme figurine du titre la scène d'adoration d'une prostituée. Les saturnales d'Ermenonville, auprès du tombeau de J.-J. Rousseau, avaient offert l'ignominieux spectacle de la femme commune à tous les frères et livrée au hasard ou au choix de ces vrais admirateurs de l'âge de la nature. Pour avoir rompu avec une loge semblable, M. de Lescure, le frère du héros vendéen, fut empoisonné par une « infâme horde d'illuminés. » Et dans beaucoup de familles, on retrouve le souvenir de crimes semblables.

Turgot, franc-maçon, avait poursuivi la destruction des corporations chrétiennes, dans l'espoir fondé de mieux asservir le peuple ; Necker avait violenté Louis XVI pour obtenir le doublement du tiers ; ce ministre génevois était aussi un affilié, et sa fille, Mme de Staël, avait été reçue dans une loge d'adoption.

Barruel raconte que Germain, beau-frère de Necker, recevait, la veille des massacres des gardes du corps, le 6 octobre, à Versailles, une lettre de sa sœur qui lui mandait: « *Soyez tranquille, tout ira bien ; nous ne pouvons ni parler, ni écrire* » ; et pendant que son digne époux se tenait caché, elle, tranquille spectatrice des fureurs des brigands dans les galeries mêmes du château, disait : « *Laissez donc faire ce bon peuple ; il n'y a pas de danger !* ».

On le voit, l'infortuné souverain était enserré dans le réseau maçonnique.

La Constituante fit de Louis XVI et après lui de tous les rois constitutionnels les mandataires du peuple et les premiers fonctionnaires de la nation, abolit les titres héréditaires, décréta la Constitution civile du clergé, déclara ses biens : biens de la nation, fit également des prêtres et des évêques des fonctionnaires de la nation ou des jureurs schismatiques et des intrus, au nom de la *liberté de conscience* et s'arrogea le droit de diriger et d'opprimer toutes les consciences, décréta enfin une statue, ou l'apothéose de Voltaire et de J.-J. Rousseau, et une tombe au premier dans l'église même de Ste-Geneviève, transformée en Panthéon. La majorité de la Législative fit ou laissa faire, le 10 août, les massacres des Suisses, des gardes du corps et des prisons, le 2 et 3 septembre, organisés par le franc-maçon Danton, l'un des premiers électeurs jacobins de Paris, prononça la déchéance du roi et décréta l'envoi à tous les citoyens de la déclaration du F∴ Condorcet *contenant le serment de combattre les rois et la royauté;* la Convention enfin jugea Louis XVI, le condamna à l'échafaud et couvrit la France de sang et de ruines, au nom et en conséquence des trois grands principes maçonniques : L'ÉGALITÉ, LA LIBERTÉ, LA FRATERNITÉ.

« *Voilà la victime,* » s'était écrié Mirabeau, l'un des complices de la conspiration, en désignant Louis XVI, le jour de l'ouverture des États-généraux.

Ce n'était point là un mot en l'air de démagogue; c'était une indication maçonnique. Depuis 1760, il est facile de suivre la préparation du complot ; voici maintenant deux contemporains qui vont nous révéler comment les sociétés secrètes sont les véritables auteurs de la révolution.

Le premier est un franc-maçon anglais, John Robison, secrétaire de l'Académie d'Édimbourg, qui publia en 1797 un livre intitulé : *Preuves des conspirations contre toutes les religions et tous les gouvernements de l'Europe, ourdies dans les assemblées secrètes des illuminés et des francs-maçons.*

« J'ai eu, dit-il, les moyens de suivre toutes les tentatives faites *pendant cinquante ans,* sous le prétexte spécieux d'éclairer le monde avec le flambeau de la philosophie et de dissiper les nuages dont la superstition religieuse et civile se servait pour retenir tout le peuple de l'Europe dans les

14

ténèbres et l'esclavage. J'ai observé les progrès de ces doctrines se mêlant et se liant de plus en plus étroitement aux différents systèmes de la Maçonnerie. Enfin j'ai vu se former une association ayant pour but unique de détruire jusque dans leur fondement tous les établissements religieux et de renverser tous les gouvernements existant en Europe. J'ai vu cette association répandre ses systèmes avec un zèle si soutenu qu'elle est devenue presque irrésistible, et j'ai remarqué que *les personnages qui ont le plus de part à la révolution française étaient membres de cette association; que leurs plans ont été conçus d'après ses principes et exécutés avec son assistance.* »

Un personnage plus autorisé encore, le comte de Haugwitz ministre de Prusse, va fournir un témoignage plus précis, s'il est possible.

C'était en 1822, les sociétés secrètes venaient de faire explosion en Espagne, à Naples, dans le Piémont, par autant de mouvements révolutionnaires ; les souverains, pour garantir et leurs couronnes et la vraie liberté parmi leurs peuples, s'étaient réunis en congrès dans la ville de Vérone. Ce fut alors que le comte de Haugwitz, qui y avait accompagné le roi de Prusse, fit part à l'auguste assemblée d'un mémoire sur les sociétés. M. de Haugwitz avait occupé une place distinguée au chapitre des hauts grades, et il fit la déclaration suivante :

« *J'acquis alors la ferme conviction que le drame commencé en 1788 et 1789,* LA RÉVOLUTION FRANÇAISE, LE RÉGICIDE AVEC TOUTES SES HORREURS, *non seulement y avaient été résolus alors, mais encore étaient le résultat des associations et des serments,* etc... Que ceux qui connaissent mon cœur et mon intelligence jugent de l'impression que ces découvertes produisirent sur moi !

« De tous les contemporains de cette époque, il ne me reste qu'un seul... Mon premier soin fut de communiquer au prince royal (depuis le roi Guillaume) toutes mes découvertes. Nous acquîmes la conviction que toutes les ASSOCIATIONS MAÇONNIQUES, depuis la plus modeste jusqu'aux grades les plus élevés, ne peuvent se proposer que d'exploiter les sentiments religieux, D'EXÉCUTER LES PLANS LES PLUS CRIMINELS, *et de se servir des premiers comme manteaux pour couvrir les seconds.* Cette conviction, que le prince partagea avec moi, me fit prendre la ferme résolution de renoncer absolument à la Maçonnerie. MAIS IL PARUT PLUS SAGE AU PRINCE DE PAS ROMPRE TOUT LIEN AVEC ELLE..... »

L'allégation si précise de M. de Haugwitz, que le *régicide* avait été longtemps à l'avance décrété par les sociétés secrètes, a reçu depuis une confirmation inattendue : nous savons maintenant que la première pensée du crime de l'assassinat de Gustave III remonte jusqu'en 1786, à l'époque où l'Illuminisme allemand et l'Illuminisme français avaient opéré leur fusion, comme on l'a vu dans le chapitre précédent. C'est le cardinal Mathieu, homme au jugement froid entre tous, qui le premier l'a révélé dans une lettre adressée à M. Robinet de Cléry le 7 avril 1875 :

« Il y a, dans nos pays, un détail que je puis vous donner comme certain. Il y eut à Francfort, en 1786, une assemblée de francs-maçons où furent convoqués deux hommes considérables de Besançon qui faisaient partie de la société : M. de Raymond, inspecteur des postes, et M. Maire de Bouligney, président du parlement. Dans cette réunion, le meurtre du roi de Suède et celui de Louis XVI furent résolus. MM. de Raymond et de Bouligney revinrent consternés, en se promettant de ne jamais remettre les pieds dans une loge, et de se garder le secret. Le dernier survivant l'a dit à M. Bourgon, qui est mort à près de quatre-vingt-dix ans, possédant toutes ses facultés. Vous avez pu en entendre parler, car il a laissé une grande réputation de probité, de droiture et de fermeté, parmi nous ; je l'ai beaucoup connu, et pendant bien longtemps, car je suis à Besançon depuis quarante-deux ans, et il est mort assez récemment. Il a raconté souvent le fait, et à moi, et à d'autres. Vous voyez que la secte sait, à l'avance, monter ses coups : c'est là, en deux mots, son histoire. »

Quelques temps après, Mgr Besson, ancien vicaire-général de Besançon, aujourd'hui évêque de Nîmes, complétait ainsi cette révélation :

« Je puis confirmer sa lettre par des détails qui ne sont pas sans intérêt, et qui m'ont été racontés souvent à Besançon, non seulement par M. le président Bourgon, mais par M. Weiss, bibliothécaire de la ville, membre de l'Institut, et le principal auteur de la *Biographie universelle*, publiée sous le nom de Michaud. M. Bourgon et M. Weiss étaient des gens de bien, dans toute la force du mot. L'un avait plus de courage dans ses opinions, l'autre plus d'indulgence pour les fautes de l'humanité. Tous deux avaient connu les francs-maçons et les conventionnels du dernier siècle ; ils pensaient tous deux sur l'attentat du 21 janvier comme doit le faire tout honnête homme ; ils moururent tous deux en chrétiens.

« La Franc-maçonnerie avait été introduite à Besançon vers le milieu du dix-huitième siècle par l'intendant de la province, M. de Lacoré. Il s'établit trois loges qui se recrutèrent dans le meilleur monde. La noblesse, le parlement, le barreau, plusieurs membres du chapitre métropolitain laissèrent leur nom sur les listes de ces loges primitives où l'on célébrait la nature, sans se douter que l'on marchait à grands pas vers la ruine, l'exil et l'échafaud. Il n'est pas douteux que la bonne foi de la plupart de ces honnêtes gens n'ait été surprise. Témoin l'aventure de trois délégués à l'Assemblée de 1785. Ces trois délégués étaient M. de Bouligney, président du parlement de Franche-Comté, M. Bourgon, médecin éminent, professeur à l'Université, et M. de Raymond employé des postes.

« Après avoir entendu jurer la mort de Louis XVI et de Gustave III, les francs-maçons bisontins jurèrent entre eux de ne plus remettre le pied dans une loge. Ils tinrent parole. M. de Bouligney mourut en émigration; M. Bourgon, dans sa ville natale; et M. de Raymond, beaucoup plus jeune que les deux autres, leur survécut jusqu'en 1837. Il était membre de l'académie des sciences, belles-lettres et arts de Besançon, tournait facilement les vers, et vivait dans une agréable intimité avec les magistrats et les littérateurs de la province. Ce fut lui qui leur révéla le secret des loges sur la condamnation de Louis XVI, à un âge où l'on ne doit plus au monde que la vérité.

« M. Weiss et M. le président Bourgon citaient encore sur ce sujet les aveux du baron Jean Debry, préfet du Doubs. Franc-maçon, conventionnel et régicide, ce personnage, que les évènements avaient éclairé, joua à Besançon un rôle honorable, et dans les douze années qu'il y passa, de 1802 à 1814, aida puissamment à la réorganisation de tous les services publics. Il défendit même, non sans habileté ni énergie, le clergé fidèle contre le clergé assermenté qui était en petit nombre, mais pour lequel Claude Lecoz, archevêque de Besançon, avait des préférences marquées. On l'amena plusieurs fois, dans l'intimité de la conversation, à parler du jugement et de la condamnation de Louis XVI. Son vote pesait à sa conscience, il ne l'excusait pas, il se bornait à l'expliquer.

« J'étais parti de chez moi, disait-il, avec l'intention for-
« melle de voter le bannissement du roi et non pas sa mort;
« je l'avais promis à ma femme. Arrivé à l'Assemblée, on
« me rappela *d'un signe* le serment des loges. Les menaces
« des tribunes achevèrent de me troubler : je votai la mort. »

Jean Debry ajoutait d'un air mystérieux :

« On ne saura jamais si Louis XVI a été réellement con-
« damné à la majorité de cinq voix.

« Plusieurs croient que le bureau a pu modifier quelques
« votes, avec la complicité silencieuse de ceux qui les
« avaient donnés. On avait arrangé en conséquence le récit
« des séances du *Moniteur*. Quand même le vote fût public,
« personne, excepté les membres du bureau, n'en avait le
« relevé absolument exact. La séance avait duré deux jours
« et une nuit, et cette longueur contribua à rendre incer-
« tain le résultat suprême. Mais on voulait en finir, et la
« fameuse majorité de cinq voix a été peut-être constatée
« à la dernière heure pour s'épargner l'ennui d'un nouveau
« scrutin (1). »

Le chef de cette conspiration, ou au moins celui au nom de qui le mot d'ordre était donné partout, était le duc d'Orléans, le grand-maître de la plupart des rites maçonniques, comme nous l'avons vu dans un des chapitres précédents. C'est lui que Mirabeau désignait dans la conservation avec Chamfort que nous venons de rapporter. Une lettre de lui à Laclos, en date du 10 mars 1790, raconte la part qu'il a prise dans les émeutes de Marseille et celles de Paris. Il y prononce déjà le mot de *régicide* au milieu de ses menaces contre Louis XVI et la reine !!!

Une phrase est particulièrement significative :

« Georges (le roi d'Angleterre) n'est pas loin d'avoir des rechutes ; s'il tombe tout à fait, vous savez ce que Fox et Grenville m'ont promis, tout irait bien alors. »

---

(1) En réalité la majorité dans la Convention ne fut pas acquise au vote de condamnation à mort de Louis XVI : Voir une étude sur ce point publiée dans le n° de février 1884 de la *Revue de la Révolution* par M. Gustave Bord. Les sectaires qui occupaient le bureau procla-mèrent un résultat du vote qui n'était pas réel pour accomplir le dessein arrêté depuis si longtemps dans les hautes loges.

Mais les Girondins et les Jacobins, qui s'étaient servis du grand-maître du Grand-Orient pour renverser Louis XVI, n'entendaient pas servir son ambition et les loges n'oubliaient pas leur serment contre un Bourbon, eût-il été complice jusqu'à l'assassinat. La République fut proclamée, et le 22 février 1793 Philippe-Égalité, déçu et déjà menacé, adressait sa démission de grand-maître, disant « qu'il pensait qu'il ne devait plus y avoir aucun mystère, aucune assemblée secrète dans une république. »

Aussi bien la plupart des loges avaient suspendu leurs travaux et s'étaient transformées sur toute la surface de la France en clubs de jacobins avec la coiffure de l'*épopte* illuminé, le bonnet phrygien. Nous sommes tous francs-maçons, disait avec exaltation un révolutionnaire de cette époque, il aurait pu dire avec plus de justesse encore : Nous sommes tous illuminés, selon la remarque d'un écrivain anglais, grand admirateur de toutes les sectes révolutionnaires.

On a vu d'ailleurs que la grande majorité du club des Jacobins, où dominait Robespierre, et des Cordeliers, où dominait Danton, était composée de francs-maçons : on ne peut donc nier que la Révolution, avec tous ses crimes, ne fût leur œuvre. Le langage odieux qui retentissait partout à cette époque, à la tribune, dans les journaux, dans les clubs, n'était que l'écho du cri de haine contre la religion et la monarchie que depuis un siècle poussaient les loges.

Ne reconnaît-on pas les serments de l'apprenti et du chevalier Kadosch dans le serment suivant prononcé publiquement en 1792 au club des Jacobins de Caen, par le conventionnel Fauchet, évêque du Calvados ? Qu'on en juge :

« Je jure haine implacable au trône et au sacer« doce, et je consens, si je viole ce serment, que mille
« poignards soient plongés dans mon sein parjure,
« que mes entrailles soient déchirées et brûlées, et
« que mes cendres, portées aux quatre côtés de l'u« nivers, soient un monument de mon infidélité. »

Nous ne pouvons raconter en détail les contre-coups de l'action maçonnique en Europe. Nous devons cependant rappeler les négociations secrètes à la suite desquelles, après Valmy, un armistice fut proclamé et dura jusqu'après le régicide du 21 janvier. Dumouriez et Danton étaient d'un côté, et le duc de Brunswick, de l'autre. On constata en Allemagne que ce dernier, jusque-là criblé de dettes, en avait acquitté pour huit millions dans l'année 1792. Notons aussi l'empoisonnement par le bouillon de Naples de l'empereur d'Allemagne, Léopold, et l'assassinat de Gustave III, roi de Suède, décidé, comme celui de Louis XVI, dès 1786, et préparé par les loges de Stockholm et en particulier par le duc de Sudermanie, frère de la victime et membre de l'ordre du Temple. Léopold avait d'abord été hostile à l'Église et favorable aux maçons, dont plus tard, éclairé par les évènements, il interdit les réunions. Quant à Gustave III, voici quelle était sa généalogie philosophico-maçonnique d'après Barruel :

« Voltaire avait initié la reine Ulrique de Brandebourg, et Ulrique avait initié son fils Gustave. Mais, d'un autre côté, Voltaire initiait Cordorcet, et Condorcet, siégeant au club des Jacobins, initia Ankastroëm. Élève de Voltaire, Ulrique apprenait à son fils à se jouer des mystères et des autels du Christ ; élève de Voltaire, Condorcet apprit à Ankastroëm à se jouer du trône et de la vie des rois. Au moment où les nouvelles publiques annoncèrent que Gustave III devait commander en chef les armées liguées contre la Révolution française, Condorcet et Ankastroëm appartenaient au club, et ce grand club retentissait du vœu de délivrer la terre de ses rois. Gustave fut marqué pour être la première victime, et Ankastroëm s'offrit pour être le premier bourreau. Il part de Paris et Gustave tombe sous ses coups. » Swedenborg, dont les adeptes assassinaient le roi de Suède, était *mage* (grade supérieur) des illuminés.

CHAPITRE XII

LA DICTATURE NAPOLÉONIENNE ET L'ŒUVRE MAÇONNIQUE

Pendant la période de la Terreur, la plupart des loges maçonniques françaises cessèrent de se réunir. Après que Philippe-Égalité eut en 1793 donné sa démission de grand-maître, le Grand-Orient et les diverses puissances maçonniques cessèrent de fonctionner, au moins ostensiblement : les clubs de Jacobins remplaçaient à ce moment les loges et ils se défiaient toujours des *éléments aristocratiques* qui existaient dans la Maçonnerie. Les anciennes dissensions entre membres de loges sur la manière de conduire la Révolution, furent pour beaucoup dans la division des partis à cette époque, et bien des indices nous font penser que là fut l'origine de la lutte sanglante des Jacobins et des Girondins, plus tard des Dantoniens et des partisans de Robespierre.

La *fête de la Raison*, célébrée à Notre-Dame en novembre 1793, avait été une manifestation solennelle d'athéisme faite par les Hébertistes. Après les avoir envoyés à l'échafaud, Robespierre voulut célébrer son triomphe par la fête de l'Être suprême, 1ᵉʳ mai 1794, et l'on sait quelle part les haines des

Hébertistes survivants eurent à la journée du 9 thermidor.

Dès que la dictature de Robespierre fut finie, la Maçonnerie reprit son activité : guidée par un de ses anciens adeptes Laréveillère-Lepeaux, c'est elle qui organisa la *théophilanthropie*. Ce système avait la prétention de remplacer par ses cérémonies le culte catholique et correspondait à la fois aux fêtes de l'Être suprême et à ce que l'on appelle aujourd'hui les tenues de Maçonnerie blanche.

Quand la secte avait cru avoir réalisé définitivement la *liberté* et l'*égalité*, telles que les entendait Weishaupt dans l'*an-archie* absolue, les voiles de la Maçonnerie avaient été rejetés comme un symbolisme inutile, la loge n'avait plus eu besoin d'être *couverte*, et on l'avait remplacée par le club. Une réaction s'étant faite dans les esprits, il fallut en revenir aux travaux intérieurs, au symbolisme, et les loges se rouvrirent sous diverses formes. C'est avec une grande connaissance de l'esprit de la Maçonnerie que le F.·. André Rousselle a rappelé ce souvenir à l'assemblée du Grand-Orient de 1879, pour faire maintenir le symbolisme et les rituels.

Cependant cet abominable régime s'effondrait dans le désordre et l'incapacité, et les turpitudes de la politique avaient pour conséquences les revers militaires. L'opinion publique en France se prononçait avec énergie contre une désastreuse et ignominieuse tyrannie.

Les habiles des sociétés secrètes, voyant qu'ils ne pouvaient s'opposer à la marche des évènements, employaient toute cette habileté à se mêler à la restauration monarchique, de façon à pouvoir imposer à Louis XVIII un gouvernement constitutionnel qui rendît illusoire le pouvoir de la royauté et leur permît de continuer leur guerre à l'Église, à l'abri des mécanismes parlementaires. Tel était notamment l'objet de l'association des *Philadelphes*, formée à Besançon dans les derniers temps du Directoire, avec le concours du général Moreau, et continuée, après l'exil de celui-ci, par les généraux Malet et Oudet, deux francs-maçons avancés, et d'où sortit plus tard la Charbonnerie.

Les coups d'État du 13 vendémiaire et du 18 fructidor n'avaient fait que retarder la restauration royaliste, qui en 1799 devenait de plus en plus imminente. La fin prochaine de la République était publiquement discutée et l'on savait partout que les Jacobins s'apprêtaient à remplacer la République par une dictature, par une monarchie révolutionnaire qui fermât la porte aux Bourbons.

Le *Mercure britannique* du 25 juillet 1799 publiait une lettre de Malouet, où ces éventualités étaient discutées :

« Vous avez annoncé, disait-il, dans un de vos derniers numéros, une intrigue qui a lieu en France et dans un pays étranger pour accréditer la nécessité d'un changement de dynastie. Ce projet, abandonné pendant la grande fortune du Directoire, se réveille, dit-on, dans sa détresse. *On assure que les Jacobins, en déployant tous leurs efforts pour soutenir la République chancelante, se disposent, s'ils ne peuvent y réussir, à créer un roi et une monarchie dont ils formeraient le premier ordre :* on renouvelle en conséquence les libelles sur le caractère de nos princes, sur ce que la nation aurait à en craindre....... »

Et Malouet discutait ces projets révolutionnaires, qui consistaient à implanter en France soit un prince étranger, *soit un Bourbon en dehors de l'ordre de succession au trône*, c'est-à-dire le duc d'Orléans. Les intrigues de la Révolution sont anciennes, on le voit. Sieyès, cherchant partout un dictateur, avait songé un instant à confier ce rôle, dit Lanfrey, à un prince de la maison de Brunswick, comptant évidemment sur l'appui qu'il trouverait dans la Maçonnerie.

Mais le dictateur était plus proche et dans les rangs de ces mêmes Jacobins. Bonaparte, qui avait envoyé Augereau au Directoire pour faire contre les royalistes et les élus de la nation le coup du 18 fructidor, était déjà, aux yeux des plus perspicaces, la sauvegarde future de la Révolution. Talleyrand, le grand artisan des sociétés secrètes, s'était depuis longtemps attaché à sa fortune, et lors de la fête célébrée en son honneur après le traité de Campo-Formio, il lui avait adressé ces paroles significatives :

« Loin de redouter ce qu'on voudrait appeler son ambition, je sens qu'il faudra peut-être le solliciter un jour pour l'arracher aux douceurs de sa studieuse retraite. La France entière sera libre. Peut-être lui ne le sera jamais ! telle est sa destinée..... »

Dans ces conjonctures, Napoléon Bonaparte revint brusquement d'Égypte, et, de concert avec Sieyès et quelques révolutionnaires émérites et francs-maçons avancés, il fit le coup d'État du 18 brumaire, destiné dans leur pensée à sauver la Révolution menacée par tant d'excès et d'impéritie.

Napoléon dépassa de beaucoup, au profit de son ambition personnelle, les visées de ses complices. Cependant il ne désavoua jamais ses antécédents jacobins, et il se donna toujours lui-même comme le chef de la Révolution. Au milieu de la réaction qui ramenait le pays à l'ordre, il se fit le défenseur de tous les intérêts révolutionnaires et solidarisa sa cause avec celle des acquéreurs de biens nationaux.

On aurait bien mal compris l'idée-mère des sociétés secrètes si l'on croyait qu'elles attachent quelque intérêt aux libertés publiques et au régime constitutionnel. Leur but est tout autre, c'est la destruction de l'Église, c'est l'exaltation de tous les appétits désordonnés de l'homme, la déification de sa révolte contre Dieu. Quant aux moyens, le choix leur en est dicté par les circonstances. La liberté de la presse, le parlementarisme leur sont des instruments précieux sous un gouvernement légitime et chrétien par son origine, comme la monarchie des Bourbons ou la dynastie des Habsbourg; mais le bras d'un despote ne leur inspire aucune répugnance, s'il veut accomplir leur œuvre et s'il n'abuse pas contre elles du pouvoir mis entre ses mains pour poursuivre exclusivement des buts personnels.

Napoléon Bonaparte, au moment du 18 brumaire, offrait par tous ses antécédents aux révolutionnaires et aux francs-maçons des garanties qui expliquent le concours actif qu'ils lui donnèrent.

Homme de confiance de Robespierre, il lui avait dû le commencement de sa fortune en recevant, avec le commandement en chef de l'artillerie, la direction effective de l'armée qui faisait le siège de Toulon. Après la prise de la ville, il écrivait à la Convention :

« Citoyens représentants, c'est du champ de gloire, marchant dans le sang des traîtres, que je vous annonce avec joie que vos ordres sont exécutés et que la France est vengée. Ni l'âge, ni le sexe n'ont été épargnés. Ceux qui n'avaient été blessés que par le CANON RÉPUBLICAIN ont *été dépecés par le glaive de la* LIBERTÉ *et par la baïonnette de l'*ÉGALITÉ. Salut et admiration !

« BRUTUS BONAPARTE, citoyen sans-culotte (1). »

Placé ensuite à la tête de l'armée d'Italie avec Robespierre le jeune, il avait avec lui des liaisons si étroites, que ce conventionel lui avait offert le commandement de l'armée de Paris, à la place d'Henriot, et qu'après le 9 thermidor il fut emprisonné pendant dix jours. C'est lui qu'au 13 vendémiaire les régicides de la Convention appelèrent à leur secours pour perpétuer au pouvoir par la force et noyer dans le sang les sections parisiennes.

En 1794, après le traité de Campo-Formio il avait été lancé par Barras contre le gouvernement inoffensif de Pie VI. Il avait présidé à la première destruction

(1) La *Biographie universelle*, de Michaud, pense que cette lettre n'est pas de Napoléon Bonaparte, et elle ajoute que lui-même (il ne l'a pas désavoué alors) *a donné à entendre, plus tard, que cette horrible lettre pourrait bien avoir été écrite par son frère Lucien...*

du pouvoir temporel de la papauté, en se servant des loges maçonniques établies à Rome, pour organiser des insurrections factices et jouer, à l'abri des baïonnettes de l'étranger, la comédie d'une prétendue manifestation populaire, *le peuple romain rentrant dans sa souveraineté!* Après avoir affaibli, humilié le St-Siège par le traité de Tolentino, Bonaparte s'était retiré, laissant à son lieutenant Berthier, de concert avec Duphot, ambassadeur du Directoire à Rome, le soin de jouer le dernier acte de cette odieuse comédie, qui devait aboutir à l'emprisonnement et à la mort dans l'exil de Pie VI. Les sectes croyaient avoir enterré avec le vénérable confesseur la papauté elle-même; mais la réunion des cardinaux à Venise donna sur le siège de Pierre un successeur au Vicaire de Jésus-Christ.

Pendant ce temps Bonaparte était en Egypte.

Sa conduite pendant cette expédition fut essentiellement conforme au plan de la Maçonnerie, qui tend à mettre au même niveau toutes les religions.

« *Il avait préparé de longue main par des trames secrètes*, dit M. Thiers, la reddition de l'île de Malte. » Des francs-maçons comme le chevalier Dolomieu et Bosredon, disent d'autres historiens, y étaient renfermés et le lâche grand-maître Hompesch lui en fit les honneurs, ainsi que des îles adjacentes, moyennant une principauté en Allemagne, ou, à son défaut, 300,000 francs de pension viagère, 600,000 francs d'indemnité, 700 francs de pension pour les chevaliers de la langue de France; et Cafarelli Dufalga, un des officiers supérieurs à la suite de Bonaparte, en parcourant la place dont il admirait les fortifications, dit ce mot : « *Nous sommes bienheureux qu'il y ait eu quelqu'un dans la place pour nous ouvrir les portes.* »

L'ordre de Malte, ce vieux boulevard de la chrétienté, fut ainsi détruit.

Arrivé en Égypte après ce facile exploit, Bonaparte reniait odieusement le Christianisme dans sa première proclamation adressée aux habitants du pays. Voici dans son entier ce chef d'œuvre d'hypocrisie maçonnique :

Cadis, Cheiks, Imans, dites au peuple que nous sommes amis des *vrais musulmans*, que nous respectons plus que les mamelucks Dieu, son prophète et l'Alcoran. N'est-ce pas nous qui *avons détruit le pape*, qui disait qu'il fallait faire la guerre aux musulmans ? N'est-ce pas nous qui avons détruit les chevaliers de Malte, parce que les insensés croyaient que Dieu voulait qu'ils fissent la guerre aux musulmans ? N'est-ce pas nous qui avons été dans tous les siècles les amis du *Grand Seigneur* — que Dieu accomplisse ses désirs ! — et l'ennemi de ses ennemis ? Dieu est Dieu, et Mahomet est son prophète ! » — Et encore : « Ne craignez rien surtout pour la religion du prophète, *que j'aime*.

Déjà dans sa proclamation à l'armée de terre, à son débarquement, il avait dit :

« Soldats, les peuples avec lesquels nous allons vivre sont mahométans ; leur premier article de foi est celui-ci : Il n'y a pas d'autre dieu que Dieu, et Mahomet est son prophète. Ne les contredisez pas ; agissez avec eux comme nous avons agi avec les juifs, avec les italiens : ayez des égards pour leurs muftis et leurs imans, comme vous en avez eu pour les rabbins et les évêques. Ayez pour les cérémonie que prescrit l'Alcoran, pour les mosquées, la même tolérance que vous avez eue *pour les couvents, pour les synagogues, pour la religion de Moïse et de Jésus-Christ.*

Mais écoutons-le lui-même, jugeant plus tard à Sainte-Hélène, ces proclamations :

« C'était, disait-il, du charlatanisme, mais du plus haut.. *Mes Français* ne fesaient qu'en rire, et leurs dispositions à cet égard étaient telles en Italie et en Egypte que, pour pouvoir les ramener à entendre citer la religion, j'étais obligé d'en parler fort légèrement moi-même, de placer les juifs à côté des chrétiens, les rabbins à côté des évêques.

« Après tout, ce n'est pas qu'il eût été impossible que *les circonstances m'eussent amené à embrasser l'islamisme.* Croit-on que l'empire d'Orient et peut-être la sujétion de toute l'Asie n'eussent pas valu un turban et des pantalons? Car c'est au vrai uniquement à quoi cela se fût réduit. Nous ne perdions que nos culottes et un chapeau. Je dis nous, car l'armée, disposée comme elle l'était, s'y fût prêtée indubitablement et n'y eût vu que du rire et des plaisanteries. Cependant, voyez les conséquences. Je prenais l'Europe à revers; le vieille civilisation demeurait cernée, et qui eût songé alors à inquiéter le cours des destinées de notre France et de la régénération du *siècle* ? Qui eût osé l'entreprendre ? qui eût pu y parvenir ? »

C'était bien là la façon dont la Franc-maçonnerie entend réunir sous sa suprématie toutes les religions, et cela suppose le plus complet scepticisme. Les conversations de Sainte-Hélène prouvent que les croyances de Napoléon ne dépassaient pas le vague déisme ou le panthéisme de la Maçonnerie. Avec Voltaire, il se comparait « à une montre qui existe et

qui ne se connaît pas » et disait : « Tout proclame
« l'existence d'un Dieu. C'est indubitable ! *Mais toutes*
« *nos religions sont évidemment les enfants des hom-*
« *mes...* Les prêtres ont *toujours* glissé partout la
« fraude et le mensonge, toutefois, dès que j'ai eu le
« pouvoir, je me suis empressé de rétablir la religion,
« je m'en servais comme de base et de racine ; elle était
« à mes yeux l'appui de la morale, des vrais principes,
« des bonnes mœurs... Dire d'où je viens, ce que je
« suis, où je vais et au-dessus de mes idées. » Il ajoutait :

« Nul doute, du reste, que mon esprit d'incrédulité ne fût, *en ma qualité d'empereur*, un bienfait pour les peuples ; et autrement comment aurais-je pu favoriser également des sectes aussi contraires, si j'avais été dominé par une seule ? Comment aurais-je conservé l'indépendance de ma pensée et de mes mouvements, sous la suggestion d'un confesseur qui m'eût gouverné par les craintes de l'enfer ?

« J'étais tellement pénétré de ces *vérités* que je me promettais bien de faire en sorte, autant qu'il eût été en moi, d'élever mon fils dans la même ligne religieuse où je me trouve. »

Deux mois plus tard, l'empereur tenait le même langage et assurait qu'à part la croyance *en Dieu*, avec laquelle *ses nerfs étaient en sympathie*, il avait perdu toute foi religieuse dès qu'il avait su et raisonné, et cela dès l'âge de treize ans.

Ces opinions intimes aident à comprendre la politique suivie par l'empereur et où il y a plus d'unité que ne le croient ceux qui se bornent à suivre les faits extérieurs.

Au moment où il allait se proclamer empereur, Napoléon voulut donner un gage décisif aux hommes de la Révolution, en assassinant le duc d'Enghien.

« On veut détruire la Révolution, disait-il à ses familiers le soir du crime, en s'attaquant à ma personne. Je la défendrai, *car* JE SUIS LA RÉVOLUTION, MOI, MOI ! On y regardera à partir d'aujourd'hui, car on saura de quoi nous sommes capables. »

Quelques années plus tard, revenant sur ce sujet, il disait à son frère Joseph :

« Je ne puis me repentir du parti que j'ai pris à l'égard du duc d'Enghien ; je n'avais que ce moyen de ne laisser aucun doute sur mes véritables projets et de renverser toutes les espérances des partisans des Bourbons. Enfin, je ne puis me le dissimuler, je ne serai tranquille sur le trône que lorsqu'il n'existera plus un seul Bourbon, et celui-ci en est un de moins. C'est le reste du grand Condé, c'est le dernier héritier du beau nom de cette maison. Il était jeune, brillant, valeureux, et par conséquent mon plus redoutable ennemi. C'était le sacrifice le plus nécessaire à ma sûreté et à ma grandeur. Que reste-t-il actuellement ? deux fils du comte d'Artois sans enfants... J'ai donc réduit autant que possible le nombre des chances qui étaient contre moi. Non seulement, si ce que j'ai fait était à faire, je le ferais encore, mais demain même, si le hasard m'offrait pour les deux derniers rejetons de cette famille une occasion favorable, je ne la laisserais pas échapper. »

Louis-Napoléon interprétait donc fidèlement sa pensée et avec elle la raison d'être des Bonaparte, en écrivant dans les *Idées napoléoniennes :*

« La Révolution mourante, mais non vaincue, avait légué à Napoléon l'accomplissement de ses dernières volontés.

Eclaire les nations, dut-elle lui dire ; affermis sur des bases solides les principaux résultats de nos efforts : EXÉCUTE EN ÉTENDUE CE QUE J'AI DU FAIRE EN PROFONDEUR ; SOIS POUR L'EUROPE CE QUE J'AI ÉTÉ POUR LA FRANCE. Cette grande mission, Napoléon l'accomplit jusqu'au bout. »

Napoléon Bonaparte était en effet franc-maçon avancé ; son affiliation remontait aux premiers temps de la Révolution, et son règne a été l'époque du plus grand épanouissement de la Maçonnerie.

On a vu comment pendant la Terreur le Grand-Orient avait cessé son activité. Dès qu'il se fut emparé du pouvoir, les loges se réunirent de toutes parts. C'est ce que constate en ces termes Bazot, le secrétaire du Grand-Orient :

« Ce fut l'époque la plus brillante de la Maçonnerie : près de douze cents existaient dans l'empire français ; à Paris, dans les départements, dans les colonies, dans les pays réunis, dans les armées, les plus hauts fonctionnaires publics, les maréchaux, les généraux, une foule d'officiers de tous grades, les magistrats, les savants, les artistes, le commerce, l'industrie, presque toute la France, dans ses notabilités, fraternisait maçonniquement avec les maçons simples citoyens ; c'était comme une initiation générale. »

Cambacérès réunit sur sa tête la dignité suprême de tous les rites ; il était : 1° grand-maître adjoint du Grand-Orient ; 2° souverain grand maître commandeur du Suprême-Conseil ; 3° grand-maître d'honneur du rite de Hérédom de Kilwining ; 4° chef suprême du rite français ; 5° grand-maître national des chevaliers bienfaisants de la Cité sainte.

C'est à cette époque que l'*ordre du Temple*, qui

exerçait alors une influence supérieure sur toutes les loges maçonniques, prit à Paris une sorte d'existence officielle. En 1808 ses membres traversèrent la ville en procession et en grand costume et se réunirent à l'église St-Antoine, où l'on prononça solennellement l'oraison funèbre de Jacques Molay. Une pareille manifestation n'était possible qu'avec l'approbation de Napoléon Ier, qui s'était fait affilier, dit-on, à l'ordre.

M. de Maistre signalait peu après une manifestation semblable :

« Un phénomène très remarquable est celui de la résurrection de la Franc-maçonnerie, au point qu'un *frère* vient d'être enterré solennellement à Paris avec les attributs et les cérémonies de l'ordre. Le maître qui règne en France ne laisse pas seulement soupçonner que rien de semblable puisse se faire sans son congé : jugez par son caractère connu de ses idées sur les sociétés secrètes. Comment donc expliquer la chose ? est-il chef ou dupe on peut-être l'un et l'autre d'une société qu'il croit connaître et qui se moque de lui ? »

Le merveilleux génie de Joseph de Maistre éclairait ainsi d'un trait de lumière le délicat problème des relations de Napoléon avec la Franc-maçonnerie.

CHEF ET INSTRUMENT, voilà ce qu'il était pour les sociétés secrètes, et les sociétés secrètes devaient finir par le briser, le jour où il ne serait plus instrument docile.

C'est à peu près la même chose que dit Bazot, le secrétaire du Grand-Orient, qui, écrivant à une époque très rapprochée des évènements, a une autorité toute particulière :

« Le gouvernement impérial se servit de son omnipotence, à laquelle tant d'institutions, tant d'hommes cédèrent si complaisamment, pour dominer la Maçonnerie. Elle ne s'effraya ni ne se révolta..... Que désirait-elle en effet ? Étendre son empire.

« ELLE SE LAISSA FAIRE SUJETTE DU DESPOTISME POUR DEVENIR SOUVERAINE. » (*Code des francs-maçons*, p. 183.)

Omnia serviliter pro dominatione, comme dit Tacite ! Elle alla dans sa bassesse jusqu'à l'adoration du *divus imperator*.

Napoléon Ier instrument de la Franc-maçonnerie, voilà deux mots qui heurtent singulièrement la légende que beaucoup de catholiques crédules se sont faite sur son rôle de restaurateur de la religion et de dompteur de la Révolution.

Un examen attentif des faits suffit cependant à la détruire.

En 1799, les société secrètes, nous l'avons dit, étaient sous le coup de la restauration de Louis XVIII, rentrant dans le pays non pas au milieu d'un cataclysme national et gêné, comme il le fut en 1814, par l'intervention étrangère, mais en vertu d'un mouvement exclusivement national. C'était le rétablissement de la vraie monarchie, de l'antique constitution nationale dépouillée de ses abus ; c'était la religion catholique, épurée par le martyre et débarrassée des souillures du Jansénisme, reprenant la direction de la nation chrétienne.

La dictature de Napoléon, avec le gage d'antécédents jacobins ineffaçables, c'était le maintien des confiscations révolutionnaires, les *droits de l'homme* restant la base des institutions et des lois, l'État indépendant de la loi de Dieu et se posant comme le seul arbitre de la morale, c'était l'égalité de tous les cultes devant la loi ; une sorte de déisme officiel, semblable à celui de la constitution maçonnique, pour véritable religion d'État, et en réalité toute licence acquise aux attaques contre le Christianisme : voilà ce que Bonaparte offrait à la Maçonnerie comme rançon de la dictature.

Aussi ne s'étonnera-t-on pas d'entendre d'Haugwitz dire au congrès de Vérone que Napoléon était initié aux desseins de bouleversement des sectes et qu'il trouva en elles un puissant appui.

Le Concordat, qui fut l'œuvre vraiment féconde et réparatrice de son règne, ne lui fut pas inspiré par un sentiment religieux, nous en avons la preuve dans ses conversations de Sainte-Hélène. Mais, éclairé par sa remarquable pénétration d'esprit, il sentit la nécessité indispensable de donner, sur ce point essentiel, une satisfaction à la majorité catholique de la nation, qui partout déjà rouvrait les églises et ramenait les prêtres fidèles. Toutefois, en négociant le Concordat, il avait toujours la pensée d'asservir l'Église catholique et la papauté. Quelques jours après sa signature, comme Volney, l'impie auteur des *Ruines*, dont il avait fait un de ses sénateurs, lui demandait : *Est-ce là ce que vous aviez promis ?* — « Calmez-vous, lui répondit le premier consul, la religion en France a la mort dans le ventre : vous en jugerez dans dix ans ! » A la même époque, le tribun Ganilh lui disait qu'avec le Concordat il donnait du pouvoir en

France à un prince étranger.— « Pensez-vous, répondit-il, que pour cela je me sois mis dans la dépendance du pape ? J'en ai agi à son égard comme avec les royalistes, qui, lorsque je suis arrivé au pouvoir, étaient partout les maîtres. C'étaient les vendéens, les chouans, qui gouvernaient la France. Eh bien ! je leur ai fait croire que je voulais ce qu'ils voulaient eux-mêmes, et leurs chefs sont venus à Paris. Au bout d'un mois, ils étaient arrêtés ! » Et, faisant une pirouette sur lui-même, il ajoutait en forme de conclusion : « Voilà comment on gouverne ! »

Vingt ans après, à Sainte-Hélène, repassant son règne dans la solitude, il *s'excusait* ainsi de ne pas avoir introduit le Protestantisme en France :

« Il est sûr *qu'au milieu du désordre* auquel je succédais, que sur les ruines où je me trouvais placé, je pouvais choisir entre le Catholicisme et le Protestantisme, et il est vrai de dire encore que les dispositions du moment (les dispositions des révolutionnaires qui l'avaient aidé au 18 brumaire et dont il avait rempli le sénat, le tribunal et le conseil d'Etat) poussaient toutes à celui-ci ; mais outre que je tenais réellement à ma religion natale (?), j'avais les plus hauts motifs pour me décider. En proclamant le Protestantisme qu'eussé-je obtenu ? J'aurais créé en France *deux grands partis à peu près égaux*, lorsque je *voulais qu'il y en eût plus du tout* : j'aurais ramené la fureur des querelles de religion, lorsque les *lumières du siècle et ma volonté* avaient pour but de les faire disparaître *tout à fait. Ces deux partis* en se déchirant eussent annihilé la France, et l'eussent rendue l'esclave de l'Europe, lorsque j'avais l'ambition de l'en rendre la maîtresse.

« Avec le Catholicisme j'arrivais bien *plus sûrement à tous mes résultats* ; dans l'intérieur, chez nous le grand nombre absorbait le *petit*, et je me *promettais de traiter* celui-ci avec une telle égalité qu'il n'y aurait bientôt plus lieu à connaître la différence.

« Au dehors, la Catholicisme me conservait le pape, et avec mon influence et mes forces en Italie, je ne désespérais pas tôt ou tard, PAR UN MOYEN OU PAR UN AUTRE, DE FINIR PAR AVOIR A MOI LA DIRECTION DE CE PAPE, ET DÈS LORS QUELLE INFLUENCE, QUEL LEVIER D'OPINION SUR LE RESTE DU MONDE !... etc. »

Et il terminait en disant :

« François Ier était placé véritablement pour adopter le Protestantisme à sa naissance et s'en déclarer le chef en Europe. Charles-Quint, son rival, prit vivement le parti de Rome ; c'est qu'il croyait voir là pour lui un moyen de plus d'obtenir l'asservissement de l'Europe. Cela seul ne suffisait-il pas pour indiquer à François Ier la nécessité de se charger de défendre l'indépendance de cette même Europe ?

« Si François Ier eût embrassé le Luthéranisme, si favorable à sa suprématie royale, il eût épargné à la France les terribles convulsions religieuses amenées plus tard par les calvinistes, dont l'atteinte toute républicaine fut sur le point de renverser le trône et de dissoudre notre belle monarchie. Malheureusement François Ier ne comprit rien de tout cela, car il ne saurait donner des *scrupules* pour excuse. Tout bonnement, c'est qu'il n'y voyait pas si loin : bêtise du temps, inintelligence féodale ! François Ier, après tout, n'était qu'un héros de tournois, un beau de salon, un de ces grands hommes pygmées ! »

Mais c'est assez élucider *l'idée napoléonienne* ; elle est sans ambages, quelque impie qu'elle apparaisse. On va donc voir les cultes rétablis, avec un principe qui aurait été, quoi qu'en ait dit l'adulation contemporaine, qui serait, quoi qu'en pense la niaiserie catholico-libérale, l'inévitable et radicale destruction du

Catholicisme en France, si la puissance miséricordieuse de Dieu qui change souvent les obstacles en moyens, si le zèle éclairé des pasteurs fidèles, si la foi de la nation française, quoiqu'on eût déjà fait pour la lui arracher, n'en eussent paralysé en partie les désastreuses conséquences.

Ce principe, un des fondements de *l'idée napoléonienne*, qui ressort de toutes les conversations de Bonaparte à Sainte-Hélène, de toutes ses lois, de tous ses discours, de tous ses actes, de toute sa vie, ce principe adopté par toute la Maçonnerie dite conservatrice pour détruire plus efficacement toutes les religions, C'EST L'ÉTAT OU LES GOUVERNEMENTS PROTECTEURS, MAITRES ET ORGANISATEURS SUPRÊMES DE TOUS LES CULTES ; c'est l'État sous le nom d'égale liberté, d'égale protection, dominant tous les cultes, les administrant, les fonctionnarisant, les manipulant, les opprimant tous, comme des machines à broyer et à asservir toutes les consciences. En effet le mécanicien impérial, royal ou républicain tient dans sa dépendance les cultes, sans jamais s'y soumettre ni en dépendre lui-même, dans ce qu'ils ont de plus spirituel et de plus divin, non seulement employant lui-même *l'indépendance de sa pensée et de ses mouvements*, selon l'expression napoléonienne, mais y pliant, par ruse, ou par violence, la pensée et les mouvements des peuples et, si le pouvoir leur en était donné, des ministres eux-mêmes de la religion.

La façon dont furent conduites les négociations pour le Concordat ne laisse aucun doute sur le but qu'il poursuivait. Les premières propositions qu'il soumit au St-Siège étaient exorbitantes : elles donnaient expressément à l'autorité civile *la police des Cultes*. C'est le point décisif sur lequel s'engagèrent les négociations. Vaincu par la patiente énergie de Consalvi, il essaya au moyen d'un faux matériel de surprendre au dernier moment la signature de l'envoyé du Saint-Siège. L'abbé Bernier, le vendéen renégat, à l'insu du frère de Bonaparte, Joseph, présenta subrepticement à la signature des plénipotentiaires un instrument sur lequel on avait rétabli le fameux article rejeté la veille d'un commun accord.

Obligé de conclure par les promesses faites à la France, Bonaparte retarda de onze mois la promulgation du Concordat. Et quand il la fit il y ajouta *des articles organiques des cultes*, qui annihilaient pratiquement les droits de l'Église réservés dans le texte du Concordat et équivalaient aux propositions originaires repoussées par le St-Siège.

Napoléon du reste devait en 1813 livrer un nouvel assaut à la puissance spirituelle du pape et chercher à retirer le concordat de 1801. Mais auparavant il fallait que le *moderne Charlemagne* détruisît le pouvoir temporel.

Nous ne referons pas ici l'histoire de cette série de fourberies et de violences qui aboutirent, en 1809, à l'occupation de Rome et à la captivité du doux et saint Pie VII. Des écrivains libéraux, M. d'Haussonville notamment, qui ont retracé cette histoire, ont flétri d'une façon ineffaçable le spoliateur et le bourreau.

Mais ce que l'on ne saurait trop faire remarquer,

c'est que Napoléon cherchait moins à s'emparer de quelques provinces, sur lesquelles il étendait déjà en fait sa domination depuis plusieurs années, que de mettre le pape sous sa main et de se faire un instrument docile de ce pouvoir spirituel dont il comprenait la force sans reconnaître son caractère divin.

Lui-même a dévoilé sa pensée en racontant dans ses conversations de Ste-Hélène le but qu'il poursuivait, quand il extorquait le concordat de Fontainebleau au pape prisonnier, séparé de tous ses conseillers et affaibli par la maladie :

« *J'avais bien d'autres vues*. Ce *déplacement* ne fit qu'accroître les ressentiments et les intrigues. Jusque-là la querelle n'avait été que temporelle. Les meneurs du pape, dans l'espoir de relever leurs affaires, la compliquèrent de tout le mélange spirituel. Alors il me fallut le *combattre aussi sur ce point*. J'eus mon conseil de conscience, mes conciles, et j'investis mes cours impériales de l'appel comme d'abus, car mes soldats ne pouvaient plus rien à tout cela. Il me fallait bien combattre le pape avec ses propres armes. A ses érudits, à ses ergoteurs, à ses légistes, à ses scribes, je devais opposer les miens. L'évêque de Nantes, de Voisins, était parmi nos évêques le plus ferme appui des libertés gallicanes. C'était mon oracle, mon flambeau, il avait ma confiance aveugle sur les matières religieuses, car dans mes querelles avec le pape j'avais pour premier soin, bien qu'en ait dit les intrigants et les brouilleurs, de ne pas toucher au dogme; si bien que, dès que ce bon et vénérable évêque de Nantes me disait : Prenez garde, vous voilà en face du dogme, sans m'amuser à disserter avec lui, sans chercher même à le comprendre, je déviais aussitôt de ma route *pour y revenir par d'autres voies ; et comme il n'avait pas mon secret comme il aura été étonné de mes circuits !* Que j'aurai dû lui paraître bizarre, obstiné, capricieux, inconséquent ! *C'est que j'avais mon but, et qu'il ne le connaissait pas !* Je fit transporter le le pape à Fontainebleau, mais là devait être le terme de de ses misères et la régénération de sa splendeur. *Toutes mes grandes vues s'étaient accomplies sous le déguisement et le mystère* ; j'avais amené les choses au point que le développement en était infaillible, sans nul effort et tout naturel. Aussi voit-on le pape le consacrer dans le fameux concordat de Fontainebleau, en dépit même de mes revers de Moscou, et dès lors j'allais relever le pape outre mesure, l'entourer de pompes et d'hommages, j'en aurais fait une idole, il fût demeuré près de moi, *Paris fût devenu la capitale du monde chrétien*, ET J'AURAIS DIRIGÉ LE MONDE RELIGIEUX AINSI QUE LE MONDE POLITIQUE ! »

Voilà le mot qui met l'unité dans toute cette vie !

Il disait encore une fois que « *cet affranchissement de la cour de Rome, cette réunion légale, la direction religieuse dans la main du souverain avaient été longtemps et* TOUJOURS *l'objet de ses méditations et de ses vœux.* » Un pareil homme était vraiment l'incarnation de la Franc-maçonnerie et de ses profonds desseins de despotisme sur les âmes.

La même pensée d'assujettissement de l'Église au pouvoir civil et d'omnipotence de l'État guida Napoléon dans l'établissement de l'Université impériale de 1808.

Les hommes les plus éclairés, Chaptal, ministre de l'intérieur, M. de Champagny, signalaient les dangers de l'athéisme et de la démoralisation des collèges que le Directoire avait légués au nouveau régime. Ils proposaient la reconstitution de l'Oratoire, qui offrait l'union des lumières, du patriotisme et de la tolérance, et sur le second plan des congrégations de la Doctrine et des bénédictins de St-Maur.

En vain Portalis se fit l'avocat des droits du père et l'adversaire du pouvoir exclusif de l'État, et d'un système qui ne tendrait à rien moins qu'à détruire, sur un objet aussi délicat, les droits sacrés de la paternité.

Le maçon Lebrun répondait à Chaptal que les *philosophes ne verraient dans son projet que le retour à une espèce de monachisme*, et que quoique les congrégations de l'Oratoire, de la Doctrine et de Saint-Maur eussent *moins* qu'aucun autre établissement religieux un *esprit particulier*, cependant elles n'avaient pas non plus cet *esprit national, cette indépendance d'opinions qui caractérisent les instituteurs d'une grande société* ;... qu'il fallait des hommes nouveaux...

Le maçon Fontanes, le futur grand-maître de l'Unisité, interrogé à son tour sur la note de M. de Champagny, répondait :

« Si nous avions à agir sur une *société homogène et vivant de ses traditions anciennes*, je dirais : Ces objections sont invincibles ; mais, au lendemain d'une révolution, au sortir de l'anarchie, et en présence de partis hostiles, il faut *dans l'enseignement, comme en toutes choses, l'unité de vues et de gouvernement*. La France a besoin, pour un temps du moins, *d'une seule université, et l'université d'un seul chef.* »

« *C'est cela*, répliqua le dictateur, *vous m'avez compris.* »

Et le maçon Fourcroy apporta au Corps législatif, le 6 mai 1806, un projet de loi ainsi conçu :

Art. I. Il sera formé, sous le nom d'*Université impériale*, *un corps chargé* EXCLUSIVEMENT *de l'enseignement et de l'éducation publics dans tout l'empire...*

Ainsi fut réalisé dans ses traits essentiels le plan maçonnique d'éducation de la jeunesse par l'État, en mettant sur le même pied toutes les religions et en les surbordonnant à la loi civile, plan qu'avaient ébauché d'Alembert, Talleyrand, Condorcet, Lepelletier. Ce fut là l'origine de cette Université impériale qui, malgré les hommes excellents qu'elle comprend dans son sein, est restée, dans son organisation et son esprit général, l'expression de la Révolution et le moule où tant de jeunes générations ont appris l'indifférentisme et le panthéisme.

M. Albert Duruy, apprécie très exactement le rôle de Napoléon, lorsqu'il dit dans son livre : l'*Instruction publique et la Révolution* :

Quel trait de génie d'avoir compris qu'il n'était qu'une grande corporation laïque, pour disputer la jeune génération aux débris des vieilles corporations enseignantes et surtout à leur esprit! AVANT LE 18 BRUMAIRE, ON POUVAIT DÉJA PRÉVOIR LE MOMENT OU LA RÉACTION AURAIT REGAGNÉ DANS LE DOMAINE DE L'ENSEIGNEMENT TOUT LE TERRAIN PERDU DEPUIS 1789. *Grave danger, et qui ne tendait à rien moins qu'à remettre en question, dans un très prochain avenir, les principes de tolérance et d'égalité dont la conquête avait été le but de tant d'efforts et qui sont demeurés l'excuse de tant d'excès. En créant l'Université de France à son image, en l'animant de son esprit, c'est-à-dire en lui donnant pour mission d'être, en même temps «* qu'une garantie contre les théories pernicieuses et subversives de l'ordre social, la gardienne des lois et des idées libérales déposées dans les constitutions françaises », Napoléon écartait à jamais ce danger. Après avoir rivé le présent à la République par le Code civil et le Concordat, il lui assurait l'avenir par l'éducation. Les historiens de l'école libérale ont trop négligé ce point de vue ; et vraiment, de leur part, c'est de l'ingratitude ; car, de tous les services que Napoléon a rendus à leur cause en croyant, je le veux bien, gagner la sienne, je n'en sache pas de plus mémorable que d'avoir arraché l'enseignement aux pires ennemis du nouveau régime, pour la confier à un corps profondément imbu des idées modernes. L'Université, sans doute, a des titres tout personnels et fort nombreux à la reconnaissance de la démocratie ; elle a préparé de longue main, tantôt ouvertement et tantôt à petit bruit, des générations qui en poussent le culte jusqu'à la superstition. Mais si large qu'on lui fasse sa part, ce n'est pas une raison pour oublier celle qui revient à son fondateur, et, pour n'y point mettre en première ligne, *d'avoir coulé en bronze ce qui n'était encore que d'argile.*

Ce que Napoléon faisait en France pour le soutien de la Révolution, il le faisait dans l'Europe entière, partout où ses armes s'étendaient.

Renversement des dynasties nationales, égalité des cultes, expulsion des religieux, vente des biens ecclésiastiques, partage forcé des successions, abolition des corporations ouvrières, destruction des provinces et des libertés locales : voilà ce qu'il faisait lui-même dans les pays qu'il réunissait directement à l'Empire, ou ce qu'il faisait faire par les royautés vassales créées en Espagne, à Naples, en Italie, en Hollande, en Westphalie, en Pologne. C'est aussi l'œuvre qu'accomplissaient les princes allemands, qui, comme l'électeur de Mayence, l'archevêque d'Alberg, un *illuminé*, lui vendaient leur pays.

L'on peut saisir les traces de l'appui maçonnique, notamment de celui donné par les loges militaires aux conquêtes de Napoléon dans la première partie de ses campagnes, comme aux premières invasions de 1792 à 1794. Mais à partir de 1809 les positions furent complètement changées. Un brusque revirement se fit d'un bout à l'autre de l'Europe et il eut une influence peut-être trop ignorée sur le sort de la lutte. Dès que les chefs maçonniques comprirent que le despotisme impérial se concentrait tout entier dans une ambition personnelle et des intérêts de famille, et que la Maçonnerie, dont le cosmopolitisme est l'essence, vit qu'elle n'avait été pour lui qu'un instrument, dès ce moment commença à bouillonner l'effervescence populaire, par le moyen du *Tugendbund*, œuvre des sommités maçonniques et du mouvement libéral espagnol, qui s'incarna dans les Cortès de Cadix, œuvre à la fois révolutionnaire et antifrançaise.

Rappellons que le comte Guzman de Tilly, qui paralysa Dupont à Baylen et rédigea la capitulation, était en Espagne le propagateur du rite écossais. Le parent de ce gentilhomme d'aventure avait joué un rôle en 1792 dans la Révolution. En Allemagne, ce fut le maçon Fitche qui, après Iéna, prit, avec l'appui des souverains, l'initiative de la société antifrançaise le *Tugendbund*.

A l'intérieur, les *Philadelphes*, restés « en sommeil » depuis le Directoire, se réveillèrent et inspirèrent la conspiration Mallet; dès le mois de février 1814, comprenant qu'elle ne pourrait pas résister au courant royaliste, dont la force croissait chaque jour, la Maçonnerie conclut qu'elle n'avait plus qu'à abandonner Napoléon et à s'empresser autour du nouveau régime pour conserver ce qu'il serait possible de la Révolution.

Depuis Talleyrand, cette âme de la Franc-maçonnerie, comme prêtre sans foi et évêque de cour, comme citoyen et ministre du Directoire et du Consultat, comme ministre et grand feudataire ; depuis Sieyès et Fouché, jusqu'à Grégoire, sénateur, jusqu'au duc d'Alberg, neveu du premier lieutenant de Bonaparte dans la confédération du Rhin ; depuis Bernadotte et Murat, jusqu'à Berthier, Marmont, Ney, Augereau et Maison, jusqu'au général Beurnonville, qui vint, à titre de grand-maître adjoint, mettre la Maçonnerie aux pieds de Louis XVIII, en *en répondant comme de lui-même* ; depuis le Sénat jusqu'au Corps législatif, tous se retournèrent contre la dictature qu'eux-mêmes avaient élevée et adulée pendant plus de quinze ans.

Peu d'évènements sont aujourd'hui plus mal appréciés que le retour de l'île d'Elbe et les Cent-Jours. La grandeur de la catastrophe, qui a terminé ce rapide épisode, inauguré par la marche du golfe Jouan à Paris, le font apparaître comme une merveilleuse épopée militaire, où l'on admire surtout le prodigieux ascendant d'un grand général sur ses anciens soldats.

Les Cent-Jours ont cependant été avant tout une tentative de revanche de la Révolution, et ils ont été préparés dans les sociétés secrètes. M. Nettement, dans son *Histoire de la Restauration*, a raconté que, dès la fin de 1814, deux centres de conspiration existaient en France : une conspiration militaire dans laquelle il n'était question que de Napoléon ; une conspiration civile, dont Fouché, Carnot, Barras tenaient les principaux fils, et qui, en se servant de Napoléon comme d'un instrument indispensable pour renverser les Bourbons, pensait soit à installer une régence, soit à placer sur le trône le duc d'Orléans : « Le duc de Bassano surtout était resté l'intermédiaire actif de ces relations. L'empereur y avait peu de correspondances ; ce moyen dangereux compromet tout plus qu'il ne sert. Les renseignements les plus importants lui arrivaient par des serviteurs dévoués, accrédités auprès de lui au moyen de mots de passe convenus, et qui remportaient ses instructions. »

Mais ce n'était là qu'un des côtés de la trame des sociétés secrètes. En Italie aussi elles se retournaient vers l'ancien général de la Convention, vers l'auteur du traité de Tolentino.

Quand Napoléon quitta l'île d'Elbe, il était déjà *empereur des Romains et roi d'Italie par la volonté du peuple et la grâce de Dieu.* Il avait accepté le projet et reçu la constitution que des délégués des *villes,* c'est-à-dire des loges italiennes, avaient rédigés à Turin. On a conservé des rapports de son principal émissaire en Italie, datés de Naples le 14 *octobre* 1814, sur les moyens de créer une insurrection révolutionnaire dans les États de l'Église.

A son retour, en 1815, Napoléon retrouva en lui le tempérament révolutionnaire du janissaire du 13 vendémiaire. Il accomplit cette tentative antinationale en s'appuyant sur les plus abominables rancunes jacobines, et lui-même nous a appris que si, après Waterloo, il ne déchaîna pas une nouvelle terreur sur la France, c'est qu'il fut arrêté par les hommes dont il dépendait.

Nous ne nous dissimulons point que l'histoire est ici en opposition avec la légende, qui prétend faire de la dictature napoléonienne succédant à l'anarchie un régime d'ordre social et de paix religieuse. Les faits sont là pour prouver que Napoléon fut la « Révolution à cheval. » Ce projet n'en est-il point la preuve éclatante ?

Mais quand il fut sur le point de réaliser ce dessein qui en eût fait, il en convient lui-même, le Tibère et le Néron de nos temps, tout lui *échappa*.

Il faut lire dans les récits du temps la violence du mouvement jacobin qui éclata dans plusieurs provinces de la France après le 20 mars. Les éléments révolutionnaires populaires, que Napoléon avait disciplinés pendant son règne, se sentaient les maîtres de la situation. On en revenait à 1792. La Providence ne permit pas alors que cette sanglante époque se rouvrît, et elle se servit, comme d'instruments, des révolutionnaires les plus habiles. C'est Fouché, qui précisément arrêta Napoléon dans ses sinistres projets. Il voulait, lui aussi, assurer le cours de la Révolution, et, aussi ambitieux que vil, il rêvait d'en prendre la direction !

CHAPITRE XIII

LES SOCIÉTÉS SECRÈTES DE 1814 A 1848

Pour posséder l'intelligence historique de cette période, il faut toujours avoir deux considérations présentes à l'esprit :

1° Quelque importante que soit l'action des sociétés secrètes, elles ont à compter avec les idées qui se répandent dans les peuples à la suite de certaines situations. Leur grand art consiste à ne pas aller contre ces courants d'opinion, mais au contraire à s'y mêler et à les exploiter en y introduisant leurs principes destructeurs.

Ainsi, après la longue oppression des peuples par la Révolution française et par Napoléon, la restauration des Bourbons s'imposait comme une nécessité absolue. Les sectes renoncèrent à l'entraver ; on vit même Talleyrand se faire, en 1814 et en 1815, le champion du principe de la légitimité, sauf à commencer dès le lendemain un travail de mine souterraine pour renverser les Bourbons. Les peuples partout voulaient reprendre leur indépendance. Le sentiment de la nationalité, après avoir été odieusement violé pendant vingt-cinq ans, reprit, par une réaction inévitable, un empire beaucoup plus grand qu'il ne l'avait jamais eu. La domination de l'Autriche en

Vénétie, de la Russie schismatique en Pologne, de la Hollande protestante en Belgique, constituaient, de la part du Congrès de Vienne, des faits de violence, des injustices, dont les sociétés secrètes allaient habilement profiter. L'expulsion des jésuites, arrachée en 1817 à Alexandre I*er*, montre aussi que, contrairement à la fausse idée répandue par des historiens inattentifs à saisir le mobile des actions humaines, la Sainte-Alliance n'était nullement dirigée contre la Révolution.

2° L'unité *absolue* n'existe pas au sein des sectes ; il y a toujours parmi elles des courants divers et des rivalités de personnes. A certains moments elles s'unissent pour détruire ; un instinct secret, à défaut d'un centre directeur, les rapproche pour combattre l'Église et les dynasties vraiment chrétiennes ; mais souvent leurs diverses couches sont fortement divisées sur les moyens à employer. On ne devra donc pas s'étonner que les sociétés secrètes, après avoir favorisé pendant les premières années du siècle les conquêtes françaises, se soient retournées violemment contre le despotisme napoléonien à partir de 1808 et aient pris pour mot d'ordre l'établissement du gouvernement constitutionnel. Plus tard elles y ajoutèrent le principe des nationalités.

Une anecdote, qui serait grotesque si elle n'était mêlée à des évènements très sérieux, montre bien comment le *gouvernement constitutionnel* était devenu à cette époque leur mot de passe.

C'était en 1825, au lendemain de la mort d'Alexandre Ier ; une révolte militaire avait éclaté aux cris de : *Vive la constitution !* Les officiers qui y prenaient part savaient parfaitement la signification de ce cri. Quant aux soldats, on leur avait fait accroire que c'était le nom de la femme du grand duc Constantin, dont les révoltés prétendaient faire valoir les droits au trône, malgré son abdication en faveur de son frère Nicolas !

En poursuivant l'établissement dans toute l'Europe de la forme du gouvernement anglais, sans tenir compte d'aucune des conditions particulières à chaque peuple, les sociétés secrètes n'avaient aucun souci du développement réel et régulier des libertés populaires. Elles l'ont prouvé en contrecarrant, pendant toute la Restauration, les projets de décentralisation et de reconstitution des corporations professionnelles. Ce qu'elles voulaient, c'était l'affaiblissement de l'autorité des gouvernements légitimes et surtout la liberté d'attaquer la religion par la littérature impie et la mauvaise presse. Voilà ce qu'il ne faut pas perdre de vue pour apprécier les luttes dont le récit va suivre.

Dès le 4 janvier 1818, le cardinal Consalvi, sur l'ordre du St-Père, sentinelle toujours avancée de l'ordre social, écrivait au prince de Metternich :

« Les choses ne vont bien nulle part, et je trouve, cher prince, que nous nous croyons beaucoup trop dispensés de la plus simple précaution. Ici j'entretiens chaque jour les ambassadeurs de l'Europe des dangers futurs que les sociétés secrètes préparent à l'ordre à peine reconstitué, et je m'aperçois qu'on ne me répond que par la plus belle de toutes les indifférences. On s'imagine que le Saint-Siège est trop prompt à prendre frayeur ; l'on *s'étonne* des avis que la prudence nous suggère. C'est une erreur manifeste que je serais bien heureux de ne pas voir partager par V. A. Vous avez trop d'expérience pour ne pas vouloir mettre en pratique le conseil qu'il vaut mieux prévenir que réprimer ; or, le moment est venu de prévenir : il faut en profiter, à moins de se résoudre d'avance à une *répression qui ne fera qu'augmenter le mal.* Les éléments qui composent les sociétés secrètes, ceux surtout qui servent à former le noyau du Carbonarisme, sont encore dispersés, mal fondus ou *in ovo*; mais nous vivons dans un temps si facile aux conspirations et si rebelle au sentiment du devoir, que la circonstance la plus vulgaire peut très aisément faire une redoutable agrégation de ces conciliabules épars...

« Un jour *les plus vieilles monarchies, abandonnées de leurs défenseurs, se trouveront à la merci de quelques intrigants de bas étage, auxquels personne ne daigne accorder un regard d'attention préventive.* Vous semblez penser que dans ces craintes manifestées par moi, — mais toujours d'ordre verbal du Saint-Père, — il y a système préconçu et des idées qui ne peuvent naître qu'à Rome. Je jure à V. A. qu'en lui écrivant et qu'en m'adressant aux hautes puissances, je me dépouille complètement de tout intérêt personnel, et que c'est d'un point beaucoup plus élevé que j'envisage la question. Ne pas s'y arrêter maintenant parce qu'elle n'est pas entrée, pour ainsi dire, dans le domaine public, c'est se condamner à de tardifs regrets. »

Vains avertissements ! La Franc-maçonnerie, malgré ses défaites apparentes, était tellement restée maîtresse de toutes les avenues des cours que, loin de leur laisser accepter des avis du Saint-Siège, elle les poussait à lui donner elles-mêmes des *memorandum* et à établir dans toutes les constitutions politiques soit l'*égale protection* soit *la liberté de tous les cultes*, afin de détruire partout la foi et le sentiment chrétien, et à faire ensuite prévaloir, par l'indifférentisme devenu général, la subordination de tous les cultes à l'État.

De là en France un accès nouveau de gallicanisme et de voltairianisme, marchant ensemble à la destruction des institutions catholiques : missions, ordres religieux, séminaires et écoles. De là l'aliénation, malgré le texte du Concordat, des biens du clergé qui n'étaient pas encore vendus ; de là le maintien des *articles organiques* et l'annulation du concordat de 1817 ; de là les ordonnances de 1828 arrachées à Charles X, le maintien et l'aggravation du monopole universitaire. De là la progagande anticatholique, s'étendant comme un torrent de Berlin en Suisse, en Belgique et en Italie, de Paris en Espagne et en Portugal, de Madrid à Naples et au Mexique, de Lisbonne au Brésil, vomissant partout les insurrections comme la lave des volcans. De là, en Italie et dans les États du pape, la Carbonara, minant tous les trônes de la péninsule, pour arriver à détruire la papauté, en l'isolant d'abord.

En Russie, ce sont les adeptes de la *Société biblique*, que l'on retrouve plus tard jusqu'en Orient formant la société dite l'*hétairie*, et qui, comme la Charbonnerie, a une origine maçonnique.

En Prusse, le *piétisme* vient, par sa naissance, rapprocher les francs-maçons et les protestants. Le pouvoir ne combat point les sectes, car il a su leur imprimer une direction dans le sens de l'unitarisme allemand sous le sceptre d'un Hohenzollern, et à l'exclusion de toute autre famille régnante. Le mot d'ordre était de détrôner tous les princes allemands, à l'exception du roi de Prusse, de décerner à celui-ci la couronne impériale de l'Allemagne et de donner à l'État une constitution démocratique. Mandsdorf, un des membres des hautes loges, qui nous fournit ces renseignements, ajoute qu'on voulait, *après avoir refoulé la France dans ses anciennes limites*, doter l'Allemagne d'une république sociale. L'orateur, qui avait proposé de détrôner les princes allemands au profit du roi de Prusse, modifia sa motion et se contenta de demander la *médiatisation*. M. de Bismarck devait retenir les deux projets. Il y en a un troisième qu'il travaille à réaliser : l'unification de la Suisse sous le protectorat berlinois. Dès l'époque dont nous parlons, les ambassadeurs prussiens l'essayaient.

Au Congrès de Vérone, comme gage du pacte conclu, le roi Guillaume III refusait de s'associer aux mesures conseillées par M. de Metternich contre la Franc-maçonnerie, tandis qu'Alexandre, enfin revenu de son aveuglement, fermait les loges de Russie.

Nous ne pouvons songer à retracer ici le tableau du travail maçonnique dans le monde de 1815 à 1830. Nous nous sommes borné à indiquer sommairement le trouble jeté dans les États divers par un travail très intense qui à la fois les minait par la base au moyen de sociétés secrètes actives et multipliées, et qui quelquefois introduisait la trahison jusque dans les régions gouvernementales les plus élevées. Les *Mémoires* de M. de Metternich ont jeté la plus vive lumière sur l'action des sectes à cette époque et pleinement confirmé tous les faits que le P. Deschamps avait déjà groupés dans ses deux volumes.

En ce qui concerne la France, nous devons entrer dans quelque détails :

Nous avons mentionné déjà l'existence des *Philadelphes* à l'époque du Directoire et leur reconstitution sous l'Empire avec Moreau, Oudet et Mallet. Il y eut entre eux et Pichegru et Cadoudal des négociations sur les garanties à exiger de Louis XVIII relativement à l'établissement du régime *constitutionnel*. La police impériale mit la main sur ces plans ; mais, pour n'avoir pas abouti, ceux-ci ne doivent pas moins être étudiés au point de vue historique.

Bien d'autres personnes, qui paraissent avoir été étrangères aux sociétés secrètes, préparaient, de leur côté, dans le silence du cabinet et dans le cercle des relations privées, l'établissement du gouvernement parlementaire sous la monarchie des Bourbons ; car sa restauration apparaissait dès lors imminente à tous les hommes clairvoyants. Des œuvres comme celles de Montesquieu ont sur la direction de l'esprit humain une influence qui se traduit plus tard dans les évènements. Royer-Collard est le représentant le plus éminent de ce groupe d'hommes qui, en suivant leurs propres pensées, sans tenir compte du travail souterrain des sectes, ont inconsciemment, mais très puissamment, favorisé l'œuvre de la Révolution.

Il est certain que sa longue correspondance avec Royer-Collard et ses relations avec les philosophes du XVIIIe siècle avaient préparé Louis XVIII à l'acceptation du gouvernement parlementaire. Cependant l'énergie avec laquelle il repoussa la charte élaborée par les vieux révolutionnaires du Sénat impérial, est un indice qu'il eût persisté dans cette voie et fût revenu au véritable gouvernement traditionnel du pays, sans la pression exercée sur lui par l'empereur Alexandre, poussé lui-même par Talleyrand et d'Alberg, deux illuminés.

« Ce principe nous protège. Louis XVIII permet que la Maçonnerie prenne son essor ordinaire », écrivait Bazot, secrétaire du G∴ O∴, à propos du gouvernement constitutionnel. Et Bazot avait raison, car parmi les principes admis était d'abord l'*égale protection de tous les cultes* qui mettait sur le même pied, et avec les mêmes droits, le juste et l'injuste, la vérité et l'erreur, la religion divine et toutes les sectes humaines.

C'était ensuite la royauté limitée au pouvoir exécutif, dépouillée de ses attributs essentiels, réduite, dans ce qu'on lui laissait, à un vain nom, dont la réalité devait appartenir à des ministres responsables, commis éphémères des majorités des Chambres.

Telle fut la constitution de 1814, disait M. Thiers dans un grand discours au Corps législatif, sur l'adresse de 1866 : *elle était sortie des entrailles mêmes de la Révolution française.*

Le ministère Talleyrand et Fouché, qu'avait imposé à Louis XVIII la diplomatie maçonnique qui entourait les rois coalisés, avait tout mis en œuvre pour appeler autour d'eux, en 1815, une assemblée qui leur ressemblât ; mais la France avait déjoué tous ces efforts. L'élite de ses citoyens et de ses propriétaires avait été choisie par elle pour la représenter auprès de son roi Louis XVIII, aussi indépendants, dans leur grande majorité, de caractère, qu'indépendants de fortune et de position, aussi dévoués à la monarchie, qu'adversaires éclairés de la centralisation et de l'omnipotence ministérielle. A sa seule vue, les vieux roués maçons du ministère avaient pris la fuite : ils avaient compris qu'avec une telle Chambre la religion, l'autorité, toutes les libertés publiques, la patrie en un mot, rendues à elle-mêmes, allaient se rasseoir sur leurs bases, et que c'en était fait, si elle durait quelques années seulement, des plans maçonniques et des triomphes révolutionnaires. Ils s'étaient donc, en se retirant, choisi, pour sauver la Révolution, un successeur éprouvé dans les bas-fonds des loges, moins connu qu'eux, et à qui il était plus facile de se déguiser et de prendre toutes les formes, et que les loges de tous les rites devaient bientôt établir leur grand-maître ou suprême puissance, Decazes, pour le nommer par son nom (1). Sa souplesse, ses flatteries, son

---

(1) Le duc Decazes fut, depuis son ministère de la police jusqu'à sa mort, lieutenant, puis grand commandeur du Suprême-Conseil du 33ᵉ degré de l'Écossisme, un des rites les plus répandus dans l'un et l'autre hémisphère ; il eut pour successeur à sa mort le frère Viennet, devenu lieutenant du grand commandeur à la mort du comte de Fernig, puis grand commandeur jusqu'à sa mort, 1868. (*Histoire pittoresque*, p. 258, 269, et *Almanach de la Franc-maçonnerie*, par Clavel.)

Le *Globe, journal des initiations anciennes et modernes*, année 1839, p. 40 et suiv., rapporte ainsi le discours prononcé pour l'installation du F∴ duc Decazes, comme souverain grand commandeur du rite écossais en 1835 : « L'illustre F∴ duc Decazes était, en 1808, membre de la loge d'Anacréon... Naturellement nos regards se sont portés sur le maçon courageux qui, dans un temps difficile, accepta le titre et les fonctions de souverain grand commandeur *ad vitam* au Suprême-Conseil d'Amérique. En cette qualité, le comte Decazes, alors ministre de la police générale, plaida la cause

hypocrisie, les manœuvres des hauts adeptes, en France et dans toutes les cours en firent un favori, et, après de longues résistances, le roi lui-même prononça la dissolution, comme *ultra royaliste*, de cette Chambre qu'il avait surnommée l'*introuvable* !

A partir de ce moment, les sociétés secrètes recommencèrent leurs attaques contre la monarchie des Bourbons. Comprimées un instant par l'universelle horreur causée par l'attentat du 13 février 1820, *où le pied du favori glissa dans le sang*, elles reprirent leur conjuration avec plus de suite.

Le bonapartisme était derrière les essais d'insurrection militaire et les conspirations de la Haute-Vente. Le poète Casimir Delavigne, comme on le verra plus loin, recevait des commandes de poésies des mains de francs-maçons, tout en chantant Napoléon ; il devançait Béranger dans l'éclectisme qui inspirait le chansonnier célébrant à la fois César et la populace, et

---

de l'Écossisme et de la Maçonnerie auprès de Louis XVIII, nous soutint contre les attaques de la malveillance, tant intérieure qu'extérieure, et conserva le feu sacré. Ce double fardeau, il le supporta jusqu'à l'époque où ses demandes eurent réuni les membres épars du Suprême-Conseil de France, et opéré une fusion aussi sincère que généreuse entre les deux fractions séparées du rite.... Arrivé au pouvoir à une époque de réaction et appelé à prendre une part active à la naissance du gouvernement constitutionnel, il a travaillé à dissiper de hautes préventions contre cette forme salutaire et à la faire accepter dans des régions où elle ne trouvait que des répulsions. Il a fait beaucoup de bien et *il voulait en faire davantage.... Le jour où il tomba du pouvoir, le temple de la liberté fut investi par ses adversaires.* » (Discours du F∴ Dupin) V. dans le même journal, année 1840, p. 161, une notice maçonnique sur le duc de Decazes. où ses titres sont rappelés. En 1805, il avait épousé la fille du comte Muraire, un des membres les plus influents de la Maçonnerie sous l'Empire.

changeant de refrain dans les guinguettes d'opposition, selon que les auditeurs avaient porté l'habit bleu *usé par la victoire* ou la carmagnole de la Révolution. En Italie, Lucien Bonaparte était *grande lumière* de la Charbonnerie, et les fils de Louis, l'ex-roi de Hollande, allaient se mêler à des complots contre la papauté.

Les sectes qui attaquaient à cette époque l'Église et les monarchies légitimes, surtout celle des Bourbons, se partageaient en plusieurs divisions, quoiqu'unies quant au but essentiel.

Les loges maçonniques ordinaires s'étaient en grande partie dissoutes après 1814, pour pouvoir éliminer plus facilement les éléments peu actifs qui s'y étaient glissés sous l'Empire, alors qu'elles étaient comme des institutions administratives. Mais à partir de 1821, les loges *épurées* qui s'étaient maintenues devinrent le foyer de l'opposition libérale. Elles servirent de point d'appui à la fameuse société *Aide-toi, le ciel t'aidera*, formée par le F∴ Guizot, elles organisèrent en 1829 le voyage triomphal de Lafayette.

Le groupe le plus agissant était la *Charbonnerie*. Cette société secrète, issue de la Maçonnerie et se recrutant dans son sein, s'était formée dans les montagnes de la Franche-Comté, au commencement du siècle, en même temps que la société des *Philadelphes*. Transportée par des militaires en Italie, elle se développa dans ce pays à la suite des évènements de 1815. Elle prit le caractère systématique et les formes compliquées sous lesquelles elle s'est fait connaître.

C'est de là qu'elle revint en France en 1821.

Quelques membres de la loge *les Amis de la vérité*, disent Louis Blanc, Vaulabelle, de Witt, Bazard, Flottard, Buchez et Joubert, en formèrent le premier noyau. Les chefs de l'opposition libérale, Jacques Kœchlin, de Corcelles, Mérilhou, de Schonen, Lafayette, tous francs-maçons de vieille date, se joignirent à eux. Le Fr∴ Spuller, le compagnon de Gambetta, racontant cette histoire dans ses conférences populaires, s'exprime ainsi :

« On comprend, dit-il, qu'il était nécessaire de s'adjoindre des hommes en crédit, en possession d'une action efficace sur l'opinion publique, qui pourraient au besoin se nommer et couvrir de leur autorité les actes de l'association. Quant aux organisateurs, ils devaient continuer à rester dans l'ombre, afin de manier plus librement les éléments dont ils disposaient . . . .

« Il avait été dit, du temps de la Charbonnerie, que chaque membre de l'association devait avoir un fusil de munition et vingt-cinq cartouches. Lorsque parurent au *Moniteur* les ordonnances de juillet, Paris se trouva debout, et la France aussi derrière Paris : la royauté était perdue. »

« Les devoirs du charbonnier, dit Vaulabelle, dans son *Histoire des deux Restaurations*, étaient d'avoir un fusil, 50 cartouches, d'être prêt à se dévouer, d'*obéir aveuglément aux ordres de chefs inconnus*. Considérée dans ses relations avec les départements, la *Haute-Vente* de Paris reçut le nom de *Vente suprême*, et la Charbonnerie fut organisée partout comme elle l'était dans la capitale. L'entraînement fut général, irrésistible ; sur presque toute la surface de la France, il y eut des complots et des conspirateurs. Les choses en vinrent au point que, dans les derniers jours de 1821, tout était prêt pour un soulèvement à la Rochelle, à Poitiers, à Niort, à Colmar, à Neuf-Brisach, à Nantes, à

17

Béfort, à Bordeaux, à Toulouse. Des *Ventes* avaient été créées dans un grand nombre de régiments, et les changements mêmes de garnison étaient pour la Charbonnerie un rapide moyen de propagande. »

C'est dans une de ces *Ventes*, répandues surtout dans la jeunesse des écoles et dans les ateliers de Paris, qu'eut lieu le fait suivant rappelé en 1849, à M. Thiers, dans le 15ᵉ bureau de l'Assemblée nationale, par M. Michel, de Bourges.

« Tous deux élèves en droit, nous jurâmes, M. Thiers et moi, HAINE A LA MONARCHIE, avec cette circonstance assez piquante : M. Thiers tenait le crucifix quand j'ai prêté serment, et je tenais le même crucifix quand M. Thiers a juré *haine à la monarchie. C'était une Vente de carbonari, si la police n'intervenait pas, et, si elle intervenait, c'était une réunion d'amis pour fêter un lauréat.* »

C'est à des faits de cette nature que faisait allusion le *National*, le 5 juin 1839, lorsqu'il disait en voyant ses amis et complices traduits devant la Chambre des pairs :

« *Lorsque le Carbonarisme s'établit en France, suivant les formes que des hommes, à cette heure pairs de France et fonctionnaires publics, allaient chercher en Italie et en Allemagne, il eut pour but le renversement de tout pouvoir irresponsable et héréditaire. On ne put y être affilié sans prêter serment de haine aux Bourbons et à la royauté. En quelques lieux même, ce serment était prononcé sur un crucifix et sur un poignard. Il y a des députés et des pairs qui s'en souviennent ; or, nous le demandons à M. Frank-Carré et à M. Martin, du Nord, ont-ils trouvé dans les dossiers des prévenus d'avril et de mai, dans celui même d'Alibaud, rien qui mérite mieux, suivant eux, l'épithète d'anarchique, que ce serment tout brûlant de fanatisme ?* »

Et ce témoignage irréfragable, retentissant comme un tonnerre, n'était que l'écho affaibli d'un des accusés, de Trélat, se défendant lui-même en face de ces mêmes juges devant la Chambre des pairs, dans le procès dit d'avril :

« Il y a ici tel juge qui a consacré *dix ans* de sa vie à développer les sentiments républicains dans l'âme des jeunes gens. Je l'ai vu, moi, *brandir un couteau en faisant l'éloge de Brutus*. Ne sent-il donc pas qu'il a une part de responsabilité dans nos actes? Qui lui dit que nous serions tous ici sans son éloquence républicaine? J'ai là, devant moi, d'*anciens complices de Charbonnerie*; je tiens à la main le serment de l'un d'eux, serment à la république, et ils vont me condamner pour être resté fidèle au mien!.... »

En même temps que la Charbonnerie répandait sa propagande populaire et militaire en Italie, en France, en Espagne (où elle prenait le nom de *Communeros*), et poussait aux insurrections avec le mot d'ordre d'une *Constitution*, dans les plus hautes régions sociales, dans la diplomatie notamment, une association secrète, héritière de l'Illuminisme de Weishaupt, s'était formée dans le but de semer la corruption dans l'Église, d'entraîner les gouvernements légitimes, en prétendant les servir, dans les voies qui devaient leur être fatales. L'idée première de cette organisation paraît remonter à des juifs et dater des premières années du XIX° siècle, suivant un document très important que nous avons publié comme annexe au tome III de l'ouvrage du Père Deschamps. Ce qui est certain, c'est que dès 1817, l'on saisit la trace de l'activité de cette *Haute-Vente*.

Son siège principal est à Rome, de là le nom de *Haute-Vente Romaine*, sous lequel elle est connue dans l'histoire. De Rome, comme d'un point central, elle rayonne sur toute l'Europe, employant comme agent de propagande des financiers juifs et ayant un pied dans tous les cabinets européens. La correspondance secrète de ces sectaires, saisie à la mort d'un des initiés, à la fin du Pontificat de Grégoire XVI, a permis de suivre la trace de leurs menées. Les *Mémoires* de Metternich, récemment publiés, achèvent de montrer la place qu'ils occupaient dans la haute administration russe et prussienne.

Le voile qui couvre les noms de guerre des membres de la Haute-Vente est en partie levé aujourd'hui. En voici quelques-uns, qu'a publiés récemment la *Civiltà cattolica* :

« Le nombre des lettres que Nubio, ancien *vice-regente* de Rome, écrivait chaque jour pour les affaires de la secte est prodigieux. Il correspondait particulièrement en France avec Buonarotti, avec Charles Teste, Voyer d'Argenson, Bujard, le général Lafayette, Saint-Simon, Schonen, Mérilhou et autres ; en Allemagne, avec Tscharner, Hegmann, Jacobi, Chodsko, Lieven, Pestel, Mourawief, Strauss, Pallaviccini, Bem, Bathyani, Oppenheim, Klaus et Carolus, tous chefs de ventes et de loges. Il se servait aussi pour secrétaire, spécialement quand il s'agissait de correspondre avec des juifs et pour traiter des affaires financières, d'un jeune israélite, qui avait pour nom maçonnique Piccolo Tigre. »

Un simple fait indiquera comment les loges faisaient écho à la Haute-Vente. Le 4 juin 1825, Rome était épouvantée par un assassinat, commis en plein jour sur les marches de l'église de St-André della Valle. La victime était un ancien carbonaro et franc-maçon, Joseph Pontini, que ses frères avaient voulu punir de son repentir. Ses meurtriers furent saisis par la police et leur culpabilité reconnue après un long procès. Les deux plus coupables, Targhini et Montanari, furent condamnés et exécutés ; ils moururent en repoussant les secours de la religion. Targhini s'écria du haut de l'échafaud : « Peuple, je meurs sans reproche, je meurs comme un franc-maçon et un carbonaro. » La secte en fit des martyrs.

Dans une lettre adressée à un de ses complices, dont le nom de guerre était Rücher, Nubio raconte comment lui, diplomate accrédité auprès du St-Siège, dirige toute cette propagande et cherche à tirer parti pour la secte de cette proclamation de son existence faite du haut de l'échafaud.

« Pour en revenir aux fleurs, nous avons déjà commandé à un des plus innocents affiliés de notre Franc-maçonnerie, le poète français Casimir Delavigne, une élégie (*Messénienne*) sur Targhini et Montanari. Ce poète, que je vois souvent dans le monde artistique et les salons, est un brave homme. Aussi m'a-t-il promis des larmes poétiques en l'honneur des martyrs et des imprécations contre le bourreau. Le bourreau ce sera le pape et les prêtres. Ainsi nous aurons frappé coup double. Les correspondants des feuilles anglaises font, de leur côté, de leur mieux. J'en connais parmi eux plus d'un qui a déjà embouché la trompette épique pour la glorification de notre dessein. »

L'ordre du Temple d'autre part, qui existait encore en France et se recrutait dans la haute aristocratie, semble avoir été le correspondant de la Haute-Vente italienne.

La Révolution éclata ; est-il équitable de supposer que le maréchal Maison, consulté par le roi Charles X sur l'importance de l'insurrection, manqua à son devoir, et trompa, par une parole d'honneur donnée contre la vérité, la confiance du loyal souverain ? Le maréchal Maison était franc-maçon, et l'on connaît son attitude au moment où la monarchie fut attaquée.

Le mouvement, on vient de le voir, et nous aurions pu multiplier les témoignages, était préparé de longue main, et les ordonnances ne furent qu'un prétexte au soulèvement organisé.

Dupin l'aîné, un haut maçon de la loge des *Trinosophes*, un disciple de Ragon, disait précisément à la même époque :

« Ne croyez pas que trois jours aient *tout fait*. Si la révolution a été si prompte et si subite, c'est *qu'elle n'a pris personne au dépourvu...* ; mais nous l'avons faite en quelques jours, parce que nous avions *une clé à mettre à la voûte*, et que nous avons pu substituer immédiatement *un nouvel ordre de choses complet à celui qui venait d'être détruit.* »

Ni l'Europe, tout entière monarchique, ni la France, dont le peuple était alors en grande majorité royaliste et catholique, n'étaient prêtes en 1830 pour la proclamation de la République. La génération qui avait vu les crimes de la Terreur comptait encore trop de représentants pour que ce seul nom ne soulevât pas l'effroi de tous les intérêts. Dans ces conditions, la sagesse conseillait aux chefs du mouvement de s'arrêter à mi-chemin et de présenter la révolution qu'ils venaient d'accomplir comme une imitation de la révolution anglaise de 1688. C'était assez pour le moment d'avoir renversé les Bourbons et proclamé le principe de la souveraineté du peuple. Le germe devait devenir un arbre et porter ses fruits avec le temps. C'est la pensée que rendait expressivement Lafayette en disant, le 19 février 1833, à la Chambre des députés, que la révolution de Juillet « avait replacé le dogme de la souveraineté populaire, devant lequel les considérations du gouvernement, constitutionnel ou autre, ne sont que secondaires. »

Pendant toute sa durée le gouvernement de Juillet ressentit le poids de son origine. Sa politique étrangère fut toujours placée entre une condescendance inévitable pour les mouvements révolutionnaires analogues à celui dont il était sorti et la nécessité de rester dans le concert européen. A l'intérieur, après avoir pendant dix ans lutté péniblement contre les innombrables sociétés secrètes qui surgissaient du sein de la Charbonnerie, comme la Charbonnerie elle-même était sortie de la Maçonnerie, et qui revendiquaient cette *liberté* et cette *égalité* promises par la secte à à ses adeptes, peu à peu il prit un caractère dynastique et espéra pouvoir fonder à son profit ce qu'on appelait alors *la quasi-légitimité*.

En vain le roi Louis-Philippe déploya-t-il dans cette œuvre une dextérité politique remarquable ; en vain les princes ses fils donnèrent à son trône le prestige attaché à la valeur militaire et à de sympathiques qualités personnelles ; en vain des ministres éloquents dépensèrent-ils un talent véritable à cette tâche digne des Danaïdes ; la logique de la Révolution fut plus forte.

Imbus des préjugés qu'ils avaient puisés dans les loges où s'était faite leur éducation, les hommes de Juillet, depuis Dupont (de l'Eure) et Thiers jusqu'à Guizot et Villemain, s'obstinèrent pendant toute la durée du règne à garder une attitude de défiance vis-à-vis de la religion et à défendre, contrairement aux promesses de la Charte, le monopole comme une des citadelles de la Révolution. Presque toutes les chaires de l'enseignement supérieur et secondaire propagèrent dans la jeunesse, avec le mépris de la foi catholique, les principes du rationalisme et du naturalisme qui sont l'essence de la Maçonnerie.

C'est ainsi que la Révolution descendit dans des couches qui jusque-là lui étaient restées fermées.

Pendant les dix-huit années où se déroula le gouvernement de juillet, les sociétés secrètes continuèrent leur œuvre de destruction de la papauté et préparèrent la république universelle.

Deux courants se dessinèrent bientôt parmi les hommes qui leur donnaient l'impulsion.

D'un côté étaient les maçons conservateurs, qui poursuivaient surtout l'asservissement de l'Église et voulaient modérer la marche de la Révolution à leur profit, la fixer dans des gouvernements constitutionnels : c'était la politique de la Haute-Vente, des révolutionnaires aristocrates qui avaient conduit le mouvement de 1815 et les insurrections de 1821. De l'autre étaient les hommes nouveaux qui, par delà la destruction de l'Église, voulaient réaliser l'égalité de fait et préparer les voies au socialisme par la république universelle.

L'antagonisme de ces deux groupes est le nœud de l'histoire pendant ces dix-huit années, et explique comment le gouvernement de Juillet put se maintenir aussi longtemps, comme soutenu en équilibre par ces luttes intestines des sociétés secrètes.

Le plan d'attaque contre l'Église et la papauté, tels que le concevaient les maçons prétendus conservateurs, avait été tracé dès le 20 octobre 1821, après l'échec du mouvement constitutionnel en Piémont et à Naples, par la circulaire suivante, émanée du comité directeur de la *Haute-Vente* :

« Dans la lutte maintenant engagée entre le despotisme sacerdotal ou monarchie et le *principe de la liberté*, il y a des conséqences qu'il faut subir, des principes qu'avant tout il importe de faire triompher. Un échec était dans les évènements prévus ; nous ne devons pas nous en attrister plus que de mesure ; mais si cet échec ne décourage personne, il devra, dans un temps donné, nous faciliter les moyens pour attaquer le fanatisme avec plus de fruit. Il ne s'agit que de toujours exalter les esprits et de mettre à profit toutes les circonstances. L'intervention étrangère, dans des questions pour ainsi dire de police extérieure, est une arme effective et puissante qu'il faut savoir manier avec dextérité. En France, on viendra à bout de la branche aînée en lui reprochant incessamment d'être revenue dans les fourgons des cosaques; en Italie, il faut rendre aussi impopulaire le nom de l'étranger, de sorte que, lorsque Rome sera sérieusement assiégée par la Révolution, un secours étranger soit tout d'abord un affront, même pour les indigènes fidèles. Nous ne pouvons plus marcher à l'ennemi avec l'audace de nos pères de 1793, nous sommes gênés par les lois et plus encore par les mœurs ; mais avec le temps il nous sera permis peut-être d'atteindre le but qu'ils ont manqué. Nos pères mirent trop de précipitation à tout, et ils ont perdu la partie. Nous la gagnerons, si en contenant les témérités nous parvenons à fortifier les faiblesses.

« C'est d'insuccès en insuccès qu'on arrive à la victoire. Ayez donc l'œil toujours ouvert sur ce qui se passe à Rome. Dépopularisez la prêtraille par toute espèce de moyens ; faites au centre de la catholicité ce que nous tous, individuellement ou en corps, nous faisons sur les ailes. Agitez, jetez sur la rue, sans motifs ou avec motifs, peu importe ; mais agitez. Dans ces mots sont renfermés tous les éléments de succès. La conspiration la mieux ourdie est celle qui se remue le plus et qui compromet le plus de monde ; ayez des martyrs, ayez des victimes, nous trouverons toujours des gens qui sauront donner à cela les couleurs nécessaires. »

Dans d'autres circulaires plus détaillées, la *Haute-Vente* insistait longuement pour qu'on allât moins vite, moins superficiellement ; elle prédisait même les écueils contre lesquels on viendrait se briser. Elle voulait qu'on s'emparât d'abord de toute la jeunesse par l'enseignement et par l'enseignement clérical lui-même, qu'on gagnât les masses en les décatholisant, qu'on investît la cour romaine de pièges et d'intrigues, persuadée qu'avec le *petit doigt du successeur de Pierre* engagé dans le complot on ira plus loin et plus vite qu'avec toutes les insurrections du monde. *Pour atteindre plus sûrement le but et ne pas préparer de gaieté de cœur des revers qui ajournent indéfiniment ou compromettent pour des siècles le succès d'une bonne cause, elle défendait « de prêter l'oreille à ces vantards de français, à ces nébuleux allemands, à ces tristes anglais qui s'imaginent tuer la papauté et le Catholicisme avec une chanson impure, une déduction illogique, un grossier sarcasme passé en contrebande comme les cotons de la Grande-Bretagne. La Révolution en permanence, c'est le renversement des trônes et des dynasties. Ne conspirons que contre Rome. Il faut décatholiser le monde.* »

Le programme tracé de la main du chef de la Haute-Vente insistait pour arriver à l'élection d'un pape dévoué à la secte (!!!) et à corrompre le clergé. Mais la *Carbonara*, composée d'hommes jeunes, affamés d'or et de places ne pouvait s'accommoder de ces desseins à longue échéance. Contre ces *révolutionnaires conservateurs*, ils se posèrent en *parti d'action*. Ils refusèrent d'attendre, et sauf à devenir conservateurs à leur tour quand ils auraient été nantis, ils éclatèrent en 1830. Les *sages* des circulaires *furent eux-mêmes entraînés par ces fous*, comme ils l'avaient prévu et annoncé dans leur correspondance.

Misley fut de ce nombre. Alors à Paris pour nouer le mouvement italien qui se préparait à celui qui triomphait en France, il y reçut de Menotti, son ami, et membre, comme lui, de la Haute-Vente italienne, plusieurs lettres lui annonçant la fermentation de la Romagne, la constitution du Comité central à Modène. L'auteur de ces correspondances se félicite de ce que « d'Orléans les protège » et de « la grande intelligence qui existe entre Menotti et Lafayette. »

Trompé par les artifices de Menotti, aussi bien que

ceux de Misley (1), le vieux duc de Modène avait promis son concours pour l'affranchissement de l'Italie ; mais ayant appris, par la révolution parisienne et ce qui l'avait partout suivie, qu'il s'agissait d'une révolution antisociale contre la papauté et tous les trônes, il s'était défendu contre l'attaque de Menotti et de ses complices. Ceux-ci, enhardis par le succès des autres insurrections italiennes, avaient éclaté eux-mêmes à Modène, et, en voulant envahir le palais ducal et s'emparer de la ville, avaient été prévenus par le duc et faits prisonniers.

Cependant un gouvernement provisoire s'était établi à Bologne qui venait de secouer l'autorité pontificale. Napoléon et Louis Bonaparte, fils de la reine Hortense, étaient venus rejoindre l'armée des insurgés. Enrôlés de bonne heure dans les sociétés secrètes par le père même du célèbre Orsini, et ayant juré entre ses mains, a dit Orsini le fils dans son interrogatoire, de détruire la papauté et l'Église catholique, ils avaient répondu au comité directeur, qui leur avait fait demander si l'on pouvait compter sur eux et sur leur nom dans la levée de boucliers qui se préparait, qu'on pouvait le faire, mais qu'ils ne voulaient paraître que

---

(1) C'est ici pour la première fois que nous rencontrons le nom de Misley. Il a été, depuis cette époque jusqu'en 1839, très mêlé aux mouvements des sociétés secrètes et, aujourd'hui que l'Italie révolutionnaire cherche à glorifier ses ancêtres, la *Revista Europea* de Florence lui a consacré en 1881 de longs articles. Des circonstances particulières l'avaient mis en relations avec le Père Deschamps, qui lui dut des révélations intéressantes, mais qui surtout trouva avec une rare perspicacité dans ces quelques indications la clef du rôle joué par les sectes dans les évènements de l'histoire contemporaine.

lorsque la Romagne serait insurgée. *Cette lettre, dont nous avons eu l'original entre nos mains*, dit le Père Deschamps était signée *Louis Bonaparte*. Elle était en français, et Misley qui la possédait en fit lire au Père Deschamps une autre encore, beaucoup plus longue, et écrite en italien. Voici la phrase essentielle, dans son sens sinon dans ses termes : « *Si je suis jamais maître, je ferai sentir aux Autrichiens la force de mon bras.* »

« Confié à l'âge de douze ans aux soins du fils du conventionnel Lebas, l'ami de Robespierre, dit le *Dictionnaire encyclopédique de l'histoire de France*, Louis-Napoléon reçut une éducation *libérale*, et les *principes de son gouverneur* le préservèrent du malheur d'être élevé en prince. Lorsqu'en février 1841, Modène, Parme et la Romagne commencèrent le mouvement insurrectionnel, les deux frères rejoignirent les insurgés qui marchèrent sur Rome. Mais le gouvernement provisoire, craignant de déplaire au gouvernement français en tolérant la présence de deux Bonaparte dans les rangs de l'armée libérale, rappela les princes à Bologne. Ils obéirent pour ne pas compromettre *l'autorité révolutionnaire* et se retirèrent à Forli. Là, l'aîné, Napoléon Bonaparte, tomba subitement malade et mourut, au bout de deux jours de convulsions, dans les bras de son frère. »

Cet article a précisément Philippe Lebas pour auteur. C'est donc un certificat authentique de l'origine révolutionnaire de ces princes.

Mais reprenons, en suivant M. Louis Blanc, l'histoire de cette première campagne entamée par le *parti d'action* contre la papauté :

« Après l'occupation de Ferrare par les Autrichiens, dit Louis Blanc, le gouvernement de Bologne avait envoyé le comte Bianchetti à Florence, avec mission d'y sonder, sur les dispositions de l'Angleterre et de la France, les représentants de ces deux pays. La réponse avait été favorable : les cœurs étaient remplis d'espérance et de joie. M. de Lafayette, trompé lui-même, affirmait à Misley que le principe de non intervention serait courageusement maintenu, et qu'à la cour il en avait reçu l'assurance. Enfin le fils du roi des Français, le duc d'Orléans, paraissait si bien disposé pour les conspirateurs italiens, qu'il était initié à leurs secrets, et que, dès le mois de novembre 1830, il avait désigné à M. Viardot le jour où l'insurrection de Modène devait éclater.

« Convaincu que la parole donnée au monde par un ministre du roi des Français était inviolable, mais que, pour avoir droit au principe de non intervention, les Italiens devaient le respecter les premiers, le gouvernement de Bologne ferma les yeux sur l'intervention de l'Autriche à Modène, et quand les Modénais, commandés par le noble général Zucchi, se présentèrent, il les désarma. Il alla plus loin encore. Napoléon et Louis Bonaparte, fils du comte de Saint-Leu, s'étaient jetés vivement dans l'insurrection et avaient déployé aux avant postes un brillant courage ; ils furent rappelés en toute hâte par le général Armandi, tant on mettait de soin à conjurer le mauvais vouloir de la diplomatie et à délivrer le Palais-Royal de tout sujet d'alarmes. »

Mais toutes ces concessions faites au gouvernement de Juillet n'aboutirent à rien. Ses ministres s'étaient déjà faits *conservateurs* et négociaient avec les puissances européennes.

« MM. Misley et Linati, dit L. Blanc, arrivèrent à Marseille, prêts à s'embarquer pour l'Italie ; ils avaient frété un navire et possédaient douze cents fusils, deux pièces de canon et des munitions. A eux s'étaient déjà joints plusieurs italiens qu'appelait à son secours la patrie menacée. Le jour de l'embarquement était arrivé, lorsqu'une dépêche télégraphique vint tout à coup porter au préfet des Bouches-du-Rhône, M. Thomas, l'ordre d'arrêter les proscrits, et l'on mit sous le sequestre le bâtiment qu'ils avaient frété. De semblables violences furent exécutées à l'égard de M. Visconti, de Milan, et l'illustre général Guillaume Pépé...»

Pendant ce temps les Autrichiens envahissaient l'Italie, ils entraient triomphalement à Bologne, et le gouvernement provisoire ne se réfugiait à Ancône que pour se soumettre au gouvernement pontifical dans la personne de l'archevêque, cardinal Benvenuti, leur prisonnier depuis le commencement, avec qui ils traitèrent d'une amnistie. Les maçons conservateurs avaient donc abandonné leurs frères du parti d'action, mais seulement pour en prendre la place et faire succéder, comme toujours, contre la papauté la diplomatie à la violence.

De 1832 jusqu'à 1839 les gouvernements français, prussien, anglais et autrichien harcelèrent le Saint-Siège de conseils formulés en *memorandum* et rendus publics, dans lesquels on lui demandait de *réformer* son administration, de la laïciser, d'adopter le code civil, etc., d'accorder une amnistie plénière aux insurgés, en un mot tout le programme que Louis-Napoléon Bonaparte reprit plus tard dans sa lettre à Edgar Ney.

Cette pression exercée sur le gouvernement pontifical n'avait pas d'autre but que de le déconsidérer aux yeux de ses sujets, d'entretenir dans ses États un ferment d'agitation continu.

CHAPITRE XIV

Mazzini et l'explosion de 1848

Cependant des éléments autrement actifs étaient déjà entrés en scène, et c'est pour leur disputer l'appui des loges que les gouvernements européens se montraient si désireux d'arracher au Saint-Siège une capitulation qui les eût empêchés de ressentir le contre-coup des attaques dirigées contre l'Église.

Après le nouvel échec des *carbonari* dans les États pontificaux en 1831, Mazzini avait hautement déclaré l'impuissance des anciens chefs et tenté de prendre la direction du mouvement, en ouvrant de plus prochaines espérances aux convoitises populaires.

En vain la Haute-Vente romaine avait refusé en 1837 de le recevoir dans son sein, Mazzini n'en continua pas moins à agir, et, malgré l'opposition sourde des hommes de la Vente, il trouva un point d'appui dans les loges maçonniques pour la propagation de la nouvelle société secrète qu'il créa sous le nom de la *Jeune-Europe* et qui était divisée en sections nationales.

En 1838, M. de Rochow, ministre de l'intérieur du royaume de Prusse, écrivait à la loge-mère de Hambourg pour se plaindre de ce qu'un grand nombre de loges allemandes servaient de centres de ralliement aux *carbonari* et à la *Jeune-Allemagne*. Ce n'est pas sans raison que l'article IV des statuts de la *Jeune-Allemagne* défendait à tous les membres de *s'affilier à aucune autre société, excepté la Francmaçonnerie*, et que Mazzini recommandait par ses circulaires à ses affiliés la formation de sociétés quelconques.

« Un jeune homme, dit Zeller, fils d'un professeur de médecine à l'université de Gênes, Mazzini, fonda à Marseille, avec plusieurs réfugiés, en 1832, le journal et la société de la *Jeune-Italie* ; il se sépara du Carbonarisme constitutionnel de la Restauration, rompit avec l'aristocratie, avec la royauté, avec la papauté, avec le passé, et vit dans l'établissement d'une république unitaire le moyen radical et unique de rendre à l'Italie la liberté et l'indépendance. Pendant deux ans cette propagande, mystérieusement répandue par les numéros du journal dans toute l'Italie, étendit, multiplia, exalta la conspiration nouvelle. En 1833, l'Italie parut d'un bout à l'autre sur un volcan. »

Voici les plans et le but de la société mazzinienne, tels que son chef les a lui-même publiés :

« La régénération doit se faire, dans les grands pays comme la France, par le peuple; dans les autres, notamment en Italie, par les princes.

« Le *pape* entrera dans la voie des réformes par la *nécessité* ; *le roi de Piémont*, par l'idée de *la couronne d'Italie* ; le *grand duc de Toscane*, par inclination, faiblesse et imitation ; le *roi de Naples*, par contrainte.

« Les peuples qui auront obtenu des constitutions et qui auront acquis *par là* le droit d'être exigeants, pourront *parler à haute voix et commander l'insurrection*. Ceux qui seront encore sous le joug de leurs princes devront exprimer leurs besoins en *chantant*, pour ne pas trop effrayer et ne pas trop déplaire.

« Profitez de la moindre concession pour réunir et remuer les masses, en simulant la reconnaissance ; les fêtes, les hymnes et les attroupements donneront l'élan aux idées et, rendant le peuple exigeant, l'éclaireront sur sa force.

« Organisation de la Jeune-Italie

« Art. 1er. La société est instituée pour la destruction indispensable de tous les gouvernements de la péninsule, et pour former un seul État de toute l'Italie, sous le régime républicain.

« Art. 2. Ayant reconnu les horribles maux du pouvoir absolu et *ceux plus grands encore des monarchies constitutionnelles*, nous devons travailler à fonder une république une et indivisible.....

« Art. 30. Ceux qui n'obéiront point aux ordres de la société secrète ou qui en dévoileraient les mystères *seront poignardés sans rémission. Même châtiment pour les traîtres.*

« Art. 31. Le tribunal secret prononcera la sentence et désignera un ou deux affiliés pour son exécution immédiate.

« Art. 32. Quiconque refusera d'exécuter l'arrêt sera censé parjure, et, *comme tel, tué sur-le-champ.*

« Art. 33. Si le coupable s'échappe, *il sera poursuivi sans relâche, en tout lieu, et il devra être frappé par une main invisible, fût-il sur le sein de sa mère ou dans le tabernacle du Christ.*

« Art. 34. Chaque tribunal secret sera compétent, non seulement pour *juger les adeptes coupables*, mais pour *faire mettre à mort toute personne qu'il aura frappée d'anathème.....*

« Art. 39. Les officiers porteront une dague de forme antique, les sous-officiers et les soldats auront fusils et baïonnettes, plus un *poignard d'un pied de long*, attaché à la ceinture et sur lequel ils prêteront serment, etc. etc. »

Des associations semblables furent organisées pour chaque pays de l'Europe. La *Jeune-Allemagne* travailla dès lors à préparer le mouvement qui devait éclater en 1848. La *Jeune-Suisse*, la première à l'œuvre, sous le nom de *Société du Grütli*, engagea auparavant l'action et en 1847 détruisit l'alliance des cantons catholiques dans la guerre du *Sunderbund*.

L'Italie fut enveloppée d'un réseau de trahisons ; les assassinats politiques furent commandés ici et là ; le directeur de la police de Modène, le préfet de police de Naples, le légat de Ravenne, l'étudiant Lessing, de Zurich, coupable d'avoir pénétré trop avant les secrets de Mazzini, les généraux de Latour, d'Auerswald, de Lemberg, de Lignowski, plus tard Rossi, devenu traître à sa bannière, et beaucoup d'autres moins connus furent condamnés à mort et frappés par les mystérieuses assemblées. En Suisse même l'illustre patriote Joseph Leu, ayant osé élever sa voix puissante et pure contre les ombres rabougries de Robespierre et de Saint-Just, tomba lui-même héros et martyr sous les coups des carbonari. Après lui, le Sunderbund et les cantons catholiques succombèrent sous les trahisons et les masses de l'armée radicale commandée par le général Dufour, renforcé d'un Bonaparte et de nombreux adeptes étrangers de la *Jeune-Europe*, dont il était le correspondant en Suisse.

Les maçons conservateurs pouvaient déjà pressentir leur châtiment. Au milieu des hésitations et de certaines défaillances, Mazzini gagnait du terrain. Par son activité et son audace, qui ne reculait devant aucun moyen, il parvenait à se constituer une espèce de direction suprême sur tout ce qu'il y avait de plus jeune et de plus démocratique dans les loges, les ventes et les clubs clandestins. Déjà il pouvait adresser des proclamations à toute l'Italie, et la diplomatie allait être obligée de compter avec lui. Dans une lettre à un des siens, il écrivait :

« Je n'ai pas encore pu terminer la création du fonds national ; il s'y mêle une certaine affaire qui demande un prospectus et une écriture en chiffres pour les Italiens, que je n'ai pas encore pu mener à bonne fin. Mais ce retard ne se prolongera pas beaucoup, et je vous enverrai bientôt une circulaire manuscrite. De cela dépend toute la question ; si je réussis à réunir des fonds, comme j'en ai toutes les probabilités, nous serons suivis par d'autres et nous agirons. Sinon, qui peut espérer de lutter, *aidé seulement de son influence morale, et de dominer l'anarchie du parti ?* Cette anarchie, déjà grande avant les derniers évènements, est maintenant générale, ainsi qu'on me l'écrit ; le parti devient toujours plus nombreux ; il n'y a point de proportion entre 1841 et 1845. — J'enverrai bientôt une proclamation aux Suisses sur le trafic qu'ils font de leurs hommes. J'ai publié dans la *Revue de Westminster* un long article sur les États du pape. Ici et en Amérique, la propagande en faveur de notre cause continue très activement et avec grand succès. J'ai des promesses formelles de coopération. Biencoli et Andreoni exploreront mieux que ne l'ont fait jusqu'ici les autres ce qui pourra se faire à Alger et sur le littoral qui regarde l'Italie. »

On vit bientôt en effet, le 31 janvier 1846, le *Vorort* suisse demander le rappel des régiments suisses de Naples et de Rome, Charles-Albert se poser, dans une grande revue de l'armée piémontaise, comme la grande épée d'Italie, sous les ordres des sociétés secrètes, et ces sociétés elles-mêmes préluder de toutes parts par l'agitation et tous les genres de rumeurs à la grande catastrophe qu'elles préparaient. Il faut dire que Charles-Albert, carbonaro de 1821, entendait travailler pour lui ; ses envoyés, et notamment M. Mazzimo d'Azeglio, parcouraient la péninsule en essayant de pousser les populations à l'unité italienne sous le sceptre de la maison de Savoie. Mme Rattazzi analyse ainsi ces tentatives : « La monarchie constitutionnelle se greffait sur la république rabrougrie de Mazzini. »

Ce fut alors, le 1er juin 1846, que mourut Grégoire XVI, et que quinze jours après le conclave élut pour lui succéder le cardinal Mastaï, qui prit le nom de Pie IX.

Mais ici il faut interrompre le récit des attentats contre la papauté pour raconter le grand ébranlement européen qui partit de Paris aux journées de février 1848.

Ainsi que nous l'avons dit, les préoccupations dynastiques avaient fini par absorber l'activité du gouvernement de Juillet. Tout l'appui qu'il avait donné à la Révolution cosmopolite s'était borné au memorandum adressé à Grégoire XVI, à l'occupation d'Ancône et à l'établissement de gouvernements semblables à lui-même en Espagne et en Portugal. Dirigée souverainement, à partir de 1840, par Guizot, la royauté constitutionnelle entra de plus en plus en lutte avec les éléments révolutionnaires.

Après 1830 on avait vu se produire dans les loges maçonniques un double courant : une partie appuyait le gouvernement et entendait jouir des fruits de la révolution à laquelle elle avait coopéré. Une autre poussait à la république et se composait naturellement des éléments les plus jeunes et les plus actifs. Dès 1832 les autorités maçonniques étaient impuissantes à entraver ce mouvement ou ne le voulaient pas. Nous avons sous les yeux les rapports adressés au Grand-Orient par le F∴ Henri de Wentz, son *orateur* de 1840 à 1847. Il signale avec inquiétude les tendances démocratiques et impies de nombreuses loges de province. Le Grand-Orient prêtait peu l'oreille à ces doléances, si bien qu'en 1847 le F∴ de Wentz demanda ses lettres honoraires, laissant agir en toute liberté des hommes moins arriérés.

En 1845, le maréchal Soult défendit à tous les militaires de s'affilier aux loges. Les autorités maçonniques, ayant à leur tête le duc Decazes en sa qualité de souverain commandeur du rite écossais, et une commission spéciale du Grand-Orient firent des démarches pressantes pour obtenir la révocation de cet ordre. Elles furent inutiles et vinrent ajouter à l'irritation grandissante des loges contre Louis-Philippe. Bientôt arriva pour lui ce qui s'était produit contre Napoléon en 1809. Devenu instrument inutile, son renversement fut décidé par les comités directeurs des sociétés secrètes.

Comme à la veille de toutes les grandes commotions publiques, un grand convent maçonnique fut tenu en 1847.

Plusieurs convents de maçons l'avaient précédé à Rochefort, à Heidelberg, où furent nommés les députés. Il se réunit à Strasbourg, ville si chère aux loges, et si propre à réunir les émissaires de la France, de l'Allemagne, de la Suisse. « Nous allons citer, dit Eckert, les noms des personnages les plus éminents qui y prirent part. C'était, pour la France : Lamartine, Crémieux, Cavaignac, Caussidière, Ledru-Rollin, L. Blanc, Proudhon, Marast, Marie, Vaulabelle, Félix Pyat ; et pour l'Allemagne : Fickler, Hecker, Herwegh, de Gagern, Basserman, Ruge, Blum, Feuerbach, Simon, Jacobi, Ritz, Welker, Herckscher. C'est là et entre ces hommes qu'il fut arrêté qu'on commencerait par maçonniser tous les cantons suisses, et, cette base d'opération dégagée de toute entrave, que l'explosion se ferait en même temps dans toute l'Europe. »

La Suisse, en effet, commença presque aussitôt après par la destruction du Sunderbund et de toutes les autonomies cantonales, et par la république une et indivisible qui mettait toutes les forces helvétiques entre les mains des sociétés secrètes. La révolution sociale ainsi consommée au centre de l'Europe, avec l'approbation et l'aide de l'Angleterre et des autres gouvernements, l'éruption éclata partout avec une simultanéité inexplicable sans la conspiration maçonnique, et l'Europe, saisie d'épouvante, se réveilla le 24 février au milieu d'un volcan dont Paris était le cratère principal.

Ce fut dans les rangs mêmes de la Franc-maçonnerie que furent organisés les *banquets réformistes*, qui donnèrent le signal de l'explosion.

Ses cinq chefs, dit Eckert, *en apparence de partis*

différents, étaient cinq maîtres des loges parisiennes : MM. Vitet, de Morny, Berger, L. de Malleville, Duvergier de Hauranne, et à peine celui qui marchait à leur tête, — l'illustre maçon des *Trinosophes*, — Odilon Barrot, eût-il été appelé à la présidence d'un nouveau ministère, qu'il commanda aux troupes de cesser le combat et la résistance, malgré le serment de fidélité qu'il venait de jurer de nouveau à Louis-Philippe, et que la République fut proclamée par le chef du gouvernement provisoire, — autre maçon illustre.

La Franc-maçonnerie s'empressa d'applaudir à la révolution.

Le 10 mars 1848, le Suprême-Conseil du rite écossais allait féliciter le gouvernement provisoire, et Lamartine lui répondait :

« Je suis convaincu que c'est du fond de vos loges que sont émanés, d'abord dans l'ombre, puis dans le demi-jour et en pleine lumière, les sentiments qui ont fini par faire la sublime explosion dont nous avons été témoins, en 1789, et dont le peuple de Paris vient de donner au monde la seconde et, j'espère, la dernière représentation, il y a peu de jours. »

A son tour, le 24 mars, une députation du Grand-Orient, ayant à sa tête le F∴ Bertrand, ancien président du tribunal de commerce et représentant du grand-maître, haranguait en ces termes le gouvernement provisoire, représenté par deux de ses membres et par son secrétaire général, les FF∴ Crémieux, Garnier-Pagès et Pagnerre, tous trois revêtus de leurs *insignes maçonniques* :

« Citoyens, le Grand-Orient de France, au nom de tous les ateliers maçonniques de sa correspondance, apporte son adhésion au gouvernement provisoire. La Maçonnerie française n'a pu contenir l'élan universel de ses sympathies pour le grand mouvement *national et social* qui vient de s'opérer.

« Les francs-maçons ont porté de tout temps sur leur bannière ces trois mots : *Liberté, égalité, fraternité ;* en les retrouvant sur le drapeau de la France, ils saluent le triomphe de leurs principes et s'applaudissent de pouvoir dire que la patrie tout entière a reçu par vous la consécration maçonnique... Quarante mille frères maçons, répartis dans plus de cinq cents ateliers, ne formant entre eux qu'un même cœur et qu'un même esprit, vous promettent ici leur concours pour achever l'œuvre de régénération si glorieusement commencée. Que le grand architecte de l'univers vous soit en aide ! »

Et le F∴ Crémieux, au nom du gouvernement provisoire, répondait :

« LA RÉPUBLIQUE EST DANS LA MAÇONNERIE, et c'est pour cela que dans tous les temps, heureux ou malheureux, la Maçonnerie a trouvé des adhérents sur toute la surface du globe Il n'est pas un atelier qui ne puisse se rendre cet utile témoignage qu'il a constamment aimé la liberté, qu'il a constamment pratiqué la fraternité. Oui, sur toute la surface qu'éclaire le soleil, le franc-maçon tend une main fraternelle aux francs-maçons ; c'est un *signal connu de tous les peuples* ....

« *La République fera ce que fait la Maçonnerie !* »

Les journées de février furent suivies par une explosion universelle.

Le 13 mars Vienne est en combustion. Le soutien de Louis-Philippe, Metternich, est renversé.

Le ministre autrichien, depuis la chute de Charles X, avait montré à l'égard du vieux roi et de son petit-fils un *dégagement égoïste*. Tout son effort consistait, en renonçant à faire reposer la politique européenne sur le principe de la légitimité, à limiter l'explosion révolutionnaire à la France, et à chercher à amener Louis-Philippe, par la considération de son intérêt, à entrer dans la voie des mesures répressives contre les sectes. Dans ce but, il avait relevé avec soin la part prise aux complots révolutionnaires par les Bonaparte et leurs parents, les Murat, les Pepoli, etc. Dès 1832, il écrivait : « Louis Bonaparte, le jour du décès du duc de Reichstadt, se regardera comme appelé à la tête de la République française. » On ne peut pas reprocher au vieux diplomate d'avoir manqué de perspicacité ; il était aussi dans le vrai en disant :

« LE BONAPARTISME OFFRE UNE FORT GRANDE SUPERFICIE. IL S'ÉTEND DU DESPOTISME MILITAIRE JUSQU'A LA SOCIÉTÉ DES AMIS DU PEUPLE. »

Louis-Philippe, ses fils et la France devaient l'apprendre à leurs dépens.

Mais reprenons le tableau sommaire du bouleversement européen :

Le 18, barricades à Berlin, effroyables commotions, en attendant le parlement allemand, où le président Gagern proclamera la souveraineté du peuple.

Le même jour, explosion à Milan.

Le 20 mars, révolution à Parme.

Le 22 mars, république à Venise.

Avant la fin du mois, Naples, la Toscane, Rome,

sous l'inspiration de l'envoyé de Palmerston, lord Minto, et le Piémont avaient leurs constitutions parlementaires, en attendant la république à Rome, avec Mazzini et Salicetti, à Florence, avec Guerrazzi et Montanelli ; et le Piémont marchait contre l'Autriche. Ce fut, en Italie, comme un vent impétueux, dit Zeller, tombant sur un brasier ; des Pyrénées à la Vistule, ajoute le traducteur d'Eckert, la Révolution a agité son poignard sanglant et sa torche incendiaire.

La République universelle, préparée par Mazzini et la *Jeune-Europe*, semblait devoir triompher partout. Mais le mouvement était prématuré. L'Autriche et la Russie eurent facilement raison de ces tentatives, malgré l'appui que le roi Charles-Albert de Sardaigne leur donna. La dynastie prussienne elle-même ne voulut pas, pour cette fois, de la couronne impériale, que lui offrait l'assemblée de Francfort.

En France, les journées de mai et de juin amenèrent une réaction conservatrice, qui, jointe à leurs autres échecs, firent comprendre aux habiles mineurs des sociétés secrètes que conserver la république en France était faire reculer considérablement leur œuvre en Europe. Une dictature, une forme nouvelle de la Révolution conservatrice, leur convenait mieux pour l'heure présente. Il fallut reprendre les projets profonds et la tactique plus sûre de la Haute-Vente romaine. Nous verrons dans le chapitre suivant cette nouvelle phase de la Révolution. Pour achever celui-ci, nous avons à dérouler les étapes successives de la grande lutte engagée à Rome contre le pouvoir temporel et le doux pontife qui avait succédé à Grégoire XVI.

Homme de foi, de prière, de travail et de vertu, d'une bonté ineffable, d'une candeur et d'une aménité vraiment célestes et qui se peignaient dans tous ses traits, Pie IX joignait à une droiture et à une charité qui ne soupçonne pas le mal, comme parle l'apôtre, une fermeté d'âme et de conscience que rien n'était capable de faire dévier de la ligne du devoir connu. Avec d'aussi éminentes qualités, il ne pouvait songer, pontife et roi, qu'à faire le bien de ses États et à ramener par la liberté vraiment chrétienne et les peuples et les rois à la vérité et à la pratique des vertus qui, en préparant à la vie éternelle, peuvent seuls faire le bonheur ici-bas; et il y serait parvenu, avec l'aide de Dieu, sans aucun doute, pour peu qu'il y eût eu de bonne foi dans les meneurs des sociétés secrètes, de vrai discernement et de science politique dans les conseils des rois. Mais au point où en étaient les hommes et les choses, les vertus et les qualités du souverain pontife, sous les desseins et les trames de la perfidie et de la trahison, ne pouvaient que se retourner contre le Saint-Siège lui-même.

Dès l'exaltation du nouveau pontife, il fut acclamé d'un bout du monde à l'autre, comme le pape si longtemps désiré, le restaurateur de la liberté et le libérateur des peuples.

Mais à cet enthousiasme les sectes mêlèrent une agitation factice qui l'exagérait et trompait Pie IX sur sa portée.

A peine l'amnistie eut-elle été proclamée, que l'on vit accourir à Rome tous les révolutionnaires du monde entier, depuis Mazzini jusqu'à Karl Marx, le futur fondateur de l'*Internationale*. Dès lors ce fut une suite incessante de manifestations pour obtenir une consulte réformatrice, l'établissement de la garde civique, une constitution, enfin la guerre contre l'Autriche. C'est Mazzini qui, dès novembre 1846, avait tracé ce programme :

« Profitez, leur disait-il, de la moindre concession pour réunir les masses, ne fût-ce que pour témoigner de la reconnaissance. Des fêtes, des chants, des rassemblements, des rapports nombreux établis entre les hommes de toute opinion, suffisent pour faire jaillir des idées, donner au peuple le sentiment de sa force et le rendre exigeant. La difficulté n'est pas de convaincre le peuple : quelques grands mots, liberté, droits de l'homme, progrès, égalité, fraternité, despotisme, privilège, tyrannie, esclavage, suffisent pour cela ; le difficile, c'est de le réunir. Le jour où il sera réuni sera le jour de l'ère nouvelle... »

Chaque concesssion servait de point de départ aux nouvelles revendications. Pie IX accorda tout, entraîné peut-être par la droiture de son âme, mais obéissant surtout à un dessein providentiel, pour montrer par une dernière expérience que l'Église n'est hostile à aucune liberté, mais que la Révolution les rend toutes impossibles et que le *libéralisme* n'est, chez les peuples où la Maçonnerie a pris pied, que la préface inévitable des pires excès de la démagogie. Il n'y eut qu'un point où le saint pontife fit entendre son *non possumus*, c'était la déclaration de guerre à l'Autriche. On sait le reste : les troupes pontificales, entraînées par un général infidèle, marchèrent à l'ennemi contre les ordres du St-Père ; Rossi fut massacré en plein palais du parlement ; le St-Père menacé dans sa vie par l'émeute, obligé de fuir à Gaëte, et la République romaine proclamée sur la proposition d'un Bonaparte, Lucien, prince de Canino, avec Mazzini Raffi et Armiellini pour triumvirs, Garibaldi pour général en chef des hordes cosmopolites qui y étaient accourues.

De tels évènements causèrent dans le monde chrétien une émotion considérable. L'Autriche, victorieuse de la Révolution en Lombardie et en Hongrie, se disposait à aller la poursuivre jusqu'à Rome. La catholique Espagne voulait prendre l'initiative d'une expédition. Jamais les sectes ne l'ont pardonné à la reine Isabelle. En France, le gouvernement du général Cavaignac, à défaut d'une inspiration chrétienne, eût du moins le sentiment de ce qu'exigeaient une saine politique et l'intérêt du pays, et, dès que le télégraphe eut apporté la nouvelle de l'assassinat de Rossi, il fit partir pour Rome une brigade. Cette mesure ayant été soumise à l'Assemblée constituante, elle adoptait, à la majorité de 480 voix contre 63, celles de Ledru-Rollin et de la Montagne, l'ordre du jour suivant, proposé par M. de Tréveneuc : « L'Assemblée, approuvant les mesures de précaution prises par son gouvernement pour assurer la liberté du Saint-Père, et *se réservant de prendre une décision sur des faits ultérieurs encore imprévus*, passe à l'ordre du jour. »

Dès ce jour se révéla la politique astucieuse, mais profondément révolutionnaire en réalité, de Louis-Napoléon Bonaparte, l'ancien insurgé carbonaro des Romagnes, le futur empereur des Français.

Élu représentant du peuple en 1848, en même temps

que son cousin Napoléon-Jérôme, Louis-Napoléon était allé s'asseoir avec lui sur les bancs de la gauche. Le 30 septembre, il s'abstint de voter dans le scrutin sur l'ordre du jour approuvant l'expédition romaine, et deux jours après on lisait dans *le Constitutionnel* et *la Presse* la lettre suivante :

« Paris, 2 décembre 1848. — Monsieur le rédacteur, apprenant qu'on a remarqué mon abstention dans le vote relatif à l'expédition de Civita-Vecchia, je crois devoir déclarer, que, tout en étant décidé à appuyer toutes les mesures propres à garantir efficacement la *liberté et l'autorité du souverain pontife*, je n'ai pu approuver par mon vote une démonstration militaire qui me semblait dangereuse, *même pour les intérêts sacrés qu'on voulait protéger*, et de nature à compromettre la paix de l'Europe.

« Recevez, monsieur le rédacteur, l'assurance de mes sentiments distingués. — Signé : *Louis-Napoléon Bonaparte*. »

Dès cette époque il devint le candidat la Franc-maçonnerie à la présidence.

Le patronage de la Maçonnerie était discret ; la France venait de prouver en 1849, par les élections à la Législative, qu'elle était essentiellement monarchique, malgré les divisions de ses hautes classes, et fermement catholique. Aussi Louis-Napoléon chercha-t-il et réussit-il à réparer l'effet produit par son abstention dans le vote pour l'expédition romaine, par la lettre suivante adressée au nonce du pape :

« Monseigneur, je ne veux pas laisser accréditer auprès de vous les bruits qui tendent à me rendre complice de la conduite que tient à Rome le prince de Canino.

« Depuis longtemps je n'ai aucune espèce de relations

avec le fils aîné de Lucien Bonaparte, et *je déplore de toute mon âme qu'il n'ait point senti que le maintien de la souveraineté temporelle du chef vénérable de l'Église était intimement lié à l'éclat du Catholicisme comme à la liberté et à l'indépendance de l'Italie.*

« Recevez, Monseigneur, l'assurance de mes sentiments de haute estime. — *Louis-Napoléon Bonaparte.* »

L'expédition française était partie sous le commandement du général Oudinot. Sa tâche fut singulièrement compliquée par des intrigues de toute sorte. Avant même que Rome fût investie, le consul français resté à Rome, Ferdinand de Lesseps, un franc-maçon, avait, au mépris de toutes les règles diplomatiques, signé un traité avec la République romaine, que le général dut déchirer, mais qui permit à Mazzini et à Garibaldi d'organiser la défense de Rome.

Quand enfin la ville fut prise, Louis-Napoléon, devenu prince président, essaya de paralyser la restauration du St-Père en lui imposant un programme de réformes dites libérales et surtout en le discréditant aux yeux des populations.

« Lorsque nos armées firent le tour de l'Europe, disait-il dans un manifeste publié sous forme de lettre à Edgar Ney, elles laissèrent partout, comme trace de leur passage, la destruction des abus de la féodalité et les *germes de la liberté*; il ne sera pas dit qu'en 1849 une armée française ait pu agir dans un autre sens et amener d'autres résultats. »

Cette politique machiavélique échoua devant la clairvoyance de MM. Rayneval et de Corcelles, qui, forts de l'autorité qu'ils tenaient de l'Assemblée, réagirent énergiquement, et surtout devant la loyale fermeté du général de Rostolan qui, spontanément, s'était déjà opposé à la publication de la lettre présidentielle. Il la paya de son rappel et de la privation du bâton de maréchal auquel ses services lui donnaient droit.

CHAPITRE XV

LE SECOND EMPIRE ET LA DESTRUCTION DU POUVOIR TEMPOREL DU PAPE

On a vu dans le chapitre précédent quelle fut l'attitude de Louis-Napoléon pendant toute l'expédition romaine. C'est l'assemblée constituante, puis la législative, qui eut l'honneur de cette belle page de notre histoire. Louis-Napoléon ne chercha qu'à l'entraver et à en atténuer les résultats.

Nous n'avons pas à raconter ici la lutte sourde qui, pendant deux ans, se poursuivit entre l'assemblée et le prince président. Elle aboutit au coup d'État du 2 décembre.

Assurément cet acte d'audace eut pour instrument quelques chefs militaires ambitieux ; il eut l'adhésion des masses populaires, qui, ayant fait par deux fois des élections monarchiques pour échapper à la démagogie menaçante, étaient désorientées par la stérilité des débats parlementaires et l'impuissance de deux assemblées successives. Mais n'eut-il pas aussi la complicité des chefs des sociétés secrètes, qui, comme Michel, de Bourges, « avaient mis la Révolution aux mains d'un prince, persuadés qu'il serait contraint de la servir et de marcher dans ses voies ? »

La façon dont le coup d'État fut accueilli est significative.

Les faubourgs restèrent inertes, et ce fut après deux jours de manœuvres que la police parvint à faire élever quelques barricades pour donner un prétexte à la sanglante fusillade des boulevards ; en province, il n'y eut que quelques levées de boucliers isolées dans les départements les plus reculés, où les mots d'ordre ne pouvaient pas parvenir. Tous les chefs républicains restèrent immobiles. Une fois de plus, les ouvriers, les fanatiques, — les seuls honnêtes gens du parti, — avaient été abandonnés par leurs meneurs.

A l'extérieur tous les hommes de la Révolution s'employèrent à faire réussir le coup d'État. Narvaez, qui obéissait à Palmerston, prêta même 500,000 francs un peu avant le 2 décembre.

Peu de jours après cette date, une réunion du grand conseil des sociétés secrètes avait eu lieu à Paris ; des convocations signées MOCQUARD avaient été expédiées avec cette mention : *Pour régler les affaires d'Italie*, et Mazzini avait reçu un sauf-conduit signé de Louis-Napoléon lui-même. Dans cette réunion, Mazzini et trois ou quatre de ses amis furent seuls à voter pour le maintien d'une république démocratique. L'influence de Palmerston l'emporta à une majorité considérable, et la dictature fut livrée à Louis-Napoléon, à la condition de mettre toutes les forces de la France au service de la Révolution.

C'est là qu'est la clef de la politique de Napoléon III. Quand, à un point de vue historique général, on cherche à résumer son règne, on y voit à l'extérieur deux faits qui dominent tout : l'unification de l'Italie et la destruction du pouvoir temporel du pape, l'unification de l'Allemagne et l'élévation à l'hégémonie de la dynastie prussienne. En même temps à l'intérieur se produisit un travail maçonnique de propagande doctrinale très profond, qui fait que la république de 1870 n'a eu que le nom de commun avec celle de 1848.

Or, c'était là précisément les objectifs poursuivis par toutes les sociétés secrètes. Mais nous n'argumentons pas ici, nous apportons seulement des faits, et c'est par des témoignages précis que nous allons voir leur main dans les évènements de cette époque.

Ce chapitre sera consacré exclusivement aux évènements d'Italie.

Misley écrivait au Père Deschamps de Londres, où il était allé, « parce que c'était là que devait se décider l'avenir de son pays », l'Italie, auprès de l'Orient des Orients, Palmerston, la lettre suivante, datée du 1er juillet 1853 :

« Quant aux affaires publiques, je ne crois pas à une guerre imminente ; mais je crois que des évènements ne tarderont pas à troubler l'Europe. Je crois à une révolution en Espagne, si la reine Christine ne s'exile pas volontairement. Cette révolution donnera le signal à celle de Naples. On craint la guerre pour les révolutionnaires, et moi je crois que, s'il y a la guerre, il n'y aura pas de révolution. Mes idées sont fondées sur des convictions profondes et la connaissance de certaines circonstances. J'ai aussi la conviction que *Napoléon donnera le signal du branle-bas* plus tard et quand on ne le croira pas. »

Ces prédictions se réalisèrent de point en point. La reine Christine s'exila volontairement, et la révolution n'eut pas lieu. Mais bientôt M. Gladstone ouvrit le feu contre les Bourbons de Naples, et un peu plus tard, le 1ᵉʳ janvier 1859, Napoléon devait donner le *signal du branle-bas* par sa fameuse apostrophe à M. de Hübner.

L'âme de toute cette politique était Palmerston. Il avait besoin, pour réaliser ses plans, de la France, de son armée, de ses finances. En janvier 1852, il fit reconnaître le nouvel empire par l'Angleterre avec un empressement qui emporta la reconnaissance des autres cours européennes, restées pendant quelque temps dans une attitude expectante.

Il le fit en altérant les lettres de la reine de la Grande-Bretagne, comme a été obligé de le dénoncer en plein parlement John Russell lui-même, son collègue au ministère, pour justifier le renvoi du ministre infidèle. Voici sur ce point le témoignage de Lord Normanby : « John Russell affirma que le secrétaire d'État au département des affaires étrangères (Palmerston) avait écrit plusieurs dépêches aux ambassadeurs sans y avoir été autorisé par le cabinet, et sans en avoir donné connaissance à la reine. *Il avait altéré des dépêches revêtues de la signature royale* ; et enfin ce même secrétaire d'État s'était mis aux lieu et place de la couronne, négligeant ainsi et foulant aux pieds les droits de la reine, *afin de faire prévaloir son avis personnel sur l'état des choses à Paris,* » et amener l'entente cordiale sans laquelle on ne pouvait rien ou peu de chose.

Le Père Deschamps vit alors, peu après le renvoi de Palmerston, Misley, qui allait à Londres. Sur ce qu'il lui dit de ce renvoi et de l'impossibilité du rappel de Palmerston, après d'aussi ignobles abus de confiance : — *Oh! répondit Misley, on ne peut pas se passer de lui, et son rappel ne tardera pas.* — Il se fit en effet, et même dans un ministère présidé par John Russell! Maçon comme lui, il l'avait dénoncé au parlement dans l'intérêt du moment et pour assurer le succès de la grande conspiration maçonnique.

Dès le lendemain du désastre de Novare, on saisit chez Victor-Emmanuel et son entourage immédiat la volonté de reprendre à la première occasion l'œuvre de la Révolution.

Nous disons l'œuvre de la Révolution et non celle de l'indépendance italienne, car en 1850 ce prince donnait à la Franc-maçonnerie un gage positif de son intention de faire la guerre à la religion non moins qu'à l'Autriche et de faire passer l'intérêt révolutionnaire avant l'intérêt italien.

Le ministère d'Azeglio, qui après Novare avait pour mission de panser les plaies du pays, de reconstituer l'armée, prit une attitude autoritaire très énergique et inspira au roi la proclamation de Moncalieri, dans laquelle, dit Mme Rattazzi, on pouvait voir une « allusion à un coup d'État comme Napoléon devait en faire un peu après (1). » Cavour était l'âme de ce ministère; or, par la loi du 9 avril 1850, il rompait le

---

(1) *Rattazzi et son temps. Documents inédits, correspondances, souvenirs intimes,* par Mme Rattazzi, Paris, 1881, t. I, p. 304.

concordat existant avec Rome : cette loi fut votée avec le concours de Rattazi, l'ancien ministre révolutionnaire de Charles-Albert, le chef de l'opposition dans la Chambre. Une alliance étroite était dès lors contractée entre ces deux hommes ; les mesures persécutrices de l'Église s'accentuèrent rapidement. Mgr Franzoni, archevêque de Turin, ayant protesté, fut arrêté, condamné à l'amende et à la prison par les tribunaux, bientôt après envoyé en exil. Il en arriva autant à l'archevêque de Cagliari.

Rattazzi avait fait jadis partie de la *Jeune-Italie* : compromis avec les révolutionnaires militants beaucoup plus que Cavour, qui jusque-là paraît s'être tenu dans les régions plus cachées et plus relevées des sociétés secrètes, il apportait à ce dernier l'appui du parti d'action, dont la direction échappa de plus en plus à Mazzini.

La rupture de Cavour avec le vieil élément royaliste piémontais, auquel sa naissance le rattachait, fut bientôt complète. Rattazzi fut, grâce à lui, élu président de la Chambre des députés en 1852 ; il entra au ministère en 1854, et proposa aussitôt une loi pour confisquer les biens des corporations religieuses. Une crise ministérielle s'en étant suivie, Victor-Emmanuel usa de sa prérogative royale pour maintenir Rattazzi au pouvoir et faire voter la loi (28 mai 1855) par la Chambre menacée de dissolution.

« Mazzini, dit Mme Rattazzi, fut désarçonné du coup et en devint furieux (1). » Mais la majeure partie des

(1) Cette défection explique la haine profonde que Mazzini portait à Rattazzi et qui éclate à chaque instant dans ses lettres publiées par

éléments révolutionnaires se groupa autour de Cavour et de Rattazzi et leur confia la direction du mouvement. Une des plus importantes adhésions fut celle de Manin, l'ancien doge de Venise en 1848. Il apporta son influence et celle des loges françaises et italiennes, dont il était un des chefs, au service de l'idée unitaire sous la monarchie piémontaise, et combattit la politique mazzinienne, qui avait pour objectif la république fédérative.

« Rattazzi suggéra l'idée d'opposer à cette propagande centrifuge hors du Piémont une pression centripète à Turin. De cette idée, mise à exécution par Cavour, sortit la *Società nazionale*, qui était le revers de la médaille de *Partito* d'Apène. Le triumvirat Manin, la Farina, Pallavicini se forma sous la direction de Cavour, avec le programme : *Unificazione d'Italia, independenza sotto la dinastia di Savoia*, tant que cette dynastie demeurerait fidèle à la cause italienne, en se servant de l'action populaire et de l'utile concours du gouvernement piémontais. Cette société travailla l'esprit italien et le transforma. *Agitatore ed agitato*, disait Manin. Cette agitation rendit impossibles, en les démasquant, les Euménides de l'Italie à cette époque, c'est-à-dire Mazzini, Murat, la République, le pape. On groupa les patriotes, on concentra les forces. Cavour était la tête et le foyer de ce polype immense, qui lançait ses tentacules sur tous les points de la péninsule et concentrait l'âme italienne dans le cabinet de Victor-Emmanuel. »

Quelque importance qu'eût cette concentration des éléments révolutionnaires italiens sous la direction de Cavour, elle n'eût pas servi à préserver Victor-

---

Diamilla-Muller, *Politica segreta italiana*, Turin, Roux et Favale in-8°, 1880.

DESTRUCTION DU POUVOIR TEMPOREL

Emmanuel d'un second Novare, s'il n'eût trouvé des coopérateurs comme Palmerston et Napoléon III. Ce sont eux que nous allons voir à l'œuvre.

Toutes les affaires de cette période ont été traitées par des communications secrètes entre les principaux acteurs des évènements. Presque constamment les documents diplomatiques, les notes ministérielles expriment le contraire de ce que préparent Victor-Emmanuel, Napoléon III, Palmerston. Leur manière d'agir est celle d'hommes engagés dans les sociétés secrètes, et qui ont à compter avec des éléments tout autres que ceux qui figurent sur la scène extérieure de la politique.

La guerre de Crimée n'a jamais été bien expliquée dans ses origines. Elle reste un mystère sous bien des rapports. Eh bien ! il est très frappant de voir que, le 12 mars 1849, cette idée était mise en avant par un journal de la secte, publié à Rome, qui préconisait une alliance de la Turquie, de l'Angleterre et de la France contre la Russie. L'intervention du gouvernement piémontais dans cette guerre est encore plus étrange. En 1853, c'est Victor-Emmanuel qui, personnellement et malgré ses ministres, engagea le Piémont dans cette guerre où il n'avait absolument aucun intérêt, mais qui liait le parti révolutionnaire avec Napoléon III. Cavour était dès ce moment son instrument, et suivait, de concert avec le roi, une politique absolument opposée à celle du ministère dont il faisait partie. Dès le 6 juin 1853, Victor-Emmanuel faisait au duc de Guiche, ministre de France à Turin, des ouvertures très précises qui aboutirent six mois plus tard au traité du 8 juin 1854, après le temps utile pour travailler l'opinion publique en ce sens.

Le Père Deschamps a attribué à lord Palmerston un rôle prépondérant dans les révolutions de ce siècle. Misley le lui avait signalé dès 1850, comme exerçant une sorte de dictature sur les sociétés secrètes et sur ce monde diplomatique occulte qui mène en réalité la politique européenne, et pour lequel les débats parlementaires ne sont bien souvent que des parades jouées sur les tréteaux pour l'amusement du public.

Cette partie de l'ouvrage du P. Deschamps a soulevé certains doutes chez des esprits sincères, qui croient plutôt que *l'old Palm* a personnifié dans sa longue carrière la politique égoïste de l'Angleterre.

Depuis lors, divers écrits, notamment les *Mémoires* de Rattazzi publiés par sa femme née Bonaparte, sont venus apporter aux vues de l'auteur des *Sociétés secrètes* une confirmation éclatante.

Palmerston exécrait le pape et les Bourbons; il avait adopté pour devise : Agitez ! Agitez ! Dans ses dépêches diplomatiques et surtout dans sa correspondance intime apparaissent constamment les serments du chevalier Kadosch.

En 1847, il avait poussé Charles-Albert à inaugurer la guerre révolutionnaire. Dès 1852, Cavour, devenu premier ministre de Victor-Emmanuel, pouvait, en entrant dans sa lutte diplomatique avec l'Autriche et le Vatican, écrire que le *concours loyal de Palmerston lui était* assuré.

L'expédition de Crimée avait été si bien une simple opération préliminaire que, dans le congrès même où fut rédigé l'instrument de paix, l'on commença la campagne révolutionnaire et diplomatique qui devait aboutir à la guerre d'Italie et à la constitution de l'unité italienne sous le sceptre de Victor-Emmanuel.

La maison de Savoie avait en effet accepté le fruit empoisonné que les sociétés secrètes offrent aux princes, mais que la maison de Bourbon a toujours repoussé. Comme le tentateur, la Révolution lui promettait des royaumes, si elle consentait à l'adorer.

Charles-Albert, engagé de longue date dans les sociétés secrètes, avait commencé cette trahison en se prêtant en 1821 à la première insurrection des carbonari ; puis en 1847, il était revenu aux complices de sa jeunesse et s'était lancé dans la guerre qui se termina par la défaite de Novare. Ses tristes exemples pesaient sur son fils, quoiqu'il n'ait jamais perdu la foi religieuse. Quand la pieuse princesse qui était son épouse fut morte, il fut livré sans contrepoids aux influences révolutionnaires. Dès lors Cavour, gouvernant sous son nom, put engager le Piémont dans la guerre de Crimée pour pouvoir poser ensuite la *question italienne* au congrès de Paris.

En février 1855, Cavour écrit à Cibrario que Napoléon III ne veut pas encore laisser poser la question italienne, parce qu'il attend la naissance d'un enfant dont il veut, par politique, que le pape soit le parrain.

Ce fut au commencement de 1856 que se fit l'ouverture du congrès de Paris, sous la présidence du ministre des affaires étrangères de France, M. le comte Walewski.

Le 27 mars, dit M. de Corcelles, M. le comte de

Cavour, assisté de Villamarina, avait remis aux ministres de France et d'Angleterre une note verbale réclamant dans le gouvernement du Saint-Siège *l'intervention* des puissances qui allaient se réunir en congrès.

Impuissance du souverain pontife à gouverner son peuple; danger permanent du désordre dans le centre de l'Italie; extension de la domination autrichienne bien au delà de ce que les traités de 1815 lui ont accordé; telle était la thèse soutenue dans cette note qui se terminait par ces mots :

« Principauté apostolique sous la haute domination du pape, mais régie par ses propres lois, ayant ses tribunaux, ses finances, son armée, gouvernée, avec des ministres et un conseil d'État, par un *vicaire pontifical laïque*, nommé pour dix ans ; une troupe indigène immédiatement organisée au moyen de la conscription militaire ; exécution de ces mesures confiée à un haut commissaire nommé par les puissances, et au gouvernement français, dont les troupes remplaceraient temporairement celles de l'Autriche dans les Légations. »

C'était la reprise de la vieille querelle du Directoire et du premier Empire contre la papauté, c'était la suite de la lettre du prince-président à Edgard Ney ; on y retrouve le même thème, les mots mêmes de *sécularisation* et de *Code Napoléon*.

Le 8 avril, le comte Walewski pose donc le premier, au sein du congrès et au nom du gouvernement français, la question romaine et italienne.

La résistance de l'Autriche empêche le congrès de voter sur ce hors-d'œuvre et sur ces calomnies. Lord Clarendon avait déclaré le gouvernement du pape « le plus mauvais qui ait jamais existé » ; selon le mot de Cavour, « un verdict rendu par la France et l'Angleterre ne pouvait demeurer stérile. » La diplomatie se faisait l'éditeur responsable des exécrables mensonges de la démagogie.

Un utile auxiliaire de Cavour fut sir James Hudson, ministre d'Angleterre à Turin, et donneur de conseils et de subsides à tous les conspirateurs. Un des secrétaires de la légation disait plaisamment :

« Je viens de dîner chez sir James ; nous étions
« douze à table ; sauf lui et moi, les convives étaient
« tous galériens et condamnés à mort ! Les gaillards
« me donnaient le frisson. »

C'est sous ses auspices et dans l'hôtel de la légation britannique que Mazzini, condamné à mort par contumace en Piémont pour avoir dirigé une tentative d'assassinat contre Charles-Albert, eut plusieurs entrevues avec Cavour.

Lord Palmerston lisait à la tribune du Parlement d'Angleterre les accusations odieuses de sir Hudson contre le pape et les souverains légitimes. Lui-même ne craignait pas de dire :

« Le gouvernement pontifical est *mauvais et tyrannique*. Bien que des atrocités aient été commises, le gouvernement provisoire de Rome s'est efforcé de les prévenir, et LA VILLE SAINTE N'A JAMAIS ÉTÉ BIEN GOUVERNÉE QUE DURANT L'ABSENCE DU PAPE, qui ne peut se maintenir à Rome qu'avec l'appui d'une force étrangère. »

Pendant deux ans, les journaux anglais à la solde de la Maçonnerie développèrent ce thème, attaquant tour à tour le pape, le roi de Naples, le gouvernement de la duchesse de Parme, cette princesse si française par le cœur, si grande par l'intelligence.

Tout est prêt, aurait dit le comte Cavour à Napoléon III, avant de partir de Paris, après le congrès ; *commençons par les Romagnes, au premier ordre Bologne se soulèvera.* — Non pas, aurait répondu l'empereur, nous ne sommes pas prêts ici contre les États du pape, c'est plutôt par Naples qu'il faut commencer. Vous aviez le duc de Gênes pour ce pays ; mort, vous ne pouvez le remplacer par votre *Carignan* ; mais j'ai *Murat* ; avec lui tout sera facile. — Nicotera et tous ses garibaldiens étaient déjà achetés pour cette entreprise. — A ce nom de *Murat*, Cavour avait pâli.... Il partit soucieux, roulant bien d'autres projets dans sa tête.

Cette conversation, rapportée par M. de Cavour à un de ses collègues, explique la nomination de Murat à la *grande-maîtrise maçonnique* de France, sur la demande des maçons de Naples, et le rejet qu'ils en firent plus tard, après son vote au Sénat pour le pape, afin d'élire à sa place Jérôme-Napoléon, qui s'était si audacieusement prononcé dans cette occasion et toutes les autres contre la papauté.

Cavour devait jouer Napoléon III ; il voulait renverser les trônes en Italie, au profit de la maison de Savoie, et il résolut de contre-carrer les menées muratistes. Il prépare les soulèvements à l'aide des sociétés secrètes, et Napoléon III le seconde, sans s'apercevoir du rôle de dupe qui lui est attribué. L'Angleterre prête aussi son argent et va jusqu'à laisser s'établir à Malte un centre de recrutement pour la légion anglo-italienne qui, plus tard, devait descendre en Sicile.

Il est constant que l'assassinat commis par Agésilas Milano fut préparé à Londres, et dans certains imprimés français, même avant que l'attentat fût perpétré, on lisait : *Feu le roi de Naples*. Ce roi, c'était le « *Bomba* », contre lequel Palmerston avait conseillé de courir sus.

Il faut noter qu'en juillet 1856, Garibaldi, qui avait été si hostile à Charles-Albert, vient, sous prétexte de faire de l'hydrothérapie, s'installer à Voltagio en Piémont. Il parle dans les manifestes qu'il lance de cette ville de la prochaine libération de l'Italie, et indique que c'est par le Piémont qu'elle aura lieu et que les éléments révolutionnaires marcheront tous avec Victor-Emmanuel.

Les agents maziniens pullulaient, d'autre part, dans toute l'Italie et surtout dans le royaume de Naples. Les loges, qui leur obéissaient encore, poursuivaient l'unification de l'Italie républicaine. Ce fut seulement plus tard que Mazzini, comme on le verra, se résigna à laisser s'exécuter le plan de Cavour.

Mazzini n'avait pas acquiescé au convent des sociétés secrètes tenu à Paris, en janvier 1852. Au courant des desseins arrêtés entre Palmerston, Cavour et Napoléon III, il veut les déjouer et faire éclater des mouvements révolutionnaires républicains et locaux. Il emploie son arme habituelle, l'assassinat. Le duc Charles III, de Parme, tombe sous les coups d'un sicaire, le 23 mars 1854 ; en 1856, c'est l'attentat de

Milano qu'il ordonne ; la même année, il cherche à provoquer dans les duchés un soulèvement qui avorte. S'attaquant au gouvernement piémontais lui-même, une bande de mazziniens tente de s'emparer de Gênes le 29 juin 1857. Partout Mazzini échoue : des forces nouvelles tiennent en échec son ancienne puissance. Il comprend bien que l'obstacle est Napoléon III, et il cherche à le renverser par des conspirations qui devaient avoir pour prélude l'assassinat. De nombreuses tentatives se succédèrent sans interruption depuis juillet 1852 jusqu'aux bombes d'Orsini (janvier 1858), qui clôturèrent cette phase de l'action mazzinienne. Le gouvernement impérial chercha autant que possible à cacher au public ces attentats, qui révélaient la fragilité de son établissement.

Voici quelles étaient alors les forces dont Mazzini disposait. A Londres, il y avait deux comités d'action : l'un le *Comité central européen*, dirigé immédiatement par lui ; l'autre, appelé la *Commune révolutionnaire*, dont Félix Pyat était le chef. Un autre comité existait à Jersey, un quatrième à Bruxelles, un cinquième à Genève, où s'était réfugié Eugène Sue. Ces comités restaient en relations avec diverses sociétés secrètes, qui avaient continué à subsister en France. La plus importante était la *Ligue du Sud-Est*, qu'Alphonse Gent avait organisée en 1849, et qui, de Marseille à Châlon, se ramifiait dans toute la vallée de la Saône et du Rhône. On retrouvera ces mêmes éléments révolutionnaires en 1870, sous le nom de *Ligue du midi*, et ils forment encore de nos jours le principal noyau des anarchistes. Alors, comme plus tard, Félix Pyat joue un rôle important parmi les affiliés. Un de ces groupes formait la société dite *du Bureau du tour de France* et ses membres voyageaient comme des compagnons, sur les fonds secrets de l'association. Dans ces sociétés, dirigées par quelques exilés réfugiés en Angleterre, les *meneurs en redingote* sont suspects aux prolétaires. Les décuries et centuries sont supprimées. Chaque membre ne peut plus avoir désormais de relations qu'avec trois autres. A l'imitation des sociétés secrètes de la Restauration, chacun occupe les sommets d'un triangle imaginaire, dont les côtés sont en contact avec un autre triangle, et c'est ainsi qu'ils se répandent de proche en proche dans les départements, en ayant soin d'adopter pour leurs relations télégraphiques et postales un argot politico-commercial, qui, du reste, ne trompe pas longtemps la police.

Mais, tout d'un coup, le 14 janvier 1858, éclatèrent devant l'Opéra les bombes d'Orsini, arrachant à ses hésitations apparentes celui qu'elles devaient menacer, jetant sur la situation d'horribles lumières, complétées, a dit un historien, par la déclaration testamentaire de l'auteur de cet exécrable attentat.

Dans la séance du 13 mars 1861, M. Keller devait, dans une étude rétrospective, signaler à la tribune du Corps législatif le rapprochement à faire entre le crime d'Orsini et la guerre d'Italie.

Le gouvernement impérial ne lui pardonna pas cet acte de courage, et il combattit depuis lors avec acharnement la candidature de l'éminent catholique.

On ne saurait toujours étouffer la vérité ; en 1874, le *Journal de Florence*, a publié sur ces évènements un récit détaillé dont les principaux traits ont été connus à l'époque, mais qu'il importe de placer ici en son entier :

« ... Le soir de l'attentat (14 janvier 1858), l'empereur montra, en présence du péril, un sang-froid admirable. Comme lors des conspirations de l'Hippodrome et de l'Opéra-Comique en 1853, de Pianori en 1855, il méprisa d'abord l'implacable persecutio de la secte italienne dont il était membre, mais qu'il avait résolu de renier pour se vouer à la prospérité de la France et à l'établissement solide de sa dynastie.

« Mais vint bientôt la réflexion, et, avec la réflexion, cette frayeur rétrospective qui s'empare des âmes les mieux trempées et fait leur supplice. Le prince impérial n'était qu'un petit enfant. Que deviendrait l'Empire et que deviendrait ce prince héritier, si la secte, qui avait juré la mort de Napoléon, parvenait à réaliser son exécrable dessein ?

« L'empereur, en proie à des perplexités terribles, se souvint d'un conseil que lui avait donné sa mère, la reine Hortense :

« Si vous vous trouvez jamais dans un grand péril, si vous avez jamais besoin d'un conseil extrême, adressez-vous en toute confiance à l'avocat X... Il vous tirera du péril et vous conduira sûrement. »

« Cet avocat, que je ne veux point nommer ici, était un exilé romain que Napoléon lui-même avait connu dans les Romagnes pendant le mouvement insurrectionnel de l'Italie contre le Saint-Siège. Il vivait près de Paris dans un état qui n'était ni la fortune, ni la médiocrité, cet état de mystérieuse aisance que la Maçonnerie assure à ses capitaines.

« Napoléon chargea M... d'aller le trouver et de l'inviter à venir aux Tuileries.

« Il y consentit, et rendez-vous fut pris pour le lendemain matin.

« Quand il entra dans le cabinet de l'empereur, celui-ci se leva, lui prit les mains et s'écria :

— « On veut donc me tuer ? Qu'ai-je fait ?

— « Vous avez oublié que vous êtes italien et que des serments vous lient au service de la grandeur et de l'indépendance de notre pays. »

« Napoléon objecta que son amour de l'Italie était resté inaltérablement dans son cœur, mais que, empereur des Français, il se devait aussi et avant tout à la grandeur de la France. Et l'avocat répondit que l'on n'empêchait nullement l'empereur de s'occuper des affaires de la France, mais qu'il pouvait et devait travailler aux affaires de l'Italie et unir la cause des deux pays, en leur donnant une égale liberté et un même avenir. Faute de quoi, on était parfaitement décidé à employer tous les moyens pour supprimer tous les obstacles, pour délivrer la péninsule du joug de l'Autriche et pour fonder l'unité italienne.

— « Que faut-il que je fasse ? Que me veut-on ? » demandait Napoléon.

« L'avocat promit de consulter ses amis et de donner dans peu de jours une décision.

« Cette décision ne se fit pas longtemps attendre.

« La secte demandait à Napoléon trois choses :

« 1° La grâce de Pierre Orsini ;

« 2° La proclamation de l'indépendance de l'Italie ;

« 3° La participation de la France à une guerre de l'Italie contre l'Autriche.

« On accordait un délai de quinze mois à Napoléon pour préparer les évènements, et il pouvait, durant ces quinze mois, jouir d'une sécurité absolue. Les attentats ne se renouvelleraient pas, et les patriotes italiens attendraient l'effet des promesses impériales.

« Ici, reprend le *Journal de Florence*, le mémoire accumule les documents connus qui marquèrent le revirement si brusque de la politique impériale et relièrent cette politique à la lettre d'Edgard Ney.

« Le fait est que l'empereur multiplia ses efforts pour

réaliser la première demande de la secte. Il fit implorer la grâce d'Orsini par l'impératrice, consulter ses ministres, le corps diplomatique étranger, et ne trouvra de résistance que dans un seul personnage ; mais ce personnage, le plus porté à la clémence par état, ne crut pas que l'empereur fût maître d'enchaîner le bras de la justice.

« Le cardinal Morlot lui dit :

— « Sire, Votre Majesté peut beaucoup en France, sans doute, mais elle ne peut pas cela. Par une miséricorde admirable de la Providence, votre vie a été épargnée dans cet affreux attentat ; mais autour de vous le sang français a coulé, et ce sang veut une expiation. Sans cela toute idée de justice serait perdue, et *justitia regnorum fundamentum.* »

« Napoléon avait compris. Il ne lui restait qu'une chose à faire ; et il la fit. Il alla trouver Orsini.

« Quel fut l'entretien des deux adeptes de la vente de Césène ? On ne le saura peut-être jamais. Ce que l'on sait pourtant, c'est que dans cet entretien Napoléon confirma les engagements pris en Italie dans sa jeunesse, renouvelés à l'avocat X..., et qu'il jura, dans les bras de celui qu'il ne pouvait sauver, de se faire son exécuteur testamentaire.

L'expression n'est que juste. Napoléon a été l'exécuteur testamentaire d'Orsini. Il fut convenu que celui-ci écrirait une lettre que l'empereur rendrait publique, et dans laquelle le programme de l'unité italienne serait déclaré.

« On vit alors un des plus grands scandales de notre temps : la lecture devant des juges de cette lettre-testament et sa publication dans le *Moniteur*.

« Le mémoire donne la lettre où ne figure pas le passage du pape, passage qui a pourtant été connu depuis 1870.

« *Martyr* de l'idée italienne, Orsini monta sur l'échafaud, avec la certitude que l'Italie serait une, que le pape serait découronné, et il cria en présence de la mort :

« *Vive l'Italie ! Vive la France !* »

De son côté, Kossuth raconte dans ses *Mémoires* comment M. Pietri avait fait les plus grands efforts pour sauver la vie d'Orsini ; il en avait obtenu la promesse de l'empereur. Celui-ci n'ayant pu tenir cet engagement, à cause de l'opinion publique, M. Pietri « fut tellement froissé qu'il se démit de ses fonctions de chef de la police. » C'est de M. Pietri lui-même que Kossuth tenait ces détails.

« Orsini avait cette idée fausse, disait Pietri, que l'empereur Napoléon était un obstacle à la liberté de l'Italie. Et il avait absolument tort. L'empereur avait toujours été un véritable ami de cette liberté. Il expliqua à Orsini, dans sa cellule, que, si l'attentat avait réussi, lui, Orsini, aurait tué, entre tous les souverains de l'Europe, le seul de qui les Italiens pussent attendre aide et secours. Cette explication ne fut pas sans effet sur Orsini. Le 21 février il adressait, de sa prison de Mazas, une lettre à l'empereur.

« Ne repoussez pas, Sire, écrivait-il, la parole d'un patriote qui est au seuil de la tombe. Délivrez l'Italie, et la bénédiction de vingt-cinq millions d'italiens suivra votre nom dans la prospérité. »

« Les journaux furent autorisés à publier cette lettre. Orsini comprit que sa voix, s'élevant du seuil de la tombe, était parvenue jusqu'au cœur de l'empereur, et le 11 mars, cette fois de la prison de la Roquette, il écrivit une seconde lettre, dans laquelle il condamna ouvertement le meurtre politique et conjura la jeunesse italienne de se préparer à combattre pour la liberté de l'Italie par la pratique des vertus civiques. »

Ce fut Jules Favre qui défendit Orsini, et l'on doit remarquer qu'en ne divulguant pas plus tard certains secrets de la vie privée du député républicain, le gouvernement impérial acquittait une dette de gratitude pour le silence de l'avocat sur les révélations de son client carbonaro.

L'union entre les Tuileries et le Palais-Royal devint plus étroite ; l'histoire n'en a pas encore révélé la mystérieuse cause ; on sait seulement que la division avait éclaté, dès le commencement, sur la légitimité des titres à l'Empire ; qu'en 1854, Napoléon III avait fait déclarer par MM. Troplong, Baroche et Abattucci, la légitimité des Bonaparte d'Amérique ; qu'en 1856, le même conseil, présidé par les mêmes personnages, avait, sur les instances du vieux Jérôme, révoqué son premier jugement, et déclaré la légitimité du second fils né de la princesse de Wurtemberg ; et qu'enfin, après l'entrevue de Plombières, où tout avait été réglé avec M. de Cavour sur l'Italie, le prince Napoléon devait épouser la seconde fille du roi de Piémont, Victor-Emmanuel. Quoi qu'il en soit, on relit sans surprise ce passage d'une lettre d'Enfantin, un des confidents du Palais-Royal et des Tuileries, et qui en Suisse avait naguère « endoctriné les anciennes grandes dames de l'Empire, la duchesse de Bade et la comtesse de Saint-Leu. »

« Vous savez que je me suis toujours refusé à ne voir qu'une pensée dynastique dans l'affection de Louis-Napoléon pour son cousin. J'ai toujours pensé qu'il lui savait gré d'avoir maintenu le nom de Napoléon dans les rangs de la démocratie, et de s'être abstenu de toute alliance politique avec les partisans du passé, pendant que lui, au contraire, était obligé de compter avec tout le monde sans distinction de parti, selon les exigences du temps et les nécessités de sa position suprême. Entre nous encore, *je ne crois pas que l'empereur déteste les hommes qui, en Italie, ont combattu les abominations des gouvernements de Naples, de Rome et de Milan.* »

Le Saint-Simonisme avait voix ou oreille au conseil, et peut-être toutes deux ; aussi Enfantin ne se trompait-il pas en annonçant la guerre et en donnant à ses amis des conseils financiers dont leurs coffres eurent à se féliciter.

Napoléon III avait dit, le 3 janvier, à M. de Hubner, ambassadeur d'Autriche : « Je regrette que votre gouvernement ne s'entende pas mieux avec nous. » Tout était prêt pour le *branle-bas* annoncé, dès 1853, par H. Misley au Père Deschamps, en rendant compte du convent maçonnique auquel il avait été, nous l'avons dit, convoqué de la part de Louis-Napoléon, par un billet contre-signé Mocquard (chef du cabinet de l'empereur) et sur lequel on lisait : *Pour les affaires d'Italie.*

On connaît la glorieuse campagne accomplie par nos soldats, et l'on sait aussi que l'accueil fait par le peuple italien aux vainqueurs de Montebello, Solferino, Magenta, témoignait de sentiments peu reconnaissants. Ce fait, inexplicable même en tenant compte de la jactance italienne, avait une cause maçonnique : Mazzini détestait Napoléon III, et c'était par discipline qu'il avait interrompu ses ordres d'assassinat depuis l'échec d'Orsini. Il redoutait les menées du carbonaro couronné. Le gouvernement piémontais, de son côté, ne voulait pas laisser tourner à l'avantage des Bonaparte les victoires scellées du sang de la France. C'était toujours la rivalité de Cavour, et elle se manifestait par les secrètes instructions des loges.

Le traité de Villafranca, suivi de celui de Zurich,

fut-il inspiré à Napoléon III par la crainte d'une coalition des puissances du nord ? On l'a dit, mais d'autre part, il ressort de la correspondance du marquis Pepoli, parent et envoyé de Napoléon III à Berlin, que la Prusse promettait au moins la neutralité, au cas où la guerre se prolongerait. D'après Kossuth, dont les relations avec l'empereur ont été intimes, la décision de ne pas accomplir tout le programme : « l'Italie libre des Alpes à l'Adriatique », était arrêtée à l'avance par Napoléon III (1).

La vérité est que Napoléon III, tout en voulant accomplir le grand œuvre de la Révolution et satisfaire sa haine contre la papauté, *odisse quem læsisti*, poursuivait un but d'ambition personnelle. Son cerveau était hanté par le rêve de reprendre l'œuvre de Napoléon Ier, ou tout au moins les projets de 1815. Il espérait faire de l'Italie affranchie de l'Autriche une puissance vassale de son empire. Le prince Napoléon, qui le gênait à Paris, aurait été établi dans l'Italie centrale, en Toscane et dans les Romagnes ; Murat eût régné à Naples. Voilà l'explication de sa conduite pleine de contradictions en apparence. En entrant en Italie, il promet de la rendre libre jusqu'à l'Adriatique ; il s'arrête brusquement à Villafranca, et met en avant un projet de confédération italienne dirigée contre l'ambition du Piémont. De 1856 à 1859, il mine par tous les moyens possibles le gouvernement des Bourbons à Naples ; il répand dans l'armée na-

(1) Le récit de Kossuth, ainsi que tous les documents sur lesquels est appuyé ce récit, se trouvent *in extenso* dans le tome III de l'ouvrage des *Sociétés Secrètes*, chap. VII, § 7.

politaine des proclamations excitant au soulèvement contre les Bourbons et rappelant les souvenirs du roi Joachim ; un comité muratiste, établi à Paris, fonctionne activement ; puis, quand Garibaldi est arrêté devant Gaëte, on le voit donner un certain appui à François II pour faire échec à Victor-Emmanuel. Il faut la pression de Palmerston et la force acquise par la Révolution pour le faire acquiescer définitivement à l'unité italienne sous la monarchie piémontaise.

Napoléon III avait affaire à un homme de plus grande habileté que lui dans Cavour.

Complètement joué, il n'est point étonnant qu'il en ait manifesté sa mauvaise humeur, qu'il ait cherché *à prendre des gages* contre l'Italie et Victor-Emmanuel. C'est là la véritable explication de Villafranca, comme plus tard de Mentana. Elle paraît, du moins, vraisemblable à M. Gallenga, correspondant du *Times* en Italie, et dont le jugement en l'espèce a une grande valeur.

L'empereur avait déclaré solennellement que les États du Saint-Père « seraient respectés », ainsi que le territoire et les droits des puissances neutres.

Or, le corps d'armée de Napoléon-Jérôme, par sa diversion sur les frontières des Légations, ainsi que l'entrée d'un vaisseau de guerre français dans le port d'Ancône, amena, — le prince s'en est vanté dans un rapport, - la retraite des Autrichiens et par conséquent l'insurrection des Romagnes, faite à prix d'or par le parti révolutionnaire qui avait pour garantie de ses emprunts la signature personnelle de Victor-Emmanuel. Le traité de Villafranca *conseillait* la *séparation administrative* des Légations. Le Piémont surenchérit sur la *sécularisation* déjà indiquée dans la lettre à Edgard Ney et rappelée le 14 juillet 1859, trois jours après la signature des préliminaires de paix, dans une lettre impériale envoyée de Desenzano au pape Pie IX. Au lieu de constituer un vicariat pour le prince Jérôme (qui aurait accepté ce bénéfice malgré le titre peu laïque), il préféra perpétrer la spoliation, montrant ainsi qu'il « comprenait les nécessités de son époque. » Le 30 décembre, Napoléon III sanctionnait cette spoliation dans une nouvelle lettre au Saint-Père, en disant : « Le règne du pape dans les Romagnes est fini. » Et Cavour proclamait à la tribune que cette lettre, — date mémorable dans l'histoire d'Italie et manifestation d'un grand principe, — constituait un fait aussi important pour la question italienne, que la bataille de Solférino, que la délivrance de Venise, car le *souverain d'une grande nation catholique* y déclare que le pouvoir temporel du pape n'est pas *sacré*. Or, ajoutait Cavour, « la question du pouvoir temporel du pape n'est pas seulement une question italienne, mais une question européenne, une question universelle, et je ne *sache pas que, sans cette déclaration,* aucun ministre eût osé assumer la responsabilité de l'annexion des Romagnes. »

Et 92 voix contre 10, acceptant, convaincues par ce discours, la cession de la Savoie et de Nice, témoignèrent à l'Italie, à la France et au monde que cette cession était le prix et le consentement du gouvernement français à l'annexion des Romagnes, et de la lettre impériale, détruisant en principe le pouvoir temporel du pape.

Il n'y avait donc eu rien de sérieux dans ces traités de Villafranca et de Zurich, si ce n'est la cession de la Lombardie au Piémont et seulement comme un acompte ; tout le reste n'était qu'un trompe-l'œil. Mais écoutons l'intermédiaire officiel de Villafranca, le prince Napoléon lui-même, expliquer au Sénat, dans la séance du 1er mars 1861, la portée révolutionnaire de cet acte, avec un cynisme qui était un calcul chez lui, car il le posait auprès des sociétés secrètes comme le surveillant maçonnique de son cousin couronné :

« Il y a deux choses dans le traité de Villafranca, a-t-il dit dans la séance du 1er mars : ce qui a été réglé, stipulé définitivement, promis *sans ambages*, et ce qui n'a eu qu'un caractère éventuel, conditionnel. Les deux empereurs, étant décidés à faire la paix, *se sont entendus*, et ils ont fait deux parts : l'une qu'ils ont réglée immédiatement, comme la cession de la Lombardie à l'empereur des Français, cession *fictive*, imaginée pour sauvegarder l'amour-propre de l'Autriche ; l'autre partie, qui s'est composée d'une série de promesses et d'indications. Voici ce que les deux empereurs se sont dit ; — j'ai peut-être quelque autorité pour le dire, puisque le *hasard* a voulu que j'aie été l'intermédiaire de cette négociation : — Nous sommes d'accord sur certains points qui dépendent de nous, fixons ces points-là ; pour le reste, qui *ne dépend pas de nous*, nous ne ferons, pour ainsi dire, qu'indiquer des *desiderata* ; et après beaucoup de discussions, ces desiderata ont été à leur tour écrits dans les préliminaires. »

La vraie pensée de la politique napoléonienne était dans ces déclarations du prince Napoléon.

Le prince Napoléon a joué pendant tout l'empire un rôle considérable. Les circonstances avaient mis le trône entre les mains de son cousin ; mais les secrets de famille relatifs à la naissance de ce dernier, dont il avait les preuves en mains dans le désaveu de paternité du roi Louis, obligeaient l'empereur à compter envers lui. Si la jeunesse l'avait empêché de jouer, comme lui, un rôle dans la *Carbonara*, ses principes révolutionnaires n'en étaient pas moins certains. En octobre 1851, peu de temps avant l'élection d'un grand-maître pour la France, le journal le *Franc-Maçon* (3⁰ année, p. 41) donna une liste de treize candidats présentés comme les plus dignes d'être promus à la grande-maîtrise. Le candidat qui est le second en rang est désigné ainsi : « Napoléon Bonaparte, représentant du peuple, initié en 1848 aux *Amis de la Patrie* par le F∴ Desanlis, dernier président du Grand-Orient. — Portrait : principes avancés ; doué de qualités énergiques et aimant la Maçonnerie, à l'exemple de son père, le F∴ Jérôme. » Louis-Napoléon préféra faire porter à la grande maîtrise le prince Murat, autant parce qu'il voulait ménager à ce dernier une influence en Italie que pour empêcher le prince Napoléon d'accroître son ascendant et ses moyens d'action. A plusieurs reprises, l'empereur chercha à compromettre son cousin. La brutale impiété, les mœurs grossières, les scandales de la vie domestique de ce personnage le servaient dans ce dessein. Mais celui-ci, même avant d'être le gendre de Victor-Emmanuel, avait, de par les sociétés secrètes, une force propre qui s'imposait à son cousin couronné.

Il fut toujours au milieu du règne le représentant de l'idée révolutionnaire, qui était la raison d'être de la dictature impériale. A l'intérieur il groupait autour de lui une fraction considérable de la démocratie, qui saluait en lui un *César déclassé*. Elle était représentée par le *Siècle* et l'*Opinion nationale*, les journaux les plus influents de l'époque. Quant à la politique extérieure, il poussait énergiquement à l'accentuer de plus en plus dans le sens révolutionnaire, et voici en quels termes il l'exposait au Sénat :

« Messieurs, il me reste à appuyer sur la question fondamentale de notre discussion, celle qu'il est sans contredit le plus difficile de faire triompher dans l'esprit du Sénat : je veux parler de *l'unité de l'Italie*. Cette *unité*, Messieurs, *était le résultat inévitable de la guerre de 1859 : je le prévoyais, et c'est pour cela, je l'avoue, que j'ai été partisan de cette guerre. Elle contenait le germe et le principe de l'unité italienne.* En effet, l'Autriche étant battue, *tous les princes italiens qui n'étaient que ses préfets* devaient tomber avec elle. Ces souverains n'étaient que les hommes-liges de François-Joseph. On a dit qu'il y avait quelqu'un qui a plus d'esprit que chacun, c'est tout le monde. Eh bien ! tout le monde en Italie, après la campagne de 1859, a dit que ces princes italiens devaient tomber avec l'Autriche. C'était la voix du peuple, l'opinion de l'Italie (1).

« Il y a un souverain qui n'était pas le préfet de l'Autriche, et qui l'est devenu par son libre choix : c'est le pape.

« J'arrive à une question délicate, la confédération. C'est selon moi une idée malheureuse, une *vieille idée*. Elle s'est produite à Villafranca. Là j'ai causé avec tout le monde :

---

(1) Et voilà pourquoi sans doute il ne s'est trouvé que quelques cent mille voix sur plus de vingt millions d'habitants, et sous le coup des poignards, pour former cette Italie unitaire. *C'était là tout ce monde qui a plus d'esprit que chacun.*

personne ne voulait de la confédération, ni l'Autriche, ni le pape. Le pape ne demandait qu'une chose, ses États avec quelqu'un pour les garder ; Victor-Emmanuel n'en voulait pas non plus : il voulait mieux que ça. *On n'accepte pas des morceaux* QUAND ON PEUT PRENDRE LE TOUT.

« — C'est naïf, dit, en interrompant, M. de Larochejaquelein.

« — NON, C'EST VRAI ! répondit le prince Napoléon ; LA POLITIQUE DOIT AUJOURD'HUI SE FAIRE FRANCHEMENT au grand jour !

« En résumé, la confédération était une simple *hypothèse* posée par la France, et cette hypothèse était repoussée par tous les intéressés. »

Et cependant elle était signée, par l'intermédiaire de l'orateur, et par les intéressés, comme les *desiderata* des signataires. Il est vrai que quand Victor Emmanuel apposa sa signature sur le traité de Villafranca, dit encore le prince Napoléon, il se borna à écrire de sa main : « *Approuvé en ce qui concerne le Piémont* ; » ce qui signifiait, pour lui et le prince, son gendre, qu'il approuvait la prise par lui de la Lombardie, d'un morceau, et que la prise du tout était dans ses *desiderata*.

A ce discours toute la Franc-Maçonnerie française se leva et voulut élever le prince Napoléon à la grandemaîtrise en remplacement du prince Murat, qui avait voté au Sénat en faveur des pétitions relatives au pouvoir temporel du pape. C'est à ce moment que le F∴ Edmond About publia, dans l'*Opinion nationale*, un manifeste où le prince Napoléon était présenté *comme le fils légitime, non bâtard, de la Révolution*, allusion très remarquée à l'époque. Le prince Napoléon se prêtait à ce mouvement universel dans les loges ; l'empereur n'y consentit pas. Le prince Murat fut bien obligé de se retirer, mais le gouvernement nomma d'autorité grand-maître le maréchal Magnan, en offrant à la Franc-maçonnerie, comme compensation de cet acte d'autorité, la reconnaissance officielle.

L'établissement de l'unité italienne sous la monarchie piémontaise, fut le résultat d'un concours d'actions diverses, se combinant sous la direction du grand chef des sociétés secrètes, Palmerston, mais non sans des luttes d'influence et des rivalités passagères, qui par moment semblent rompre la trame des évènements et déconcertent l'observateur superficiel, peu habitué aux mystères des sociétés secrètes.

Mazzini poursuivait toujours la réalisation du plan de la Jeune-Italie : l'Italie une, républicaine et démocratique.

Cavour, héritier de la pensée des *carbonari* aristocrates de la Haute-Vente, voulait l'unité, mais sous la maison de Savoie et avec la monarchie constitutionnelle.

Napoléon III, imbu foncièrement des idées révolutionnaires et saint-simoniennes, dont il avait été nourri dans sa jeunesse, dominé également par ses rancunes contre l'Autriche et le serment de *carbonaro*, hésitait entre ce passé et la réunion des intérêts conservateurs qui lui avaient servi de marchepied pour le trône. Il eût bien voulu refaire la carte de l'Italie, enchaîner l'Autriche, réaliser à Rome les desseins de la Haute-Vente ; mais il eût préféré, en laissant le pape au Vatican dans une servitude dorée, ne pas froisser stérilement le sentiment des catholiques français et établir, avec un Murat sur le trône de Naples, une royauté vassale dans le midi de l'Italie.

Mazzini, obligé, par son échec de 1848, de plier sous l'ascendant de Palmerston, avait accepté la monarchie piémontaise, seulement à la condition que l'Italie fût une ; mais il ne subissait qu'à son corps défendant la dictature napoléonienne. Il se réservait de lui faire une guerre sourde et de lui rappeler de temps à autre ses engagements par ses sicaires.

Napoléon, sentant bien que son rôle utile serait fini le jour où le programme de la Révolution serait pleinement réalisé, mettait des lenteurs calculées à remplir ses engagements, de façon à se rendre nécessaire le plus longtemps possible ; toutefois, dominé par Palmerston, surveillé de près par le prince Napoléon, au besoin stimulé par Mazzini, il ne dévia jamais de la route qui conduisait à ce but. Dès que quelques difficultés survenaient entre les comparses de ce drame, on voyait arriver à Paris le comte Arese, grand seigneur italien, ancien ami de Napoléon, homme de confiance de Cavour, en relations aussi avec Mazzini, et la marche de la Révolution reprenait alors son cours.

C'est donc à la fois à Paris et en Italie qu'il faut suivre le travail maçonnique qui réalisa l'unité.

L'opinion publique est aujourd'hui édifiée sur les procédés qui amenèrent la destruction des gouvernements italiens et sur la prétendue spontanéité du mouvement populaire.

Les intrigues anglaises, l'or piémontais semant partout, à Modène comme à Naples, la trahison, ont consommé, d'accord avec la Franc-maçonnerie, la *conquête* unitariste. A Modène, Cavour avait expédié, dès le lendemain du traité de Villafranca, le républicain Louis Frappoli, pour « sauver l'Italie » et aider Farini dans sa besogne spoliatrice (1).

Un autre franc-maçon notable, le ministre Liborio Romano, *cette rare figure de traître*, selon l'énergique expression de Mgr Dupanloup, était un des chefs de la Maçonnerie napolitaine, qui, par son organe ofciel, a déploré, en 1868, la mort de cet homme « estimable comme maçon et comme citoyen. »

Des récits authentiques attestent que M. Bombrini, gouverneur de la Banque, avait payé, sur un bon de M. de Cavour, s'engageant comme chef du gouvernement et comme homme privé, un demi-million à Garibaldi pour l'expédition de Sicile.

D'autres documents, publiés par la *Fanfulla* en 1881, montrent la part personnelle prise par Victor-Emmanuel à l'expédition.

C'est une lettre datée du 16 avril de cette année et signée : William Rohan, commodore américain. Le dit commodore rappelle qu'au mois de juin 1860,

---

(1) Ce Frappoli, devenu plus tard grand-maître de la Franc-maçonnerie italienne, fut chargé en 1870 d'une mission secrète du G∴ O∴ de Berlin auprès de Garibaldi, alors en France. Le G∴ O∴ de Rome lui demanda sa démission pour apaiser la colère de M. de Bismarck. Les subsides cessèrent bientôt après et l'on apprit, non sans étonnement, que, durant un voyage à Turin, Frappoli, subitement atteint d'aliénation mentale, venait d'être enfermé dans une maison de fous. Cette incarcération fut l'objet de commentaires nombreux, mais bientôt étouffés par ordre des loges.

il conduisait en Sicile, sur trois vapeurs, la seconde expédition de 3,400 volontaires. De retour à Gênes pour embarquer la troisième expédition, il fut arrêté par une observation du docteur révolutionnaire Bertani, qui lui représenta qu'il n'avait point d'argent pour approvisionner le *Washington*, navire sur lequel devaient s'embarquer les troupes. Sur quoi, W. Rohan, muni de pleins pouvoirs, partit en train express pour Turin, y vit le roi et lui exposa la situation. Victor-Emmanuel dit qu'il avait besoin de voir M. de Cavour, mais qu'il rendrait bientôt la réponse. En effet, une heure plus tard, un aide de camp apportait au commodore la lettre « textuelle » que voici :

« Commandant, je vous renvoie ci-inclus les deux lettres de Medici, que vous mettrez dans d'autres enveloppes et livrerez à Cavour. J'ai déjà donné *trois millions* à Bertani. Retournez immédiatement à Palerme pour dire à Garibaldi que *je lui enverrai Valerio en place de La Farina* ; et qu'il s'avance *immédiatement* sur Messina, Francesco (le roi de Naples) étant sur le point de donner une constitution aux Napolitains.

« Votre ami,

« Victor-Emmanuel.

« 27 juin 1860. »

Tout commentaire serait superflu. Mais il faut relever spécialement ce trait du « Faites vite, » mot d'ordre donné à Garibaldi par Victor-Emmanuel, au moment où il supposait que François II, par l'octroi d'une constitution, pourrait déjouer les manœuvres révolutionnaires dont il était entouré depuis longtemps.

DESTRUCTION DU POUVOIR TEMPOREL 323

Lord Palmerston était dans le secret de l'expédition de Garibaldi, et il lui donna à deux reprises un concours décisif.

« Le 11 mai, dit Mme Rattazzi, Garibaldi apprit que du petit port de Marsala étaient parties, le jour précédent, deux frégates napolitaines, et que deux bâtiments anglais venaient d'y arriver. Garibaldi hâta la marche du *Piémont* et entra le même jour dans ce port. Le *Lombardo* était resté en arrière ; les frégates survinrent et commencèrent à canonner le petit *Lombardo*. Bixio lui fit forcer la passe, où il échoua et barra l'entrée du port. Le *Stromboli* voulait s'en emparer. L'*Argus*, navire anglais, intima l'ordre de cesser le feu tant que les officiers anglais ne seraient pas retournés à bord. Les Napolitains obéirent à l'injonction. Les Mille demandèrent à être débarqués. Deux heures après, ils étaient tous sur le sol sicilien. Alors seulement les anglais se retirèrent. Le *Capri* et le *Stromboli* s'avancèrent en tirant sur les volontaires ; ils capturèrent le *Piemonte*, déjà vide, et s'éloignèrent. »

Quelques mois plus tard, le roi de Naples défendait vaillamment à Gaëte la véritable nationalité de son peuple. Engagé par d'anciennes promesses, l'empereur Napoléon laissait la flotte française protéger la ville du côte de la mer.

« Victor-Emmanuel se plaignit à l'empereur de l'attitude presque agressive de l'amiral Le Barbier de Tinan, disent les *Mémoires* de Rattazzi ; Napoléon rétracta ses instructions et en donna de nouvelles, peut-être après les observations du cabinet anglais. Pour justifier sa conduite, il prétendit plus tard qu'il s'était constitué tacitement médiateur entre les deux rois, afin de les obliger à s'entendre et à traiter directement. La vérité est que Palmerston, ayant soupçonné chez l'empereur l'intention de créer des difficultés entre la France et l'Italie, lui fit entendre que l'escadre anglaise pourrait bien quitter Malte pour aller s'embosser devant Gaëte, à côté de l'escadre italienne. »

Aussi Garibaldi, quand il fut reçu, en 1864, en Angleterre, put-il prononcer publiquement ces paroles que l'histoire doit enregistrer : « En 1860, « sans l'aide de l'Angleterre, il eût été impossible « d'accomplir ce que nous avons fait dans les Deux-« Siciles, et Naples serait encore soumise aux Bour-« bons sans l'aide de Palmerston, et, sans l'amiral « Mondy, jamais je n'aurais pu passer le détroit de « Messine ! »

La légende des Mille a fait son temps, et l'histoire est pleinement édifiée aujourd'hui sur la série de trahisons, préparées dans les loges, qui rendirent possibles les succès de Garibaldi et de Cialdini, comme les exploits grotesques de Farini à Parme et à Modène.

Pendant que ces évènements s'accomplissaient en Italie, le complot maçonnique se déroulait aussi à Paris. A la fin de 1859 parut une brochure, le *Pape et le Congrès*, écrite sous les yeux mêmes de l'empereur par M. de La Guéronnière, et qui fut immédiatement signalée par les journaux officieux comme l'expression de la pensée du maître. Elle rééditait toutes les vieilles calomnies contre le pouvoir temporel et concluait à laisser s'achever l'œuvre italienne et à réduire le pape au Vatican et à son jardin.

Ce programme ainsi arrêté par Napoléon III et ce gage donné par lui aux sectes en leurs représentants

Cavour et Palmerston, les évènements se précipitèrent.

Le pape avait réuni une petite armée de catholiques fidèles qui, sous la conduite de l'illustre général Lamoricière, le vainqueur d'Abd-el-Kader, était parfaitement en état de réprimer les mouvements insurrectionnels qu'une poignée de sectaires avaient artificiellement provoqués dans les Romagnes.

Le gouvernement napoléonien avait fait tout ce qui dépendait de lui pour empêcher la formation de cette armée. L'élan des catholiques l'obligea à ne pas prendre ostensiblement des mesures contraires ; mais quand elle fut formée et se prépara à réprimer l'insurrection des Romagnes et à rétablir dans ces provinces l'autorité du pape, Napoléon III y opposa son *veto* absolu.

Ce fait si grave a été constaté officiellement dans une dépêche écrite peu de temps après Castelfidardo, par le cardinal Antonelli à Mgr Meglia, nonce à Paris. Le secrétaire d'État, dans cette dépêche, réfutait l'accusation d'impuissance élevée contre le gouvernement pontifical par une brochure anonyme et officieuse : *La France, Rome et l'Italie*, écrite de la même main que *le Pape et le Congrès*.

Le cardinal Antonelli s'exprime dans cette dépêche en ces termes bien significatifs, malgré le style diplomatique qui les enveloppe :

« Je m'abstiens ici à dessein de toutes les recherches sur les circonstances qui empêchaient de rétablir l'autorité du pape dans les Romagnes. Je dirai seulement qu'on ne comprend pas comment la France ne devait pas le faire, après qu'elle avait pris en main la protection du pouvoir temporel du saint-siège, comme la brochure en convient. Si d'ailleurs cette protection comportait la présence de ses troupes à Rome, on ne voit pas pourquoi elle ne le comporterait pas à Bologne.

« J'ajouterai enfin que le souverain pontife le pouvait, ayant déjà une armée suffisante pour reprendre les Romagnes ; et, s'il ne l'a pas fait, l'auteur de la brochure doit le savoir mieux que personne, c'est PARCE QU'IL A ÉTÉ EMPÊCHÉ DE LE FAIRE. »

Mais il ne suffisait pas aux complices d'empêcher le pape de reprendre les Romagnes. Sa vaillante armée empêchait les comédies qui s'étaient jouées à Parme, à Modène, à Bologne, avec le concours de quelques carabiniers piémontais déguisés, de se reproduire dans l'Ombrie. Une tentative d'insurrection à Pérouse avait été réprimée immédiatement par les troupes pontificales aux applaudissements de l'immense majorité de la population.

Napoléon III et Cavour résolurent d'en finir, et l'hypocrisie ne suffisant plus, ils recoururent à la force, à l'emploi de l'armée régulière piémontaise pour détruire la petite armée pontificale.

C'était un an après la publication de la brochure-programme LE PAPE ET LE CONGRÈS.

Napoléon III s'était rendu à Chambéry pour recevoir les félicitations des nouveaux sujets que M. de Cavour venait de lui céder par le traité de Turin, en *compensation des Romagnes et de la lettre au pape*, comme il l'avait dit expressément au parlement de Turin. Il y avait reçu les hommages que le *galantuomo* lui avait envoyés par Cialdini et Farini. Que se passa-t-il dans cette entrevue ? Le *Moniteur* ne l'a pas dit ; mais l'histoire rapporte qu'à la suite, et à peine revenu à la tête de son armée, Cialdini, sans déclaration de guerre, envahit en guet-apens le territoire pontifical, attaqua la petite armée pontificale et au milieu de trahisons sans nom dans aucune langue, et dix contre un ils s'emparèrent des Marches et de l'Ombrie.

M. de Becdelièvre, ancien colonel des zouaves pontificaux, raconte que, dans le séjour qu'il fit après la capitulation de Lorette à Ricanati, il eut la conversation suivante avec le général Cugia :

« Ne craignez-vous pas, lui demanda-t-il, que la France ne vous arrête ? N'avez-vous pas lu la dépêche du duc de Gramont, disant au consul d'Ancône que l'empereur s'opposera à vos envahissements ? — Oh ! me dit Cugia en riant, *nous en savons plus long que votre duc*. Vendredi dernier, notre général en chef, Cialdini, déjeunait à Chambéry, où, après avoir demandé des conseils sur ce qu'il avait à faire, il lui fut répondu : *Entrez et faites vite !* — Vous le voyez, nous allons vite. »

M. de Thouvenel, s'adressant de son côté à ses agents diplomatiques, convient, dans une note publiée dans le *Libre bleu*, que l'empereur, dans l'entrevue qui avait eu lieu à Chambéry entre lui et M. Farini accompagné du général Cialdini, « *fut pressenti sur l'éventualité d'une entrée des troupes piémontaises, ce qu'il ne désapprouva pas dans l'éventualité qui lui fut présentée ; cette éventualité était la marche de Garibaldi des États napolitains, où il ne rencontrait aucune résistance, à travers les États romains, en soulevant les populations, et, cette dernière franchie*, une attaque contre la Vénétie qu'il serait impossible de prévenir. »

La reconnaissance du royaume d'Italie par le gouvernement français, reconnaissance qui suivit dix jours après ces explications, était donc, ainsi que l'a dit Ricasoli au sénat piémontais, l'approbation, la SANCTION, *et comme le pacte* de tout ce qu'avait fait le gouvernement de Victor-Emmanuel. Il est impossible de s'y méprendre. Aussi M. de Thouvenel, non-seulement rejetait peu après les offres que faisaient l'Espagne et l'Autriche d'intervenir de concert avec la France dans la garde du Saint-Père et de Rome, mais amenait ces puissances, à l'aide de la Maçonnerie, par le principe de *non intervention*, et comme le seul moyen de pacifier et de légitimer les faits accomplis, à reconnaître elles-mêmes le royaume et le roi d'Italie.

Sept ans après, la même manœuvre fut sur le point de réussir. Napoléon III, au moment de l'invasion garibaldienne, arrêtait pendant huit jours l'expédition française dans le port de Toulon, puis cherchait à la rappeler, et ne laissait accomplir l'évènement de Mentana que parce que cette fois les piémontais avaient perdu le temps donné.

La Marmora, envoyé à Paris après Mentana pour se plaindre de ce qui était arrivé, reçut cette réponse : « *Je vous avais donné huit jours. Pourquoi n'en avez-vous pas su profiter ?* »

La diplomatie piémontaise a publié elle-même, dans le *Livre vert* de 1867, la pièce qui éclaire toute cette phase de la politique napoléonienne. C'est une dépêche de M. Nigra, datée de Biarritz, 25 janvier 1866, et qui est ainsi conçue :

« L'empereur m'a dit que la question de savoir ce qu'il y aurait à faire dans l'éventualité d'une révolution républicaine à Rome ne peut être résolue *à priori*, indépendamment des circonstances qui l'auront provoquée ; *que la conduite des deux gouvernements sera réglée en partie par les circonstances et par l'impression qu'elles produiront sur l'opinion publique.* »

Voilà comment Napoléon III entendait l'exécution de la convention de 1864 qui garantissait au pape les possessions lui restant encore ! C'était toujours la même politique à double face qui, sept ans auparavant, avait formellement empêché les troupes pontificales de réprimer, quand c'était encore possible, les insurrections des Romagnes, comme nous l'a appris l'importante dépêche du cardinal Antonelli, citée plus haut ; mais cette fois Dieu, qui voulait assurer la réunion du concile du Vatican, déjoua ces plans machiavéliques.

Les lettres d'Enfantin pendant toute cette période sont fort curieuses, car elles révèlent les propos intimes qui s'échangeaient alors entre les Tuileries et le Palais-Royal.

Enfantin écrivait notamment dans les premiers mois de 1861 :

« J'entends assez souvent plusieurs d'entre nous *s'étonner des ménagements, tempéraments, attermoiements*, que le gouvernement français apporte depuis dix ou douze ans dans ses relations avec la papauté. Pour moi, je n'en suis pas surpris... Ce qui ressort évidemment pour moi de notre conduite à Rome, c'est précisément que *nous ne voulons pas détruire de fond en comble le Catholicisme*, mais que nous *désirons qu'il se transforme* ; c'est-à-dire que nous nous *appelons Napoléon III et non Mazzini.* »

Cependant, Cavour avait été frappé, le 6 juin 1861, par la justice de Dieu. Son élève et ami le F∴ Nigra fut appelé à lui succéder comme grand-maître de la Maçonnerie piémontaise, mais il n'accepta pas, un certain nombre de loges ayant refusé de concourir au vote. Le premier convent maçonnique fut convoqué et se réunit le 26 décembre. 29 députés y siégèrent. L'assemblée, qui se mit en rapport avec les Grands-Orients des divers pays, consacra six séances à la rédaction d'une constitution de règlements, de rituels ; elle décréta entre autres que Dieu s'appellerait le *grand architecte de l'univers*, et prescrivit une obéissance et un silence absolus. Le septième jour, 1ᵉʳ janvier 1862, sur la motion de la loge Garibaldi, de Livourne, il fut décidé que le général Garibaldi porterait le titre de premier maçon d'Italie, et qu'on frapperait une médaille d'or avec ces inscriptions : d'un côté, *La première assemblée constituante d'Italie* ; et de l'autre : *Au premier maçon d'Italie, à Joseph Garibaldi.* On procéda ensuite à l'élection d'un grand-maître. Le F∴ Nigra fut élu de nouveau, cette fois à l'unanimité des voix, mais il refusa néanmoins, et à sa place fut nommé le ministre Cordova, par 15 voix contre 13 données à Garibaldi. Mais les loges du rite écossais, ayant leur *Suprême-Conseil* à Palerme, nommèrent Garibaldi grand commandeur et signifièrent ce choix à toutes les loges par une circulaire qui commençait ainsi :

« Chers frères, aux maçons de tous les pays qui travaillent à la *reconstruction du temple de l'humanité*, savoir faisons que le général Joseph Garibaldi, l'homme que le *grand architecte de l'univers* créa pour la délivrance des peuples opprimés et pour l'émancipation de toutes les nationalités qu'on foule aux pieds, est nommé *grand commandeur, grand-maître de l'ordre maçonnique en Italie...* »

Du reste Cordova et Garibaldi se valaient pour les principes. Cordova, ainsi que le rapporte l'*Armonia* d'après les *atti ufficiali*, n° 204, p. 775, n'a pas craint de déclarer la *Convention de 93 bénie dans le monde entier pour avoir fondé la nation française et créé la démocratie dans toutes les parties de l'Europe.* Et Garibaldi, dans l'adresse envoyée par lui à l'Angleterre, le 22 septembre 1862, exaltait la France « *qui en 1793, époque solennelle, donna au monde* LA DÉESSE RAISON, *renversa la tyrannie jusqu'à terre et consacra la libre fraternité entre les nations.* »

L'année suivante, Cordova ayant donné sa démission, Garibaldi fut nommé à l'unanimité moins cinq voix, par le convent de Florence, grand-maître de l'ordre. Ayant accepté, il nomma pour son représentant dans le grand comité de la Maçonnerie italienne F.-Antonio Mordini, en ajoutant que la concorde était la seule voie pour obtenir *l'unité* avec *Rome, sa capitale naturelle*. La Maçonnerie italienne comptait alors, en dehors des ventes carbonariques, 67 loges en Italie, dont 5 à Turin, et 10 à l'étranger, dont 2 en Grèce, 1 à Constantinople, 5 en Egypte, 1 à Tripoli, et 1 à Tunis. C'était des jalons pour l'unité future.

Mazzini ne restait pas, de son côté, inactif : il avait travaillé à la multiplication des loges et fondé l'*association de l'unité italienne*. Tout en maintenant ses plans républicains, il ne combattait pas *un fait*, disait-il. Ce fait, c'était l'unification accomplie ou à accomplir. Quoique grandement déchu de la puissance qu'il avait exercée en 1848, il disposait encore, notamment dans la Franc-maçonnerie de Turin et du sud de l'Italie, d'assez de forces révolutionnaires pour que Victor-Emmanuel fût obligé de compter avec lui.

Un des agents de Mazzini, Diamilla-Muller, a publié les nombreuses lettres échangées entre le roi et le vieux conspirateur.

La figure de Diamilla-Muller est singulièrement intéressante. C'est un ingénieur et un savant distingué que ses études mettent en relations étroites avec le P. Secchi ; c'est un homme du monde et un homme d'affaires. Il n'a aucune position officielle, personne ne paraît plus étranger à la politique, et cependant il a la main dans les plus grands évènements. A toute heure les cabinets des ministres et des souverains lui sont ouverts ; à un moment donné, au lendemain du 20 septembre 1870, il conduit une négociation pour établir un *modus vivendi* entre la papauté et le gouvernement italien et prévenir le départ du St-Père. Une grande instruction et des vues élevées se joignent chez lui aux passions du sectaire.

Il rappelle Henri Misley, qui, en 1829, était à Paris, paraissant s'occuper uniquement de la vente des nitres et des blés du pays de Modène, qui plus tard travaillait à la construction des chemins de fer en Italie et en Espagne, et qui, absolument inconnu du public, contribuait à faire jouer les ressorts les plus cachés de la politique européenne. Voilà les hommes qui représentent la puissance des sociétés secrètes.

M. Disraëli, qui les avait vus à l'œuvre, esquisse ainsi leur physionomie dans son roman d'*Endymion* :

« Les hommes les plus puissants ne sont pas dans la vie publique ; c'est la vie privée qui gouverne le monde.

« Mais sûrement le roi Luitprand, qu'on appelle le Sage par excellence, est un puissant monarque? Et l'empereur Harold qui a réussi en tout? Et quant aux ministres, qui sera grand et fort si ce n'est Wenceslas? — Le roi Luitprand est gouverné par son médecin, qui serait capable de gouverner l'Europe, mais qui n'a pas d'ambition. L'empereur Harold est sous l'influence de sa maîtresse, femme d'un certain âge et d'une grande sagacité, mais qui néanmoins croit à la magie. Quant au prince Wenceslas, il est inspiré par un individu aussi obscur que nous et qui, pour ce que j'en sache, peut être occupé, comme nous en ce moment, à boire une tasse de café dans une chambre particulière. (1) »

On était en 1863. La révolution italienne était mécontente de Napoléon III, qui, malgré ses promesses, avait laissé la Vénétie sous la domination autrichienne et qui continuait à occuper Rome, autant pour conserver un gage sur les Italiens que pour obéir à la pression de l'opinion catholique en France. Après la mort de Cavour, Ricasoli, Rattazzi, Farini, Minghetti, s'é-

(1) *Endymion*, tome I, chap. XXXVIII, Londres, 1880.

taient succédé au ministère sans pouvoir dominer la situation. Garibaldi, enivré de sa popularité, n'acceptait plus la direction du gouvernement comme en 1859. Par la publicité qu'il donnait à ses armements, il l'avait forcé à dissoudre une première fois ses bandes à Sarnico, puis à le frapper lui-même dans l'échauffourée d'Aspromonte. Irrités par cette action, tous les éléments violents de la Révolution fermentaient dangereusement. Dans ces circonstances, Victor-Emmanuel jugea qu'il fallait les détourner sur l'Autriche : une expédition directe contre la Vénétie avait peu de chance de succès et aurait forcé le gouvernement italien à entrer immédiatement en scène ; mais la Pologne était en armes, la Servie et la Roumanie étaient agitées ; on pouvait créer à l'Autriche des complications en Orient, soulever la Hongrie. Ces insurrections-là auraient l'approbation tacite de la Prusse, on le savait sans doute ; elles prépareraient un mouvement en Vénétie. Pour réaliser ce plan, le roi prit une initiative hardie, celle de s'adresser à Mazzini. Mazzini avait jadis offert son concours à Charles-Albert. Plus tard il s'était retourné violemment contre lui. Jusqu'en 1859, il n'avait pas cru que la dynastie piémontaise pût faire l'unité italienne. Mais après Villafranca son point de vue s'était modifié.

Esprit politique bien supérieur à Garibaldi, Mazzini comprenait, comme Victor-Emmanuel, qu'au point de vue révolutionnaire l'expulsion définitive de l'Autriche du territoire italien devait passer avant l'envahissement de Rome.

Pour suivre de plus près ces négociations, Mazzini,

au mois d'avril, se transporta à Lugano ; Diamilla-Muller, à Turin, communiquait avec Victor-Emmanuel par l'intermédiaire de l'avocat Pastore, qui n'était pas un personnage officiel, mais avait toute la confiance du roi, dont il faisait les affaires privées, les affaires les plus intimes ; puis par celui du comte de Savoiroux, aide-de-camp du roi.

Pendant dix-huit mois ces négociations se poursuivirent.

Elles avortèrent cependant, parce que les deux parties n'eurent pas une pleine confiance l'une en l'autre. Victor-Emmannuel voulait que Mazzini fît avec ses seules forces une diversion en Roumanie, en Serbie et en Hongrie ; mais que *pour le moment* il n'y eût pas de soulèvement en Vénétie. Mazzini soupçonnait au fond le roi de vouloir éloigner de l'Italie les éléments révolutionnaires les plus actifs ; il craignait que la Vénétie ne fût sacrifiée et que la guerre générale ne fût reculée indéfiniment. Il exigeait donc qu'en même temps que la guerre serait portée sur le Danube et en Hongrie, on provoquât une insurrection dans la haute Vénétie et que le gouvernement italien se tînt prêt pour la soutenir par les armes.

La Prusse et l'Autriche étaient alors engagées dans la question des duchés. La conflagration générale, la guerre révolutionnaire européenne que voulait le grand agitateur, eût ainsi éclaté en dehors de Napoléon III et sans recourir de nouveau à lui comme en 1859. Mazzini s'engageait d'autre part, vis-à-vis de Victor-Emmanuel, à renoncer provisoirement à toute propagande républicaine.

A un moment donné cependant le roi et Mazzini étaient tombés d'accord pour organiser un soulèvement dans les provinces danubiennes en Serbie et de là en Galicie, où on eût donné la main au mouvement polonais ; Garibaldi en eût pris la direction. En même temps des mouvements se seraient produits en Vénétie. Mazzini se réservait de forcer la main au gouvernement italien et d'amener un conflit direct entre lui et l'Autriche.

Mais les deux complices se défiaient tellement l'un de l'autre que le plan ne put s'exécuter. A un moment donné les hommes de la gauche en Italie crurent à une trahison en voyant les éléments les plus actifs de la Révolution partir pour le Danube. Ils protestèrent publiquement par une note publiée dans le *Diritto*.

Cette publication fit échouer complètement le projet d'expédition en Galicie : Victor-Emmanuel, dont les trames secrètes étaient ainsi dénoncées à toute l'Europe, dut refuser tout concours aux garibaldiens qui s'étaient déjà rendus dans les provinces danubiennes. Il profita de l'occasion pour se réconcilier avec Garibaldi. Il lui envoya, à Ischia, son aide de camp, le général Porcelli, lui promit des compensations de toute sorte et un commandement important dans la prochaine guerre. Garibaldi, mécontent des hommes de la gauche qui avaient contrecarré ses projets, accepta les avances de la royauté et lui resta fidèle jusqu'à la fin de sa vie.

En vain Mazzini protesta qu'il était étranger à la publication malencontreuse de la note du *Diritto*. Il était évident que son long éloignement de l'Italie lui avait fait perdre considérablement de sa puissance et que d'autres influences dirigeaient les hommes avancés. Victor-Emmanuel se sentit beaucoup plus libre vis-à-vis de lui, quoiqu'en 1867 et 1870 Mazzini ait pu encore exercer une part d'action assez importante.

C'est que peu à peu les forces vives des sociétés secrètes s'étaient portées ailleurs. Palmerston, Victor-Emmanuel, Napoléon III, quoique souvent divisés entre eux, s'entendaient parfaitement pour contre-carrer l'action de Mazzini. Les éléments les plus actifs, comme Manin, Rattazzi, La Barina, Klapka, Turr, Kossuth, l'abandonnèrent ; le gros de la Franc-maçonnerie italienne s'était rallié à Cavour le jour où il avait posé au congrès de Paris la question italienne.

Ces documents de premier ordre sont publiés, dans leurs parties essentielles, dans le tome III de l'ouvrage *Les Sociétés secrètes et la société*. Ils sont de nature à faire toucher du doigt aux plus incrédules la part qu'ont les agissements occultes des sectes dans la politique contemporaine. Les dépêches diplomatiques ne sont la plupart du temps qu'une parade destinée aux tournois parlementaires et à amuser le public.

Mazzini était aussi en relations à cette époque avec M. de Bismarck : M. Diamilla-Muller a publié deux notes de lui adressées à M. d'Usedom, ministre de Prusse à Florence en novembre 1867, dans lesquelles le vieux conspirateur, furieux d'être joué par Victor-Emmanuel et abandonné par la majorité des loges, offre son concours et celui du parti révolutionnaire avancé à l'homme dans lequel il voyait l'ennemi né de la France.

Le chancelier prussien n'a pas négligé d'entretenir des relations extra-diplomatiques avec l'agitateur, et par lui il a surveillé à la fois Napoléon III et Victor-Emmanuel. M. de Bismarck a voulu, à un moment donné, faire peur à Victor-Emmanuel au moyen des relations qu'il avait nouées avec Mazzini. C'est l'objet d'un *memorandum* qu'il expédiait à ce dernier, mais que des indiscrétions calculées faisaient en même temps connaître au gouvernement de Florence.

Dans ce document, qui date du commencement de 1868, la chancellerie prussienne résume ainsi la politique proposée à l'Italie :

« *L'alliée naturelle de l'Italie est l'Allemagne.*
« *La rivale naturelle de l'Italie est la France.*
« Supposons l'Italie entièrement maîtresse d'elle-même, forte de son unité politique, devenue l'entrepôt de ses propres produits et de ceux du Nord ; *l'Italie maîtresse de la Méditerranée*, l'Allemagne maîtresse de la Baltique ; ces deux puissances, quoi qu'on en dise, les plus intelligentes et les plus civilisées, qui partagent l'Europe en deux et qui en forment le centre, ces deux puissances dotées de frontières si précises et si nettement délimitées, si différentes de langue et de tempérament, exerçant leur action dans des sens si divers, que jamais l'Italie ne pourra aspirer à dominer dans la Baltique ni l'Allemagne songer à dominer dans la Méditerranée, et demandons-nous si elles peuvent faire autrement que de s'entr'aider mutuellement et de s'aimer cordialement.

« L'Italie et l'Allemagne sont entourées de peuples qui aspirent à s'agrandir à leurs dépens. Au nord, l'Angleterre pèse sur l'Allemagne, et un jour l'Orient arrivera à peser sur l'Italie. Au sud, seulement, brille pour toutes deux l'étoile de l'avenir ; au sud, où l'Allemagne s'appuie sur l'Italie, où l'Italie a devant elle la *Méditerranée, qui peut redevenir un lac italien.*

Le peuple qui a fait 1814, 1848 et 1866 est le véritable allié de celui qui a fait 1847, 1849 et 1860.

« *A la fin de l'année, l'Allemagne devra former un seul État puissant, s'étendant de la Baltique aux Alpes, du Rhin à la Vistule et à la Drave; l'Italie ne devra plus avoir de provinces aux mains de l'étranger; ou bien ni l'une ni l'autre n'auront compris leur situation réciproque.*

. . . .

« *D'un autre côté, il est impossible à l'Italie de souffrir que la France menace à tout moment de s'emparer de Tunis, comme elle l'a fait récemment, de Tunis qui ne serait pour elle qu'une étape pour atteindre la Sardaigne. Il est indispensable à l'Italie de se constituer de telle façon qu'elle n'ait pas à trembler pour ses côtes, pour son commerce, pour ses provinces, à chaque froncement de sourcil du Jupiter français.*

« *La France maîtresse de la Méditerranée ? La France avec les frontières du Rhin ? Non : l'Italie et l'Allemagne ne doivent à aucun prix le permettre. C'est pour elles une question de vie ou de mort.* »

Et il concluait ainsi :

« Nécessité de l'alliance de l'Italie et de la Prusse par voie diplomatique.

« Ou bien :

« Alliance stratégique de la Prusse avec le parti national italien. »

Victor-Emmanuel, au courant de ces négociations, se hâta de nouer alliance avec la Prusse, et pour enlever à Mazzini ses moyens d'action, il prépara, dès juillet 1870, l'invasion de Rome qui, le 20 septembre, couronna le but poursuivi avec des moyens divers par toutes les fractions de l'armée des sectes.

En même temps, Napoléon III tombait de son trône, après avoir participé à la constitution de l'unité italienne et de l'unité allemande ; il voyait s'écrouler ses espérances impériales au moment où se réalisaient ses projets maçonniques ; il pouvait donc se dire complice, dupe et victime. La France, hélas ! apprenait au milieu de désastres inouïs que le seul souverain qui, avec son roi légitime, avait élevé pour elle une voix courageuse, venait de voir forcer l'enceinte de sa capitale, et que la Révolution, entrée par la brèche de la porte Pia, avait consommé l'attentat prémédité depuis longtemps contre le chef auguste de l'Église. Du moins, des Français avaient héroïquement soutenu la cause du droit. Ceux-là, dont l'Empire avait fait des proscrits, allaient de Rome violée courir sur les champs de la Loire, et sous la bannière du Sacré-Cœur montrer au monde subjugué par leur chevaleresque bravoure ce que valaient les soldats du pape, de Lamoricière et de Charette.

Mais l'œuvre maçonnique se poursuivra, et le F∴ Sénard, envoyé du gouvernement du 4 septembre à Florence, ne rougira pas de féliciter le roi carbonaro au nom de la République, et d'ajouter cette honte impie aux douloureuses humiliations de nos revers. Ce républicain offrira même la rétrocession de Nice et de la Savoie à l'allié honteux de la Prusse. Il y a des heures cruelles et des années terribles pour un grand peuple.

La République devait aggraver encore les fautes de l'Empire et accroître les douleurs de la France désorganisée en face de l'ennemi par la dictature de l'incapacité, livrant l'est à Garibaldi tandis qu'elle paralysait dans l'ouest les mouvements des débris de nos armées conduites par d'Aurelles de Paladine et Chanzy.

CHAPITRE XVI

L'UNIFICATION DE L'ALLEMAGNE

Nous avons raconté plus haut la part prise par Frédéric II à la propagation de la Franc-maçonnerie et aussi l'appui qu'il trouva en elle ; nous avons cité le témoignage du grand maître Bluntschli, datant de son avènement le commencement de l'ère de la Révolution. C'est un de ses lieutenants, un prince vassal de la Prusse, le duc de Brunswick, que tous les ordres maçonniques choisirent d'un commun accord pour leur grand-maître au convent de Wilhemsbad en 1782 ; c'est grâce à la stratégie diplomatique de la Prusse que la coalition des princes tourna en une pure guerre de conquêtes une intervention contre la Révolution qui eût dû être essentiellement désintéressée.

Dès cette époque était arrêtée dans les sectes l'idée de détruire le saint empire romain germanique et la maison d'Autriche, pour réunir toute l'Allemagne en un empire centralisé, sous la dynastie prussienne. Un des adeptes de Weishaupt, le marquis de Constanza, écrivait déjà :

« En Allemagne il ne doit y avoir qu'*un ou deux princes tout au plus*, et il faut que ces princes soient illuminés et tellements conduits par nos adeptes et tellement environnés d'eux qu'aucun profane ne puisse approcher de leur personne. »

Après la dissolution apparente des illuminés, à la suite des mesures prises en Bavière contre Weishaupt, l'apostat Fessler, qui venait d'être l'inspirateur de Joseph II dans sa triste campagne contre l'Église, alla s'établir en Prusse, où, selon Eckert, « il s'était imposé la tâche de donner une forme extérieure au but et aux moyens de l'Illuminisme. » Là il organisa la *grande loge royale York à l'amitié*, dont il eut l'habileté de faire accepter le patronage par le prince royal, depuis Frédéric-Guillaume III. Grâce à cette tactique, cette loge, où se conservait le plus pur esprit de l'Illuminisme, survécut aux mesures prises en 1794 par le duc de Brunswick, et elle servit, comme on va le voir, de noyau à la conspiration anti-chrétienne et anti-sociale. Cette année même, à la diète de Ratisbonne, la Prusse s'opposait à la demande de l'Autriche d'interdire les loges maçonniques dans toute l'étendue de l'empire.

En 1802, le saint empire romain était détruit et avec lui le dernier reste de la grande pensée de Charlemagne. La Prusse fut de toutes les puissances germaniques celle qui profita le plus de la sécularisation des principautés ecclésiastiques. Comme on l'a vu, son principal ministre à cette époque, M. Haugwitz, avait la direction de la Franc-maçonnerie et de l'*ordre intérieur* en Allemagne et en Pologne. Frédéric-Guillaume III et ses ministres s'engagèrent complètement dans le *Tugendbund*, dont la pensée patriotique était si singulièrement mélangée des tendances de la Maçonnerie. Après la défaite de Napoléon, le roi de Prusse se refusa à donner une constitution, et dès ce moment la lutte sembla se dessiner entre la monarchie et les sociétés secrètes. Sur ces entrefaites eut lieu le congrès de Vérone, où M. de Haugwitz fit aux souverains ses révélations sur le but réel des sectes et l'impossibilité de les diriger, comme l'avait essayé la Prusse depuis 1797.

La suite donnée à cette communication par les souverains fut bien différente. Voici comment la raconte M. de Gloden, écrivain allemand initié à tous les secrets de la politique prussienne.

« Ce mémoire produisit sur les empereurs François et Alexandre une impression plus profonde que l'auteur n'aurait pu l'espérer. En Autriche et en Russie, c'en est fait pour longtemps, et peut-être pour toujours de la Franc-maçonnerie. Et comment s'est conduit Frédéric-Guillaume III, à qui était adressé le rapport de son ancien ministre, et que ses amis et ses alliés engageaient à suivre leur exemple ? Comment a-t-il agi, lui qui, comme tout le monde le sait, se prêtait de si bonne heure aux conseils de ses voisins et de ses alliés ?

« Informez vos frères, écrivait-il de Vérone à son médecin particulier, Wiebel, lequel était membre de la grande loge d'Allemagne, que j'ai eu fort à faire ici au sujet de la Franc-maçonnerie et de sa conservation en Prusse ; mais que je ne leur retirerai pas la confiance que je leur ai accordée, à moins d'avoir des motifs plus concluants. Dites-leur que la Maçonnerie pourra compter sur ma protection, aussi longtemps qu'elle se renfermera dans les limites qu'elle s'est fixées elle-même (1). »

(1) M. de Gloden a publié ces documents en 1840.

Dès ce jour un pacte fut conclu entre la Prusse et la Franc-maçonnerie. Les loges jugèrent que la Prusse était de tous les États de l'Europe le plus capable de réaliser leur œuvre, et elles en firent le pivot de leur action politique, sans se laisser déconcerter par les hésitations et parfois même par les velléités réactionnaires du successeur de Frédéric-Guillaume III.

A partir de 1821, toute la Maçonnerie allemande convergea vers Berlin : elle fut comme une branche de l'administration, conduite à un but déterminé avec la raideur de main propre à la bureaucratie prussienne. Si les loges supportaient ce despotisme, c'est parce que, en le subissant, elles n'en marchaient que plus sûrement vers l'accomplissement du « grand œuvre maçonnique. »

L'idée de la réunion de l'Allemagne sous sa domination ne cessait pas d'être le but de toutes les loges. Voici entr'autres un curieux récit extrait des mémoires du général Lamarque, où il raconte son entrevue avec le comte de B... en 1826 :

« Il a trouvé le moyen de se faire recevoir dans toutes les sociétés secrètes de l'Italie et de l'Allemagne, et il prétend que ces sociétés minent le terrain sur lequel repose l'ordre social actuel. A l'entendre, les *carbonari* parviendront à leur but, qui est de réunir toute l'Italie en une seule puissance. Ce désir d'union est aussi un des grands buts de la société teutonique en Allemagne : les nombres mystérieux de trente-sept et de trente-huit qu'elle a adoptés signifient que sur les trente-huit princes qui partagent l'Allemagne il n'en faut conserver qu'un, qui établira le régime constitutionnel et fondera la liberté. Quel est ce prince qui doit succéder à tant d'autres et ne faire qu'un État de tant d'États ? Il n'est connu que des principaux adeptes du grand cercle directeur dont il fait lui-même partie. Sera-ce le prince de Bade ou le roi de Wurtemberg ? »

En jetant ces deux derniers noms dans la conversation, le comte de B... avait voulu dérouter le général Lamarque, ou bien encore entretenir l'alliance maçonnique des libéraux et des bonapartistes, car le prince de Bade était allié de la famille Bonaparte.

Le prince Louis-Napoléon, qui, même avant sa fortune politique, était fort au courant des vues des sociétés secrètes, avait cherché à entrer dans ce dessein dès 1845 avec le duc de Brunswick.

Un ouvrage publié à Londres en 1867, sous le titre : *Lettres et correspondances de Th. Slingby-Duncombe*, donne des détails assez curieux et peu connus sur les rapports qu'eurent le feu duc de Brunswick et Napoléon III, alors que celui-ci n'était que prétendant. L'anglais Slingby-Duncombe était lié avec le comte de Dorsay, l'ami personnel de Louis-Napoléon, et, soit par intérêt, soit par une sorte de fantaisie romanesque, il travailla une partie de sa vie à servir la cause du prince et du duc dépossédé de Brunswick. Ce fut lui qui eut le premier l'idée de faire servir l'énorme fortune du « duc aux diamants » aux projets de Louis-Napoléon, qui de son côté s'engageait à rétablir le duc dans ses États et *à favoriser l'unification de l'Allemagne*. Dans le but d'amener une entente entre les deux prétendants, M. Duncombe envoya en 1845 son secrétaire particulier, M. Smith, à Ham, où le prince Napoléon était détenu. Smith eut une longue conversation avec le prince, qui signa la convention suivante :

« Nous, soussignés, duc de Brunswick et prince Louis Bonaparte, convenons de ce qui suit :

« Art. 1ᵉʳ. Nous promettons et jurons sur notre honneur et sur le saint Évangile, d'une part, de rétablir le duc de Brunswick dans son duché, et, si cela est possible, de *faire une Allemagne nationale unie*, et de lui donner une constitution répondant aux progrès et aux besoins de l'esprit du temps ; d'autre part, d'assister le prince Napoléon dans son dessein de rendre à la France l'exercice de sa souveraineté nationale, telle qu'elle a été reconnue en 1830, afin que le pays puisse, en toute liberté, décider sur la forme du gouvernement qui répond le mieux à ses intérêts.

« Art. 2. Celui de nous qui arrivera le premier au pouvoir suprême, sous quelque titre que ce soit, s'engage à fournir à l'autre les subsides nécessaires en argent et en armes pour atteindre son but, et non seulement à autoriser l'emploi d'un nombre voulu de volontaires, mais à en faciliter l'enrôlement de toutes manières. »

Le contrat fut signé par le comte Dorsay au nom du prince Louis-Napoléon et par M. Smith pour le duc de Brunswick. Ce M. Smith est le même qui était chargé d'administrer la fortune du duc et a reçu un million pour sa part de l'héritage. On sait qu'un premier testament, fait en 1865, léguait au prince impérial toute la fortune du duc de Brunswick. Mais ce dernier a fait comme la fortune et s'est éloigné des Bonaparte au moment où ses millions auraient été plus que jamais les bien-venus.

En 1845, le traité du prisonnier de Ham et du duc aux diamants était grotesque ; malheureusement en

1866 cette idée ne reparut que trop dans les hallucinations de Napoléon III.

En 1848, l'union de l'Allemagne fut sur le point de se réaliser. La création d'un empire prussien, qui séparât la France de la Russie, était l'objectif de Palmerston, et il avait donné l'ordre aux loges par un article-programme du *Globe* du 12 mai 1849, qu'on peut voir reproduit en entier dans l'ouvrage du P. Deschamps, t. III, p. 313.

Le parlement de Francfort offrit la couronne impériale au roi Frédéric-Guillaume IV, et il ne tint qu'à lui de réaliser dès lors l'œuvre qui s'est accomplie en 1866 et 1870 ; mais ce prince, honnête homme et respectueux sincèrement du principe de la légitimité, s'y refusa absolument. La publication récente de sa correspondance avec le baron de Bunsen éclaire d'un jour singulier l'histoire de ces temps : il est curieux de voir comment la Révolution, sous sa forme libérale, continuait à faire son œuvre, sous un prince qui voyait cependant très nettement que le libéralisme conduisait au radicalisme. Mais les sociétés secrètes exploitaient ses préjugés contre le Catholicisme et sa manie de vouloir constituer une sorte de protestantisme universel, comme une contrefaçon de la véritable Église catholique.

En 1848, quand Bunsen, alors ambassadeur à Londres, poussait de toutes ses forces le roi de Prusse à unifier l'Allemagne et à rejeter l'Autriche en Orient, le prince Albert, *un Cobourg*, écrivait lui-même au roi de Prusse pour l'engager à suivre les conseils de son propre ambassadeur ! Ce fait étrange est rapporté par Wolfgang Mentzel dans sa correspondance. Or c'était là précisément le plan poursuivi par Palmerston.

Mais l'empereur Nicolas, qui en 1848 avait si énergiquement contribué à la répression de la Révolution, était mort en 1855. Les défaites essuyées en Crimée et la désorganisation administrative de l'empire russe inclinèrent son successeur Alexandre II à suivre une politique tout autre. A son tour Frédéric-Guillaume IV mourut en 1861, laissant la couronne à un frère moins scrupuleux.

La Maçonnerie, après son échec de 1848, n'avait pas cessé de travailler à l'unité allemande, et M. de Bismarck fut l'homme qui groupa toutes les forces des sociétés secrètes sous sa direction.

L'on peut remarquer que les hommes qui ont servi sa politique avec le plus d'ardeur pendant cette période sont d'anciens agitateurs, qui ont pris une part active aux évènements de 1848. Tels sont Schultze-Delitsch, le dr Lœwe, Becker, Benningsen, Miquel, Gervinus, Bamberger, Gneist, Seybel, Lasker, puis ceux qui, comme Karl Marx et Simon Deutsch, les chefs de l'Internationale, travaillent pour lui sur un autre terrain, M. Bluntschli, le grand-maître de la mère-loge de Bayreuth. A ces évènements se rattache comme une préface le récit suivant de l'éminent évêque de Mayence, Mgr de Ketteler.

« J'étais (en 1848) curé dans une paroisse de mon pays, à Hopsen, en Westphalie. La confiance des habitants de cette contrée me força, contrairement à tous mes goûts, d'accepter un mandat au parlement de Francfort. Le distriet électoral où je me trouvais comprenait entre autres le comté de Tecklembourg, ancienne province de la Prusse et protestante. Dans une réunion d'électeurs tenue là, on s'occupa surtout du rôle que les députés devaient remplir à Francfort dans le débat sur la constitution allemande. Un des assistants, homme d'ailleurs éminemment respectable, émit cet avis, que la principale mission du parlement était d'ÉTENDRE JUSQU'AU MEIN les frontières de la Prusse et de constituer ainsi au nord de l'Allemagne une royauté qui serait placée sous la couronne de la Prusse ; que mon devoir de député était de concourir à ce dessein. Ce fut la première fois que j'entendis émettre l'idée que nous avons vu se réaliser vingt années plus tard. Je fus étrangement surpris, dans un temps où tous les droits étaient ébranlés, d'entendre une telle bouche préconiser, comme un moyen de salut, une nouvelle et si colossale violation du droit, et je repoussai énergiquement le conseil de concourir à un dessein qui était le déchirement de l'Allemagne. Je ne me figurais guère alors que je serais témoin plus tard, comme évêque de Mayence, de la réalisation de ce plan et de l'*extension des frontières prussiennes jusqu'au Mein*. Combien de fois j'ai pensé depuis à ce monsieur de Tecklenbourg, dont les paroles sont devenues pour moi une preuve que ce qui est arrivé de nos jours était depuis longtemps préparé. *Je suis certain maintenant* que cet homme n'énonçait pas une opinion personnelle, mais qu'il s'était approprié la pensée d'une société secrète. »

Les relations de M. de Bismarck avec les chefs de l'*Internationale* ne sont un mystère pour personne. Il a pour secrétaire intime un M. Lothair Bucher, qui, après avoir été obligé de s'exiler après 1848, fut l'exécuteur testamentaire de Lasalle, le célèbre socialiste ; et Karl Marx, dans une lettre publiée en 1878, par l'*Égalité*, parle sur un ton plaisant des communications que ce Lothair Bucher lui a faites de la part de son maître et signale incidemment son action sur certains journaux socialistes de l'étranger. Il s'agit des fameux « fonds des reptiles. »

Les déclarations faites la même année au Reichstag par le député socialiste Bebel ne laissent, d'ailleurs, aucun doute sur les relations de M. de Bismarck avec les sectes.

Un autre collaborateur du chancelier prussien fut Arnold Ruge, l'un des premiers chefs de la Révolution en Allemagne, ancien ami de Mazzini et de Ledru-Rollin.

Les faciles victoires remportées contre la Saxe, la Bavière, l'Autriche elle-même, sont dues aux complicités que la Prusse rencontrait partout dans les affiliés des loges. Dès 1861, une réunion de tous les rites de la Franc-maçonnerie allemande s'était opérée sous la forme d'une fédération intitulée *Verein deutscher Freimaurer*, et avait choisi pour président le F∴ Seydel. Grâce à cette union, le travail d'unification s'opérait ostensiblement, indépendamment même de celui que pouvaient faire les meneurs cachés. L'opinion recevait une impulsion irrésistible par tous les écrivains et professeurs en renom enrégimentés dans le *Verein*.

Tous les hommes marquants de l'empire allemand actuel sont des francs-maçons avancés ; on peut s'en convaincre en comparant les annuaires maçonniques avec le *Reichsanzeiger*.

L'empereur lui-même est frère et protecteur de tout l'ordre maçonnique. Le prince impérial va fréquemment présider des cérémonies maçonniques, où il prononce des discours très avancés. Il s'est en toute circonstance déclaré le protecteur des juifs contre ceux qui, à la suite du mouvement antisémitique, voulaient les exclure des loges.

Après les grands succès de la Prusse, un habile personnage a dit que « c'étaient les maîtres d'école prussiens qui avaient gagné la bataille de Sadowa! » Comme toutes les phrases à effet, celle-là a été répétée partout, surtout en France. Rien n'est plus faux, si l'on veut y voir la preuve du développement de la puissance des peuples par l'instruction primaire. Les pays que la Prusse a vaincus en 1866, la Saxe, le Hanovre notamment, étaient beaucoup plus avancés qu'elle sous ce rapport; mais le mot est parfaitement vrai, si l'on entend par là que les maîtres d'école et les professeurs des universités allemandes, presque tous francs-maçons, ont par leurs enseignements contribué autant que M. de Moltke aux victoires de la Prusse.

Il y a longtemps que la secte réalise en Allemagne le mot d'ordre qu'elle tient des illuminés : corrompre pour arriver à dominer. Le terrain lui était particulièrement préparé par le protestantisme, qui aboutit logiquement au naturalisme, et par le socinianisme qui a envahi sourdement toutes les confessions protestantes. Au commencement de ce siècle, Mongelas, un disciple de Weishaupt, avait déjà introduit en Bavière l'enseignement obligatoire, et vers 1825, l'auteur du livre des *Sociétés secrètes en Allemagne* pouvait tracer ce triste tableau des universités de ce pays :

« Il suit de cet exposé que 8,200 étudiants suivaient en 1818 les cours des vingt-une universités, dont six catholiques, une mi-partie et quatorze protestantes; que la population allemande, étant de 27,500,000 âmes, donne pour chaque million à peu près 288 étudiants, dont 150 *au moins* sont affiliés à l'Illuminisme ou aux sociétés secrètes, sous le nom de *Tugendbund, francs-maçons, Burschenschafts, bande noire*, etc. ; et qu'enfin plus de la moitié de la génération qui va prendre part aux affaires publiques en Allemagne est imbue des principes de la secte. Qu'on nous réponde avec d'autres chiffres, si l'on peut. »

Un homme cependant a marqué entre tous dans cette œuvre de corruption des jeunes générations, c'est le ministre de Prusse, le haut maçon d'Alskentein, sous le règne de Frédéric-Guillaume IV. L'archevêque de Cologne a flétri le travail impie de ce sectaire, qui a été l'agent principal de la déchristianisation des écoles et de la propagande maçonnique. C'est lui qui disait en parlant du clergé catholique :

« Laissez-nous les écoles, et nous vous laisserons volontiers les pompes de votre culte, les splendeurs de votre hiérarchie, vos évêques et vos chapitres ; *nous les honorerons même à l'extérieur, et nous les protégerons* ; car ils nous servent, pour un temps encore, de manteau pour couvrir nos vues et nos mesures, et par leur moyen nous tenons les catholiques en repos. Mais lorsqu'une fois ce qui est essentiel au Catholicisme sera effacé du cœur de votre peuple, lorsque la chaîne de vos traditions sera rompue, votre hiérarchie tombera d'elle-même comme un vieux chiffon ; elle ira se confondre dans les ordures que le balai jette dehors; elle sera foulée aux pieds de chacun, à moins que nous ne voulions bien la sauver, en la classant parmi les autres fonctionnaires de l'État. »

Au fond de toutes ces méthodes si vantées, de ces « leçons de choses » dont MM. Ferry et P. Bert ont fait décréter l'importation en France, au milieu des instructions philanthropiques, comme les *Kindergarten*, on retrouve la propagation persévérante, dès le plus bas âge, des principes du pire naturalisme. S'emparer de l'éducation des femmes pour les éloigner de la religion et les démoraliser a été un des principaux objectifs de la politique d'État et des efforts de la Maçonnerie en Allemagne. Le père Pachtler, qui a fait sur la Franc-maçonnerie allemande un travail analogue à celui du P. Deschamps, rapproche ces tentatives de celles faites en France par la *ligue de l'enseignement* et par nos divers ministres de l'instruction publique. Cette action simultanée et parfaitement identique n'éclaire-t-elle pas bien des choses?

Là est aussi l'explication de la rapide corruption morale qui se révèle maintenant de tous côtés dans le *pays des milliards*.

En Suisse et en Autriche (où les loges fondées par des agents de Berlin furent les complices de Joseph II dans ses déportements contre l'Église), la germanisation se poursuit par les sectes, qui ne sont point sans posséder un mandat occulte.

A Berlin, l'assassinat de l'illustre Garcia Moreno, président de la République de l'Equateur, était *su* avant d'avoir été perpétré, car ce catholique courageux avait été condamné par un conseil suprême de la Maçonnerie qui dirige de cette ville la persécution universelle contre l'Église.

L'empire allemand a été constitué par la Maçonnerie, et il s'est montré fidèle à cette origine en déclarant la guerre au Catholicisme, en lui livrant dans le monde entier un des assauts les plus dangereux qu'il ait encore eu à subir.

Dans les premiers temps, ce plan a été assez bien dissimulé.

C'est dans l'ombre que M. d'Arnim, pendant le concile du Vatican, tramait ses perfides excitations au schisme, et que le 20 septembre 1870 il se faisait le complice des envahisseurs de Rome. Les premiers rôles dans l'œuvre du schisme étaient habilement confiés aux ministres prussophiles et francs-maçons de la Bavière catholique et de l'Autriche !

C'est précisément après ses grands succès en 1870-1871, quand la Prusse n'avait plus d'ennemis en Allemagne et que les catholiques, non contents d'avoir prodigué leur sang sur les champs de bataille, s'empressaient d'offrir leur fidélité à l'empire allemand, c'est alors que, sans aucun motif et contre son intérêt le plus évident, M. de Bismarck a inauguré une lutte religieuse qui sera la pierre d'achoppement du nouvel édifice.

Avec la hâte et l'agitation qui sont le propre de son caractère, M. de Bismarck a, dans l'espace de trois années, changé toute la constitution prussienne et édicté la série des lois qui font partout partie du programme maçonnique. Dès 1871 la loi sur l'inspection des écoles, votée par le Landtag prussien, a dépouillé les ministres du culte, catholiques et protestants, de leur autorité séculaire sur les écoles pour la transférer à des fonctionnaires nommés par l'État. En même temps on faisait expulser par le Reichstag allemand les jésuites et avec eux les dames du Sacré-Cœur, les ligoriens, les lazaristes qu'on prétendait *affiliés aux jésuites*! Le landtag prussien est allé jusqu'à supprimer les congrégations enseignantes et la plupart des sœurs de charité.

Quand les légitimes et unanimes protestations de l'épiscopat éclatèrent, le gouvernement prussien avait déjà toutes prêtes deux lois qui sont les plus monstrueuses inventions de la théorie de la suprématie religieuse de l'État sur l'ordre spirituel.

Des engagements pris avec les sociétés secrètes peuvent seuls expliquer une entreprise aussi insensée que le *Kulturkampf*, à l'aide duquel M. de Bismarck se flattait de transformer et de corrompre l'Église catholique. Bon nombre de protestants sérieusement chrétiens ont hautement repoussé toute solidarité avec de pareilles lois et les ont condamnées comme troublant la paix religieuse du pays, nous sommes heureux de le constater.

Devant la courageuse unanimité de l'épiscopat, les ennemis de l'Église ont dû lever le masque et en arriver à la persécution ouverte. Cette persécution ne s'est pas arrêtée aux frontières de l'Allemagne. C'est de Berlin que sont parties toutes les attaques contre l'Église, toutes les vexations légales qui de 1871 à 1880 l'ont affligée dans le Brésil et les États-Unis d'Amérique, comme en Suisse, en Italie et en Espagne.

Quand en 1880 M. de Bismarck, se sentant vaincu par la force spirituelle de l'Église, a dû modérer les violences du *Kulturkampf*, sans renoncer cependant à son principe, — des engagements avec la secte maçonnique ne le lui permettent pas, — les autres États, qui recevaient de lui l'impulsion se sont arrêtés, tant il est vrai que ces attaques contre l'Église ne se produisent jamais *spontanément* chez les peuples !

L'attitude prise par la Franc-maçonnerie depuis que le *Kulturkampf* a été inauguré est singulièrement significative. Elle juge que le secret est devenu inutile ; elle tient au contraire à se montrer et à faire sentir sa puissance. Dans ses journaux, dans ses loges, elle revendique hautement une part prépondérante dans la fondation du nouvel empire allemand et dans sa lutte contre l'Église.

Le *Herault-Rhenan* (25 octobre 1873) disait :

« Nous croyons pouvoir légitimement affirmer que c'est l'esprit de la Franc-maçonnerie qui, dans le dernier procès qui s'instruit contre l'ultramontanisme, a prononcé sa sentence par la lettre à jamais mémorable de l'empereur au pape. Les idées de l'empereur Guillaume, qui, on le sait, est membre de la Franc-maçonnerie, ne datent pas d'hier, et ne lui ont pas été uniquement inspirées par ses conseillers actuels, ainsi qu'on se plaît à le répandre. *Déjà, encore à la fleur de l'âge, il les exprima en présence de l'ordre, à une époque où le monde se faisait de lui une tout autre idée. Dans ce temps, il proféra des paroles de prince et d'homme, et il y est demeuré fidèle.* Si aujourd'hui il les exécute, c'est ce que l'histoire des siècles futurs attestera. »

Quelques jours après, à la suite d'un échange de lettres entre le pape Pie IX et l'empereur Guillaume, la *Freimaurer Zeitung* de Leipzig publiait le manifeste suivant :

« Quand sont ainsi en présence deux antagonistes : l'empereur, *qui, en sa qualité de F.·., estime et protège l'ordre* ; le pape, qui le maudit et voudrait bien l'envoyer aux enfers, la Franc-maçonnerie peut et doit adopter un parti. Elle peut et doit se mettre du côté où elle est comprise et aimée... *A la suite de l'empereur*, nous marchons vers la liberté de l'esprit sans assujettissement, vers la pacification de la société sans distinction de symboles, vers l'affranchissement de tout préjugé de jouissance égoïste... Ce vieillard, ce héros est notre F.·. ; *il nous est lié par une chaîne indestructible, indissoluble. L'idéal que poursuit notre société nous l'associe. Avec nous et pour nous* il manie le marteau de la force, l'équerre de la sagesse, le compas de l'inspiration commune, qui sert à régler suivant un type idéal les actes dignes de l'homme... Que la conduite de notre F.·. impérial, *qui n'a pas vainement travaillé au grand œuvre*, soit un exemple à tous les FF.·. Nous avons confiance que tous nos FF.·. et toutes nos loges sont animés de ces sentiments, et qu'on n'oubliera pas, dans les banquets qui ont lieu à des époques fixées, de faire trois feux nourris en l'honneur et par amour pour le noble vieillard *qui a su combattre les puissances de ténèbres qui veulent anéantir nos desseins.* »

Mais la justice de Dieu confond ses ennemis par les conséquences logiques de leurs crimes et en tire la glorification de son Église.

Le *Kulturkampf* a succombé à la fois devant l'admirable résistance de l'épiscopat et du clergé allemand, qui s'est relevé plus fort et plus uni que jamais au siège romain, et devant le développement du socialisme. Ce n'est pas impunément que l'on détruit toute religion dans les masses ! Un pays protestant peut bien moins supporter cette persécution gouvernementale de l'Église : la confession luthérienne, dite *évangélique*, s'est fondue pour ainsi dire sous l'action de l'école maçonnique. De là le prodigieux et alarmant développement du parti démocrate socialiste. Les masses ne se laissent pas guider docilement par l'héritier de Palmerston, fût-il le prince de Bismarck lui-même.

En même temps que les succès électoraux des démocrates socialistes au parlement faisaient réfléchir les conservateurs qui avaient suivi jusque-là de confiance la politique du grand chancelier et réveillaient les forces sociales du pays, les sauvages attentats d'Hœdel et de Nobiling contre le vieil empereur, coïncidant avec l'explosion du Nihilisme en Russie, ouvraient les yeux à la dynastie.

Tout ce qu'il y avait d'honnête dans le pays s'est levé et a déclaré que l'on avait fait fausse route, que le *Kulturkampf* perdait l'empire et la société. Devant cette puissante réaction, M. de Bismarck a dû changer de système (1) ; il a pris la tête du mouvement contre le socialisme et a rompu ses alliances avec les progressistes. Mais jusqu'à présent il s'est refusé à abolir les *lois de mai* ; il veut obstinément garder les positions légales prises contre le Catholicisme au mépris de la constitution et des concordats. L'œuvre

---

(1) Pour qui veut réfléchir, comment ne pas remarquer que, si les socialistes avaient vraiment voulu frapper la tête de l'empire allemand, c'est contre M. de Bismarck et non contre le vieil empereur qu'ils auraient dirigé leurs coups ? Mais M. de Bismarck est protégé contre eux par une puissance supérieure, car il n'a pas encore fini son rôle maçonnique. Il a été « titubant » et, selon le mot d'Etzel, qu'il connaît fort bien, on lui a retiré une partie de la confiance, mais on verra plus loin que la menace reste suspendue sur la tête de celui qui « est *entièrement* » aux loges, comme « chef » et comme « *instrument*. »

des sociétés secrètes subit un temps d'arrêt en Allemagne, mais elle n'est pas détruite.

La visite du prince impérial d'Allemagne au Vatican a été dictée par une nécessité gouvernementale et par une tactique d'occasion, plutôt que par un remords sincère. M. de Bismarck, se voyant dépassé par les socialistes, a voulu déterminer une coalition contre eux ; de là son arrêt dans la voie de la persécution religieuse.

Eckert, Gougenot-Desmousseaux, Disraëli, affirment que les juifs sont les vrais inspirateurs de la Maçonnerie et sont toujours en majorité dans le conseil supérieur des sociétés secrètes.

On croira d'autant mieux leur parole si autorisée que l'on constatera l'exaltation universelle du Judaïsme, qui suit la marche en avant de la Révolution et l'extension de la Maçonnerie. Non seulement le juif marche aujourd'hui partout l'égal du chrétien, mais il le domine par la puissance de l'or, de la presse et des hautes positions scientifiques.

Il n'y avait qu'une région où les populations chrétiennes se défendissent contre cet envahissement : c'étaient la Roumanie et les provinces orientales de la Turquie. Dans ces pays la législation civile refusait aux israélites la plénitude des droits de citoyen et le droit d'acquérir le sol. Il faut lire dans le beau livre de M. Gougenot-Desmousseaux, *Le Juif, le Judaïsme et la judaïsation des peuples chrétiens*, l'exposé magistral de la question roumaine et des nombreuses raisons économiques et morales qui justifient la résistance de ces peuples devant l'invasion d'un élément étranger destructeur de leur nationalité.

Or, précisément les juifs ont effacé à Berlin cette dernière injure. Le congrès réuni dans cette ville, en juin 1878, pour régler les affaires d'Orient, a solennellement édicté qu'aucune distinction de culte ne pourrait, dans les pays chrétiens, entraîner une différence dans les droits civils et politiques (1). C'est à un ministre de la République française, M. Waddington, que l'on a laissé le soin d'introduire cet article. Aussi bien son rôle s'est-il borné à faire les affaires des juifs, et c'est la seule consolation qu'il en ait rapportée pour toutes les humiliations dont la France a été l'objet au congrès. M. Waddington ne faisait d'ailleurs que suivre la voie que lui avait tracée son prédécesseur, M. le duc Decazes.

Mais c'est M. de Bismarck qui en a été le grand inspirateur. C'est à lui que le peuple roumain, dans son désespoir, s'est adressé pour obtenir d'échapper à cet article du traité de Berlin ; le grand chancelier a été inflexible, et une dépêche de l'agence Havas, du 18 août 1879, a appris au monde entier que M. de Bismarck se refusait à toute modification au traité de Berlin, en tant qu'il a consacré l'émancipation des juifs de Roumanie.

M. de Bismarck n'a fait en cela que payer une dette contractée dans les loges, car les juifs ont été ses soutiens les plus actifs dans l'œuvre de l'unification de l'Allemagne (2). Le *Journal des Débats*, dans un

---

(1) Le F∴ Bluntschli a publié en 1879 un pamphlet en faveur des juifs roumains.
(2) M. Lasker, le chef des *nationaux libéraux*, qui a été l'un des plus vigoureux champions de l'unification allemande, ainsi que Bamberger, toujours si haineux pour les catholiques, sont des juifs.

article consacré à l'exaltation d'Israël, le dit en propres termes :

« En Allemagne, dès 1830, les juifs prennent un rôle important ; ils sont à la tête de la *Jeune-Allemagne*. Si l'unité allemande a été hâtée par la diplomatie prussienne et par le militarisme prussien, cette œuvre, ils l'ont préparée, soutenue, complétée... Alliés dès 1866 au prince de Bismarck, ils saluaient en lui un autre Constantin et se montraient ses auxiliaires les plus dévoués.. »

L'auteur de cet article est bien au courant du dessous des cartes de la politique contemporaine.

Auxiliaires de Mazzini, quand il répandait l'idée anti-chrétienne en Allemagne, les juifs ont contribué puissamment, en abandonnant le chef de la *Jeune-Europe*, à faire passer la direction des forces des sociétés secrètes aux mains de M. de Bismarck. De là leur action prépondérante sur les cabinets et leur triomphe actuel.

CHAPITRE XVII

LE TRAVAIL INTÉRIEUR DE LA MAÇONNERIE DE 1852 A 1870

Ainsi que nous l'avons établi, Louis-Napoléon s'était emparé de la dictature à la fois avec l'appui du conseil directeur des sociétés secrètes et avec celui des conservateurs, pour lesquels l'année 1852 s'annonçait comme devant ouvrir une nouvelle ère de massacres et de ruines. Cette double origine explique la politique indécise et d'apparences contradictoires que suivit l'Empire. Au début de son règne jusqu'au complot d'Orsini, l'empereur sembla s'attacher à justifier ces paroles : « Il est temps que les méchants tremblent et que les bons se rassurent » ; il voulait tranquilliser les intérêts matériels et ramener à lui les hommes religieux. Mais on ne trouve *dans ses actes* aucun gage sérieux donné à ces derniers. Dès le milieu de janvier 1852, Louis-Napoléon, qui réunissait à ce moment même un conseil des chefs des sociétés secrètes et qui traitait avec eux, autorisait les tenues de loges, un instant interdites. Loin de se montrer hostile à la Maçonnerie, il voulut profiter de la législature nouvelle sur les sociétés de secours mutuels (décret du 26 mars 1852) pour reconnaître à ce titre la

Maçonnerie comme institution d'utilité publique. Le Grand-Orient s'y prêta parfaitement, mais le projet du prince-président rencontra une si vive résistance dans le conseil supérieur des sociétés de secours mutuels, où, à côté de hauts fonctionnaires, se trouvaient plusieurs hommes indépendants, notamment le vicomte Armand de Melun, que cette proposition fut abandonnée. Louis-Napoléon se réservait d'y revenir plus tard.

En attendant, comme l'administration faisait surtout appel, à cette époque, aux forces catholiques et conservatrices, la Maçonnerie, quoique protégée secrètement, envahie d'ailleurs sur certains points par les éléments officiels, dut observer une grande prudence et éviter de se mêler à la politique journalière. Elle se replia sur elle-même, mais n'en travailla que plus activement à attaquer l'Église à fond, c'est-à-dire à miner les croyances chrétiennes, à détruire la foi dans les âmes, à s'emparer de l'éducation de la jeunesse.

Les surveillants officiels qui avaient été donnés aux loges n'étaient peut-être pas complices de ces desseins. Les francs-maçons déclaraient eux-mêmes que le prince Murat était « peu expérimenté encore dans les « dogmes occultes de cette institution de charité et de « secours. » Le maréchal Magnan, après avoir reçu, dans une matinée, les trente-trois degrés du rite écossais, disait en riant qu'il ne savait pas le premier mot des choses maçonniques.

Mais les autorités officielles sont peu de chose dans la Franc-maçonnerie, et les courants qui la poussent en avant s'établissent, que ces autorités le veuillent ou ne le veuillent pas. Il y a toujours au milieu d'elle *quelques loges d'avant-garde* qui devancent et entraînent les autres.

C'est à cette époque, 1855, qu'une loge de Liège adopta ce programme du F∴ Goffin, qui est devenu, quelques années après, celui de toute la Franc-maçonnerie.

« *Suffrage universel direct.*

« *Abolition des armées permanentes*, cause de ruine et d'oppression pour les peuples.

« *Suppression de la magistrature inamovible*, origine des injustices et des procès scandaleux.

« *Abolition des traitements du clergé*, désormais rétribué par les croyants de chaque culte.

« *Suffrage universel pour les élections provinciales et communales*, comme moyen d'habituer peu à peu la nation à l'exercice de son pouvoir souverain (1).

« *Instruction primaire, gratuite et obligatoire.*

« *Suppression de la Banque nationale* et établissement d'un vaste système de crédit foncier, commercial et agricole.

« *Organisation du travail* par la création de grandes associations ouvrières.

« *Réduction de tous les budgets et principalement de celui de la guerre.*

« *Associations pour rendre les derniers devoirs aux morts sans le concours du clergé.*

« *Abolition de la peine de mort en matière politique et criminelle.*

« Tel doit être, selon moi, l'ordre du jour de la grande réunion M∴ qui aura lieu prochainement. *Voulons-nous écraser l'infâme ou le subir ?* »

---

(1) Cet article du programme du F∴ Goffin vise spécialement la Belgique, où la Constitution a établi un suffrage censitaire.

Le F.˙. Quinet, réfugié en Belgique, réclamait pour l'extirpation de la religion l'emploi de la « force aveugle. »

Le F.˙. Renan écrivait à la même époque :

« Les temples matériels du Jésus réel s'écrouleront ; les tabernacles où l'on croit tenir sa chair et son sang seront brisés ; déjà le toit est percé à jour, l'eau du ciel vient mouiller la face du croyant agenouillé.

Et quelques temps après, en annonçant une édition des *Œuvres de Voltaire*:

« La nouvelle édition qu'on prépare des œuvres de ce grand homme satisfera au besoin que le moment actuel semble éprouver de faire une réponse aux envahissements de la théologie ; réponse mauvaise en soi, mais accommodée à ce qu'*il s'agit de combattre.* »

L'illustre évêque de Poitiers, Mgr Pie, suivait avec sa haute perspicacité le mouvement intellectuel et moral du temps. Dans ses magnifiques instructions synodales de 1857 et de 1858 il affirmait que les systèmes philosophiques anti-chrétiens de Cousin et de ses disciples ne resteraient pas toujours dans les sphères où ils prétendaient les maintenir ; qu'ils descendraient bientôt, qu'ils étaient déjà descendus, sur le terrain pratique.

« *L'organisation du rationalisme*, ajoutait-il, *est
« le fait le plus patent, le plus formidable de notre
« époque.* UNE LIGUE EUROPÉENNE S'EST *formée*,
« UNE ASSOCIATION UNIVERSELLE *s'est établie* dans
« le but avoué de composer un corps d'armée qui

« puisse *résister glorieusement aux doctrines qu'on*
« *veut imposer à l'esprit humain de par la révé-*
« *lation.* »

Le grand évêque signalait le caractère cosmopolite de cette association et indiquait la Hollande comme un de ses principaux foyers.

Depuis le temps de Spinoza, la Hollande a toujours été un des centres de la secte antichrétienne, et si elle n'y a pas excité les mêmes bouleversements politiques et sociaux que dans les pays voisins, c'est peut-être parce qu'elle a voulu se ménager au sein de ce petit peuple une place de sûreté d'où elle pût impunément étendre au loin ses ravages.

En 1855, quelques penseurs et positivistes hollandais, les FF∴ d'Albaing, Günst, D' Junghün, fondèrent à côté et sous le patronage de la fameuse loge *Post nubila lux*, une revue appelée *le Dageraad* ou *le Point du jour*, et destinée à attaquer ouvertement le « fanatisme de l'Église dite chrétienne. »

Un an après, le 4 octobre 1857, le *Dageraad* convoquait un congrès universel de libres penseurs, auquel prirent part soixante-cinq personnes tant de la Hollande que des pays voisins, et qui reçut, en outre, de nombreuses adhésions.

Le rapport du secrétaire constatait que l'association correspondait avec la *Revue philosophique*, de Paris, avec le *Jahrundert*, de Hambourg, avec les revues hebdomadaires de Londres : *The Reasoner, The London investigator, The Humanistic journal* ; avec les humanistes et les sécularistes anglais ; avec la *Ragione* de Turin ; avec la *Revue trimestrielle*, le *Na-*

tional, le *Congrès libéral*, de Bruxelles. Dans le cours du Congrès, l'association du *Dageraad* recommanda aux libres penseurs la fréquentation de l'Université de Bruxelles.

Le F∴ d'Albaing eut quelques difficultés passagères avec la loge *Post nubila lux*, mais c'est celle-ci qui céda et qui, une des premières, supprima la formule du *grand architecte de l'univers*. Il en est devenu vénérable quelques années après.

Il entretint également des relations avec Ronge, le célèbre fondateur du Rongisme ou du parti des communes libres d'Allemagne.

« Il y a là quelque chose de plus que des *passions ou des erreurs individuelles*, disait en 1858, en relatant ces faits, un homme de grande sagacité, M. d'Anselme, dans la *Revue du monde païen*. Il y a toute une organisation européenne ; et si à ce tableau on ajoute ce qui s'est manifesté à nous de parti pris contre la révélation dans l'ouvrage de M. Maury, que toute une société de savants et de professeurs, sous la direction de M. Duruy, professeur lui-même et membre de l'Université, a choisi pour introduction à une nouvelle histoire universelle ; si on tient compte de la part faite au rationalisme par l'Institut de France, dans la personne de tant de savants et de littérateurs, dont les écrits sont constamment et systématiquement dirigés contre la révélation ; de l'accueil que le théâtre et la littérature, en général, que la poésie plus ou moins sensuelle ou impie, et jusqu'aux chansons des rues, que les revues, les romans, les journaux et même certains almanachs font journellement aux doctrines ainsi professées en haut lieu, on reconnaîtra qu'il y aurait plus de danger que de prudence à faire voir dans une société ainsi travaillée et circonvenue un spectacle satisfaisant pour la foi et rassurant pour l'avenir ; dans les ennemis qui l'assiègent de partout, de simples et innocentes brebis involontairement sorties du bercail. Il y a une ligue européenne, vaste, active, puissante, ayant sa tête dans les sommités du monde savant, comme ses moyens d'action dans une portion du corps enseignant et de la presse, étendant ses affiliations à travers toutes les parties du corps social, et dont le but avoué est l'anéantissement en Europe de toute croyance fondée sur la révélation. »

Ajoutons que la revue *Dagearaad* était en pleine prospérité en 1864. Quant à la loge *Post nubila lux*, son influence n'a jamais cessé d'être fort grande, et aujourd'hui elle attire à elle la majeure partie de la Maçonnerie hollandaise.

La Maçonnerie française suivait cette impulsion. En 1854, au sein des loges se fonde l'*Alliance religieuse universelle*, organisation extérieure qui voulait confondre les adhérents de tous les cultes sur le terrain du rationalisme avec ces trois bases: inviolabilité de la conscience, liberté religieuse absolue, droit de libre examen. La logique de l'esprit français a fait justice de cette hypocrisie, qui consistait à donner l'étiquette de *religieuse* à une association dirigée essentiellement contre toute espèce de religion. Mais les loges ne l'en ont pas moins patronnée durant plusieurs années, comme moyen de *groupement extérieur* de tous les éléments hostiles au Christianisme. Aussi bien l'*Al-*

liance ne faisait-elle que traduire la doctrine intime des loges. Nous avons sous les yeux une *instruction maçonnique pour le grade d'apprenti* publiée à cette époque, et dont l'auteur déclare qu'il a, pour la rédiger, consulté les ouvrages de J. Simon, de l'abbé Lammenais, de l'abbé Châtel, de Pierre Leroux, de Platon Blanchard, de Gentil de Cabagnol, ainsi qu'une grande partie des rituels maçonniques. Le dieu Apis et Jéhovah y sont mis sur le même pied, traités comme de pieuses folies, bonnes pour le peuple comme instrument de discipline sociale : « La Franc-maçonnerie ne per-
« sécute pas, y est-il dit ; elle cherche à détruire
« l'erreur, et surtout les erreurs religieuses, par l'ins-
« truction vraie et raisonnée dont elle a tant de moyens
« à sa disposition. » Les auteurs, auxquels cette instruction renvoie, étaient tous maçons ; ceci indique assez le rôle qu'ils ont joué dans la grande propagande antichrétienne de la secte. C'est donc avec raison que l'on peut rapprocher constamment leurs écrits des rituels des loges pour établir la doctrine de la Maçonnerie.

Mgr Pie signalait dans l'instruction synodale que nous rappelions plus haut l'importance de certaines idées mises en avant par Eugène Sue. Cet écrivain était très engagé dans les loges, et l'évènement a montré que ses idées n'étaient pas seulement siennes, mais étaient celles de toute la secte. En 1859, dans des lettres au *National,* il traçait tout un plan pour substituer des écoles athées aux écoles chrétiennes. C'est, vingt ans à l'avance, tout le cadre des lois auxquelles les FF∴ Ferry et Paul Bert ont attaché leur nom. On y trouve notamment l'idée mère du fameux art. 7, l'exclusion de l'enseignement, comme indignes, de tous ceux qui ont fait un vœu religieux ou font partie du clergé.

Le *Monde maçonnique* écrivait en juillet 1867 :

« Le mouvement philosophique, beaucoup plus accentué et hardi dans les loges françaises que dans les ateliers de l'Amérique, de l'Angleterre et même de l'Allemagne, a placé naturellement les maçons de notre pays au premier rang des volontaires de l'indépendance de la morale et de la pensée ; mais ce mouvement n'est pas exclusivement français, comme on s'efforce de le faire croire ; il se propage et s'étend sur la Maçonnerie entière. »

Après 1860, au lieu de recevoir l'impulsion de l'étranger, la Franc-maçonnerie française la transmet aux pays voisins.

La guerre d'Italie, la part prise par le gouvernement impérial aux attaques contre le Saint-Siège, la reconnaissance officielle de la Franc-maçonnerie sous le ministère de M. de Persigny, donnent au mouvement intérieur des loges un essor que rien ne pourra désormais arrêter.

En 1863, le F∴ Hayman, à la fête du Grand-Orient de France, célébrait la prospérité de la Maçonnerie dans le monde entier. Il montrait avec orgueil « la Maçonnerie italienne se constituant au grand jour, faisant prévaloir la liberté de pensée là où régnait naguère le Saint-Office ». S'adressant ensuite aux frères français, il leur disait : « PROTÉGÉS PAR UN POUVOIR FRATERNEL ET TOLÉRANT, vos temples sont des asiles sacrés. » Puis, leur parlant du rôle qui leur incombe :

« Maçons français, dirai-je encore, où avez-vous placé votre idéal ? Et cependant ne sentez-vous pas que le vieux monde se meurt, qu'il lui faut une formule nouvelle, que l'humanité qui s'éveille a besoin de dogmes appropriés à ses aspirations, que la jeune société qui monte a soif de croyances plus harmoniques ? Et les révélateurs ne descendent plus de la montagne !

«A vous, mes Frères, de les rechercher et de les discuter, dans le silence de nos temples, CES ARTICLES DE FOI DE L'AVENIR. »

Qu'était-ce donc que ces *articles de foi de l'avenir?* En juin 1865, l'assemblée du Grand-Orient décide, à une grande majorité, que la profession d'athéisme n'est pas un obstacle à l'entrée dans les loges. L'article des statuts, qui déclare que la Franc-maçonnerie repose sur la croyance en Dieu et à l'immortalité de l'âme, pourra bientôt disparaître. Quelques loges, en Hollande, en Belgique, en France, prennent dès ce moment l'initiative de cette suppression. Les Grands-Orients d'où elles relèvent protestent à peine et seulement pour la forme.

Ainsi que dans toutes les graves circonstances, le Souverain Pontife fit entendre sa voix. Dans une allocution prononcée le 25 septembre 1865, Pie IX dénonçait la Franc-maçonnerie comme l'un des principaux agents de la guerre universelle dirigée contre l'Eglise. Il signalait son développement croissant, l'impunité qui lui était partout assurée, l'audace avec laquelle elle levait la tête.

La papauté ne pouvait plus que signaler les périls que courait la société. En 1865, la plupart des gouvernements de l'Europe étaient plus ou moins sous l'influence de la Maçonnerie.

La Maçonnerie mit à profit avec une activité fébrile les conditions si favorables qui lui étaient faites. De 1861 à 1870 sa propagande a une intensité et une hardiesse, que les témoins de ce temps ne peuvent oublier.

C'est elle qui profite presque exclusivement de la *liberté des conférences*, inaugurée en 1864 par M. Duruy, le ministre, qui pour les choses de l'instruction publique possédait la secrète pensée du maître. Et tandis que le gouvernement impérial interdit les conférences de M. de Broglie et de M. Cochin, le Grand-Orient organise à la fois, rue de la Paix et rue Cadet, une série de cours publics, sorte d'université populaire, où il a pour orateurs Deschanel, Henri Fouquier, Frédéric Passy, Taxile Delord, Elisée Reclus, Henri Martin, Lissagaray, Castagnary, Lullier, Weiss, Jules Vallès, toute la jeunesse des loges, et le futur état-major de la Commune ou de l'opportunisme.

Dans la fête solsticiale célébrée le 2 février 1881 par la loge la *Rose du parfait silence* de Paris, « le F∴ Dally *a rappelé que « la morale indépendante était sortie des discussions qui eurent lieu il y a dix-sept ans dans les deux loges étroitement unies,* la Renaissance *et la* Rose du parfait silence, *dont les vénérables étaient les* FF∴ *Caubet et Massol.* »

C'est durant cette période que se forment toutes les œuvres de propagande antichrétienne dont nous avons vu le développement après 1877, les *Sociétés de la libre pensée*, la *Ligue de l'enseignement*, la *Société d'éducation élémentaire*, qui sont comme les deux ailes, droite et gauche, de l'armée dont les loges forment le centre.

La Ligue de l'enseignement, fondée le 15 octobre 1866 par le F... Jean Macé, professeur de l'université, fut d'une part recommandée par le général Mellinet, grand-maître, approuvée par Enfantin, le pontife du Saint-Simonisme, et appuyée officiellement par MM. Duruy, ministre de l'instruction publique, Ch. Robert, secrétaire-général, et beaucoup de fonctionnaires, dont plusieurs ignoraient le but poursuivi, nous voulons le croire. Des subventions sur les fonds du budget lui furent accordées; en Algérie, dès 1868, la Ligue était une institution d'État. C'était le moment où l'empereur rêvait un empire arabe, et où Mgr de Lavigerie se voyait ordonner de rendre, non à à leurs parents, mais à leurs *tribus*, de malheureux orphelins abandonnés à la suite d'une famine par leurs familles et recueillis par le charitable prélat. L'inspirateur de cette prétention vexatoire était le général Gresley, officier des bureaux arabes et alors chef d'état-major du gouverneur général, M. le maréchal de Mac-Mahon, qui a regretté depuis l'abus fait de sa responsablité. M. le général Gresley, nommé ministre de la guerre par la majorité gambettiste en novembre 1877, a livré aux gauches les ordres donnés aux commandants de corps d'armée, dont il avait été le chef d'état-major au 24 mai 1873 et au 16 mai 1877. La *Lanterne* a assuré que M. Gresley était franc-maçon.

Alors apparaissent une multitude de journaux qui propagent ces idées dans la jeunesse des écoles et dans les ateliers : l'*École*, la *Libre conscience*, l'*Horizon*, le *Réfractaire*, la *Solidarité, journal des principes*, la *Coopération*, feuilles éphémères, mais qui se succèdent l'une à l'autre, et entretiennent la fermentation dans tous les éléments impurs de la société. Les journaux de la Maçonnerie, le *Siècle*, l'*Opinion nationale*, le *Monde maçonnique* les recommandent hautement, attestant ainsi le lien qui les unit aux loges. Dès 1864, les loges de Paris et de province procèdent à des fêtes d'adoption et à des baptêmes maçonniques.

Nous ne pouvons que mentionner ici ce mouvement ; il a été décrit et suivi dans ses détails dans les admirables brochures de Mgr Dupanloup ; dans les *documents* recueillis avec tant de sagacité par M. Amand Neut ; enfin, dans l'ouvrage de M. de Saint-Albin, intitulé : *Les libres penseurs et la Ligue de l'enseignement*, publié en 1868. En relisant ce dernier ouvrage, en voyant l'activité déployée par les loges pendant ces années, on reconnaît que là a été le moteur initial de tout le mouvement qui a suivi. On est surtout frappé des efforts que font dès cette époque les loges pour s'emparer de l'éducation par la laïcisation des écoles et par les bibliothèques populaires.

« Nous désirons, disait un de leurs membres, le F∴ Félix Rocquain, en 1867, qu'on écarte du domaine de l'éducation publique tout enseignement religieux et dogmatique, en même temps que toute immixtion personnelle du clergé.

Et l'on aurait tort de croire que, dans notre pensée, cette proscription frappe uniquement le Catholicisme. Il est dans nos vœux qu'aucun ministre d'une religion quelle qu'elle soit, catholique, protestant, israélite, ne s'ingère, à un titre quelconque dans les questions d'enseignement. »

On a vu l'initiative prise par le Grand-Orient, au sujet de la fameuse formule : — *l'enseignement gratuit, laïque et obligatoire.*

Mais ce qui est absolument frappant, ce qui indique le *plan secret, concerté et poursuivi* à travers tous les obstacles avec ténacité, c'est de voir *l'enseignement secondaire des jeunes filles* réclamé par les loges, douze et quinze ans avant que le F∴ Paul Bert reprît l'œuvre de M. Duruy, qui procédait elle-même du plan relatif aux loges audrogynes :

La l∴ *la Rénovation* d'Amiens, proposait pour sujet de concours pour sa fête solsticiale de 1867.

« Éducation et instruction de la femme, — ce qu'elles ont été dans le passé, — ce qu'elles sont aujourd'hui, — ce qu'elles pourraient être et devraient être. »

L'*Opinion nationale* disait à la même époque, dans son numéro du 20 novembre 1867 :

« *Commençons tout d'abord par l'éducation de la femme. C'est la question vitale pour le pays.* »

L'*École* ajoutait (n° du 1ᵉʳ décembre 1867) :

« L'enseignement secondaire des filles n'est pas fondé en France. Il ne le sera que sur une base large et démocratique que nous ne trouvons point ici, et, alors même, il n'aura de consistance que si, la liberté et le bon sens succédant aux lois de privilège et aux préjugés, les professions libérales deviennent accessibles aux femmes. »

Et nous sommes là en présence d'un programme universel de la Maçonnerie. A la même date « la Li-« gue de l'enseignement pour la Belgique poursuit son « but en cherchant à développer l'enseignement des « filles. »

En Italie, le même écho nous revient :

« La loge d'adoption, l'*Étendard de charité*, dont les sœurs s'occupent avec tant de soin et de charité de l'asile et de l'ouvroir de Naples, a voté une adresse au F∴ Vésuviano Salvatore Morelli, O∴ de Florence, député au parlement, pour le remercier du projet de loi sur la réhabilitation de la femme qu'il a présenté à la dernière session. »

A cette même époque, au mois d'avril 1870, M. Jules Ferry faisait, sous la présidence de M. Jules Simon, une conférence au nom de la *Société pour l'instruction élémentaire*. Elle se terminait par cette déclaration :

« Celui qui tient la femme, celui-là tient tout, d'abord parce qu'il tient l'enfant, ensuite parce qu'il tient le mari, non point peut-être le mari jeune, emporté par l'orage des passions, mais le mari fatigué ou déçu par la vie. C'est pour cela que l'Église veut retenir la femme, et c'est aussi pour cela qu'il faut que la démocratie choisisse, sous peine de mort.

« Il faut choisir, il faut qu'elle appartienne à la *science* ou qu'elle appartienne à l'Église. »

Qu'est-ce que la Maçonnerie entendait par la science ?

En 1868, l'*École mutuelle* de Paris recevait comme franc-maçon un jeune docteur en médecine, M. Grenier, dont la thèse brutalement matérialiste avait été signalée par Mgr Dupanloup, dans sa brochure, *Les Signes du temps*. Le F∴ Grenier avait écrit ceci :

« Le patriotisme, principale vertu de l'antiquité, n'est pas autre chose que l'instinct altruiste borné à la patrie. Aussi, *ce sentiment va-t-il en diminuant*, et alors qu'il était un progrès au début de l'histoire, des temps viendront, *ils sont venus peut-être*, où cette manière d'être ne sera que de la réaction, de l'arrêt de développement, *un vice*. »

Voilà la doctrine que la Maçonnerie acclamait et faisait sienne.

L'*École mutuelle* groupait à ce moment bon nombre des hommes qui, sous la troisième République, allaient devenir les maîtres de la France. On y retrouvait les FF∴ Pelletan, Hendlé, Coulon, Constans, Hérisson, Tirard, André Rousselle, Delattre, Dréo, Murat.

Quelques jours après, M. Jules Simon avait porté à la tribune du Corps législatif l'expression la plus nette des doctrines impies dans la discussion de la loi sur la presse :

« Je demande, pour les religions, le droit à l'outrage... Soyez sûrs que quiconque a vécu par la force de la raison est avec nous dans cette revendication ; soyez sûrs que nous sommes suivis, non seulement en France, mais en Europe, par toutes les universités, par tous les professeurs, par tout ce qui s'honore du nom de *philosopho, par tous ceux pour lesquels le titre de libres penseurs est regardé comme un honneur et comme une gloire.* Eh bien ! grâce à Dieu, le bataillon en est grand. »

Les hommes du 4 septembre étaient prêts, on le voit, sur toute la ligne, et leur programme était parfaitement arrêté. Mais pour quelques-uns la consécration que donne seule l'affiliation maçonnique faisait défaut. Le dimanche 3 juillet 1870, le *Réveil maçonnique* de Boulogne-sur-Seine recevait M. Jules Simon, qui à la même époque acceptait une affiliation à l'*Internationale* sous le numéro 606. A cette cérémonie assistaient la plupart des députés de la Seine, dit le compte-rendu.

A la même époque, la question de la liberté de l'enseignement supérieur était posée et discutée dans la presse et dans une commission extra-parlementaire. Deux francs-maçons émérites, le F∴ Dolfus et le F∴ Michelet, discutaient entre eux sur le meilleur moyen de détruire le *ver clérical*, l'un soutenant que pour cela il valait mieux donner la liberté d'enseignement, l'autre qu'il était plus sûr de la refuser. C'est tout ce qui les divisait.

La guerre contre l'Église allait se traduire de plus en plus dans les actes du gouvernement.

Nous venons d'exposer l'état des loges et leur travail de déchristianisation, sous l'Empire. On a pu voir que la besogne impie, loin d'être entravée, avait été favorisée par un gouvernement prisonnier des antécédents de son chef. Bien que cette étude soit au-dessus des préoccupations de parti, et ne doive en rien procéder de la haine politique, notre devoir est de préparer pour l'histoire les matériaux qui serviront à faire la lumière sur une époque mal connue de la plupart de nos contemporains.

L'Empire seconda, non seulement de ses sympathies, mais par son œuvre législative, le mouvement des sociétés secrètes. Il eut, il est vrai, la folle prétention de le diriger, mais il échoua dans cette tentative dont profita la démagogie, et c'est ainsi que, lorsqu'on observe avec attention la double face du monstre révolutionnaire, il est aisé de distinguer, derrière le masque césarien, le coin du bonnet phrygien de Marianne.

L'auteur des *Idées napoléoniennes* essaya de détourner les ouvriers des affiliations socialistes, en favorisant, à l'occasion de l'exposition universelle de Londres, la création de l'Internationale. Il ne devait pas tarder à s'apercevoir que sa ruse était éventée, et que le nid où il voulait faire couver des œufs d'aigles s'était rempli de serpents. La reconnaissance officielle accordée à la Franc-maçonnerie ne devait pas porter de meilleurs fruits, et, dans les loges, Napoléon III, malgré ses gages de complicité antichrétienne, passait pour un traître à punir. La trêve d'Orsini n'était point la trêve de Dieu, et les concessions du pouvoir ne firent qu'enhardir les exigences des sectaires. Ces concessions portaient, cependant, une grave atteinte aux droits les plus sacrés et aux libertés les plus chères, et le rapport *confidentiel* adressé en 1860 à l'empereur par M. Rouland, ministre des cultes, aurait pu être contresigné P. Bert ou Ferry. Le ministre, qui veut arriver *peu à peu et sans bruit* à l'asservissement de l'Église, signale comme un danger « la croyance de l'épiscopat et du clergé à l'infaillibilité du pape », « le développement des conférences de Saint-Vincent-de-Paul et des sociétés de Saint-François-Régis, les progrès des congrégations religieuses vouées à l'enseignement populaire, à celui des filles surtout ! »

M. Rouland, partisan autoritaire de l'enseignement d'État, dit naïvement à ce sujet :

« Il est impossible à l'élément laïque de lutter sur ce terrain contre l'élément religieux, qui, en réalité ou en apparence, présentera toujours aux familles bien plus de garanties de moralité et de dévouement. »

Un peu plus loin le ministre nous donne le secret de sa tendresse pour l'enseignement laïque :

« Les laïques, modestes et utiles fonctionnaires, dit-il, sont dévoués à l'empereur et rendent de notables services dans les communes rurales, où l'on serait fort affaibli au point de vue du suffrage universel, si tout l'enseignement primaire passait dans les mains des congrégations. »

Et plus bas :

« Où crie-t-on cordialement : *Vive l'empereur ?* Assurément ce n'est pas dans les établissements congréganistes. »

Comme conclusion, le ministre proposait de dissoudre les sociétés de St-Vincent-de-Paul, par l'application des art. 291 et 292 du code pénal et de faire appel « *à une réaction antireligieuse qui ferait la police des fautes du clergé et formerait autour de lui un cercle de résistance d'opposition qui le comprimerait.* »

M. Rouland crie, comme devait le faire plus tard M. Gambetta, contre le *cléricalisme* ; il s'élève contre l'envahissement du pouvoir des papes sur le clergé et sur l'État, il veut régler l'office du nonce en France comme celui de tout autre ambassadeur, « *sans qu'il ait le moindre regard sur le choix des évêques ;* » il conseille de laisser éteindre peu à peu la faculté laissée aux évêques d'assembler périodiquement des conciles provinciaux sans l'autorisation du gouvernement. Et comme M. Rouland est un ancien procureur général, son gallicanisme, qui n'a, du reste, de commun que le nom avec celui de Bossuet, se traduit par l'appel à la violence. Il demande la suppression des journaux religieux, en même temps qu'il réclame l'intrusion de la police autour de la chaire sacrée. Ce n'est pas assez que les catholiques soient persécutés ; il faut encore qu'ils ne puissent pas se défendre contre les attaques de la presse antireligieuse dont les Tuileries ont autorisé le développement, et dont les rédacteurs se montrent partout sans-culottes, excepté au Palais-Royal, où le « César déclassé » qui, à Ajaccio, comme au sénat, prépare son accession au trône de son cousin, les reçoit en amis, et les protège en bon maçon.

Le plan de M. Rouland fut fidèlement suivi. La société de St-Vincent-de-Paul fut décapitée et désorganisée par les mesures prises par M. de Persigny, ce maréchal des logis devenu ministre de l'intérieur et duc par mémoire et récompense des conspirations napoléoniennes. Nous nous souvenons des dures angoisses de nos amis placés dans l'alternative de quitter leurs conférences ou de subir les vexations d'un pouvoir assez aveugle ou assez coupable pour proscrire comme ennemie l'œuvre admirable de la réconciliation chrétienne et de soulagement aux misères du peuple. L'*Univers*, qui cependant avait, aux débuts, acclamé dans l'Empire ce qu'il croyait à tort devoir être le règne de l'ordre social catholique, fut supprimé, et la plume éloquente de Louis Veuillot frappée d'interdit; la *Bretagne*, organe, à Saint-Brieuc, de M. G. de la Tour, subit le même sort, ainsi que la *Gazette de Lyon*. Plus tard, le *Courrier du Dimanche* était atteint, lui aussi. On attribua cette dernière mesure à un article de cet esprit si fin qui s'appela Prévost-Paradol. C'était une erreur. La vraie cause de la suppression du spirituel et courageux journal se trouverait dans un entrefilet non signé.

Paris venait d'illuminer pour célébrer la cession de la Vénétie à l'Italie. Le *Courrier du Dimanche* s'écria : « Dieu veuille qu'un jour on n'illumine pas à Vienne à propos de la perte de l'Alsace ! »

Ce patriotisme clairvoyant reçut son châtiment immédiat, ainsi que celui des écrivains, députés et sénateurs, restés fidèles aux droits du Saint-Siège et qui faisaient œuvre de bons catholiques et de bons français en s'opposant de toute leur énergie à la politique néfaste des nationalités et des grandes agglomérations qui allait produire l'unité italienne et l'unité allemande, et enserrer nos frontières dans un cercle de fer. Le grand évêque de Poitiers, Mgr Pie, depuis cardinal, ayant parlé de la cuvette de Pilate, partagea avec Mgr Dupanloup, le vaillant évêque d'Orléans, l'honneur de l'inimitié et des poursuites officielles.

La politique antireligieuse au dedans était le corollaire de la politique maçonnique suivie au dehors. Dans l'une comme dans l'autre, le prince Jérôme-Napoléon apporta sa détestable influence. Il est nécessaire de rappeler certaines paroles et certains actes de l'altesse démagogue, dont les talents et vertus militaires sont moins éclatants que les scandales civils.

Le 22 février 1862, le prince Jérôme Napoléon disait devant le sénat :

« Messieurs, permettez-moi de faire l'esquisse de l'empire tel que je le comprends. Pour moi, l'empire c'est... l'instruction populaire répandue sans limite, *sans être donnée par les congrégations religieuses...* ; c'est la destruction du bigotisme du moyen âge qu'on voudrait nous imposer... Je n'ai pas pris la parole pour mon plaisir, mais je l'ai fait comme un devoir, lorsque j'ai cru que l'explication que l'on donnait de l'Empire était mauvaise, fâcheuse, fatale, et j'ai voulu, avec le peu d'autorité qui peut s'attacher à ma parole, la relever. Entendez bien mon sentiment. *Je suis du parti de la Révolution, tant en France qu'en Europe.* Je souhaite que le gouvernement de la Révolution reste dans les mains des hommes modérés ; mais *quand ce gouvernement passera dans les mains d'hommes ardents, fût-ce les radicaux, je n'abandonnerai pas ma cause pour cela : je serai toujours du parti de la Révolution.* Voilà ce que disait M. Thiers en 1845. Ces paroles résument exactement mon opinion ! »

Et au milieu des vives protestations d'un certain nombre de sénateurs, mais du silence absolu des ministres, le prince Napoléon accentuait ainsi sa pensée ; (nous citons textuellement le compte-rendu officiel) :

« Il faut bien cependant rappeler ici les leçons de l'histoire. Savez-vous à quels cris Napoléon 1ᵉʳ était ramené du golfe Juan aux Tuileries ?

« C'est aux cris de : « A bas les nobles ! à bas les émigrés ! à bas les traîtres ! » (protestations très énergiques. Sur presque tous les bancs du Sénat, cette phrase a été entendue ainsi : à bas les nobles, les émigrés et les prêtres !

« *Plusieurs sénateurs.* — Assez ! assez de la Révolution !

« *M. le premier président Barthe.* — Est-ce là le symbole de la Révolution comme vous l'entendez ?

« *S. A. le prince Napoléon.* — Oui, la Révolution, je la défends et m'en glorifie. Nous sommes des révolutionnaires honnêtes.

« *Un sénateur.* — Il n'y a pas de révolutionnaires honnêtes qui crient : A bas la société !

« *Un autre sénateur.* — Ce n'est pas même de la Révolution, c'est de la démagogie !

« *M. le comte de Ségur-d'Aguesseau.* — C'est instinctif ! On ne peut pas s'opposer aux instincts. (Agitation croissante.)

« *M. le Président.* — Vous rappelez là, monseigneur, de tristes souvenirs.

« *Cris nombreux.* — A l'ordre ! à l'ordre !

« *S. A. I. le prince Napoléon.* — Je n'accepterai pas de rappel à l'ordre... J'ai constaté un fait. (Bruyantes réclamations.)

« *Voix diverses.* — Il est inexact. C'est une insulte à tout le monde.

« *M. le baron Lacrosse.* — Il ne faut pas que les cris de : A bas les nobles ! à bas les prêtres ! sortent de cette enceinte sous prétexte de citations historiques.

« *M. le comte de Ségur-d'Aguesseau.* — Cette scène est très-utile.

« *M. le premier président Barthe.* — Cette apparence

d'approbation, d'adoption, que vous donnez à ces paroles révolutionnaires et infâmes a excité l'indignation du Sénat tout entier. »

Le prince Jérôme soulevait par le cynisme de ses attaques l'indignation sur les bancs du Sénat, mais l'empereur ne se dissimulait point que son cousin posait devant les loges sa candidature éventuelle, et l'impératrice n'envisageait pas sans terreur et dégoût ce triste personnage qui cumulait les raffinements luxueux de l'impiété et de la débauche du Directoire avec les instincts crapuleux d'une fausse et basse démocratie. Elle avait vu le vestibule de la maison de Diomède, et s'était refusée à pénétrer dans ce séjour imprégné des turpitudes païennes. L'orgie sacrilège du vendredi-saint, en compagnie du sénateur Sainte-Beuve, un philosophe apprivoisé et subventionné, avait appris à la France la hardiesse dans le mal de ce prince, dont l'armée n'avait pas pu admirer le courage et que les courtisans avaient entendu appeler *Craint-plomb* par Napoléon III. Le prince Jérôme, gendre du roi Victor-Emmanuel, dont la vertueuse fille fut sacrifiée à des intrigues politiques, était le secret espoir de la Maçonnerie, qui l'avait désigné comme le successeur de l'empereur. Ce dernier, par des voyages subitement ordonnés, essaya plusieurs fois de soustraire le parent fâcheux à l'attention publique; il ne réussit ni à satisfaire les conservateurs, professant une horreur salutaire pour celui qu'on avait surnommé *Plon-plon*, dans l'intimité des Tuileries, ni à décourager les sociétés secrètes dans leur choix.

Mais les malheurs de la patrie vinrent hâter la solution révolutionnaire en la modifiant.

Les illusions du plébiscite de 1870 ne précédèrent que de quelques mois la chute de l'Empire et hélas ! les revers de la France. Le prince Jérôme était allé en Italie avec l'instruction de porter à son beau-père *l'autorisation de tout faire* contre la papauté, et ce fut là son rôle durant la guerre, dans laquelle il n'ambitionna pas les périls à partager avec nos soldats.

La République naquit sous la protection des baïonnettes étrangères et, oubliant les ruines de l'invasion, célébra comme une victoire le renversement du régime bonapartiste, dont elle allait continuer, en l'aggravant, la politique de destruction.

L'empereur est mort dans l'exil ; l'impératrice, après avoir connu toutes les douleurs de l'épouse et de la souveraine, a été frappée par le trépas tragique, dans l'expédition anglaise du Zululand, du prince impérial tombant dans une embuscade et combattant avec un courage héroïque. L'infortune de la mère a mérité les sympathies de tous, et le livre impérial a été fermé par la zagaie d'un sauvage.

Ce n'est point, en effet, le 363 réconcilié avec la République, approuvant par une lettre que rien n'effacera les décrets infâmes contre l'Eglise, revêtant la carmagnole par dessus les habits brodés de sa défroque princière, qui pourra mettre sa main jacobine sur l'honneur de la France. Les impérialistes eux-mêmes l'ont si bien compris qu'ils ont essayé de susciter le fils contre le père, Victor contre Jérôme ; mais le fils a déclaré être en communauté d'opinions avec le père, et c'est ainsi que la tradition napoléonienne, dépouillée de toute apparence conservatrice, en est arrivée à se confondre dans la Révolution, d'où elle était sortie. Désormais toute équivoque est impossible.

CHAPITRE XVIII

LA RÉPUBLIQUE ET LE GOUVERNEMENT MAÇONNIQUE

La Maçonnerie soutient tous les gouvernements antichrétiens, mais elle a pour la République une préférence logique et marquée. Poursuivant sa marche antireligieuse et antinationale vers un idéal qui, grâce à Dieu, est irréalisable, elle trouve dans la République les vices les plus approximatifs de cet idéal. Grant, l'anticlérical interprète des loges américaines, n'a pas jeté sans raison, en 1872, dans une proclamation officielle ces paroles, inconcevables pour ceux qui ne sont pas au courant du langage des loges :

« Le monde civilisé tend vers le républicanisme, vers le gouvernement du peuple par ses représentants, et notre grande république est destinée à servir de guide à toutes les autres..... Notre créateur prépare le monde à devenir, en temps opportun, une grande nation, qui ne parlera qu'une langue et où les armées et les flottes ne seront plus nécessaires. »

C'est la même pensée qui, en 1865 et dans les années suivantes, a inspiré ces *congrès* et ces *ligues de la paix*, qui préparaient l'explosion de 1870, et auxquelles tant d'honnêtes gens donnaient étourdiment leur adhésion. Il suffit d'avoir suivi avec quelque soin les procédés des sociétés secrètes pour savoir qu'elles s'avancent vers les desseins destructeurs précisément en jetant en pâture aux esprits de notre temps, dépourvus de toute règle, des mots sonores et des rêves humanitaires.

La véritable signification de ces manifestations et de ces réunions est donnée par l'expression de la haine qui s'y fait jour contre le Christianisme et l'Église catholique. Elles ont, au point de vue de la secte, l'avantage de propager leurs idées par le retentissement qui est donné et de grouper des éléments qu'elles utilisent plus tard.

Au congrès du Liège, en 1865, l'une des plus caractéristiques réunions de cette époque, plus de mille étudiants venus d'Allemagne, d'Espagne, de Hollande, d'Angleterre, de France, de Russie se trouvèrent réunis. Il faut signaler cette assemblée comme un des signes des temps, selon l'expression de Mgr Dupanloup, car ses membres sont aujourd'hui à la tête de l'*Internationale*, de la Franc-maçonnerie, du monde parlementaire ou administratif en France et en Belgique.

La *Revue de l'instruction publique* trouvait une « existence sérieuse et grave » à ces débauches d'impiété qui allaient se renouveler au congrès de Genève, et qui, procédant des plans de Mazzini sur la République, méritaient les encouragements du F∴ Félix Pyat, exhortant la réunion du café Mathieu à Paris à l'action.

Le *solidarisme* devenait la partie essentielle des

statuts de l'association du café Mathieu ; il était, du reste, déjà pratiqué par la Maçonnerie française et belge recommandant le « mariage libre et l'enterrement civil. »

La proclamation de la République, au 4 septembre fut à la fois la revanche de Mazzini, l'explosion des passions socialistes attisées par l'*Internationale*, en face d'un pays qui, plus patriote que les sectaires, ne pouvait devant l'invasion se réjouir de la chute de l'Empire, malgré les fautes de ce dernier.

Le Franc-maçonnerie vit, avec satisfaction la proclamation d'une forme de gouvernement à laquelle conduisaient ses doctrines et qui ouvrait aux membres des loges l'accès du pouvoir à Paris et dans tous les départements. Elle se mêla activement au mouvement radical, qui dès le premier jour déborda le gouvernement de la défense nationale.

« Trois éléments me semblent avoir, dès l'origine, entravé la défense nationale et finalement préparé les évènements du 18 mars, dit un des témoins entendus par la commission d'enquête parlementaire. Ces trois éléments sont :

« Les loges maçonniques de Paris.

« Les socialistes connus sous le nom de positivistes.

« L'Internationale.

« .... Les francs-maçons *se mirent dans toutes les commissions*, parmi même les délégués de la boucherie, avec des membres de l'Internationale ; on pérorait dans les loges, on paradait dans les enterrements, on siégeait dans les commissions municipales et gouvernementales. Toute idée de défense nationale était mise de côté. »

Dans les départements, au lieu de concentrer leurs efforts sur la défense du territoire et d'unir tous les éléments patriotiques, les préfets et les commissions municipales ne songèrent qu'à réaliser le vœu émis par le Grand-Orient peu auparavant pour la dectruction de l'enseignement chrétien et à chasser partout des écoles les instituteurs religieux. C'est ainsi que M. Challemel-Lacour, sénateur et ministre depuis, mais alors préfet du Rhône, fit verser dans la caisse des œuvres maçonniques des citoyens et citoyennes de Lyon les sommes provenant du pillage de l'établissement des frères de Caluire. On sait que l'attentat commis contre cet établissement avec l'autorisation de M. Challemel a valu plus tard à celui-ci une condamnation civile, avec conséquences pécuniaires, à laquelle il s'est, il est vrai, soustrait. Le proconsul, qui tremblait devant les méfaits des garibaldiens et s'enfermait sous double grille dans sa préfecture, ne craignait pas de formuler contre les mobiles de la Gironde, qui, sous le commandement de M. de Carayon-La-Tour avaient bravement combattu l'ennemi, cette sentence : « Fusillez-moi tous ces gens-là. »

La Providence allait ménager à la France, dans les élections du 8 février 1871, le moyen d'arrêter l'œuvre de la Maçonnerie et de rompre avec la Révolution.

Le peuple, sentant la main de Dieu dans la succession inouïe de ses malheurs, se retourna vers la religion et la tradition nationale, comme il l'avait fait en 1815. Ses élus, réunis à Bordeaux, étaient en grande majorité chrétiens et royalistes ; au moins le peuple, dans la simplicité et la droiture de ses jugements, les avait-il choisis comme tels, sans regarder aux nuances qui les divisaient, ni aux erreurs qui pouvaient hanter l'esprit de plusieurs d'entre eux.

Dès lors la Révolution fut menacée de perdre toutes les positions qu'elle avait conquises en 1852, en 1830 et même au 5 septembre 1816, car l'auguste représentant des Bourbons était connu comme unissant à une indomptable fermeté une largeur de vues, qui lui a toujours fait démêler à travers tous les sophismes le venin caché des idées révolutionnaires. Henri V ne pouvait être que le roi d'une monarchie chrétienne et paternelle : il ne pouvait que reprendre les grandes pensées de Charlemagne, de saint Louis et d'Henri IV ; ce n'est jamais lui que les sectes seraient parvenus à conduire au précipice, en le rendant impuissant pour le bien.

Contre ce danger suprême toutes les forces de la Révolution, toutes ses fractions diverses se sont conjurées, depuis les jacobins, en ce moment maîtres de Paris, jusqu'à M. Thiers et M. de Bismarck.

L'explosion du 18 mars fut sans doute l'œuvre principale des jacobins et des socialistes ; mais elle eut immédiatement l'appui de toute la Franc-maçonnerie de Paris et de la province, qui voulut profiter de ce mouvement pour dépouiller l'Assemblée nationale de son pouvoir ou au moins obtenir à titre de transaction la proclamation définitive de la République.

La Franc-maçonnerie, à Paris, prit hautement parti pour la Commune, disons-nous. Le 26 avril 1871, une grande assemblée de francs-maçons de tous les rites se réunit au Châtelet, et après avoir élu pour *orateur* un des membres les plus connus du parti radical, le F∴ Floquet, elle prit la résolution suivante :

« Ayant épuisé tous les moyens de conciliation avec le gouvernement de Versailles, la Franc-maçonnerie est résolue à planter ses bannières sur les remparts de Paris ; et si une seule balle les touchait, les FF∴ M∴ marcheraient d'un même élan contre *l'ennemi commun.* »

De là l'assemblée, grossie à chaque pas et comptant plus de dix mille francs-maçons revêtus de leurs insignes, se rendit en procession saluer le pouvoir insurrectionnel à l'hôtel de ville, et le frère Thirifocque, leur orateur, s'écria que « *la Commune était la plus grande révolution qu'il eût été donné au monde de contempler ; qu'elle était le nouveau temple de Salomon, que les francs-maçons ont le devoir de défendre.* »

Le citoyen Lefrançais, membre de la Commune, déclara ensuite que « depuis longtemps déjà il était de cœur avec la Franc-maçonnerie, ayant été reçu dans la loge écossaise n° 133, passant à cette époque pour une des plus républicaines, et qu'il s'était depuis longtemps assuré *que le but de l'association était le même que celui de la Commune*, la régénération sociale. »

Une délégation de la Commune reconduisit la députation maçonnique jusqu'au « temple » de la rue Cadet.

A quelques jours de là, les francs-maçons allaient sur les remparts opposer leurs bannières aux troupes commandées par le maréchal de Mac-Mahon, et les vénérables des loges de Paris se posaient hautement comme médiateurs entre l'Assemblée, souveraine légale du pays, et la bande de révolutionnaires cosmopolites qui terrorisait la capitale.

M. Thiers reçut la délégation, mais refusa alors de prendre aucun engagement. Quelques jours après, le 5 mai, la *fédération des francs-maçons et des compagnons de Paris* adressait un manifeste à leurs frères de France et du monde entier, où, après l'exposé de leur intervention, ils disaient :

« Frères en maçonnerie et frères compagnons, nous n'avons plus à prendre d'autres résolutions que celle de combattre et de couvrir de notre égide sacrée la cause du droit.

« Armons-nous pour la défense !

« Sauvons Paris !

« Sauvons la France !

« Sauvons l'humanité !

« Paris, à la tête du progrès humain, dans une crise suprême, fait son appel à la Maçonnerie universelle, aux compagnons de toutes les corporations ; il crie : *A moi les enfants de la veuve !*

« Cet appel sera entendu par tous les francs-maçons et compagnons ; tous s'uniront pour l'action commune, en protestant contre la guerre civile, que fomentent les souteneurs de la monarchie. . . . .

« *Vous avez bien mérité de la* PATRIE UNIVERSELLE, vous avez assuré le bonheur des peuples pour l'avenir.

« Vive la république !

« Vivent les communes de France fédérées avec celles de Paris ! »

Quelques membres du Grand-Orient et du Suprême-Conseil firent bien entendre, à l'époque, contre ces manifestations, des protestations équivoques, fondées uniquement sur ce que la Franc-maçonnerie ne s'occupe pas de politique !!! Ce n'étaient que de simples mesures de précautions prises à tout évènement.

Les francs-maçons ne se trompèrent pas sur leur portée et ne se laissèrent pas arrêter dans le concours actif qu'ils apportaient à la lutte sauvage de la Commune. Plus la Commune devenait violente, plus ils la soutenaient énergiquement. On en a la preuve authentique dans cette note du *Journal officiel de la Commune* des premiers jours de mai :

« Les francs-maçons et compagnons fédérés ont établi pour les vingt arrondissements, par une délégation, un service officieux qui a pour but de signaler à toutes les administrations civiles et militaires les abus qui y existent. Ils recueilleront également les plaintes pour y porter remède.

« Ils se proposent de faire exécuter strictement les décrets de la Commune : un bureau est établi dans chaque mairie. »

On le voit, comme sous la Convention, les loges se transformaient en clubs de jacobins et en comités de salut public.

Enfin, le 22 mai, lorsque l'armée française était déjà entrée dans Paris, un groupe nombreux de francs-maçons se réunissait une dernière fois et publiait, sous le nom du Grand-Orient, la proclamation suivante :

« Francs-maçons de tous les rites et de tous les grades, la Commune, défenseur de vos principes sacrés, vous appelle autour d'elle !

« Vous l'avez entendue, et nos bannières vénérées sont déchirées par les balles, brisées par les obus de ses ennemis. Vous avez répondu héroïquement !

« Continuez avec l'aide de tous nos frères et de tous les compagnonnages !

« *L'instruction, que nous avons reçue dans nos respecta-*

bles ateliers, *dicte à chacun de nous le devoir sacré que nous avons à remplir.*

« Heureux ceux qui tomberont glorieux dans cette lutte sainte ! »

Le Grand-Orient de France a désavoué après coup l'usage qui a été fait de son nom. Mais ce qui permet de mesurer la portée de ce désaveu, ce sont les adhésions que depuis lors les puissances maçonniques de l'étranger ont données à la Commune, elles qui n'avaient rien à ménager.

L'Internationale a eu sa part dans l'explosion de la Commune de Paris et les crimes qui y ont marqué son règne.

L'idée communaliste, c'est-à-dire la dissolution du lien national, l'autonomie des groupes communaux ou fédératifs, et leur groupement par fédération, est une des bases de l'association. Sans doute les sections parisiennes de l'Internationale se sont montrées modérées relativement aux jacobins qui avaient la majorité dans la Commune. Mais elles s'étaient précisément laissé envahir par ces jacobins ; c'est volontairement et en vertu de leurs principes qu'elles avaient, depuis plusieurs années et plus spécialement pendant le siège, groupé cet élément cosmopolite qui les a dominées ensuite complètement. Or, c'est cet élément, dirigé par Karl Marx et ses confidents, qui a préparé la Commune et qui l'a soutenue avec la tolérance sinon le concours de M. de Bismarck.

Le 7 septembre 1870, Eugène Dupont, le membre du conseil général qui dirigeait toutes les sections et fédérations françaises, leur écrivait de Londres :

« La piteuse fin du Soulouque impérial a amené au pouvoir les Gambetta, les Favre. Rien n'est changé : la puissance est toujours à la bourgeoisie. Dans ces circonstances le rôle des ouvriers, ou plutôt leur devoir, est de laisser cette vermine bourgeoise faire la paix avec les Prussiens.

« Il faut profiter de toutes les libertés que les circonstances vont apporter pour organiser toutes les forces de la classe ouvrière. La bourgeoisie, qui est en ce moment affolée de son triomphe, ne s'apercevra pas tout d'abord du progrès de l'organisation, et, *pour le jour de la véritable guerre, les travailleurs sont prêts*. Le conseil général a écrit à tous les correspondants, afin que tous les efforts se concentrent dans ce sens pour agir avec ensemble *au moment opportun et décisif*. »

Et le 17 octobre, craignant un réveil de l'instinct national, il ajoutait :

« Grand nombre de nos amis se sont laissé aveugler par le patriotisme, ont fait chorus avec les bourgeois qui crient partout : Oublions nos différences d'opinions, faisons le sacrifice de nos plus chers principes sur l'autel de la patrie ! Duperie infâme ! car les bourgeois n'ont rien et n'avaient rien à sacrifier, et le peuple est une fois de plus trompé, parce qu'il est sans organisation. »

Pendant la Commune, les sections de l'Internationale donnèrent à Paris un appui énergique au mouvement, et dans les départements, ce furent ses principaux adeptes qui, à Marseille, à Limoges, à St-Etienne, à Toulouse, à Lyon, tentèrent des mouvements en sa faveur.

Au plus fort de la lutte, en mars 1871, le *Vorbote*, journal officiel du socialisme allemand écrivait : « L'histoire se trouve en présence d'une révolution que la démocratie socialiste du monde entier doit saluer avec enthousiasme. »

Après la chute de la Commune, quoique Karl Marx se soit habilement arrangé pour décliner toute responsabilité dans son insuccès, le conseil général de l'*Internationale* a hautement approuvé tous ses crimes dans un long manifeste daté du 30 mai 1871, qui a été adressé à tous les membres de l'association en Europe et aux États-Unis, et a été publié en entier par le *Volkstaat* de Leipsig. « Il est pour l'*Internationale*, dit M. Winterer, le récit officiel des évènements de la Commune ; il doit en être, devant l'histoire, l'apologie autorisée. Quand on parcourt le manifeste, on se demande avec un sentiment d'effroi dans quelle sphère d'idées il faut vivre pour apprécier ainsi de semblables forfaits. »

La Franc-Maçonnerie elle-même a persisté après la Commune à témoigner à ses combattants les sympathies que ses loges donnaient aux fondateurs de l'*Internationale*. Ainsi nous lisons dans la *Chaîne d'Union* de 1872, que le 17 avril 1872 la grande loge les *Philadelphes et la Concorde*, réunie *régulièrement* à Londres, a donné un banquet en l'honneur de la Commune, où étaient présents les FF∴ Lelubez, Cambault, Albert May, Mairé, Benoît, Vésinier, Bradlaugh, La Cecilia.

A la Nouvelle-Calédonie, les députés trouvèrent un centre pour leurs conciliabules dans la loge l'*Union calédonienne*, fondée sous l'Empire par le gouverneur Guillain. Leurs menées, tolérées par M. de la Richerie, en vertu d'instructions secrètes de M. Thiers, aboutirent à l'évasion de Rochefort. L'enquête faite par l'amiral Ribourt, à la demande de l'Assemblée, établit que les fonds nécessaires avaient été fournis d'abord par la loge, puis complétés par un frère, receveur de l'enregistrement dans la colonie, qui était vénérable de la loge. La loge fut jusqu'à sa fermeture le centre de réunions communalistes. Un prussien joua aussi un rôle important dans l'évasion.

Quelques temps auparavant une loge de Bordeaux, *L'Anglaise*, ayant pris une décision pour exclure des *temples* français les francs-maçons allemands, les loges italiennes, en assemblée réunie à Palerme, adressèrent au *Grand-Orient* de France des protestations.

En 1875, Tolain, l'un des fondateurs de l'*Internationale*, se faisait recevoir franc-maçon dans la L∴ la *Prévoyance*, à Paris. Interrogé par le F∴ Emm. Arago, qui lui demandait pourquoi il voulait être franc-maçon, il répondit en substance :

« Lancé dans la vie politique, préoccupé des questions sociales et pressé d'arriver, je n'avais pas songé, je l'avoue, à la Franc-maçonnerie. Je dois même le dire, je la croyais une institution surannée et, tout en la respectant, je la négligeais, croyant sur ma route trouver des armes plus précises. Je reconnais aujourd'hui que j'avais tort : la Maçonnerie peut rendre encore d'éminents services, et je viens à elle. »

L'histoire n'a pas encore élucidé jusqu'à quel degré est allée la tolérance de M. de Bismarck pour la Commune de Paris ; mais elle a recueilli de nombreux témoignages des offres de service que les jacobins et les internationalistes parisiens ont faites à l'envahisseur

RÉPUBLIQUE ET GOUVERNEMENT MAÇONNIQUE

de leur patrie. Cluseret, le général de l'insurrection, dans les démarches qu'il faisait auprès de M. de Hatzfeld pour l'engager à appuyer ouvertement la Commune, lui tenait exactement le même langage que M. de Bismarck adressait plus tard à M. d'Arnim :

« Laissons de côté, dit-il dans la relation que lui même a publiée, l'affaire de l'archevêque et parlons des intérêts communs à votre gouvernement et à la Commune de Paris. Si le gouvernement de Versailles triomphe, ce sera un effort désespéré pour la monarchie pour revenir sur l'eau. *Il n'y a pas de monarchie en France qui puisse, je ne dis pas se maintenir (aucune ne se maintiendra), mais tenter de se maintenir sans promettre la revanche... Vous souriez... Elle ne pourra tenir cette promesse, je le sais mieux que personne, et je compte là-dessus comme sur un moyen et une occasion de révolution.* »

Quelques années se passent, et nous voyons encore l'argent sinon la main des Prussiens dans les attentats des internationalistes et des jacobins. En 1878, les débats du procès Lebiez ont établi que le cautionnement du *Père Duchêne* avait été fourni par la baronne d'Eckstedt, une prussienne, qui prétendait vivre à Paris pour propager les idées socialistes. A la même époque un procès s'est engagé entre la direction de l'*Homme libre* du F∴ Louis Blanc et le baron Panaïef (directeur en Russie de feuilles panslavistes et radicales très accentuées), où l'on a produit un traité en vertu duquel ce dernier s'était réservé, moyennant les sommes données par lui, le droit de diriger la politique de cet organe révolutionnaire et socialiste dans le sens du panslavisme.

Ici les responsabilités et les complicités s'étendent singulièrement et il est impossible de ne pas remarquer le rôle prépondérant qu'ont joué dans la fondation de l'*Internationale* deux chefs du panslavisme, Herzen et Bakounine.

Des écrivains fort au courant de ce qui se passe dans le monde socialiste, notamment le Dr Rudolf Meyer, soutiennent que l'un et l'autre étaient stipendiés par le prince Gortschakoff pour préparer l'avènement du panslavisme par la désorganisation de l'Europe occidentale.

« Bakounine, mort en Suisse en 1876, dit M. Reichenbach, a joué un rôle si extraordinaire qu'on est tenté de le prendre, comme le disent d'anciens internationalistes, pour un agent russe. Son exil en Sibérie a été une véritable plaisanterie. Il faut espérer que les phases de son existence seront un jour mieux connues, quand on fera le véritable historique de la Commune de Paris, de Marseille, de Carthagène, etc. : Karl Marx saura nous en parler, comme il serait homme à nous raconter fort à propos ce qu'il doit savoir sur M. le conseiller intime Hamburger, personnage de nationalité allemande et de descendance israélite, et qui jouit auprès de M. le prince de Gortschakoff de la même confiance dont M. de Bismarck honore M. Bucher.

« Il existe ainsi certaines individualités éminentes qui, parmi les épreuves d'une vie errante et laborieuse, ont appris à connaître les passions et les secrètes tendances des hommes, des classes sociales et des races : sous les titres modestes de secrétaires et de conseillers intimes, ils n'occupent en quelque sorte que le second plan de la scène, mais tout effacés que paraissent leurs personnages, ce n'en est pas moins eux qui conduisent l'action. »

Quelle responsabilité font peser de pareilles révélations sur le chancelier qui pendant tant d'années a gouverné la Russie sous le nom de l'empereur! Comment ne pas se rappeler M. Disraëli disant que la diplomatie secrète de la Russie était tout entière aux mains des juifs, et M. de Maistre dénonçant l'habileté avec laquelle les illuminés s'introduisaient jusque dans les plus secrets conseils des souverains pour se servir d'abord de leur puissance au profit de leurs desseins, pour les perdre ensuite eux-mêmes?

Mais revenons à la Commune. L'action de la Maçonnerie française en faveur de la Révolution fut décisive, seulement ce fut sur un autre terrain que celui choisi par les loges parisiennes.

En effet, dès le commencement de la Commune un grand nombre de loges de province adressèrent des pétitions menaçantes à l'Assemblée pour lui demander *la conciliation, la proclamation des franchises communales et de la République.*

Ce que l'Assemblée ne leur accorda pas, M. Thiers le leur promit et il réalisa cette promesse, tandis qu'il viola celle faite aux royalistes de laisser faire la monarchie.

M. Thiers est désormais l'homme qui va sauver la Révolution.

Avec un étrange aveuglement, les hommes religieux l'avaient porté au pouvoir par leurs multiples élections. Mais M. Thiers était toujours resté fidèle à son serment de chevalier Kadosch, et l'on n'aurait pas dû oublier les paroles qu'il prononçait le 17 janvier 1848 à la Chambre des députés :

« On dit que les hommes qui viennent de triompher en Suisse sont radicaux ; *car on croit avoir tout dit en les accusant du radicalisme.*

« Je ne suis pas radical ; les radicaux le savent bien. Mais entendez bien mon sentiment : JE SUIS DU PARTI DE LA RÉVOLUTION, TANT EN FRANCE QU'EN EUROPE.

« Je souhaite que le gouvernement de la Révolution reste dans les mains des hommes modérés ; mais *quand le gouvernement passera dans les mains d'hommes moins modérés que moi et mes amis, dans les mains des hommes ardents, je n'abandonnerai pas ma cause pour cela*, JE SERAI TOUJOURS DU PARTI DE LA RÉVOLUTION. »

Voilà M. Thiers tout entier : il n'était pas communard, mais il préférait la Commune à la Monarchie légitime. Lui-même, quand son travail d'intrigues fut plus avancé, s'est vanté, dans un discours à l'Assemblée le 29 novembre 1872, d'avoir pris vis-à-vis des syndicats parisiens et des conseils municipaux de plusieurs villes, *au mois d'avril 1871, l'engagement formel de maintenir et de consolider la République, pour prix de leur abstention entre la Commune et le gouvernement.*

Les loges maçonniques purent s'en rapporter à lui ; la Maçonnerie de province abandonna la Commune et M. Thiers triompha à la fin de l'insurrection.

Il n'y perdit que sa maison, et l'on sait qu'il sut la faire généreusement payer par le pays.

Quant aux chefs déportés à Nouméa, ils furent, en Nouvelle-Calédonie, traités avec une bienveillance que n'avaient pas prévue les conseils de guerre. On fut par contre sévère pour la *vile multitude*, selon l'expression odieuse par laquelle M. Thiers avait un jour trahi sa pensée.

Une fois maître de la situation, le président de la République laissa la propagande révolutionnaire se déployer de nouveau sur le pays. C'est à la pression de ses agents que fut dû le succès d'un certain nombre d'élections républicaines, le 2 juillet 1871. Mais surtout il employa les remarquables facultés de son esprit à désagréger la majorité royaliste de l'Assemblée, à soulever des défiances entre des hommes que tout rapprochait, et à envenimer les situations.

En vain l'Assemblée nationale, par l'acte du 24 mai 1873, reprit-elle possession d'elle-même, le mal était fait en grande partie, et la restauration monarchique ne se posa plus avec la simplicité qui l'imposait à tous à Bordeaux en février 1871, à Versailles en mai 1871.

Notre cadre ne comporte pas le récit des évènements qui firent échouer, en novembre 1873, la restauration de la vraie monarchie.

L'heure de l'histoire n'est pas encore venue. Elle relèvera sans doute, à côté d'hommes égarés par les préjugés du parlementarisme, la main d'habiles sectaires, cherchant à imposer une fois encore à la royauté le régime bâtard qui avait acculé la Restauration dans la charte et consolidé l'œuvre de la Révolution à la faveur des mensonges du régime parlementaire.

Nous devons seulement constater la vive opposition que fit au rétablissement de la monarchie M. de Bismarck. Les débats providentiels, pouvons-nous dire, du procès d'Arnim nous ont révélé le puissant intérêt que le chancelier attachait à écarter du trône de France le prince qui eût pu le mieux relever sa grandeur.

Il ne cessait de redire dans ses dépêches : « *que l'Allemagne n'avait à redouter ni la République, ni l'Empire ; que son intérêt était que la France restât faible et sans alliés ; que la République et, à défaut de la République, l'Empire était le régime sous lequel la France parviendrait le moins à se relever ; que la France monarchiquement constituée serait un danger pour l'empire d'Allemagne, parce que la monarchie serait capable de conclure des alliances...* » Tous les hommes d'État, tous les journaux allemands n'ont cessé de répéter « *que le régime qui, en s'acclimatant en France, ferait le mieux les affaires de la Prusse, était le régime républicain.* »

L'éventualité d'une restauration bonapartiste, au cas où la République ne pourrait pas se maintenir, était, on le voit, soigneusement ménagée par nos ennemis et proposée par eux avec discrétion.

M. d'Arnim écrivait au chancelier le 6 mai 1872 :

« Nous ne devons pas repousser les tentatives bonapartistes pour entrer en connexion avec nous. ILS SONT DE TOUS LES PARTIS LE SEUL QUI CHERCHE OUVERTEMENT NOTRE APPUI, et qui inscrit dans son programme la réconciliation avec l'Allemagne. »

Le 12 mai M. de Bismarck répondait :

« Le parti impérial bonapartiste est problablement celui avec l'aide duquel on pourrait encore se flatter le plus raisonnablement d'établir des rapports tolérables entre l'Allemagne et la France. »

Il recommandait en conséquence de ne faire « quoi que ce soit qui puisse l'affaiblir, lui nuire aux yeux de la nation ou rendre sa position plus difficile. »

Restauration bonapartiste ou République, voilà ce que M. de Bismarck travaillait à établir en France ! « *Ni Bourbons, ni Orléans,* » disait-il un jour devant son compagnon de table, le dr Busch. Plus tard, en voyant la République et les républicains faire si bien son jeu, il s'écriait avec son cynisme politique que « *la France avait l'agonie folâtre !!!* »

Quelques années après, quand Mac-Mahon, le 16 mai 1877, eut une velléité d'échapper au courant révolutionnaire dans lequel il s'était placé, toutes les forces de la Révolution cosmopolite et notamment la presse libérale et les loges maçonniques de l'Allemagne s'allièrent aux 363 députés de la gauche et firent avec eux la campagne électorale qui a abouti au scrutin du 14 octobre 1877 et à la soumission du maréchal.

L'attitude des loges maçonniques de France et d'Allemagne et l'action de M. de Bismarck après le 16 mai 1877 sont trop identiques avec leur attitude et leur action au moment où la restauration monarchique se préparait, pour que nous ne l'ayons pas dès à présent constatée.

Mais n'anticipons pas davantage et exposons les évènements si importants de l'année 1873.

Les sociétés secrètes du monde entier s'étaient concertées dans le plus grand mystère pour empêcher à tout prix l'avènement d'Henri V au trône. Nous trouvons la trace de leur action dans un document bien étrange au premier abord, mais dont la suite des évènements a démontré la véracité.

Au mois de novembre 1872 le journal l'*Univers* reçut d'une source très sûre une série de communications fort précises sur un conciliabule secret des sectes, tenu les 29, 30 et 31 octobre 1872 à Locarno, où s'étaient réunis les principaux chefs de la Maçonnerie italienne. Là étaient présents : Philippe Cordova (Orient de Rome), de Franchi (Orient de Naples), La Vacarra (Orient de Palerme), André Giovanelli (de Florence), Alb. Mario (de Turin), Quadrio (de Gênes), Félix Pyat (pour la France), Kossuth (pour la Hongrie), Klapka (pour la Suisse), le général Etzel (pour la Prusse) : autant de personnages très importants, comme on voit. Le général Etzel ouvrit la séance en proposant les trois objets de délibération suivants : 1° une guerre entre la France de Thiers et l'Italie, placée alors sous le régime de la *Consorteria*, serait-elle utile à la démocratie ? 2° *quels principes devaient présider à la constitution d'un gouvernement provisoire en France sous la dictature de Gambetta ?* 3° quel nouveau culte devait remplacer le Catholicisme ?

Dans une lettre de Gênes du 12 novembre 1872, publiée dans l'*Univers* du 19, ce correspondant donnait les indications suivantes sur la situation du parti révolutionnaire en Europe :

« A Gênes comme à Venise et à Milan, où je me suis arrêté en revenant de Genève, les frères et amis, aussi bien que le gouvernement, ignorent ce détail ; seulement ils savent ce qu'il y a à faire et se tiennent prêts. C'est sur *le mouvement des radicaux français que l'on compte et sur l'argent des prussiens*. M. Félix Pyat a donné des assurances positives et un *de vos radicaux les plus importants* est lié par des engagements qu'il ne pourra jamais rompre.

« Le général Etzel n'a pas été moins explicite, et M. de Bismarck est intéressé plus *qu'on ne pense à travailler dans le sens de la démocratie*. Pour le moment l'Allemagne demeure forcément en dehors du mouvement républicain ; mais la raison en est très simple : elle n'a pas achevé son unité. Le grand chancelier a fait une grosse besogne, et quelque pressé qu'il soit, il lui faut du temps. Or, pendant que la France, l'Italie, l'Espagne, tout le monde latin enfin sera dans les convulsions d'une transformation sociale, il accomplira plus facilement, croit-il, les exécutions souveraines qu'il a méditées et portera le dernier coup à l'empire d'Autriche Cela fait, on verra l'Allemagne entière acclamer la république et envoyer promener le vieux Guillaume.

« *Je ne dis pas que M. de Bismarck ne veuille pas jouer les Italiens et les Français;* mais qu'il y prenne garde. Le général Etzel, tout en lui rendant hommage, s'est expliqué carrément sur son compte : « Il est à nous entièrement, a-
« t-il dit, *et le jour où nous le verrions titubant, nous lui
« retirerions notre confiance. Il le sait très bien.* »

« Les républicains italiens se préoccupent beaucoup des projets de réunions au Colysée. Comme j'exprimais tout à l'heure quelques doutes à l'un des plus intimes partisans de Garibaldi, il m'a dit :

« Dans cette réunion générale du Colysée nous avons deux
« choses en vue : la première, de mesurer nos forces, de
« constater le développement moral de nos idées, de connaî-
« tre le degré de l'enthousiasme de la masse, enfin de savoir
« ce qu'on peut en tirer pour l'action ; la seconde, de nous
« révéler aux yeux du monde comme un parti puissant et
« de nous poser comme une autorité constituée en face des
« *consorts*. On ne peut rien tenter pour le moment, et nous
« n'en avons pas le dessein. Nous resterons sur le terrain de
« la légalité stricte. Lanza et les *consorts* seraient trop heu-
« reux d'un prétexte pour attenter à nos droits et rendre
« vaine l'œuvre de notre jeune démocratie. Mais nous ne

« leur donnerons pas cette satisfaction. Il nous suffit de
« nous affirmer. »

Les évènements subséquents ont confirmé en partie ces indications. Les *consorts* ont été chassés du pouvoir en Italie et remplacés par des hommes beaucoup plus avancés. Mais l'Autriche n'a pas encore été attaquée. *M. de Bismarck s'est montré titubant*, et les sectes lui ont retiré *en partie* leur *confiance* ou au moins l'en menacent.

Aussi bien ces complots étaient-ils noués en prévision d'une restauration monarchique en France. L'aveuglement des *parlementaires* l'ayant fait échouer un an après, l'avènement *légal* de Gambetta à la dictature fut dès lors un fait inévitable, que tout le monde devait prévoir, et les sectes ont pu recourir à des procédés moins périlleux qu'une guerre européenne s'appuyant sur une insurrection communaliste.

Mais revenons aux évènements de 1873, et nous allons voir que le *mouvement des radicaux français*, annoncé avec tant de précision dès le 12 novembre 1872, fut bien près d'éclater.

Tandis que la presque unanimité du pays acclamait par avance la restauration de la monarchie, sans se préoccuper des intrigues qui s'agitaient dans certains groupes parlementaires infatués de leurs utopies constitutionnelles et surtout de leurs intérêts personnels, au mois de septembre un vaste complot, se ramifiant dans tout le sud-est de la France, se formait pour s'opposer par la force à la décision de l'Assemblée nationale et lever l'étendard de la guerre civile.

Le journal *La Révolution française*, dans son numéro du 12 mai 1879, à propos d'un article de M. Littré, a clairement désigné M. Gambetta comme étant à sa tête. Voici ses propres paroles :

« De ce que la République a pu échapper aux coupe-jarrets du 23 mai 1873, M. Littré conclut qu'il était bien inutile de la défendre en 1871.

« Point n'est besoin de discuter sérieusement une assertion aussi peu sérieuse. Mais nous aimerions à savoir ce que peuvent en penser Monsieur le comte de Chambord, que son refus d'accepter le drapeau tricolore a seul empêché de devenir Henri V, et M. GAMBETTA, qui, en *prévision de cette éventualité, avait préparé et organisé sur toute la surface du territoire et jusque dans l'*ARMÉE *une insurrection auprès de laquelle l'insurrection du* 18 MARS N'EÛT PLUS ÉTÉ QU'UN JEU D'ENFANT. »

Le journal attitré de M. Gambetta, la *République française*, à qui cette interpellation était adressée, ne répondit pas alors. Mais en 1881, Bordone, le garibaldien gambettiste, et le journal le *Radical* ont publié d'importantes révélations sur ce complot. On trouvera ces deux récits *in extenso* dans le tome III de l'ouvrage les *Sociétés secrètes et la Société*.

Nous connaissions déjà, par des débats judiciaires authentiques, les crimes par lesquels les agents inférieurs de l'insurrection républicaine comptaient débuter.

Dans le département de Saône-et-Loire, une bande d'insurgés devait enlever au château de Sully la marquise de Mac-Mahon, parente du maréchal, et la détenir à titre d'otage. L'instruction des procès, qui furent faits plus tard contre les auteurs de ce complot, établit qu'il avait eu pour noyau les francs-maçons de Saône-et-Loire, alliés à la *bande noire*, cette société secrète répandue chez les mineurs du bassin houiller de Montceau et qui, au mois d'août 1882, a prématurément engagé la guerre sociale.

Un magistrat éminent chez lequel le courage civil égalait la valeur militaire, M. Robinet de Cléry, était alors à la tête du parquet de Dijon, et la fermeté avec laquelle il a fait la lumière sur l'ensemble de cette affaire et sur ses ramifications l'a désigné à la haine du parti radical ; mais il n'a pas pu dépendre de ce parti de faire disparaître les constatations judiciaires contenues dans les sentences rendues par le tribunal d'Autun et la cour de Dijon.

La réunion du mois de septembre 1873, dit en substance le tribunal d'Autun, n'était que l'exécution du programme du comité central républicain radical. L'un des buts reconnus de ce comité était de manifester en toute occasion, de faire au besoin appel à l'insurrection. En effet, Josserand se joint à la réunion du Creuzot, présidée par le représentant Boysset; il y proclame le devoir de soutenir la République, même à coups de fusil... Les poudres et munitions de guerre, détenues par Alemanus père et fils, étaient une réserve, un moyen d'action plus ou moins efficace le jour où le comité central républicain radical viendrait à réaliser ses mauvais desseins de faire appel à l'émeute.

Dans toutes ces réunions on voit toujours M. Boysset, qui était vénérable de la loge maçonnique de Châlons et député à l'Assemblée nationale. C'est cette dernière qualité qui a empêché de le comprendre dans les poursuites.

Le même complot se ramifiait à Lyon et avait pour point d'appui les sections de l'*Internationale*. La guerre sociale devait éclater en même temps que la guerre civile. Le réquisitoire présenté par M. Boissard, procureur de la République au tribunal correctionnel de Lyon, a parfaitement montré comment toutes les associations politiques républicaines, sauf à se duper mutuellement ensuite, s'étaient à ce moment étroitement unies à l'Internationale, pour résister par une insurrection au rétablissement de la monarchie.

Voici en effet un article que publiait la *Liberté*, de Genève, organe autorisé de l'*Internationale*, immédiatement après le 24 mai, et qui jette un grand jour sur la marche ultérieure des évènements en France et en Espagne :

« ... Le 24 mai est inséparable du socialisme, puisqu'il n'est fait que contre le socialisme. NOS AMIS DANS TOUTE L'EUROPE *en ont ressenti le contre-coup*, alors que les politiques purs dans les divers pays européens n'ont accordé à ce fait qu'une importance secondaire... AU FOND, IL N'Y A DE TOUCHÉ QUE NOUS... *Le socialisme est politiquement vaincu en France*... Nous demandons seulement s'il faut continuer à tout prix *le mouvement parisien et espagnol*, MALGRÉ QU'IL SOIT COUPÉ NET PAR LE 24 MAI, ou bien s'il est préférable de quitter momentanément la partie pour nous réorganiser à fond.

« C'est notre devoir de conseiller au socialisme le repos, pour qu'il conserve au moins toutes ses forces. Tant qu'une bataille n'est pas perdue, le dernier des généraux, marchant au bruit du canon et se jetant dans la mêlée, peut changer la situation. Mais *quand la journée a positivement mal tourné*, une bonne retraite, qui sauve le plus de forces possible, est encore la résolution la plus sage. La révolution espagnole arrivant au moment de la Commune eût tout sauvé. Elle pouvait réussir *il y a un mois, si Lyon et le midi de la France s'étaient détachés du nord pour suivre l'Espagne et entraîner l'Italie*. Mais maintenant QUE LE 24 MAI A RÉUSSI, PLUS MÊME QUE SES AUTEURS NE POUVAIENT L'ESPÉRER, *c'est à nos amis d'Espagne même que nous sommes obligés de recommander la prudence*, et qu'ils ne jouent nulle part le tout pour le tout. Et pour ceux qui, comme les Belges, auraient tout à faire sans espoir de soutien, de quelque côté que ce soit, *ce leur est une nécessité de mordre leur frein*. »

Les sociétés secrètes du monde entier, depuis l'*Internationale* jusqu'à la Franc-maçonnerie, attachèrent un grand intérêt à empêcher l'avènement au trône d'Espagne de don Carlos. En 1874, le Grand-Orient d'Italie adressa une circulaire dans ce sens aux Grandes-Loges du monde entier, pour leur demander de concourir à un effort combiné sur l'opinion publique contre le mouvement carliste.

La révolution de 1868 avait été faite par la Franc-maçonnerie, qui ne pouvait pardonner à la reine Isabelle l'appui qu'elle avait toujours cherché à donner à la papauté. La royauté d'Amédée, puis la république, furent autant de combinaisons essayées successivement par les diverses couches de la Maçonnerie. Les Zorilla, chef, depuis évincé au profit de Sagasta, de toutes les loges espagnoles, les Castelar, les Py y

Margall, représentaient ses fractions les plus avancées ; une fois maîtres du pouvoir, ils déclarèrent une guerre ouverte à la religion. Mais l'Espagne n'était pas mûre pour la république, encore moins pour l'impiété publique. Les grands chefs des sociétés secrètes intervinrent alors et décidèrent l'établissement d'une monarchie constitutionnelle, proclamant la suprématie de l'État moderne et assurant toute facilité de propagation aux doctrines révolutionnaires. On trouvera dans le tome II de l'ouvrage les *Sociétés secrètes et la Société* les détails les plus précis sur les circonstances qui ont amené l'avènement du jeune Alphonse XII ; cela leur parut le meilleur moyen d'empêcher le rétablissement de l'ordre social chrétien en Espagne, en divisant les forces conservatrices du pays. Là où la Révolution ne peut avancer, elle cherche à garder au moins le terrain conquis.

Sous son règne la Franc-maçonnerie a pris dans ce pays catholique une extension et déploie une activité qui sera fatalement funeste à la monarchie comme à la religion.

A peine la restauration monarchique eut-elle été écartée en France que l'un des journaux les plus répandus de l'ordre, *La chaîne d'Union* (n° de novembre 1873), exprimait sa satisfaction des évènements qui s'étaient accomplis, comme ayant eu la plus grande importance pour la Franc-maçonnerie. Les loges reprirent alors avec plus d'ardeur leur travail de propagande antichrétienne et démagogique.

L'Empire, en prenant la Franc-maçonnerie sous sa protection, avait contribué à y faire entrer un certain nombre d'éléments conservateurs. Nous connaissons telle loge de province, où les chapitres de Rose-Croix et de Kadosch servaient uniquement à mettre des influences locales au service d'une candidature officielle. Ailleurs cependant la Franc-maçonnerie, suivant le cours naturel de ses doctrines, devenait de plus en plus avancée. Après la chute de l'Empire les conservateurs qui s'étaient fourvoyés sous l'impulsion officielle s'en sont généralement retirés. Mais bon nombre d'impérialistes se sont transformés en radicaux, et les loges sont devenues au plus haut degré un facteur politique.

Leur principal moyen d'action a été, à partir de 1871, la diffusion dans les ateliers et dans les campagnes d'une masse de brochures, où la religion est indignement attaquée, où l'histoire du pays est défigurée et où les défiances des classes sont excitées par les mensonges les plus odieux. « L'heure est venue de nous dégager enfin des vieux langes sacerdotaux et en même temps de briser les dernières chaînes des tradititions monarchiques, » dit l'un des principaux auteurs de cette propagande, le F.·. Morin. Cette propagande forme le sujet, dit le *Bulletin de la société bibliographique* de décembre 1875, de cette foule d'opuscules dont se compose ces *collections* diverses, qui, semblables aux cryptogames vénéneux, dont le poison est encore moins subtil que le leur, pullulent, chaque matin, en nombre indéfini. Les principales s'intitulent : la *Bibliothèque démocratique*, la *Bibliothèque Franklin*, la *Bibliothèque ouvrière*, l'*Éducation populaire*, la *Bibliothèque de la Société d'instruction républicaine*, les *Leçons d'instruction populaire*, la *Collection à cinq centimes*, le *Catéchisme du peuple*, l'*École mutuelle*, etc.

Leur bon marché facilite leur écoulement. Mais leur prodigieux débit tient surtout à l'habile organisation de la propagande.

La fête du centenaire de Voltaire, le 30 mai 1878, a été l'un des épisodes de cette propagande. Comme l'avait fait remarquer, en citant l'appel du Comité, Mgr Dupanloup dans son discours au Sénat, le 21 mai 1878, la Franc-maçonnerie a voulu non seulement manifester sa puissance, mais encore en faire l'instrument d'une diffusion nouvelle de l'impiété de Voltaire.

Un grand nombre de loges de France et d'Italie ont célébré ce centenaire dans leurs ateliers avec une solennité pompeuse et y ont invité le public profane. Le *Monde maçonnique* et la *Chaîne d'Union* de l'année 1878 sont remplis du récit de ces manifestations.

La Franc-Maçonnerie n'a pas cessé, depuis 1873, d'avoir une influence prépondérante sur la marche des évènements. C'est elle, on peut le dire, qui a fait les élections de 1876.

La Chaîne d'union disait immédiatement après :

« Nous constatons tout d'abord, avec une réelle satisfaction, que nous comptons, au nombre des sénateurs et des députés élus, *bon nombre de nos Frères; nous les avons connus, pour la plupart, comme des francs-maçons des plus actifs et des plus dévoués à notre institution, pratiquant et enseignant, non sans talent, les généreux, les salutaires, les progressifs et les humanitaires principes de la Franc-maçonnerie.»*

Il est à remarquer que partout les loges se sont employées surtout en faveur des candidats de la nuance gambettiste (1), car c'est Gambetta que les sociétés secrètes avaient décidé depuis longtemps de porter en France à la dictature.

Dans le convent secret des chefs et députés des sociétés secrètes tenu à Locarno en octobre 1872, les délibérations avaient porté sur *les principes qui devaient présider à la constitution d'un gouvernement provisoire en France sous la dictature de Gambetta.* Il y a longtemps que Gambetta était l'homme des loges, et le scandale de son enfouissement a surabondamment établi combien la Franc-maçonnerie voyait en lui l'homme-lige de la secte.

La façon dont les loges ont influé depuis cette époque sur la politique ne s'est jamais traduite par un fait plus significatif que par l'élévation subite de M. Ricard au poste de premier ministre, en mars 1876. Avocat de murs mitoyens à Niort, M. Ricard ne s'était fait connaître que par un attentat contre le tribunal de cette ville, pendant qu'il était préfet sous le gouvernement du 4 septembre. A l'Assemblée nationale il n'était pas sorti de son obscurité, et aux élections du 20 février il avait échoué, tout comme M. Buffet.

---

(1) Le *Monde maçonnique* de mai 1876 raconte une fête donnée à Besançon, par la loge *la Sincérité*, à MM. Oudet et Viette, nouvellement élus sénateur et député du département. L'un et l'autre ont exprimé leur gratitude à la loge, en reconnaissant *qu'ils devaient leur élection au concours de la Franc-maçonnerie.*

Tout d'un coup cependant mille voix se font entendre, M. Ricard est l'homme de la situation, l'homme unique et nécessaire. Le maréchal en fait son premier ministre, et le Sénat se hâte de le nommer sénateur inamovible. La seule raison de cette fortune subite est le choix que les loges avaient fait de lui : la preuve irrécusable en a été acquise par la lettre de M. Crémieux. Le grand commandeur du *Suprême-Conseil* du rite écossais disait dans cette lettre que la Franc-maçonnerie écossaise avait trouvé dans le F.˙. Ricard *le modèle le plus accompli des vertus privées et publiques qu'elle recommande à ceux qu'elle reçoit dans son sein.*

La tentative sans portée du 16 mai 1877 n'a fait, par son échec, qu'accroître la puissance des loges. Le ministère, qui comptait toujours dans son sein M. Decazes, un franc-maçon, ne sachant ni attaquer la Révolution, ni encore moins ce qu'il voulait mettre à sa place en cas de succès, devait échouer dans la lutte si mal engagée contre elle.

L'organisation révolutionnaire que Gambetta avait créée en 1873, n'avait jamais été dissoute. Elle était prête à soulever la guerre civile, si la Maçonnerie appuyée par les influences prussiennes, mais surtout servie par la faiblesse du gouvernement, n'avait pas réussi à entraîner une faible majorité du corps électoral en faveur des 363.

Il y a quelques mois les radicaux et les opportunistes, aujourd'hui divisés, ont, dans une polémique engagée dans les journaux, revendiqué chacun pour leur clan l'*honneur* de ces complots et ont donné des indications assez précises sur ses éléments. Comme en 1873, c'était toujours dans le sud-est, dans la vallée du Rhône et de la Saône qu'était son principal centre. C'est la partie de la France où les loges sont le plus multipliées, et des sociétés secrètes populaires, aujourd'hui aux mains des anarchistes, s'y sont toujours continué depuis la fondation de la Charbonnerie par Mazzini.

Pendant toute la période du 16 mai, les loges sont descendues dans l'arène électorale encore plus ouvertement qu'en 1876. Les loges de tous pays, y compris les loges allemandes, sont venues au 16 mai, comme au 24 mai 1873, au secours des loges de France, qui ont revendiqué hautement le succès des élections. Le 24 octobre 1878, une grande fête a été offerte par le *Suprême-Conseil du rite écossais* aux maçons étrangers pour célébrer le triomphe républicain. Parmi les assistants au banquet, on remarquait les F∴ F∴ Crémieux, Gambetta, Jules Simon, Etienne Arago, etc.

La soumission, puis la retraite du maréchal Mac-Mahon réalisèrent successivement les espérances des loges et amenèrent, conformément au plan esquissé à Locarno, la *dictature de Gambetta*, d'autant plus puissante qu'elle déclina les responsabilités apparentes du pouvoir. Jamais majorité parlementaire n'a obéi à une discipline plus rigoureuse que celle qui a été observée dans les évènements de cette période, et qui domina la chambre des députés. On a même prétendu qu'à certaines heures *le signe de détresse* maçonnique y déterminait des votes, comme jadis à la Convention.

Il a fallu le triomphe complet obtenu après l'installation à la présidence du F∴ Jules Grévy, triomphe salué dans les loges par une triple batterie d'espérance, pour que l'on vît se faire jour de nouveau les rivalités personnelles inévitables entre ces hommes avides de pouvoir et l'antagonisme naturel qui existe entre les sectaires ennemis avant tout de l'Église et ceux que la logique du mal entraîne jusqu'aux revendications socialistes.

CHAPITRE XIX

LES LOGES ET LA PERSÉCUTION RELIGIEUSE

Presque tous les membres de la majorité républicaine du Sénat et de la Chambre des députés sont francs-maçons. Nous en avons publié les listes dans les nouvelles éditions du Père Deschamps : on les trouvera au tome II, p. 446 à p. 457, et au tome III, p. 406 à p. 420.

Il en est de même des conseillers généraux, des conseillers d'arrondissement, des maires de la plupart des villes.

Les listes que nous avons publiées sont forcément incomplètes, car nous les avons établies exclusivement d'après les indications recueillies dans les journaux maçonniques, pour ne pas nous exposer à un démenti de la part de tel ou tel personnage. *Un démenti de ce genre n'eût rien signifié en lui-même.* Les francs-maçons et les révolutionnaires sont en effet toujours fidèles aux maximes de Voltaire : *Mentons comme de beaux diables* et *calomniez, il en restera toujours quelque chose;* mais nous n'avons voulu laisser affaiblir par aucune discussion la valeur de nos indications.

De là, la méthode scrupuleuse à laquelle nous nous sommes astreints.

Bien des personnages politiques francs-maçons, n'ayant pas été l'objet d'une indication de ce genre, ne se trouvent donc pas sur ces listes.

Telles qu'elles sont, ces listes n'en ont pas moins une grande portée. Elles montrent qu'aujourd'hui la Franc-maçonnerie n'en est plus seulement, comme dans les périodes précédentes, à exercer une action plus ou moins efficace sur la marche des évènements politiques : actuellement *elle règne et gouverne.* Elle ne combat plus pour faire réussir la forme du gouvernement, qu'elle juge la plus favorable à l'accomplissement de ses desseins, soit la monarchie parlementaire, soit la république; mais *elle applique des principes et gouverne de manière à réaliser son but suprême.*

Ce but, c'est la déchristianisation de la France.

Au lendemain des élections du 20 février 1876, le F∴ Viette, député du Doubs, disait à la loge *Sincérité, Parfaite Union et Constante Amitié réunies,* à Besançon :

« Notre propagande est constante, elle est universelle, elle est infinie comme le progrès ; et moi, ancien déjà parmi vous, l'un des nouveaux venus parmi les représentants de la France, je puis vous dire au nom de la nation : *Vous avez préparé notre œuvre, vous y travaillez chaque jour, nous ferons tous nos efforts pour l'achever.* »

Nous allons voir dans ce chapitre comment la Maçonnerie procède à la fois par l'action directe des loges et des sociétés qui y sont affiliées et par l'action des pouvoirs publics dont elle est maîtresse.

La part de plus en plus considérable prise par la Franc-Maçonnerie à la marche des évènements politiques en France est due, selon le journal le *Français*, à l'énergique direction qu'elle reçoit d'un homme dont il fait ainsi le portrait :

« Le gouvernement du Grand-Orient et des loges fort nombreuses qui en dépendent est confié à un conseil composé de trente-trois membres, élus par l'assemblée générale des délégués des différentes loges. Ce conseil constitue lui-même son bureau. Le président est depuis quelques années un pauvre vieillard tout à fait incapable d'exercer une action sérieuse, le F∴ Saint-Jean, docteur en médecine. En réalité, l'un des hommes qui ont su, par leur zèle et leur valeur personnelle, obtenir une certaine autorité, est le F∴ Cousin, vice-président du conseil de l'ordre (1). M. Cousin, inspecteur principal chargé du service spécial de l'exploitation au chemin de fer du Nord, s'occupe activement de la Franc-maçonnerie. Plus instruit que la plupart des personnages auxquels il est mêlé dans cette société, jouissant, dit-on, d'un talent de parole assez remarquable, il est l'un des hommes d'action de la Franc-maçonnerie. C'est M. Cousin qui a, ces dernières années, tâché d'arracher la direction des loges aux personnages vulgaires, médiocres, sans aucune culture, qui les gouvernaient, et s'est efforcé d'y faire entrer des hommes connus, instruits et plus ou moins distingués d'esprit. Nul plus que M. Cousin n'a le dégoût de la phraséologie niaise, qui était jusqu'à ces derniers temps en usage dans les loges ; nul ne juge, m'assure-t-on, avec plus de dédain le cérémonial ridicule dans lequel les anciens francs-maçons

---

(1) Après la mort du F∴ de St-Jean, le F∴ Cousin est devenu président du conseil de l'ordre du Grand-Orient.

se complaisent ; nul ne travaille plus activement à faire du Grand-Orient une institution de combat, à dégager la Franc-maçonnerie des enfantillages et des vieilleries. »

Sous cette direction habile et mise en harmonie avec l'esprit du temps, la Maçonnerie a rapidement acquis une action beaucoup plus efficace sur la direction de l'opinion publique. Le nombre de ses membres a doublé, et les sociétés populaires affiliées se sont prodigieusement multipliées. En même temps, elle s'est dégagée des entraves où les *mystères* la retenaient, pour prendre possession de la publicité. Elle agit tout particulièrement au moyen des conférences faites dans les loges, où l'on forme l'opinion des frères et où l'on en fait autant d'instruments de propagande.

Dès 1877, la loge la *Clémente Amitié* met à l'étude la question de l'impôt, et le F∴ Pascal Duprat, aujourd'hui ministre plénipotentiaire de la République, résume ainsi les travaux : « Ce n'est pas l'un des
« moindres avantages de nos travaux d'avoir permis
« à tous nos FF∴ de comprendre et d'apprécier le
« plan de réforme financière de la commission du
« budget présidée par notre F∴ Gambetta. » La Maçonnerie, on le voit, fournissait ses courtisans à la dictature naissante.

Pour qui connaît la composition du parti républicain, les succès obtenus par Gambetta sont la manifestation des forces qui travaillaient avec lui. Elles ont été assez puissantes pour dominer l'excitation jacobine au nom des intérêts supérieurs du parti, intérêts qui se lient à des combinaisons relatives à la politique générale européenne.

Sur tous les points de la France, les loges exercent aujourd'hui un contrôle direct et journalier sur l'administration locale.

Elles dirigent les élections municipales dans beaucoup de pays.

Elles forcent les fonctionnaires à entrer dans leur sein. C'est ainsi qu'à Marseille, le F∴ Brochier, maire de la ville, et vénérable de la loge *Vérité et Réforme*, a, en août 1882, chassé de la mairie tous les employés non affiliés.

Il semble que la qualité de franc-maçon soit devenue indispensable pour occuper une fonction publique.

Tout Paris sait que la veille du décret qui, au mois de juillet 1879, a renouvelé complètement le conseil d'État, on vint proposer à un haut fonctionnaire, républicain de vieille date, d'en faire partie. Après son acceptation, la personne qui lui faisait cette proposition ajouta qu'il n'y avait qu'une formalité préalable à remplir, celle de se faire recevoir maçon *le soir même* : « Une pure cérémonie, lui dit-on, trois coups de maillet feront l'affaire ! » Le fonctionnaire ayant répondu que ses opinions républicaines étaient une garantie suffisante et qu'il se refusait à une réception si prompte, son nom ne figura pas le lendemain dans la fournée des conseillers d'État.

Les loges surveillent l'action administrative, la stimulent dans le sens de la lutte contre l'Église. En récompense de son zèle le F∴ Ali-Margarot, maire de Nîmes, et vénérable de la loge *Écho du Grand-Orient*, a été appelé à présider l'assemblée générale du Grand-Orient, ce qui était dû à ce « maçon très expérimenté », dont le *Monde maçonnique* n'avait pas *oublié la conduite franchement républicaine, en sa qualité de maire, à l'égard des cléricaux de Nîmes.*

Elles sont, en un mot, comme autant de comités de salut public au petit pied.

La Maçonnerie tient à affirmer publiquement la part qu'elle prend à la politique actuelle, et en France comme en Belgique elle commence à s'afficher, contrairement à ses habitudes anciennes, dans les cérémonies officielles ; ainsi, à l'occasion de l'inauguration de la statue du général F∴ Denfert-Rochereau, à Saint-Maixent, elle a eu soin de constater la présence *parmi les autorités* du F∴ Guimbault, délégué des loges maçonniques. Elle était représentée par un certain nombre de ses dignitaires revêtus de leurs insignes à l'inauguration du monument de Bara (12 septembre 1881), au banquet d'inauguration de l'hôtel de ville de Paris (14 juillet 1882), aux obsèques de Gambetta (*Journal officiel* du 6 janvier 1883). A l'inauguration du monument de Bara, le général Thibaudin, alors ministre de la guerre, présidait la cérémonie, et il a officiellement distribué des médailles maçonniques.

La secte cherche de plus en plus à envahir l'armée. La L∴ *Iris Monthyon* a mis à l'étude un projet pour affilier surtout les sous-officiers et préparer l'armée à l'*unité des peuples*, à la *fraternité des peuples*, ce grand but de la Maçonnerie.

Depuis 1873 l'action maçonnique franchit l'enceinte des loges : dans tous les quartiers de Paris et aussi dans plusieurs villes de province elle organise des *tenues de maçonnerie blanche*, le dimanche après midi, où un certain nombre de profanes sont invités avec leurs familles. On célèbre devant eux quelques rites maçonniques, on leur fait des conférences imprégnées de l'esprit de la secte. C'est une préparation à l'affiliation.

En outre les loges cherchent à affilier les enfants et les adolescents au moyen de cérémonies qui, par une sacrilège contrefaçon des sacrements, mettent sur leur front le sceau de la secte et en font ses âmes damnées pour l'avenir.

C'est là l'objet des *baptêmes*, des *confirmations*, des *adoptions*, des mariages maçonniques. Nous empruntons au *Gaulois* du 1ᵉʳ mars 1880 le récit humouristique, mais très authentique, d'une de ces cérémonies :

« La salle du Grand-Orient de France, située rue Cadet, possédait la loge maçonnique *la Ruche libre*, qui célébrait à deux heures sa fête solsticiale. Nombreuse assistance, dit le *Gaulois* ; des citoyens tous plus enrubanés les uns que les autres ; les gammes de l'arc-en-ciel, du violet au rouge inclus, copieusement représentées ; une orgie d'insignes étincelants, une macédoine fantastique de marteaux et de triangles, d'équerres et de compas ; mais ce qui domine surtout, ce sont les enfants des T∴ C∴ F∴ ; il y en a aux premiers rangs, à droite et à gauche ; de toutes parts émergent les minois étonnés des babies, qui ne se doutent guère qu'on va les initier à de terribles mystères. L'animation de cette fête était sans égale. Le F∴ Alphonse Humbert, ex-forçat (1), a disserté sur l'enfant, répudié les séminaires et l'Université, et préconisé l'éducation républicaine, qui fera des enfants de « petits Régulus. »

(1) Le F∴ Humbert avait pris part à la Commune, et il avait ultérieurement été condamné à la transportation en Nouvelle-Calédonie.

« Sur un signe du F∴ V∴, tous les enfants sortent de la salle, accompagnés chacun d'un franc-maçon. Après un petit dialogue entre le vénérable et les deux surveillants installés près des colonnes nord et sud du temple, trois coups retentissent. Nouveau signal présidentiel, et commandement de : « Haut les glaives ! » Les maçons initiateurs, rangés sur une double haie, brandissent une vieille épée rouillée, et croisent le fer avec leur vis à-vis, de façon à former un arc triomphal, sous lequel défilent les catéchumènes escortés de leurs parrains. Arrivés au pied de l'autel, ceux-ci sont requis par le F∴ V∴ de jurer que leurs pupilles seront fidèles aux enseignements de la secte. Dès lors les bébés sont dignes d'entrer dans la corporation.

« Le F∴ V∴ descend d'un pas majestueux, un maillet d'une main, une épée de l'autre ; puis, successivement, plaçant l'épée sur le front de chaque enfant, il frappe sur la lame trois coups de maillet, et prononce les paroles sacramentelles : « Au nom de la *Ruche libre*, je vous reconnais comme enfant d'adoption. »

« L'initiation est accomplie. C'est le moment de festoyer ; accolades interminables, avalanche de médailles et de rubans bleus, distribution de gâteaux et de bonbons.

« Le président remonte sur l'estrade et fait l'appel des petits maçons, en cataloguant sous un nom spécial les nouveaux FF∴.. Nous assistons à une litanie de noms baroques, dont voici un échantillon, à notre avis suffisant : Mlle Solidarité donne la main à M. Avenir. »

Il faut rapprocher ces affiliations enfantines de la création des bataillons scolaires, recrutés parmi les élèves des écoles laïques, et qui, en 1883, ont paradé, le 14 juillet, devant le F∴ Ferry, passant comme ministre et comme maçon la revue des apprentis des loges. Se défiant du cours changeant des évènements, la Maçonnerie prépare à l'avance les *barricadiers* de la Commune.

Nous avons sous les yeux une circulaire du *Comité de propagande maçonnique de l'Œuvre de l'éducation civique et militaire de la jeunesse française*, en date du 10 mars 1881. Cette circulaire rappelle que l'œuvre en question a été entreprise par la *Ligue de l'enseignement*, émanation elle-même de la Franc-maçonnerie :

« La Franc-maçonnerie, dit-elle, n'a pas oublié qu'elle a toujours marché côte à côte avec la Ligue de l'enseignement depuis tantôt vingt ans, qu'elle a combattu le même combat, qu'*avec elle elle a vaillamment contribué à la fondation et à la consolidation de la troisième République, à la préparation et au succès de la loi sur l'obligation, la gratuité et la laïcité de l'instruction primaire*, enfin qu'elle partage avec elle l'honneur d'être enveloppée dans une excommunication commune de la part de nos ennemis intérieurs et extérieurs. Pouvait-elle abandonner sa vieille et fidèle alliée des luttes du passé, au moment où celle-ci va couronner son œuvre en préparant à la France une génération de jeunes hommes vigoureux, disciplinés, instruits dans le rude métier des armes, qui puissent assurer la sécurité et la grandeur de la patrie ? »

La circulaire exhorte les FF∴ à organiser partout des conférences destinées à provoquer la fondation de sociétés de gymnastique et d'exercices militaires. Le personnel des conférenciers de la Ligue, « qui appartiennent, pour la plupart, à la Maçonnerie », est mis à la disposition des Atel∴. « Il importe, dit la circulaire, que votre œuvre fasse la tache d'huile et gagne peu à peu les villages les plus reculés. »

En tête du comité de propagande se trouve naturellement, comme président, le F∴ Jean Macé, sénateur, président fondateur de la *Ligue de l'enseignement*. Parmi les membres, nous remarquons le F∴ Floquet, député, membre de la L∴ *la Justice*, Or∴ de Paris ; le F∴ George, sénateur, membre de la L∴ *la Fraternité Vosgienne*, Or∴ d'Épinal ; les FF∴ Dreyfus, Robinet, Rousselle, conseillers municipaux de Paris.

En même temps la loge *Alsace-Lorraine* adressait à toutes les loges une circulaire pour leur demander d'appuyer cette organisation, à cause des dangers que peut faire courir à la cause de la Maçonnerie la SITUATION POLITIQUE INTERNATIONALE.

La police est aussi affiliée aux sectes. Naguère elle avait le F∴ Andrieux, du Grand-Orient ; M. Camescasse, son successeur à la préfecture, a pour acolyte officiel, mais pour chef réel, le F∴ Caubet, chef de la police municipale.

L'assistance publique a le F∴ Quentin, et beaucoup de loges, celles du Havre notamment, n'ont pas dédaigné de prendre dès le berceau dans des asiles spéciaux les *enfants de la veuve*.

La Légion d'honneur n'a point échappé à la contagion maçonnique, et l'on a vu donner l'accolade en loge à des FF∴ décorés. C'est surtout dans le corps universitaire que sévit l'épidémie, depuis les facultés matérialistes jusqu'aux écoles primaires, d'où l'on a chassé Dieu.

La Franc-maçonnerie prend une part active à la politique, bien que ses statuts l'obligent à ne point s'en occuper. Les *planches de convocation des ateliers* contiennent très souvent les communications des

FF∴ Brisson, président de la Chambre, Clémenceau, Constans et P. Bert, tous trois députés, et les deux derniers anciens ministres, Floquet, député et ancien préfet de la Seine.

Du reste, pour rendre son action plus étendue, sans renoncer au secret, *qui est la caractéristique de l'ordre*, la Maçonnerie crée partout des sociétés publiques ou clubs sous sa dépendance. Telles sont les œuvres du *Sou des écoles*, dont nous avons déjà parlé, l'*Union démocratique de propagande anticléricale*, dont la *République française*, journal officiel du dictateur Gambetta, annonçait ainsi la constitution publique à Paris :

« Un arrêté préfectoral du 19 août 1880 vient d'autoriser les statuts de l'*Union démocratique de propagande anticléricale*.

« On sait que cette société, fondée sous le patronage d'honneur de Victor Hugo, Garibaldi et Louis Blanc, a pour but de lutter contre les envahissements du cléricalisme, et de propager les doctrines de la libre pensée.

« Le président est M. Victor Schœlcher, sénateur, et les vice-présidents sont MM. Paul Bert, Gagneur, de Lacretelle, députés, et A.-S. Morin, conseiller municipal de Paris.

« Les statuts seront adressés *franco* à toute personne qui en fera la demande, par lettre affranchie, au secrétaire général, M. Victor Poupin, 48, rue Monsieur-le-Prince. »

Ce sont là tous les hommes agissants des loges ; ils organisent tous les dimanches des conférences publiques, où les plus indignes attaques contre la religion se font entendre pour faire concurrence aux socialistes collectivistes et pour le plus grand profit politique des jacobins opportunistes.

Les préfets dans les départements rivalisent de zèle avec le F∴ Andrieux, le devancent même au besoin. A Reims, dès le 2 mai 1880, le préfet autorisait la *Ligue de la libre pensée rémoise*, dont le nom dit assez le but.

Le conseil municipal de Paris, comme en 1791, est le foyer le plus agissant. Sa composition exclusivement maçonnique est singulièrement significative. Pour faciliter l'affiliation universelle, il s'est constitué à côté de lui, et avec des membres pris en majorité dans son sein, un comité pour la création d'un cercle, qui servirait de lieu de réunion pour tous les maçons de Paris, de la province et de l'étranger. Les membres de ce comité sont les FF∴ Thulié, de Hérédia, Antide Martin, Darlot, Ernest Rousselle, Bétrémieux, de Serres, Petit-Frère et Paillot. Le local du cercle est situé boulevard Bonne-Nouvelle, 42 et 44.

Le conseil municipal de Paris est, on le voit, une véritable loge. *Pas un seul membre républicain n'est étranger aux loges.* Il en est de même des mairies d'arrondissement et de celles de la banlieue. A la différence de ce qui se passe, par moment, dans les régions plus hautes de la politique, les conseillers municipaux continuent à fréquenter régulièrement les loges de leur quartier. Une sorte d'avancement hiérarchique s'est établi dans la Maçonnerie. Après un certain stage, les membres du conseil les plus méritants deviennent députés de Paris : c'est par cette voie que sont arrivés les FF∴ de Heredia, de Lanessan, Delattre, Marmottan, et Roques de Filhol; d'autres plus obscurs sont recommandés à quelques bourgs pourris de province : ainsi les FF∴ Marius Poulet, Jules Roche ont été élus députés du Var.

Le conseil affecte de plus en plus vis-à-vis de la Chambre le rôle d'initiateur, comme la Commune de 1792. C'est lui qui le premier, avant les nouvelles lois, a posé la question de laïcisation des écoles et des hôpitaux. Dans le cercle de ses attributions et quelquefois en les dépassant, il réalise la *séparation de l'Église et de l'État,* supprime les traitements des ministres du culte, chasse les aumôniers des hospices. Il poursuit impérieusement auprès du gouvernement le retrait des immeubles affectés aux Filles de la charité et aux Frères des écoles chrétiennes. A six mois, à un an de date, la Chambre suit l'impulsion donnée.

C'est au lien maçonnique qu'est due cette force : on ne prend pas la peine de le dissimuler. Aussi ne s'étonnera-t-on ni de la proposition faite par le F∴ Monteil, en juillet 1881, pour faire retirer au culte quelques églises de Paris, ni du singulier motif qu'il donne dans son rapport : d'après le F∴ Monteil, l'art chrétien ne serait que l'art maçonnique, et ainsi il serait sage d'entrer dans la voie des locations aux fabriques. On ne discute pas de pareilles assertions, aussi ridicules que sont odieuses les propositions qu'elles appuient.

La Maçonnerie entend être la *maîtresse des partis politiques;* elle veut, selon ses déclarations exécrables, arracher du cœur de la France *jusqu'à l'idée de Dieu!*

Nous allons mettre en regard de ses ordres impies la déplorable servilité avec laquelle ces ordres ont été suivis.

L'amnistie plénière accordée, sur ses sommations, aux condamnés de la Commune a été célébrée par elle comme un triomphe. La *Chaîne d'union* de juillet 1880, faisant remarquer la coïncidence de l'amnistie avec la célébration de l'anniversaire de la prise de la Bastille, disait avec enthousiasme : « *Les francs-*
« *maçons ont toute raison de se réjouir de ces deux*
« *grands évènements.* ILS SONT LA CONSÉQUENCE DE
« LEURS ENSEIGNEMENTS ET DES RÉSULTATS QU'ILS
« POURSUIVENT. »

Mais il ne suffisait pas de rappeler les criminels, il fallait encore persécuter les victimes que la Commune, faute de temps, n'avait pu atteindre. Le conseil municipal allait avoir des Nouméens, et la Chambre devait subir l'élection du F∴ Roques de Filhol, *retour de Calédonie* tout comme les FF∴ Alph. Humbert et Amouroux.

Il est toute une série de mesures que le parti radical n'a cessé de proposer quand il était dans l'opposition au Corps législatif et à l'Assemblée nationale, que ses écrivains propagent sans relâche, et qu'une fois au pouvoir il essaie de réaliser, malgré son intérêt évident à ne pas trop détendre les ressorts du gouvernement, puisque c'est lui qui les dirige.

Tout cet ensemble de mesures n'est autre chose que le programme des loges exposé en 1855, à la fête solsticiale de la loge de Liège, par le F∴ Goffin. Nous en avons donné la substance dans un chapitre précédent.

Ainsi, il est bien établi par ce rapprochement que le programme radical n'est nullement le résultat de circonstances et de faits particuliers à la France, mais qu'il a eu au contraire sa source dans une association secrète essentiellement internationale et destructive de toute patrie.

Chacun des points posés par le F.˙. Goffin est un des articles du programme des radicaux.

On n'a pas oublié les discours des FF.˙. Pelletan, Jules Favre, Jules Simon au Corps législatif, de 1865 à 1870, pour réclamer la suppression des armées permanentes et leur remplacement par des gardes nationales.

Après les évènements de 1870, les radicaux ne peuvent plus proposer une pareille mesure, mais ils y reviennent indirectement en remaniant la loi de 1872, votée par l'Assemblée nationale, de façon à réduire considérablement le temps du service et à rendre l'armée *civile* autant que possible. C'est la tâche à laquelle se voue plus particulièrement le F.˙. Laisant. En même temps les liens de la discipline sont relâchés par une série de mesures imposées aux ministres de la guerre par la pression de la presse et des députés.

Ainsi en est-il de tous les autres points du programme maçonnique.

La *suppression de l'inamovibilité de la magistrature*, réclamée par le F.˙. Boysset, poursuivie par le F.˙. Cazot, a été réalisée par le F.˙. Jules Ferry, qui a revendiqué cette œuvre comme un de ses meilleurs titres à la confiance des sectes.

L'*abolition de la peine de mort* est périodiquement proposée par les FF.·. Louis Blanc et Schœlcher.

L'abolition des traitements du clergé est le lot du F.·. Guichard, l'ardent ennemi des jésuites, le rapporteur du budget des cultes.

Le F.·. Boysset et dix-sept de ses collègues déposent le 30 juillet 1879 une proposition de loi tendant à l'*abrogation du Concordat*, c'est-à-dire la suppression de l'*indemnité* due au clergé en compensation des biens dont les catholiques ont été spoliés en 1790. La même proposition vise aussi les confessions protestantes, car, dit le F.·. Boysset en style maçonnique, « ni la religion catholique, ni aucune autre « doctrine ne saurait aujourd'hui constituer un service « public intéressant la société tout entière. »

Le *divorce*, qui ne figure pas dans le programme du F.·. Goffin, parce qu'en Belgique il a toujours fonctionné depuis la Révolution, a été voté en principe par la Chambre des députés, sur la proposition du F.·. Naquet, et soutenu par M. Léon Renault, *l'ancien préfet de police du 24 mai* !

Le F.·. Saint-Martin, de Vaucluse, demande le 10 mars 1879 l'abolition, par une loi spéciale, de la jurisprudence qui, conformément au Concordat et par une raison de sécurité pour les consciences, interdit le mariage aux prêtres qui sont volontairement entrés dans les ordres.

Le F.·. Paul Bert, professeur à la faculté des sciences de Paris, l'un des francs-maçons et des positivistes les plus acharnés de la Chambre, dépose une proposition pour obliger au service militaire les ecclésiatiques et les membres des congrégations religieuses voués à l'enseignement. Le F∴ Paul Bert, dont le général Campenon n'a pas craint d'approuver la motion en un langage peu digne d'un ministre de la guerre, n'est qu'un plagiaire de MM. de Bismarck et de Falk. Aussi bien est-ce aux mêmes sources qu'il s'inspire.

Une autre série de propositions a pour objet de dépouiller les catholiques de leurs cimetières (proposition Rameau, Journault et Joly, du 22 février 1879), d'empêcher le clergé de présider aux sépultures chrétiennes (proposition de M. Belle sur les pompes funèbres), de faire nommer les membres des conseils de fabrique par les conseils municipaux (proposition Labuze, du 20 mai 1879).

Le citoyen Duvaux demande que l'entrée des casernes soit absolument interdite aux ministres du culte.

Dans la discussion du budget 1881, le F∴ Bernard Lavergne demande un crédit de 20,000 francs « *pour secours à des prêtres interdits à raison de leurs opinions gallicanes* » !

Le F∴ Brisson, dans la même discussion, voulant préluder à l'expulsion des ordres religieux, présente une disposition législative pour soumettre à la patente industrielle tous les établissements et maisons des congrégations religieuses, autorisées ou non.

A la tenue du 17 juillet 1879, de la loge les *Amis bienfaisants et imitateurs d'Osiris réunis à Paris* :

« Le F∴ Ranc, dit la *Chaîne d'Union*, donnait connaissance à la loge d'une sorte de carte géographique des établissements religieux non autorisés en France ; la nomenclature en est longue, et il terminait par un vœu qui est dans tous nos cœurs *et que nous sommes peut-être à la veille de voir se réaliser :* c'est celui de voir rendre à la vie sociale et active, productive et utile, cette immense quantité de créatures au moins inutiles et le plus souvent nuisibles et dangereuses. »

Un an après l'article 7 de la loi Ferry, tendant à interdire l'enseignement aux congrégations non autorisés, les décrets du 29 mars étaient rendus, et la Chambre, suivant jusqu'au bout ce programme, ordonnait l'exécution de cette carte et de cette statistique pour préparer les confiscations, auxquelles les loges ne cessent de pousser le Gouvernement.

Le 9 mai 1880, le F∴ Courdavaux, *professeur à la faculté des lettres de Douai,* faisait, à la loge *l'Étoile du Nord* de Lille, une conférence sur les livres saints qui débutait ainsi :

« Les livres saints ! Je vais traiter devant vous, mes F∴, une question que je n'oserais traiter en aucun autre lieu. Tous tant que nous sommes ici, maçons, nous sommes excommuniés ; nous sommes donc disposés à tout entendre ; devant vous je puis tout dire.

« Le sujet que je vais traiter est le fond même de toutes les questions à l'ordre du jour...... »

« *La distinction entre le Catholicisme et le cléricalisme est* PUREMENT OFFICIELLE, SUBTILE POUR LES BESOINS DE LA TRIBUNE ; *mais ici, en loge, disons-le hautement pour la vérité, le Catholicisme et le cléricalisme ne font qu'un, et, comme conclusion, ajoutons : On ne peut être à la fois catholique et républicain ; c'est impossible.* »

Ce commentaire autorisé de la parole du dictateur Gambetta a inspiré les loges pendant toute la campagne odieuse qui, commencée par les décrets du 29 mars, a abouti à l'expulsion de tous les ordres religieux et a abaissé la France au niveau de la Prusse maçonnique.

Au moment le plus critique, le 21 août 1880, le F∴ Cazot, ministre la justice, rendait compte ainsi de sa conduite dans une loge, l'*Écho du Grand-Orient*, à Nîmes :

« Suivant une formule que vous connaissez bien, nous sommes entrés dans l'ère des difficultés ; elle n'est pas encore close. Nous avons donc des luttes à soutenir, par exemple la magistrature à réformer dans le sens républicain, afin que celle-ci ne soit ni servile, ni factieuse ; les lois à faire respecter par tous et ce, particulièrement, par ceux qui, sous le vain prétexte de défendre la liberté religieuse dont nous sommes les fondateurs et les apôtres, dont ils sont, comme ils ont toujours été, les pires ennemis, prétendant n'obéir qu'à une souveraineté étrangère, refusent de s'incliner devant la souveraineté du pays. »

Les loges s'étant ainsi prononcées, comment admettre qu'elles eussent permis un recul au ministère ! Les négociations que le dictateur Gambetta avait autorisé M. de Freycinet à nouer avec Rome n'avaient pour objet que de reculer la condamnation par le Saint-Siège d'un gouvernement impie. Quand il s'est agi de suspendre l'expulsion des religieux, M. de Freycinet a été promptement obligé d'abandonner le ministère. On connaît les péripéties ministérielles des journées des 16, 17 et 18 septembre ; elles coïncidaient précisément avec les séances du grand convent du Grand-Orient, et le *Moniteur universel* du 22 septembre a révélé à ce sujet le détail suivant :

« On parlait samedi à un des maçons du couvent des négociations que M. de Freycinet avait eues avec la cour du Vatican au sujet de la déclaration des congrégations : « Si le président du conseil a négocié avec le Pape, répond celui-ci, M. de Freycinet sortira du ministère. » Le lendemain, ainsi que le membre de la secte l'avait affirmé, M. de Freycinet donnait sa démission. »

A la suite de ces évènements, les loges ont de plus en plus accentué leur action. A Marseille, le jour de l'expulsion des capucins, le F∴ Brémond, membre du Grand-Orient, surveillait lui-même l'exécution de l'attentat et s'est signalé par la brutalité de ses insultes contre un des religieux. A Mâcon, le 27 octobre 1880, à la réunion du *Sou des écoles*, le F∴ Margue demandait des poursuites contre les membres du clergé récalcitrant, et le 30, Mgr Cotton, évêque de Valence, était assigné en police correctionnelle !

Le F∴ Constans recevait, au mois de novembre, à Toulouse, la visite de 500 maçons de la loge des *Cœurs réunis*, et affirmait sa fidélité au mot d'ordre : « le cléricalisme, voilà l'ennemi ! » M. Raynal, lui, revenu de ses tiédeurs, s'écriait : « la Franc-maçonnerie, voilà l'amie. » Notons que ce ministre républicain est israélite.

En mai 1882, la loge *l'Amitié*, Or∴ de Paris, a mis à son ordre du jour la question de la « séparation des églises et de l'État », et son Or∴ a déjà rédigé un projet de loi destiné à mettre en action les principes acceptés par le « Congrès national de 1882 pour la séparation des églises et de l'État. » Le F∴ Achard, député de la Gironde, traitait en même temps cette question dans la L∴ *Française d'Aquitaine*, Or∴ de Bordeaux. Un peu auparavant, le F∴ Jules Roche, lui aussi député, faisait un discours sur ce sujet dans la L∴ *Alsace-Lorraine*, Or∴ de Paris. Dans les ordres du jour des LL∴ en 1882, nous remarquons une conférence sur la « réforme municipale », par le F∴ Dreyfus, député de Rambouillet, dans la L∴ *les Amis de l'Humanité*, Or∴ de Meulan ; une autre sur la « question des chemins de fer », par le F∴ Cheneau, député du Cher, dans la L∴ *les Disciples du Progrès*, Or∴ de Paris. Le 1er mai, la L∴ *les Droits de l'Homme* discutait la question de « l'abrogation du serment religieux en justice. »

C'est à peu près à la même date (15 janvier 1882), que se place une circulaire très curieuse de la loge *l'Amitié*, de Paris, pour exhorter les francs-maçons à pousser la République dans les voies progressives et à faire changer les lois, héritage des régimes monarchiques. C'a été comme un coup d'éperon aux chambres et au ministère.

Ainsi que le disait la *République maçonnique*, la Maçonnerie entend être la MAITRESSE *des partis politiques*.

Cependant, pour entraîner les masses ouvrières au scrutin, il a fallu faire des promesses, et des réunions publiques viennent de temps à autre rappeler impérieusement les députés à l'accomplissement de leurs engagements.

De là une série de propositions des députés radicaux tendant à préparer *l'organisation du travail*, conformément aux utopies maçonniques. C'est le rachat des chemins de fer par l'État, depuis abandonné, l'assurance de tous les risques par l'État, le droit pour tous à une pension de retraite alimentée au moyen de nouveaux impôts sur l'industrie, la fixation légale de la durée de la journée de travail, l'organisation des syndicats ouvriers, etc.

Mais les propositions de ce genre sont beaucoup moins rapidement votées que les autres. Leurs auteurs n'en pressent pas la discussion. Au besoin, ceux des députés qui sont arrivés au pouvoir, qui en goûtent les charmes et en comprennent les nécessités, opposent à leurs amis une résistance basée non pas sur une divergence dans les principes, mais sur une simple préoccupation d'opportunité. De là l'origine de la *politique opportuniste*.

Mais il est une question sur laquelle tous ont cru pouvoir impunément réaliser le programme des loges. C'est la destruction de l'enseignement chrétien et l'établissement de l'enseignement gratuit, obligatoire et laïque. C'est là que se refait l'*union des gauches*, qui est essentiellement une union maçonnique.

Nous avons montré les liens qui faisaient de la Franc-maçonnerie et de la Ligue de l'enseignement *deux sœurs* ; le F∴ Jean Macé peut avec raison se vanter d'avoir été le protégé du M. Duruy, sous l'Empire, et le protecteur de MM. Ferry et P. Bert, sous la République. C'est dans les loges qu'il faut aller chercher le fil des intrigues à l'aide desquelles le rapport confidentiel de M. Rouland à Napoléon III (nous avons plus haut publié cette pièce) a pu parvenir pour le malheur de la France à être appliqué.

Nous avons, à plusieurs reprises, relaté les efforts faits par les sectes pour, selon la parole de M. Gambetta, « mettre la main sur la conscience de l'enfant. » Avant lui, Pascal avait dit : « Qui tient les écoles tient tout. » Le F.˙. Jean Macé s'est approprié ce mot fameux.

Dans le début, on n'a parlé que de la diffusion de l'instruction primaire, beaucoup de catholiques ont pu se laisser prendre à l'enseigne de la boutique *laïque*, car laïque, dans son vrai sens, ne signifie pas athée, et il est juste de reconnaître que, même dans l'Université, cette signification soulevait, il n'y a pas encore longtemps, de vives et honnêtes protestations. Mais la franchise cynique a fait place, dans les ateliers maçonniques, aux hypocrisies et aux fourberies des premiers jours.

Nous ne retracerons pas ici les agissements de la *Ligue de l'enseignement* : cette histoire a été faite de main de maître par M. Jean de Moussac et nous aimons mieux renvoyer à son livre. (1)

Du reste la Maçonnerie n'aurait plus besoin aujourd'hui de cet intermédiaire. Elle agit directement.

En octobre 1882, on inaugurait un groupe scolaire à Ivry près Paris. Parmi les assistants *officiels*, on comptait « un grand nombre de représentants des

---

(1) *La Ligue de l'enseignement, histoire, doctrines, œuvres, résultats et projets* par Jean de Moussac, 2ᵉ édit. in-12, 1883. Paris, librairie de la Société bibliographique.

loges maçonniques. » L'un d'eux, le F∴ C. Dreyfus, a prononcé une allocution dans laquelle on doit relever ces graves paroles :

« La Maçonnerie est l'école où se forment les hommes, comme la maison où nous sommes est l'école où se forment les enfants.

« C'est la Franc-maçonnerie qui prépare les solutions que la démocratie fait triompher. C'est à elle qu'il appartient de clore le dix-neuvième siècle, en couronnant l'œuvre de la Révolution. De même que nos glorieux ancêtres de 1789 ont inscrit l'égalité civile des hommes devant la loi, de même que nos devanciers de 1848 ont réalisé l'égalité politique des citoyens devant l'urne du suffrage universel, de même la Maçonnerie doit préparer, pour la fin du dix-neuvième siècle, l'égalité sociale, qui rétablira l'équilibre des forces économiques et ramènera l'union et la concorde au sein de notre société si divisée.

« La Maçonnerie est l'école d'où sont sortis ceux qui ont fondé la République et la liberté : Voltaire et Lakanal, ce grand-père de l'enseignement primaire en France, et Danton et Littré, tous ceux qui, de leur sang et de leur vie, ont préparé le monde moderne, tous ont passé par la Maçonnerie.

Lakanal et Danton, les héros de 1793, voilà le temps auquel la Maçonnerie travaille à nous ramener ! Elle-même le dit.

L'opinion politique, si bruyamment invoquée à l'appui de réformes pires qu'une révolution, réclamait-elle donc celles-ci ? Serait-il vrai qu'une soif d'apostasie eût envahi la fille aînée de l'Église ? Faut-il ne pas rejeter comme une calomnie jetée à la face de la France l'assertion d'un Ferry, d'un P. Bert ou d'un Madier-

Montjau, osant se prétendre à la tribune les interprètes du sentiment national? Un aveu instructif, échappé au F∴ Jean Macé, durant le congrès de la Ligue d'enseignement en 1882, répond à ces questions :

« La Ligue avait lancé, avant M. Jules Ferry, dans la circulation, les trois mots *obligation, gratuité, laïcité* ; elle avait préparé le terrain.

« *Si l'opinion publique a fini par être la plus forte*, une part en revient assurément à ceux qui l'ont STIMULÉE, HARCELÉE, FOUETTÉE, passez-moi le mot, jusqu'au jour de la victoire. »

Ainsi, il a fallu *fouetter* l'opinion publique, la *harceler*, pour l'amener, par la menace et la corruption, non pas à approuver, mais à tolérer l'œuvre de l'impiété liberticide. Les sectaires ont asservi le pays, ils ne l'ont pas convaincu. On a pu enlever le Christ des écoles comme des hôpitaux, on a pu remplacer la statue de la très-sainte Vierge (V. Hugo est le président d'*honneur* de la société déchristianisatrice) par le plâtre de l'immonde Marianne, et on a pu proscrire le Catéchisme et l'Histoire Sainte pour les remplacer par des manuels où la morale est traitée avec la même indépendance que la vérité, on a pu supprimer tout enseignement religieux et lui substituer la gymnastique obligatoire ; mais le vide, en dépit de la coercition d'une odieuse légalité, persiste dans les palais scolaires de l'athéisme officiel, mais la croix reste adorée au foyer domestique, mais le crucifix étend ses bras bénis sur les écoles où Dieu est entré en maître, mais les Frères et les Sœurs, depuis les humbles Béates des Cévennes jusqu'aux admirables filles de la Charité, ont continué, dans des établissements libres, à élever chrétiennement des enfants qui seront de bons Français et d'honnêtes mères de famille. Que MM. Gambetta, Ferry, P. Bert et leurs émules aient recueilli les félicitations des loges, cela n'est pas douteux ; mais la réprobation de la grande nation les cloue au pilori, et quand l'histoire daignera s'occuper de ces copistes attardés du voltairianisme, ce sera pour montrer comment de petits hommes ont pu vouloir un grand mal. Assez puissants pour voler un modeste traitement à de pauvres prêtres obéissant aux décisions souveraines du Saint-Siège, ils ne pourront pas se soustraire au châtiment qui les attend, à moins qu'après avoir méconnu la justice de Dieu, ils n'implorent un jour sa miséricorde.

Nous n'analyserons pas les lois scélérates, nous ne raconterons pas l'œuvre ignoble des crocheteurs. Les attentats contre la liberté et la foi du pays ont trop douloureusement retenti dans tous les cœurs pour qu'il soit utile de les narrer ici. Les malédictions de la postérité s'uniront aux cris d'indignation poussés par tout un peuple, pour flétrir l'iniquité sacrilège de gens qui n'ont apporté dans le gouvernement que les passions des loges, les haines des clubs, et se sont faits les agents serviles de la tyrannie révolutionnaire. Cette tourbe officielle n'aura pas même l'excuse de la sincérité, car ces incrédules croient, ces matérialistes parlent d'une autre vie lorsque, comme le F∴ P. Bert, ils parodient dans un *bout de l'an laïque* aux Jardies l'Église qu'ils outragent et les prêtres qu'ils persécutent. N'avons-nous pas vu le F∴ H. Martin refuser de finir en libre-penseur et, n'osant pas se grandir jusqu'au repentir en faisant appeler un prêtre, réclamer un pasteur libéral protestant pour bénir sa dépouille, puisque les Druides n'existent plus ! Et à propos de ce républicain du *Siècle*, achevant sa carrière dans le capitole sénatorial, n'avons-nous pas entendu le président du Sénat, le F∴ Le Royer, annoncer que le F∴ H. Martin « avait rendu son âme à Dieu ? » Il est vrai que, le lendemain matin, la phrase ne figurait pas au *Journal officiel*. Interrogé par M. de Ravignan, l'ex-garde des sceaux déclara que la modification avait été faite sous sa responsabilité ; il aurait pu ajouter : et sur l'ordre des loges.

Non, tous ces sectaires ne sont pas des fanatiques ; ce sont bien plutôt des ambitieux ; ils vivent de l'autel en travaillant à sa démolition, et ils savent bien que la meilleure façon de faire perdre à un peuple la notion de ses droits, c'est d'altérer le sentiment de ses devoirs.

La guerre à l'enseignement chrétien n'est du reste pas spéciale à la France ; aux États-Unis, comme en Espagne, en Belgique, en Italie, elle exerce ses ravages (1). La Franc-maçonnerie n'a ni frontières, ni patrie, et elle vise à l'universalité dans le mal.

---

(1) Voyez sur la lutte de la Maçonnerie contre l'Église dans ces pays d'après les documents les plus récents, le tome III de l'ouvrage : *Les Sociétés secrètes et la Société*.

CHAPITRE XX

LA RÉPUBLIQUE SOCIALE UNIVERSELLE

Weishaupt, dans les instructions pour le grade d'*Épopte*, jetait cette parole menaçante :

« La semence est jetée d'où doit sortir un nouveau monde; ses racines s'étendent, elles se sont déjà trop fortifiées, trop propagées pour que le temps des fruits n'arrive pas. Peut-être faudra-t-il encore attendre des mille et des mille ans ; mais tôt ou tard la nature consommera son œuvre ; elle rendra au genre humain cette dignité qui fut sa destinée dans le commencement. Laissez donc les rieurs rire, les moqueurs se moquer. Celui qui observe et compare ce qu'a fait la nature autrefois et ce qu'elle fait aujourd'hui *verra bientôt* que, malgré tous nos jeux, elle tend invariablement à son but. »

Vers 1825, un franc-maçon célèbre, Blumenhagen, disait dans un discours à une loge :

« L'ordre de la Franc-maçonnerie a fini son enfance et son adolescence. Maintenant il est devenu homme, et, avant que son troisième siècle soit accompli, le monde connaîtra ce qu'il est réellement devenu. C'est pourquoi l'esprit de l'ordre veille attentif, en avant du temps et de l'esprit du monde, il s'implante dans tous les recoins de la terre, et s'établit fermement au cœur du pays. Et puisque le monde entier est le temple de l'ordre, l'azur du ciel son toit, les pôles ses murailles, et *le trône et l'Église ses piliers*, alors les puissants de la terre s'inclineront d'eux-mêmes et abandonneront à nous le gouvernement du monde, et aux peuples la liberté que nous leur préparons. Que le maître de l'univers nous donne seulement un siècle, et nous serons arrivés à ce but ainsi désigné à l'avance. Alors les peuples chercheront leurs princes au milieu des reliques du passé. Mais, pour cela, il faut que rien ne ralentisse le travail et que jour par jour notre bâtisse s'élève. Plaçons, sans qu'on s'en aperçoive, pierre sur pierre, et le mur invisible s'élèvera solidement toujours plus haut ! »

Depuis lors les évènements ont assurément marché : le pouvoir temporel du pape est détruit, les Bourbons ne règnent plus ; l'Allemagne devenue prussienne, l'Italie unifiée, l'Autriche livrée au parlementarisme, la France en République, témoignent assez du règne universel de la Maçonnerie. Cependant le grand œuvre n'est pas achevé.

Dans un article sur *le rôle de la Franc-maçonnerie dans l'avenir*, le *Monde maçonnique* d'avril 1876 réfute la pensée de ceux qui regardent l'œuvre de la Maçonnerie comme touchant à sa fin, et croient qu'elle n'a plus besoin de mystère :

« ..... Une telle association ne saurait périr, parce qu'une évolution progressive a été accomplie..... L'humanité progressera sans cesse..... *Quand ce qui a été longtemps regardé comme un idéal se réalise, les horizons plus larges d'un idéal nouveau offrent à un meilleur avenir de nouveaux champs d'exploration, de nouvelles conquêtes à faire, de nouvelles espérances à poursuivre.* La Franc-maçonnerie aura donc toujours son rôle utile dans le monde.

Elle le remplira dans l'avenir comme dans le passé, en conservant avec soin la part essentielle de ses mystères, qui sont le lien particulier des initiés. »

Ainsi, ce n'est pas assez d'avoir réalisé *cette république, qui est dans la Maçonnerie,* comme le disait Crémieux. De nouveaux horizons s'ouvrent à son action : où conduit-elle l'humanité au milieu de ce perpétuel *devenir?* L'étude des documents et des faits va nous l'indiquer.

La République véritablement maçonnique, c'est la *République universelle.*

Partant du principe que chaque homme, comme une émanation de la substance unique, est un être absolument indépendant, roi et Dieu, la Maçonnerie enseigne qu'il n'y a absolument aucun droit en dehors du consentement des peuples.

Ce consentement est essentiellement révocable, et, comme le disait un des hommes les plus pénétrés de son esprit, Jefferson, « un peuple a, tous les dix-huit ans, c'est-à-dire à chaque renouvellement de génération, le droit de changer son gouvernement et de faire banqueroute. » Une monarchie parlementaire ne peut être qu'une étape dans la voie qui conduit à la République. La patrie, la nationalité, ne constitue elle-même aucun droit qui puisse enchaîner les individus souverains. De même que, dans un pays, le peuple souverain a pu détruire les provinces, les corporations, les libertés locales, ainsi l'humanité souveraine peut et devra détruire les nationalités particulières. « La nation ne doit tolérer entre elle et les citoyens aucun corps intermédiaire, » disaient les révolutionnaires de 1791. En vertu du même principe, l'humanité maçonnique ne devra tolérer aucun intermédiaire entre le grand tout et les individus souverains. Il y a longtemps que l'idée en est formulée.

En 1792, un député du Cantal, parlant à la loge-club des jacobins, Milhaud, s'écriait à propos de la réunion de la Savoie à la France :

« Ah ! s'il était vrai que le réveil des peuples fût arrivé, s'il était vrai que le renversement de tous les trônes dût être la suite prochaine du succès de nos armées et du volcan révolutionnaire, que chaque région, devenue libre, forme alors un gouvernement conforme à l'étendue plus ou moins grande que la nature lui aura fixée, et que, de toutes ces conventions nationales, un certain nombre de députés extraordinaires forment au centre du globe une *Convention universelle*, qui veille sans cesse au maintien des droits de l'homme, à la liberté générale du commerce. »

Mazzini a été le grand propagateur de cette idée : il voulait y arriver pas à pas en établissant successivement la république démocratique dans chaque pays.

Nous avons cité les paroles du franc-maçon Grant, ancien président des États-Unis, déclarant que le monde marchait vers la République universelle. C'est ce qui se dit journellement dans les loges : lisez plutôt cette page d'un discours du F.˙. Charles Boniface à la loge *la Fraternité* de Genève ; l'hypocrisie de langage qui s'y mêle à la perversité des doctrines s'expliquera mieux quand on saura que c'est un prêtre apostat qui parle :

« Le bon maçon doit être un homme de progrès dans le domaine politique. Je le sais bien, nos règlements nous défendent, et avec raison, de faire de la politique militante en L∴, parce que, si on en faisait, on aurait à déplorer bien souvent des conflits, des vexations et même des divisions entre des hommes d'un même pays, d'une même L∴, mais appartenant à des partis politiques diamétralement opposés. *Mais à côté de cette étroite politique des partis, il y a une autre politique générale et progressive, et c'est de celle-là dont le bon et vrai franc-maçon peut et doit s'occuper.* Le bon Maç∴, en effet, doit *concourir au développement toujours plus grand du suffrage universel*, il doit concourir au développement toujours plus grand de la liberté de conscience, il doit concourir au bien-être de la classe ouvrière, pauvre et déshéritée, et elle est nombreuse, vous le savez ! — *Le bon Maç∴ doit travailler au renversement du fanatisme et du despotisme* partout où ils se trouvent ; il doit *travailler au renversement de la tyrannie*, laquelle existe chez quelques mauvais riches, chez quelques méchants autocrates qui oublient encore aujourd'hui que nous ne sommes plus au moyen-âge, ni au temps des serfs et des vilains ! Le bon Maç∴ doit travailler encore à l'union toujours plus intime des peuples dont tous les membres sont ses frères ; il doit prôner partout et la haine de la guerre et l'amour de la paix. Il doit enfin *appeler de tous ses vœux et de tout son pouvoir le règne de la République universelle, dans une confédération de toutes les républiques particulières.* Oui, voilà mes F∴ F∴ la véritable politique du Maç∴ en Log∴ ; et cette politique pour lui doit être active et laborieuse (1). »

La même pensée inspira ces *congrès* et ces *ligues de la paix* qui préparaient l'explosion de 1870, et auxquelles tant d'honnêtes gens donnaient étour-

---

(1) Voir la *Chaîne d'Union* de 1883, p. 301.

diment leur adhésion. Il suffit d'avoir suivi avec quelque soin ces procédés des sociétés secrètes pour savoir qu'elles s'avancent vers leurs desseins destructeurs précisément en jetant en pâture aux esprits de notre temps des mots sonores et des idées vagues. La Révolution parle constamment aux peuples de liberté et elle aboutit toujours à la dictature ; elle surexcite en eux les sentiments nationaux et les soulève contre leurs gouvernements légitimes au nom de la *théorie des nationalités*, et elle marche volontairement à la destruction de toutes les patries pour élever sur leurs ruines un césarisme cosmopolite. Elle a sans cesse à la bouche le bonheur des peuples, la paix universelle, et elle les écrase d'impôts et d'armées permanentes et les jette dans des guerres plus meurtrières que toutes celles des âges précédents !

La république cosmospolite de la Maçonnerie doit être aussi une république sociale. Tout homme, dans la doctrine maçonnique, a le droit absolu et imprescriptible de développer ses instincts, de satisfaire ses appétits. Aussi *la déclaration des droits de l'homme et du citoyen* du 24 juin 1793 met *la propriété* au nombre des droits naturels. Conséquence : tout individu a droit à la propriété, et les lois, les institutions sociales qui l'en privent doivent être renversées. La Maçonnerie ne cesse de l'enseigner, quand, dans tous ses grades, elle montre les distinctions sociales et les richesses comme la cause de tous les malheurs de l'humanité.

Le socialisme en découle tout naturellement.

Puisque, d'après la Révolution, *le nombre et la somme des forces sont la seule source du droit*, puisque le peuple est souverain pour faire des lois civiles, politiques et même religieuses, ne l'est-il pas également pour régler la distribution de la propriété, l'organisation du travail et ses rapports avec le capital ? La formule du *droit moderne* a été posée avec une grande netteté dans un congrès de l'Internationale : *Après avoir proclamé, en 1789, la souveraineté politique du peuple, il faut maintenant réaliser sa souveraineté économique* (1). Un député de Paris, maçon des hauts grades, M. Langlois, disait à peu près la même chose, sous une forme plus adoucie, à l'Assemblée nationale, séance du 9 mars 1872 : « La révolution démocratique sociale doit être faite par une assemblée issue du suffrage universel. Quant aux mesures, c'est aux délégués de la nation à les prendre après délibération, et cela doit être fait en bonne conciliation. »

Au sein de cette société fondée sur le droit purement humain et au nom de la liberté individuelle, on verrait s'élever le plus monstrueux despotisme : celui des plus forts et des plus habiles. Les sectaires qui se sont révoltés contre la loi de Dieu ne veulent plus des droits divins du père et du prince, fondés sur cette loi ! Or ils remplacent ces autorités limitées par l'autorité su-

---

(1) En 1865, un orateur du congrès de Liège disait avec une logique irrésistible : « Qu'est-ce que la Révolution ? C'est le triomphe *du travail sur le capital, de l'ouvrier sur le parasite*, de l'homme sur Dieu. Voilà ce que nous voulons. *Voilà la révolution sociale que comportent les principes de 89, les droits de l'homme portés à leur dernière expression.* »

périeure elle-même dont elles tirent leur origine, par la souveraineté absolue et illimitée de la *capacité*, de la science, comme l'entend la Révolution, c'est-à-dire de la ruse et de la force.

Saint-Martin, dans son style d'*illuminé*, disait : « J'établis sur la réhabilitation d'un homme dans son principe l'origine de son autorité sur ses semblables, celle de sa puissance et tous les titres de la souveraineté politique. » Le Saint-Simonisme a dit à son tour : « A chacun selon sa capacité. » Le positivisme enseigne la même chose : c'est la science, selon lui, qui *détermine* les fonctions du pouvoir. L'*Internationale*, elle aussi, empruntait à ces doctrines ses plans de réorganisation sociale. C'est donc partout et toujours la même hypocrisie : ou un césarisme, comme celui de Napoléon et de Bismarck, ou l'oligarchie d'une assemblée issue des clubs, comme la Convention.

Toutes les organisations socialistes ont trouvé dans les loges leurs principaux fauteurs et un appui pour la propagation de leurs idées.

St-Simon, Robert Owen, Francis Wright, dans la première moitié de ce siècle, figurent parmi les illustrations des loges. M° Ragon en fait des gloires de la Maçonnerie.

Mazzini a contribué beaucoup lui aussi à propager l'idée socialiste, quoique sous une forme que l'impiété moderne repousse aujourd'hui dans son paroxysme d'athéisme.

Proudhon s'était fait recevoir dans la Maçonnerie en 1847, et il a consacré sur les rapports entre ses doctrines et le socialisme des pages que le *Monde* maçonnique a reproduites en 1881, comme éminemment appropriées à la situation.

En 1881, le F∴ Dionys Ordinaire, député du Doubs, a provoqué la formation d'un comité pour élever à Besançon une statue à Proudhon. C'est naturellement sous les auspices de la Maçonnerie qu'il a placé cette entreprise.

Le 18 juin de cette année, il prononçait comme orateur de la loge *Sincérité, Parfaite Union et Constante Amitié réunies*, à sa fête solsticiale et aux applaudissements d'un grand nombre de FF∴ visiteurs, « un remarquable discours sur Proudhon, dont l'ini« tiation, comme on sait, a eu lieu dans cette loge. Il « commente les réponses du célèbre philosophe aux « trois questions d'usage que l'on fait aux néophytes », nous dit le *Monde maçonnique* dans son compte rendu (n° d'août 1881).

Déjà en 1870, le F∴ Mahias, qui fut un des principaux promoteurs de l'*Association philotechnique* pendant sa carrière administrative, avait prononcé à la loge le *Réveil maçonnique*, de Boulogne-sur-Seine, l'oraison funèbre du F∴ Armand Barbès (1) !

Nous venons de nommer l'*Internationale*. Avec la *Commune*, elle est l'expression dernière et logique de la Maçonnerie. Elle en découle par une filiation directe.

L'*Internationale* n'est pas, comme elle l'a prétendu

(1) Ajoutons, puisque nous avons à parler de M. Mahias, que cet ancien rédacteur de journaux révolutionnaires avec le F∴ Peyrat, actuellement sénateur, est mort chrétiennement et pieusement en 1881, entre les bras du vénérable évêque de Grenoble, qui unit une si douce charité apostolique au zèle pour la cause de l'Eglise.

parfois, une association exclusivement ouvrière. On a remarqué que les principaux propagateurs des *sociétés coopératives*, qui, de 1860 à 1867, surexcitèrent les espérances d'amélioration sociale des ouvriers, ont plus tard été à la tête de l'*Internationale*. A plusieurs reprises, dans ses congrès, des ouvriers sérieux ont demandé que les seuls travailleurs manuels fussent admis dans l'association ; mais cette proposition, qui ne faisait pas l'affaire des meneurs, a toujours été repoussée. Elle n'est pas davantage le simple résultat du malaise auquel le faux régime social issu de 1789 condamne les classes laborieuses.

Il est parfaitement prouvé aujourd'hui que l'*Internationale* n'est pas autre chose que la continuation sous une nouvelle étiquette de l'*Alliance démocratique et sociale* fondée vers 1850 par Herzen et Bakounine, les célèbres socialistes russes. On profita, pour la lancer, du réveil des idées révolutionnaires après la guerre d'Italie. Parmi ses premiers chefs, on remarque Karl Marx et Engels. Karl Marx était en 1847 à Rome avec Weitling et proposait, de concert avec Mazzini, le renversement de Pie IX. On remarque encore que c'est dans un meeting *en faveur de la Pologne* que des ouvriers des différentes nations se réunirent pour la première fois et arrêtèrent les bases nouvelles de l'association. C'est dans les loges maçonniques de Paris que cette association a recruté à son début ses premiers adhérents et qu'elle a trouvé son point d'appui, selon le témoignage de Fribourg, un de ses fondateurs.

Plus tard, quand l'Internationale fut, sous le nom

de *Commune*, en lutte armée contre la France, la Franc-Maçonnerie parisienne prit ouvertement parti pour elle. On a vu au chapitre XVIII le récit de ces évènements.

Après l'échec de la Commune, les chefs de la Maçonnerie se sont puissamment entremis pour sauver ceux de ses membres qui étaient les plus compromis. C'est à eux que Rochefort et Félix Pyat notamment doivent d'avoir pu reprendre si promptement leur œuvre de démolition.

A Londres la grande loge les *Philadelphes*, du rite de Memphis, sert de point de rencontre aux révolutionnaires cosmopolites que l'hospitalité maçonnique y attire.

Enfin le vote de la loi d'amnistie, la réhabilitation officielle de la Commune, a été célébré dans toutes les loges comme un grand triomphe des principes de la Maçonnerie. Les maçons ont tenu l'obligation de leur serment, qui, tout en les engageant à ne pas compromettre les loges dans les conspirations, leur fait un devoir de préserver leurs frères des conséquences de leurs actes.

Dans bon nombre de loges françaises la propagande socialiste continue plus activement que jamais. Le F∴ Garnier, vénérable de la loge *le Globe*, de Vincennes, dans la tenue du 23 août 1874, réclame le *droit au travail*, comme jadis le F∴ Louis Blanc :

« La Franc-maçonnerie veut par tous les moyens scientifiques et sociaux améliorer le sort des travailleurs. Elle veut l'ordre, l'économie, la moralisation du travailleur. *Elle veut le droit au travail*, le développement du travail, l'or-

ganisation du travail. Elle est bien là dans son élément, c'est ici le temple du travail. »

Le discours suivant, prononcé par le F∴ Danel à la loge *l'Homme libre*, en janvier 1877, fait très bien ressortir la filiation logique d'idées, qui fait dériver le socialisme le plus brutal, la tyrannie de l'*État humanité*, des principes premiers de liberté et d'égalité purement humaines posés dès le commencement par la Maçonnerie.

« Les membres fondateurs ont voulu, tout en ayant pour but primordial de combattre notre ennemi commun, le cléricalisme, s'adonner particulièrement à l'étude des questions sociales.... l'égalité des ressources. A l'individualisme païen a succédé l'individualisme chrétien, et sous la direction de prêtres intrigants et faux moralisateurs, l'humanité a dévié de sa route. Il faut qu'elle revienne à sa nature : *la réorganisation sociale est nécessaire* ; en haut comme en bas personne n'est satisfait... Une masse compacte d'hommes nouveaux se présente pour balayer à son tour l'individualisme chrétien, et cette masse pense comme nous, avec le F∴ philosophe Lessing, que l'homme n'est immortel que par l'humanité et dans l'humanité. »

A la loge *la Libre pensée*, d'Aurillac, le 4 mars 1882, le F∴ Paul Roques, après avoir rappelé que 1789 était l'œuvre de la Franc-maçonnerie, concluait ainsi :

« Ce passé est un gage de ce que vous serez à l'avenir. Le rôle de la Franc-maçonnerie est loin d'être fini : APRÈS AVOIR TRAVAILLÉ A LA RÉVOLUTION POLITIQUE, ELLE DOIT TRAVAILLER A LA RÉVOLUTION SOCIALE. »

Parmi les loges, les unes vont tendre la main aux organisations anarchistes, d'autres voudraient essayer d'arrêter le mouvement qu'elles ont elles-mêmes lancé en mettant toute l'industrie et l'activité du pays sous la main du gouvernement par l'ensemble de ces mesures qu'on a si justement nommées le *socialisme d'État*.

Mais par delà ces divergences, il y a un but suprême qui les réunit toutes.

Dans une assemblée très secrète des chefs de sectes supérieurs, le 11 juin 1879, il a été décidé ce qui suit :

« Choses à faire en France et au Nord : — déchristianiser par tous les moyens, mais surtout en étranglant le Catholicisme peu à peu, chaque année, par des lois nouvelles sur le clergé. — Arriver enfin à la fermeture des églises.

« Dans huit ans, grâce à l'instruction laïque sans Dieu, on aura une génération athée. On fera alors une armée et on la lancera sur l'Europe. On sera aidé par tous les frères et amis des pays qu'envahira cette armée-là.

« Le mouvement se fera contre le Nord, parce que là encore sont les souverains les plus solides, attendu qu'ils ont de fortes institutions militaires.

« On fera *chaque année* et *partout* des tentatives de régicide. A la fin, après huit ans, si les souverains n'ont pas tous disparu, les monarchies seront affaiblies.

« En Italie : — elle viendra vite à la République, quand on ne voudra pas s'en inquiéter.

« En Espagne : — peuple fanatique, ami des prêtres, fanatisme ravivé par la guerre carliste, — user du fanatisme, plus nécessaire que partout ailleurs ; — déconsidérer le clergé par tous les moyens ; — lui imputer des crimes ; — incendier, et lui attribuer ces incendies. — On avait pensé à gâter les dépôts de grains : — c'est difficile ; — recourir aux incendies à Seville, Valence, Madrid, Barcelone, Valladolid, Gérone ; — les membres des parlements et des loges doivent voyager et profiter de tout. — On aurait voulu sauver Otero. — Les socialistes allemands et les nihilistes disent qu'une fois la Révolution établie en Espagne, elle sera indestructible. Les nihilistes ont les meilleurs mots et les meilleurs moyens.

« Aller avec prudence et marcher toujours (1). »

(1) V. Mgr Fava, *Le secret de la Franc-maçonnerie*, 2º éd. p. 527. (Lille, 1884), in-8º.

CHAPITRE XXI

LES NIHILISTES ET LES ANARCHISTES

« Lorsque Dante, dit M. de Laveleye, descend les « cercles de l'enfer, arrivé au plus profond de la « cité sans espérance, il s'y trouve face à face avec « l'effroyable souverain des anges révoltés.

L'imperator del doloroso regno.

« Ainsi, quand on pénètre jusqu'aux dernières « couches du socialisme révolutionnaire, on y rencon- « tre Bakounine. On ne peut pas aller au-delà, car il « est l'apôtre de la destruction universelle, de l'anar- « chisme absolu, ou, comme il a lui-même nommé « sa doctrine, de l'*amorphisme*. C'est lui qui, em- « pruntant le nom et l'organisation de l'INTERNATIO- « NALE, a répandu le socialisme anarchique dans tous « les pays latins. Ce sont ses idées qui ont dominé « dans la Commune de Paris. Ce sont elles qui for- « ment maintenant le fond des programmes qu'adop- « tent la plupart des associations socialistes en Italie, « en Suisse, en Belgique, en Espagne et même en « France. »

C'est en Russie que ce développement extrême de la secte anti-chrétienne a d'abord fait son apparition sous le nom de *Nihilisme*.

Cette appellation de *nihilistes* est bien justifiée par le caractère audacieusement destructeur de la secte. Elle lui a été donnée pour la première fois, en 1861, par le fameux écrivain russe Ivan Tourguenieff dans son roman : *Les pères et les fils*. Quelle que fût l'intention qui a dicté cet écrit, les sectaires ont revendiqué hautement cette appellation, ainsi que jadis l'avaient fait les *gueux*, les *sans-culottes*, et ils s'en parent comme d'un titre de gloire.

Le *Nihilisme* est à la fois une société secrète organisée et agissante, et une doctrine dont les adeptes sont inspirés par un esprit fanatique de propagande. Pendant longtemps il est resté à l'état d'épidémie morale ; ses adeptes formaient de petites associations mystérieuses, qui se bornaient à une hostilité de propos et d'écrits contre le gouvernement ; mais ces associations se sont, dans ces derniers temps, fondues en une organisation révolutionnaire dont les chefs paraissent fixés à l'étranger et qui trouvent une complicité plus ou moins active parmi les nombreux adhérents de la doctrine. Ce sont eux qui font pénétrer partout des brochures incendiaires écrites en russe et les journaux imprimés à Berne, à Genève, à Londres, à Paris.

On ne rencontre guère d'adhérents du *Nihilisme* que dans les classes cultivées. Jusqu'à présent ses adeptes les plus nombreux se sont recrutés parmi les professeurs et les étudiants. Des officiers appartenant à la noblesse peu aisée, des fonctionnaires subalternes, s'y sont jetés en grand nombre. Quelques marchands et des instituteurs, commencent à s'y affilier ; mais les paysans et les ouvriers des villes paraissent jusqu'à présent inaccessibles au virus, malgré la propagande qui s'adresse à eux en exploitant les souffrances sociales qui se sont produites dans ce pays depuis 1860.

Des femmes et des jeunes filles sont en assez grand nombre affiliées à la secte. La classe très nombreuse des institutrices remplit surtout ce rôle, et c'est à elles qu'il faut attribuer la pénétration du *Nihilisme* dans les palais de Pétersbourg et de Moscou. Le déclassement social des jeunes filles assez nombreuses qui se livrent aux professions libérales, à l'exercice de la médecine notamment, et qui fréquentent pendant plusieurs années les universités, fait beaucoup de recrues à la secte. C'est par ce trait qu'elle s'est d'abord révélée il y a déjà vingt ans.

L'on voit dans les villes d'universités des femmes portant des cheveux courts, des vêtements amples qui dissimulent les formes, des coiffures masculines et des lunettes bleues destinées à voiler le regard ; ce sont les *étudiantes nihilistes*, qui commencent ainsi à mettre en pratique le dogme fondamental de la secte, l'égalité de l'homme et de la femme.

Les nihilistes rejettent le mariage, et lorsque, pour assurer des droits civils aux enfants, ils contractent des sortes de mariages légaux, le mari souscrit un acte par lequel il déclare renoncer à user de tous les droits que la loi ou la religion lui donnerait. Souvent les nihilistes, hommes et femmes, vivent par petits groupes, *où tout est commun*. Pour être pleinement indépendante, la femme doit pourvoir par elle-même à sa subsistance.

« La maternité étant le fait d'une inégalité de nature, les nihilistes l'évitent par tous les moyens possibles, nous dit un des historiens attitrés de l'*Internationale*, et s'ils n'y peuvent parvenir, la femme nihiliste abandonne volontiers le fruit de ses amours ou plutôt de ses nécessités naturelles (1). »

La destruction générale de tout l'ordre social, voilà le but que poursuivent les nihilistes, et en cela, ils dépassent de beaucoup l'*Internationale*.

« Vous niez tout, ou, pour parler plus exactement, vous détruisez tout, demande-t-on à Bazaroff, le héros du célèbre roman d'Ivan Tourguenieff, et cependant il faut bien reconstruire ! — Cela ne nous regarde pas, réplique celui-ci. Il est nécessaire avant tout de débarrasser le terrain. Plus tard, quand toutes les institutions auront été détruites, quand la *tabula rasa* sera parfaite, alors les forces existantes, alors l'humanité, se cristalliseront de nouveau dans des institutions, qui seront sans doute appropriées aux conditions du milieu. — Bazaroff continue sa thèse en affirmant qu'il n'y a entre les hommes ni de relations de justice, ni de sentiments, il n'existe que des sensations » ; et son dernier mot est celui-ci : « Laissez-nous boire et manger jusqu'au « moment de l'extinction de la chaleur animale. »

Ce n'est pas là une peinture fantaisiste. Les passages suivants du *catéchisme révolutionnaire* de Bakounine en sont la confirmation trop authentique :

« I. Le révolutionnaire est revêtu d'un caractère sacré. Il n'a rien qui lui soit personnel, ni un intérêt, ni un sentiment, ni une propriété, ni même un nom. Tout en lui est

---

(1) Fribourg, *L'Association internationale des travailleurs*, p. 184, et Schedo-Ferrotti, *Le Nihilisme en Russie*, p. 219.

absorbé par un objet unique, par une pensée unique, par une passion unique : la Révolution.

« II. Il a rompu absolument, au plus profond de son être, avec tout l'ordre civil actuel, avec tout le monde civilisé, avec les lois, les usages, la morale. Il en est l'adversaire impitoyable ; il ne vit que pour les détruire.

« III. Le révolutionnaire méprise tout le doctrinarisme et toute la science présente ; il ne connaît bien qu'une seule science : LA DESTRUCTION. Il étudie la mécanique, la physique, la chimie, et peut-être la médecine ; *mais ce n'est que dans le but de détruire*. Il se livre, à la même fin, à l'étude de la science vivante, c'est-à-dire à l'étude des hommes, de leur caractère, de leurs conditions sociales actuelles. Son désir sera toujours la destruction la plus prompte et la plus sûre de ces ignobles conditions sociales.

« IV. Le révolutionnaire méprise l'opinion publique. Il a le même mépris et la même haine pour la morale actuelle dans toutes ses manifestations. Pour lui, tout ce qui favorise le triomphe de la Révolution est honnête ; tout ce qui entrave ce triomphe est immoral et criminel... »

En lisant les déclarations de principes des nihilistes, il est impossible de ne pas reconnaître leur étroite liaison avec les doctrines des naturalistes allemands contemporains, de Buchner notamment, l'auteur de *Force et nature*, l'un des membres des premiers congrès de l'*Internationale*.

Bakounine ne fait que développer la doctrine du docteur allemand, quand il dit brutalement, dans sa critique de *la théologie politique de Mazzini* :

« *La loi morale*, dont nous autres moralistes et athées reconnaissons l'existence plus réellement que ne peuvent le faire les idéalités de quelque école que ce soit, *mazziniens ou non mazziniens*, n'est une loi vraiment morale, une loi à la fois logique et réelle, une loi puissante, une loi qui doit triompher des conspirations de tous les idéalistes du monde, que *parce qu'elle émane de la nature même de l'humaine société, nature dont il faut chercher les bases réelles, non dans Dieu, mais dans* L'ANIMALITÉ. »

Qui ne remarquerait comment Dieu, selon la parole des saintes Écritures, se joue de l'orgueil des impies ?

Depuis le Protestantisme, et surtout depuis 1789, il n'est pas d'expression qui ait soulevé plus de colères et de protestations que celle de *droit divin*. Cette idée, mal comprise par les uns, défigurée à dessein par les autres, semble avoir été particulièrement insupportable aux hommes modernes, et récemment un franc-maçon rappelait violemment à la Chambre des députés français que la Révolution consistait, dans son essence, dans le triomphe du *droit humain* sur le *droit divin* (1). Or, voilà qu'à son tour le *droit humain* est détrôné, bafoué, et qu'un révolutionnaire plus logique élève sur ses ruines le drapeau de l'*animalité !*

Pour donner un libre essor à l'animalité, pour *laisser agir les forces de la nature*, comme dit Bazaroff, il faut détruire toutes les institutions ; on verra alors ce que produiront ces forces ; les nihilistes imaginent qu'elles aboutiront à l'égalité complète des individus, à l'*égalisation de nature*, selon la formule de Proudhon répétée par Accolas et tous les socialistes français.

---

(1) Madier-Montjau, discours à la Chambre des députés, séance du 16 mars 1880.

Dans ce monde ainsi renouvelé, la *fraternité*, ce mot sonore ajouté par Saint-Martin au programme de l'Illuminisme, disparaît. Il n'y a plus que *liberté* et *égalité* pour ces hommes revenus à l'état des habitants de la forêt. C'est dans toute sa pureté la donnée de Weishaupt. Comment ne pas être frappé de la persistance avec laquelle reviennent, sous toutes les formes et dans tous les milieux, les idées fondamentales des sociétés secrètes ?

La mort est le grand agent de cette destruction vers laquelle la secte se précipite. Au rebours du sentiment commun du genre humain, les naturalistes la célèbrent comme leur alliée, et ils combattent l'hérédité, la famille, la tradition, comme empêchant la mort de réaliser pleinement ses effets. Ecoutez plutôt M. Naquet dans sa lettre au *Journal des Débats*, du 19 décembre 1872 :

« La famille ne peut désormais qu'être nuisible à l'homme... L'éducation de la famille neutralise les heureux effets de la mort. La famille empêche l'homme de mourir tout entier ; elle le perpétue et le continue. »

Voilà pourquoi les nihilistes, comme les thugs de l'Inde, hâtent l'œuvre de la mort par tous les attentats.

La jeunesse, qui propage ces abominables doctrines, les a puisées dans les universités allemandes ou même dans celles de son pays. Car depuis trois quarts de siècle, les hauts maçons, héritiers des illuminés, ont eu presque constamment la main dans la direction de l'enseignement public en Russie. C'est l'un d'eux, Michel Speransky, sous Alexandre Ier, qui l'a organisé, et son esprit a toujours subsisté. Dès cette époque, Joseph de Maistre, dans un mémoire adressé à l'empereur Alexandre, montrait le travail souterrain qui se préparait de longue main en Russie pour de là mieux embrasser le monde entier.

« *Il n'y a qu'une secte.* C'est ce qu'aucun homme d'État ne doit ignorer, ni oublier. Cette secte, qui est tout à la fois une et plusieurs, environne la Russie, ou, pour mieux dire, la pénètre de toute part, et l'attaque jusque dans ses racines les plus profondes. Elle n'a pas besoin, comme dans le seizième siècle, de monter en chaire, de lever des armées et d'ameuter publiquement les peuples. Ses moyens de nos jours sont plus adroits : *elle réserve le bruit pour la fin.* Il ne lui faut aujourd'hui que *l'oreille des enfants* de tout âge et la patience des souverains. Elle a donc tout ce qu'elle désire. Déjà même elle a attaqué votre clergé, et le mal est plus grand peut-être qu'on ne le croit...... Et qu'on ne vienne pas nous dire que ces dogmes sont surannés ; ils sont au contraire plus vivants et plus actifs que jamais. Au seizième siècle, ils étaient enfants, et quelques pages du catéchisme sauvés de l'incendie leur en imposaient encore ; aujourd'hui ils sont *adultes* et n'ont plus de frein d'aucune espèce. *Cette épouvantable secte, qui s'appelle légion,* n'a donc jamais été plus à craindre qu'en ce moment, *et surtout à cause de ses alliances.* »

Dans un autre passage, il signalait ces hommes comme devant aboutir au néant, comme des *riénistes.* Merveilleuse prophétie du génie éclairé par la foi ! Soixante-cinq ans plus tard, le ministre de la justice de Russie était obligé, en présence des attentats du *Nihilisme*, de constater dans un document public que la cause de cette rapide perversion des classes cultivées se trouvait dans l'éducation donnée à la jeunesse.

La même secte attaque à l'heure présente la société en Allemagne et en France.

Bakounine, dont nous prononcions le nom au commencement de ce chapitre, a transporté dans les sociétés secrètes de l'Europe occidentale les *mots* et les *moyens* des nihilistes *regardés* comme les meilleurs.

On connaît la scission qui, après l'échec de la Commune de Paris, s'est produite dans le sein de l'*Internationale*, entre les partisans de Bakounine, les *anarchistes*, et ceux de Karl Marx les *collectivistes*.

Indépendamment des rivalités personnelles et des haines qui ont suivi cet échec, la prétention de Karl Marx de supprimer l'appareil des sociétés secrètes, grades, initiations, serments, mots de passe, pour agir exclusivement par la publicité, était également trop en avance du mouvement des temps. Bakounine y a au contraire largement recours, comme nous allons le voir, dans l'organisation de l'*Alliance démocratique universelle*.

L'*Internationale*, même dans les branches restées fidèles à la direction de Karl Marx, a donc dû se transformer et entrer dans une nouvelle phase.

Les mesures de proscription contre le *democrat socialist partei*, qui est tout entier dans l'ordre d'idées de Karl Marx, mesures inaugurées en Allemagne par la loi du 21 octobre 1878, ont obligé les socialistes à se renfermer dans la propagande secrète, dans celle qui se fait au foyer et à l'atelier. Les triomphes électoraux qu'il a eus depuis ont prouvé que sa force n'avait en rien été atteinte (1).

En France, en Italie, en Belgique, on saisit souvent encore chez les socialistes des cartes d'affiliation à l'*Internationale*, des statuts de cette société. C'est en évoquant le souvenir de l'Internationale qu'ils font de la propagande. Les *collectivistes* ont en France une organisation qui se manifeste par une presse, dont les organes sont séparés seulement par certaines nuances, par des congrès annuels qui se sont tenus à Marseille (1879), au Havre (1880), à Reims (1881), à Saint-Étienne et à Roanne (1882), à Paris (1883), à Roubaix (1884).

Mais la scène n'en est pas moins incontestablement occupée au premier rang aujourd'hui par les *anarchistes*.

Ils dédaignent l'action politique *électorale* et veulent organiser un parti socialiste indépendant des partis bourgeois politiques, et qui, une fois suffisamment fort, agira par la violence et exclusivement pour son compte.

Leurs doctrines sont résumées par le manifeste suivant, qui a été rédigé par Bordat, de Lyon, et Élisée Reclus, au congrès de Genève en 1881 :

---

(1) V. *Trois années de l'histoire du socialisme*, par l'abbé Winterer, député au Reichstag, Paris, Palmé, in-12, 1882, pp. 6 à 20. Nous ferons dans ce chapitre de fréquents emprunts à ce volume, qui complète l'œuvre magistrale sur le *Socialisme contemporain*, publiée en 1878 par le noble champion de la religion et de la nationalité de nos frères d'Alsace-Lorraine.

Les anarchistes révolutionnaires réunis à Genève se sont trouvés d'accord sur le programme suivant :

« Notre ennemi, c'est notre maître.

« Notre ennemi, c'est le propriétaire, c'est l'État, c'est le patron, qu'il s'appelle monarchie ou démocratie.

« Notre ennemi, c'est toute autorité, qu'elle s'appelle diable ou bon Dieu.

« Nous voulons reprendre l'usine.

« Nous voulons reconquérir la propriété commune, quel que soit le gouvernement à renverser. »

Les débats du procès des anarchistes de Lyon au mois de janvier 1883 ont établi que la *fédération jurassienne* de l'Internationale, qui en 1873 s'était séparée du conseil central et de Karl Marx, avait pris en 1878, après le vote des lois sur la liberté de la presse et les réunions publiques, l'initiative de la constitution en France du parti anarchiste. C'est ce qui résulte d'un rapport lu par le prince Krapotkine, sous le nom de Levanof, à la *fédération jurassienne*. Les divers congrès ouvriers qui ont été tenus dans ces dernières années lui ont servi de moyen de propagande ; et partout elle a mis à profit les anciens cadres de l'Internationale, qui, après la répression de la Commune et l'état de siège, avaient été dispersés.

En 1881 a eu lieu à Londres un congrès de révolutionnaires cosmopolites, où le prince Krapotkine a été délégué par les groupes anarchistes lyonnais et où l'on a discuté la constitution d'une nouvelle association internationale des travailleurs avec un caractère plus nettement révolutionnaire que la première.

Si l'Internationale, avec son ancienne organisation publique et centralisée, n'a pas été reconstituée, comme l'ont soutenu les accusés de Lyon, il n'en est pas moins vrai que cette conférence des principaux chefs révolutionnaires du monde entier a donné le signal d'une reprise du mouvement socialiste dans les divers pays, non plus seulement par la propagande théorique, mais par l'action pratique.

Les journaux allemands le *Reichsbote*, de Berlin, et le *Vaterland*, de Vienne, ont publié en mars 1880 les statuts de l'association des anarchistes, trouvés chez un nihiliste. En voici la teneur :

Organisation de l'alliance des frères internationaux.

Trois grades :
1. Frères internationaux.
2. Frères nationaux.
3. Frères de l'organisation semi-publique de la démocratie internationale.

Règlement des frères internationaux.

§ 1. — Les frères ne connaissent pas d'autre patrie que la Révolution générale, pas d'autre étranger et d'autre ennemi que la réaction.

§ 2. — Les frères rejettent toute conciliation ou tout compromis. Tout mouvement est regardé par eux comme réactionnaire, du moment qu'il n'a pas pour but direct ou indirect le triomphe des révolutionnaires.

§ 3. — Les frères ne peuvent jamais entre eux s'attaquer ou recourir aux tribunaux. Ils ne connaissent d'autre tribunal que le jury d'honneur, choisi par part égale pour les deux parties. Ce jury statue souverainement.

§. 4. — Chaque frère doit être sacré pour l'autre. Chaque frère a le droit de compter sur l'aide et l'assistance des frères, qui sont tenus de faire tout pour lui jusqu'à la limite du possible.

§ 5 — Ne sauraient êtres frères internationaux que ceux qui acceptent le programme révolutionnaire dans toutes ses conséquences théoriques et pratiques, et qui ont l'intelligence, l'énergie, l'honorabilité et la fermeté voulues.

§ 6. — Le service de la Révolution doit être regardé par chaque frère comme le premier et le plus saint des devoirs et des intérêts.

§ 7. — Le frère a toujours le droit de refuser les services exigés par le comité ou les comités locaux. Mais si ces refus paraissent être constants, il peut être suspendu de ses droits de frère.

§ 8. — Aucun frère ne saurait gérer une fonction publique sans l'autorisation spéciale du comité local. Il ne peut prendre part à aucune manifestation hostile à notre cause. Chaque fois qu'il y a une réunion de plus de deux de nos frères, ils sont tenus de s'occuper des affaires publiques.

§ 9. — Tous les frères internationaux doivent se connaître, et ils ne doivent avoir entre eux aucun secret politique. Ils ne pourront appartenir à aucune autre société, sans autorisation spéciale du comité local, et ils sont en même temps tenus de dévoiler au comité central tous les secrets de l'autre société, qui peuvent intéresser directement ou indirectement la société internationale.

La seconde section est formée des *frères nationaux* désignés pour préparer la Révolution dans chaque pays d'une manière indépendante. *Ils ne doivent pas soupçonner l'existence d'une organisation internationale.* — La troisième section comprend les simples adhérents, qui s'enrôlent dans les associations socialistes locales, figurent dans les congrès et constituent la grande armée de l'insurrection.

L'existence de cet *ordre supérieur* des frères internationaux, ayant au-dessous de lui un second ordre, les *frères nationaux*, est calquée sur l'ordre des *Régents* de Weishaupt et sur la Haute-Vente romaine. Il explique la diffusion de la secte sur tous les points du globe et les *complicités* qu'elle rencontre dans des régions sociales supérieures.

Au-dessous de ces deux ordres se trouvent les *fédérations nationales*, qui se présentent comme des organisations du parti ouvrier.

Les comités fédéraux sont composés d'autant de délégués qu'il y a de chambres syndicales dans la région.

Les délégués aux comités régionaux sont pris ordinairement dans la ville capitale de la région. Autant que possible, ces délégués sont des célibataires n'ayant pas le souci de la famille et pouvant, par conséquent, consacrer tout leur temps à la propagande dont ils sont chargés. Les ressources des comités régionaux proviennent des souscriptions de leurs membres, *mais surtout des envois des chambres syndicales, qui doivent verser à la fédération la moitié de leur encaisse.*

Quelle que soit l'importance réelle de ce *comité national* dont la constitution est toute récente, la Fédération nationale française paraît avoir eu jusqu'à présent son centre directeur à Lyon et à Genève. C'est toujours le point où nous ramènent et le complot gambettiste de 1873 et les crimes qui ont eu lieu en août, septembre et octobre 1882. En 1870, cette organisation existait déjà, et il est très important de noter que le 4 septembre de cette année la République était proclamée par l'émeute de l'hôtel de ville de Lyon *à midi*, avec le drapeau rouge, alors qu'elle l'était à Paris seulement à 4 heures. Le 28 septembre Bakounine était dans cette ville à la tête d'une nouvelle insurrection dirigée contre le F∴ Andrieux et les autres Jacobins, qui s'étaient installés au pouvoir dans le premier moment.

C'est sur le concours de ces groupes que reposait la grande conspiration que Gambetta et les chefs de la Maçonnerie avaient organisée de 1873 à 1877, pour empêcher la restauration monarchique ; ils se proposaient ainsi de déchaîner sur la France une guerre sociale auprès de laquelle 1793 n'eût été qu'un jeu d'enfants, selon le mot de Littré.

Ce qui fait la force des fédérations nationales, c'est qu'elles s'appuient sur des *groupes organiques,* sur des *groupes professionnels,* sur des *chambres syndicales ;* elles entraînent ainsi sous leur direction le mouvement socialiste, qui naît spontanément parmi les populations manufacturières par des causes religieuses, politiques et économiques, indépendantes de l'action des sociétés secrètes.

Bakounine et sa secte ont profité de l'expérience acquise par l'*Internationale* et qui en 1872 a amené la substitution du groupement corporatif à l'organisation en *sections* (1). Les ouvriers enrégimentés dans ces

---

(1) Quoique la chambre syndicale soit la base de l'organisation des nouvelles sociétés révolutionnaires, cependant les anarchistes ou la nouvelle Internationale n'ont pas renoncé à avoir des groupes distincts des corporations. Ainsi les débats du procès de Lyon ont signalé

innombrables associations locales ne connaissent pas l'existence des deux ordres supérieurs ; ils ne leur en obéissent pas moins aveuglément. Les accusés de Montceau-les-Mines, presque tous de très jeunes gens, ont déclaré avoir obéi aux ordres que leur donnaient des hommes à grandes barbes, qu'ils ont refusé de nommer. Les débats du procès des anarchistes de Lyon ont laissé soupçonner que parmi ceux-ci se trouvaient les chefs occultes qui avaient suscité cette première explosion. En effet, c'est à Lyon et à Vienne qu'étaient établis les dépôts de dynamite.

L'organisation de ces groupes locaux n'est pas partout la même, croyons-nous ; là où elle est le plus avancée, les associés ne sont reçus qu'après une initiation semblable à celle de la Franc-maçonnerie.

A Montceau-les-Mines, il y avait deux groupes, appelés l'un la *Pensée*, l'autre la *Santa-Maria*, constitués sous la forme de *chambres syndicales*. Un groupe semblable existait dans l'usine de Gueugnon. Les uns et les autres étaient en relations avec les groupes du Creuzot, et se ramifiaient avec la *Fédération*. D'après les livrets saisis sur les prévenus, le but de ces associations était seulement de donner aux ouvriers les moyens de faire valoir leurs droits en justice, et de procurer des secours aux malades. En réalité, jamais aucun secours n'a été donné, et ces sociétés n'étaient que des groupements en vue de la guerre sociale. Les

---

l'existence à Vienne d'un groupe qui s'intitule les *indignés*, à Villefranche, d'un groupe appelé le *glaive*. A Lyon des femmes s'appellent le *groupe Marie Ferré*, etc.

accusés ont raconté eux-mêmes le cérémonial dont on entourait leur réception. On bande les yeux de l'initié, qui doit tirer sur un mannequin figurant un traître ; on le promène, de nuit, dans les bois ; enfin, on lui fait jurer fidélité sur un revolver, et on lui communique des signes et des attouchements qui servent à se reconnaître. Un autre prévenu a déclaré que le mannequin sur lequel l'initié devait tirer représentait un traître. M. Campionnet, maître de forges à Gueugnon, a eu entre les mains les statuts de ces prétendues chambres syndicales. Une de leurs clauses stipulait que les adhérents devaient renoncer à toute pratique religieuse.

Le journal le *Paris*, — un organe de Gambetta, qui prenait ses informations à la préfecture de police, — a publié, le 25 octobre 1882, les indications suivantes sur la manière dont les groupes formant les différentes fédérations se rattachent aux centres de l'*ordre supérieur*.

« Dans toutes les villes, dans tous les villages industriels de France, et même dans les petites communes avoisinant les grandes exploitations ouvrières, des groupes révolutionnaires, composés d'un petit nombre d'affiliés sûrs, ont été organisés depuis plusieurs mois.

« Tous sont composés, pour la plus grande partie, de très jeunes gens de dix-huit à vingt-cinq ans. Ils acceptent le mot d'ordre qui leur est transmis, autant que possible, *verbalement* par des délégués.

« Une des lettres saisies dans les récentes perquisitions recommande aux membres des groupes locaux de masquer l'organisation révolutionnaire à laquelle ils travaillent sous l'étiquette légale de *chambre syndicale*.

« Tous les groupes d'une même région sont reliés entre eux par une fédération qui porte le nom du département où ils se trouvent, à moins que leur petit nombre dans un même département n'ait amené les chefs à les grouper autrement. Il y a la fédération de Saône-et-Loire, celle du Midi, celle du Sud-Est, celle de la Loire, etc.

« Chacune de ces fédérations a ses timbres et cachets, portant son nom, le nom du lieu où siègent ses chefs, et parfois aussi quelque symbole. Ceux de Saône-et-Loire ont un lion pour emblème.

« La fédération sert d'intermédiaire entre les groupes d'exécution, disséminés dans les communes, et le comité directeur.

« Toutes les fédérations de France nomment un délégué au comité directeur, chef suprême de la ligue, et qui se réunit au moins une fois par mois à Genève. Nous ne connaissons que cinq noms de délégués. Ils ne sont pas tous français. Du moins le comité délibère-t-il avec le concours du prince Krapotkine, dont plusieurs lettres ne permettent pas de nier l'intervention en tout ceci. Il compte en outre d'anciens amnistiés, dont un illustre et qui se promet « d'étonner la Russie » par l'explosion qui aura lieu chez nous.

« Toutes les cartouches de dynamite saisies sont de fabrication suisse et viennent de Saint-Sauveur. C'est là un fait des plus importants. Il prouve que le point de départ de l'action révolutionnaire est à l'étranger. »

D'autres indications émanées de sources différentes ont signalé à la même époque la *fédération du Jura Bernois*, comme servant de base d'opérations pour les tentatives des anarchistes en France. Le nom de Pindy et celui d'Élisée Reclus, l'ancien membre de la Commune, ont été souvent prononcés comme ceux des chefs du mouvement. Ce dernier a lui-même jeté un audacieux défi à la justice française, et le procureur général Fabreguettes a déclaré devant la Cour de Lyon que son séjour à l'étranger avait seul empêché de le comprendre dans les poursuites.

Aucun des misérables qui ont commis les crimes de Montceau-les-Mines ne paraît faire partie des comités supérieurs de l'ordre des *frères nationaux*. Ainsi, par exemple, Dumay, qui, en 1873, avait joué un rôle dans le complot républicain, et dont les *conférences* ont excité les ouvriers de Montceau, n'a pas mis la main à l'exécution.

Nos études personnelles nous permettent de confirmer les indications données par le *Paris*. Dans un très grand nombre d'usines, de mines, de manufactures, les ouvriers sont à chaque paie obligés de donner une cotisation de 0,50, de 0,75, de 1 franc par semaine, suivant l'importance de leur salaire, *pour la caisse de la société*. Ils ignorent absolument ce qu'est *cette société*, mais s'ils ne se soumettent pas à cette exigence (comme à voter pour les candidats désignés par la secte, à figurer aux enterrements civils), ils sont impitoyablement chassés des ateliers, soit par les maîtres-ouvriers, qui disposent, en réalité, complètement du recrutement des ateliers dans la grande industrie, soit par une persécution sourde de leurs camarades. Ces cotisations minimes, *perçues régulièrement sur de grandes masses*, constituent des fonds considérables et donnent au parti *anarchiste* des ressources que n'a jamais eues l'*Internationale*.

L'existence des *deux ordres supérieurs* est complètement cachée aux membres des groupes locaux, des chambres syndicales, par le procédé suivant : les comités régionaux et nationaux sont le produit d'élections à plusieurs degrés et qui se font au moyen d'éliminations successives. Ceux qui ont voté au premier degré ne savent jamais quels ont été les membres élus au deuxième degré par leurs délégués, et ainsi de suite.

Cette organisation s'étend sur toute l'Europe et jusqu'aux États-Unis. Si dans ce dernier pays les anarchistes ne se livrent pas à des actes matériels de violence contre les personnes et les propriétés, c'est pour ne pas compromettre l'asile sûr et la base d'opération qu'ils y trouvent.

Après une période consacrée à l'organisation des groupes, puis à la propagande par la presse et par les réunions, le comité directeur a jugé à propos de frapper fortement l'opinion ouvrière par une série d'actes d'exécution. C'est alors qu'on a vu se produire dans le bassin houiller de Saône-et-Loire, en août 1882, cette agitation qui depuis est allée en grandissant.

Après les évènements de Montceau-les-Mines, en octobre, un certain nombre d'explosions par la dynamite, de réunions *anarchistes*, de placards et de lettres de menaces se sont produits à Paris, à Lyon, à Arles, à Marseille et dans les localités voisines ; puis, le comité central de la Fédération, jugeant que l'on avait assez fait pour la propagande, a donné l'ordre d'arrêter ces manifestations, et elles ont cessé immédiatement. C'est un *mot d'ordre* qui les commande comme il les arrête, et il n'y a absolument rien de spontané dans ces prétendues colères du peuple contre les cléricaux et les capitalistes.

En mars 1883, au moment où le parti radical organise l'agitation révisionniste et où une crise sur l'industrie du bâtiment laisse un grand nombre d'ouvriers sans travail, un nouveau mot d'ordre est donné ; et aussitôt dans les environs du Creuzot les bris de croix, les explosions de dynamite recommencent. Le gouvernement de la République est absolument impuissant à supprimer cette organisation. Le journal *La Tenaille*, organe de la *Fédération du centre*, le déclarait hautement le lendemain du verdict de la Cour d'assises de Riom.

En même temps une explosion accidentelle de dynamite entre les mains de deux accusés du complot de Lyon, explosion qui a eu lieu en Belgique, a appelé l'attention sur les allées et venues des anarchistes, et sur l'existence de plusieurs sections organisées dans ce pays. Une des causes de leur puissance, qui compense leur petit nombre, réside dans cette facilité à opérer dans le monde entier et à déplacer d'un jour à l'autre leur base d'action, grâce aux voies de communication rapides et aux affiliés disséminés par petits groupes sur tous les points du monde.

Il y a depuis longtemps, à Londres, un centre, où les mazziniens, les nihilistes, les anarchistes se rencontrent et trouvent toute facilité pour conspirer. La loge *les Philadelphes*, du rite de Memphis, les reçoit et leur fournit toutes les ressources que la Maçonnerie, dans ses plus hauts grades, assure aux conspirateurs. Les anarchistes y publient un journal, la *Freiheit*, que ses apologies de l'assassinat du czar ont fait, chose si rare en Angleterre, condamner par un jury; mais le groupe n'en a pas moins continué à vivre en paix. C'est là qu'Hartmann a été accueilli solennellement après que la France a refusé son extradition à la Russie.

Aux États-Unis, il existe un foyer du même genre. Hartmann a été reçu, en août 1881, en triomphe à New-York, où il se rendait, comme il l'a dit lui-même, afin d'y organiser une double propagande : l'une dans un but *humanitaire*(!!!), pour aider le peuple russe à conquérir sa liberté ; l'autre auprès des travailleurs, dans le but d'affranchir les ouvriers russes au moyen des grèves. Après l'assassinat d'Alexandre II, plusieurs meetings se sont tenus à New-York, à Chicago, pour approuver le crime et protester contre l'exécution d'une femme qui y avait pris part, Jessa Helfmann.

« Les socialistes révolutionnaires d'Amérique, dit M. Winterer, envoyèrent un délégué au congrès qui siégea secrètement à Londres, du 13 au 20 juillet 1881, dans le but d'étudier et de réunir les moyens chimiques et physiques qui pourront être utiles à l'œuvre révolutionnaire. »

Enfin une assemblée, qui prit cyniquement le nom de *Conseil de la dynamite*, a tenu ses assises à Chicago. On y a délibéré publiquement sur les moyens de faire sauter des villes et des flottes. Le 29 décembre 1882, Most, le socialiste allemand, le rédacteur de la *Freiheit*, a présidé, dans la même ville, un meeting dans lequel le meurtre de tous les propriétaires et capitalistes a été acclamé par une bande d'énergumènes.

A la fin de février 1883, les journaux américains

signalent encore un conciliabule tenu à Philadelphie, sous la direction d'Hartmann et de Most, et avec le concours des anarchistes établis dans cette ville. Ils y ont, dit-on, concerté une action commune entre les socialistes allemands et les nihilistes russes.

L'*Alliance démocratique universelle* a profité de la situation agitée de l'Irlande pour y implanter une société secrète qui s'est livrée systématiquement à l'assassinat. Le *Révolté* de Genève, organe du parti anarchiste, a, au mois de mai dernier, publié sur cette société des détails qui indiquent les relations existant entre les deux foyers révolutionnaires.

L'*Alliance de la démocratie socialiste*, avons-nous dit, a étendu de puissantes ramifications dans tous les pays de l'Europe latine. C'est Bakounine qui, en 1873, avait excité le mouvement communaliste de Barcelone et de Carthagène.

Après quelques années d'un effacement commandé en mai 1873 par les chefs suprêmes des sociétés secrètes, ainsi qu'on l'a vu au chapitre XVIII, les attentats ont recommencé.

Le 25 octobre, Oliva Moncasi, qui se déclara *internationaliste*, tira un coup de pistolet sur le roi Alphonse XII. En 1881, lorsque le congrès ouvrier de Paris se préparait, un des mineurs espagnols écrivait, dans une lettre lue au congrès, qu'ils ne pouvaient s'y faire représenter, « *car nous sommes très occupés à la besogne de la Révolution.* »

C'est dans le sud de l'Espagne, dans le royaume de Valence, mais surtout dans l'Andalousie, que réside la principale force du parti. Par suite du régime agraire de cette dernière province, le socialisme est surtout répandu chez les ouvriers agricoles. Depuis la fin de 1878, des incendies avaient lieu fréquemment dans cette partie du pays, et l'on avait constaté une fois dix-huit incendies le même jour dans des districts assez éloignés. Le correspondant de Madrid du *Journal des Débats* (n° du 22 août 1881) n'hésitait pas à les attribuer à l'*Internationale*. Il signalait en même temps les excitations aux grèves faites par les agents socialistes, *qui recevaient leurs instructions de Londres et de Suisse.*

En février 1882, de nouveaux incendies ont amené la découverte de l'organisation anarchiste espagnole.

Elle prend le nom de *Société de la Main-Noire*. D'après le journal l'*Imparcial* de Madrid elle a son centre d'action à Xérès, Grazalema, Ubrique, Arcos et autres localités de l'Andalousie; mais les comités d'où part l'impulsion sont établis à Madrid et dans les grandes villes, et comptent parmi leurs membres des personnes appartenant aux classes élevées de la société. *Eux-mêmes reçoivent* la *haute direction de Genève.*

Plusieurs dépôts de dynamite, trouvés sur divers points de l'Andalousie, indiquent bien l'origine étrangère de cette association, quoique des circonstances locales aient favorisé sa diffusion.

Elle se divise en *fédérations provinciales* et *sections locales*.

On remarquera que ces statuts de la *Main-Noire*, saisis par la justice espagnole, sont comme la paraphrase des *statuts des frères internationaux.* L'origine du mouvement espagnol se trahit encore par ce fait relevé à l'instruction, que les chefs de la *Main-Noire* ont consacré plusieurs mariages *dits d'émancipation*, attestés seulement par la présence de quelques témoins, comme ceux des filles du F∴ Reclus.

Une des plus grandes erreurs pratiques, où l'on puisse tomber, est de croire que les divisions des sociétés secrètes ou des socialistes les réduisent à l'impuissance. Toujours ils se réunissent pour attaquer l'ordre social.

Ainsi, quelque rivalité qu'il y ait entre les partisans de Bakounine et ceux de Karl Marx, entre les divers groupes révolutionnaires, jacobins et socialistes, tous n'en ont pas moins applaudi à l'assassinat d'Alexandre II, comme ils l'avaient fait après l'attentat d'Hartmann.

Les membres du *Social democrat partei* allemand, ne pouvant se réunir en Allemagne, ont transporté leurs assises en Suisse. Ils se sont réunis du 20 au 23 avril dans les ruines de l'antique château de Wyden, canton de Zurich. Là, quoiqu'ils aient exclu de l'organisation du parti deux anarchistes, Hasselman et Most, ils ont émis un vote de sympathie pour les nihilistes russes. Le passage suivant de leur manifeste indique qu'entre eux et les anarchistes il y a identité sur le but à atteindre, sinon sur l'opportunité des moyens à employer :

« La démocratie socialiste d'Allemagne est persuadée que la Révolution, pour être victorieuse, doit être préparée d'avance. Elle considère comme le premier devoir de tout bon révolutionnaire de contribuer à répandre de plus en plus, par une propagande active, les idées socialistes parmi le peuple, — à rendre plus capables de se défendre et d'agir ceux qui doivent diriger le combat, — à organiser une discipline inflexible, à affaiblir l'adversaire et à parer ses coups. Nous devons nous tenir prêts avec toutes nos forces pour la commotion universelle qui renversera l'organisation actuelle du monde. Lorsque la marche irrésistible des évènements aura amené l'heure suprême, les socialistes sauront montrer qu'ils comprennent leur devoir ; ils n'abandonneront rien au hasard ; ils seront prêts ; ils iront au combat avec l'espoir bien fondé de vaincre . . . .

« Le congrès déclare avant tout que l'affranchissement de la classe ouvrière doit être l'œuvre commune des prolétaires de tous les pays. En face de l'alliance internationale de la réaction et du capitalisme, il faut absolument l'alliance internationale du prolétariat pour combattre les anciennes puissances d'oppression..... »

M. de Putkammer, ministre de l'empire allemand, a déclaré au Reichstag, en décembre 1882, que la police de Leipsig avait la preuve des relations existantes entre les socialistes de cette ville et les nihilistes étrangers.

Dans sa réponse, le député socialiste Von Vollmar, tout en niant le fait matériel de l'affiliation, a hautement exprimé *sa sympathie pour l'énergie et l'esprit de sacrifice des nihilistes russes.*

Il est malheureusement une haine commune qui réunit les socialistes de tous les pays : c'est le fanatisme antireligieux, la haine de Dieu.

Bebel a dit au Reichstag, étonné de son audace :

« Nous voulons en politique la République, en économie le socialisme, en religion l'athéisme. »

Hartmann, dans une lettre écrite de Londres, déclarait que, pour lui comme pour tous les nihilistes, toutes les religions étaient également à détruire.

C'est par des violences contre les églises et les religieux qu'ont débuté les crimes de Montceau-les-Mines, ainsi que la Commune de Paris.

Si le bon sens natif du français repousse instinctivement ce qu'il y a d'irréalisable dans le collectivisme et l'anarchisme, la passion socialiste trouve chez lui un accès d'autant plus redoutable qu'elle ne s'embarrasse pas d'un plan de reconstruction, et cherche tout de suite à détruire. Les éléments jacobins et socialistes sont inséparables chez nous.

Le jour où la violence des anarchistes aurait renversé l'organisation gouvernementale, on verrait apparaître, pour essayer de donner une forme à ce chaos, le redoutable collectivisme autoritaire de Karl Marx.

Les anarchistes dans l'Europe occidentale, comme les nihilistes en Russie, ne sont après tout qu'une poignée de sectaires. Leur audace s'explique par les défaillances qu'ils rencontrent dans les détenteurs du pouvoir et par d'anciennes complicités.

« Nous avons des partisans, a dit Bebel au Reichstag, là où vous ne le soupçonnez pas, là où la police ne pénètrera jamais. »

En France les chefs du grand complot républicain de 1873 avaient recherché le concours des hordes anarchistes. En 1882, nous avons vu les loges maçonniques de Paris couvrir de leur sympathie et de leur protection les accusés de Montceau-les-Mines.

Des comités nihilistes russes fonctionnent à Paris depuis plusieurs années.

Leur étroite liaison avec les révolutionnaires de l'occident, avec les nihilistes, s'est révélée par les incidents qui se sont produits à Paris, en mars 1880, lors de la demande formée par le gouvernement russe pour obtenir l'extradition d'Hartmann, l'auteur du complot qui, en septembre 1879, faillit faire sauter, près de Moscou, le train impérial.

A peine Hartmann a-t-il été arrêté à Paris, où il se cachait sous le faux nom de Mayer, sur la demande de l'ambassadeur de Russie, que les radicaux français se sont levés comme un seul homme. Un des chefs de la gauche dans la Chambre des députés, le F.˙. Engelhard, s'est constitué son avocat d'office, a exigé la faculté de communiquer avec lui et a rédigé un mémoire où il prétendait démontrer sa *non identité*. En même temps des menaces de mort étaient sans que la police inquiétât leurs auteurs, adressées par écrit au prince Orloff, ambassadeur de Russie, à l'avocat général Mourawief, envoyé à Paris par le gouvernement russe, des manifestations bruyantes d'étudiants et un concert unanime de la presse radicale réclamaient sa mise en liberté ; une interpellation de toutes les gauches se préparait même à la Chambre, menaçant de renverser le ministère. C'est alors que celui-ci, *sans attendre les nouveaux documents annoncés par l'ambassade russe pour établir l'identité d'Hartmann*, s'est empressé avec une hâte insolite d'adopter les conclusions du mémoire du F.˙. Engelhard. Il a refusé l'extradition d'Hartmann, sous le double prétexte que son identité n'était pas établie et que son attentat était un crime politique, et l'a fait conduire en sûreté en Angleterre.

Cet incident a démontré à la fois la dépendance dans laquelle en France le ministère se trouve vis-à-vis de la majorité maçonnique des Chambres, et la pression que les révolutionnaires les plus extrêmes exercent à leur tour sur cette majorité, composée cependant d'hommes inoffensifs personnellement pour la plupart.

Voici en effet le double manifeste qu'ont publié, à cette occasion deux des chefs de la démagogie :

Londres, le 1er mars 1880.

Félix Pyat à Garibaldi

« Mon vieil ami,

« Le dernier attentat contre le despote de tous les Russies confirme votre phrase légendaire :

« L'Internationale est le soleil de l'avenir. »

« Depuis le premier roi jusqu'au dernier président de république bourgeoise, tous doivent disparaître ou de gré ou de force.

« Unissez votre voix à celle des socialistes français pour protester contre l'extradition projetée de notre vaillant ami Hartmann.

« Le sol français doit être inviolable pour les proscrits qui, comme nous, veulent l'*action armée* pour établir la République universelle, démocratique et sociale.

« Je vous serre la main. Saluez votre charmante femme.

« Votre sincère ami,

« Félix Pyat. »

A cette belle épître qui prêche la disparition, de gré ou de force, de tous les souverains et présidents de république, Garibaldi devait répondre sur le même ton, pour ne pas rester en arrière ; il a même accentué et commenté l'apologie de l'assassinat.

« Caprera, 6 mars 1880.

« *Garibaldi à Félix Pyat*

« Mon cher Pyat,
« Vous êtes le héros populaire des barricades parisiennes. Merci pour votre affectueuse lettre, bien que j'eusse raison de me plaindre du long silence que vous avez gardé à mon égard.

« Hartmann est un vaillant jeune homme à qui tous les honnêtes gens doivent estime et reconnaissance. Le ministre Freycinet et le président Grévy ne souilleront point leur nom de républicains honnêtes par l'extradition d'un proscrit politique ; cela serait digne des hyènes de Versailles.

« *L'assassinat politique est le secret pour conduire à bon port la Révolution.* Les souverains appellent assassins les amis du peuple. Les vrais républicains, Agésilas Milano, Pietri, Orsini, Pianori, Monti et Tognetti ont été, dans leur temps, des assassins ; aujourd'hui, ce sont des martyrs, objets de la vénération du peuple.

« Hœdel, Nobiling, Moncasi, Passanante, Solovieff, Otero et Hartmann *sont les précurseurs du gouvernement de l'avenir, la république sociale.*

« L'assassin est le prêtre exécré qui assassina d'abord le progrès à l'aide du bûcher et assassine maintenant les consciences avec le mensonge.

« C'est le prêtre qu'on doit déporter en Sibérie et non les compagnons d'Hartmann.

« Je vous serre affectueusement la main. Saluez le brave Vallès.

« Toujours à vous,
« G. GARIBALDI. »

En Allemagne et en Autriche, la propagande secrète recrute souvent ses agents parmi les juifs. On a saisi parmi les papiers de l'agitateur juif Aaron Libermann, qui était l'un de ces agents, une lettre ainsi conçue :

« J'ai été fréquemment en rapport avec les juifs, et j'ai remarqué que leur soif de la richesse est telle, que pour l'amour de l'argent, ils sont prêts à tout livrer jusqu'à leur honneur et leur Dieu. Je me demande s'il vaut la peine de répandre parmi eux les idées socialistes. En Allemagne, on les voit encore s'intéresser à la politique ; mais en Russie, où il s'agit de sacrifier la fortune et la vie à une idée, on ne peut se servir d'eux. Les juifs peuvent être utiles pour les opérations clandestines et pour les communications, ils peuvent aussi procurer des passe-ports. Voilà les services qu'ils peuvent nous rendre, moyennant paiement. »

Les anarchistes, dans les procès qui leur ont été faits récemment, ont souvent parlé avec mépris de la Franc-maçonnerie, qui est justement à leurs yeux l'incarnation, soit de l'opportunisme, soit du jacobinisme bourgeois. Mais l'un des plus intelligents, Bordat, dans la défense qu'il a présentée au tribunal correctionnel de Lyon, a indiqué le point par lequel la Franc-maçonnerie et l'anarchisme se rejoignent : « *Nous sommes d'accord sur un seul point, l'abolition de la religion; nous suivons l'exemple de celui qui a dit : « Le cléricalisme, voilà l'ennemi !* »

Les insurgés de Montceau-les-Mines, quand ils ont saccagé l'église, se sont livrés sur les hosties consacrées à d'odieuses profanations, qui rappellent celles pratiquées systématiquement dans certains groupes, où le sacrilège s'unit à la débauche, comme la manifestation extrême du satanisme, ce fonds commun de toutes les sociétés secrètes.

C'est le trait caractéristique du socialisme italien. Ses organes actuels *Il Satana* de Noto (Sicile), le *Gesu-Christo* de Turin, le *Scamiccato* (le *Sans-Chemise*) de Reggio, sont avant tout des journaux de blasphèmes abominables et d'horrible impiété, comme l'*Ateo* proclamant Satan pour chef. Mais ils ne font que faire écho aux feuilles gouvernementales, le *Corriere della sera*, par exemple, qui, dans un numéro du 24 janvier 1883, écrit ceci : « La papauté est notre « éternel ennemi. La détruire, c'est consolider l'édi- « fice de notre patrie. »

Arrivé à ce point, nous ne pouvons mieux conclure que par ces profondes paroles de M. Winterer : « Rien n'est plus inexplicable que l'aveuglement du libéralisme impie, qui blasphème avec le socialisme, qui poursuit par sa presse la ruine de la foi dans l'âme du peuple, et qui s'imagine qu'au jour des fureurs révolutionnaires le peuple sans Dieu passera devant les coffre-forts libéraux, parce qu'on lui aura livré les tabernacles. On permet volontiers que les congrès ouvriers demandent et votent l'école sans Dieu, pourvu que dans les résolutions de ces congrès on ne parle pas de collectivisme. Calcul odieux autant qu'insensé ! Ce prolétaire qui nie Dieu, qui n'a plus les espérances d'une vie future, qui ne croit qu'à la matière et à la jouissance, sera-t-il satisfait à la vue des débris du tabernacle ? Ah ! quelle idée vous faites-vous de l'homme qui n'a ni foyer, ni part déterminée aux biens de la terre, ni espérances éternelles? Nous avons eu souvent le cœur navré en voyant comme tout ce qui attache les hommes à la société a peu d'action sur le prolétaire irréligieux, comment il est insensible à la considération de ceux qui l'entourent, comment il émigre sans regret et renonce à sa patrie, comment enfin il abandonne sa famille pour se livrer au vagabondage.

« L'irréligion a eu des conséquences antisociales nécessaires dans tous les rangs de la société. En haut, elle a enlevé tout frein à la soif de jouissance et à la convoitise; elle a été la cause première des abus et des exploitations inhumaines du capital. En bas, elle a été la source principale de toutes les haines dont le socialisme est l'expression. Enlevez Dieu et la vie future, l'homme sans Dieu se trouve placé avec ses passions en face de la vie mortelle, avec l'inégalité des conditions et l'inégalité de la jouissance. Cet homme demandera au banquet de la vie la part que réclament ses passions. Il rencontrera les barrières qu'oppose à ces passions la société actuelle basée sur la foi en Dieu et en la vie future; il s'arrêtera contre l'obstacle, et la haine sociale, avec les haines qui l'accompagnent, entrera dans son âme (1). »

(1) *Le Socialisme contemporain*, 1 vol. in-8°, Paris, Palmé, éditeur.

CHAPITRE XXII

LA FAIBLESSE DES SOCIÉTÉS SECRÈTES.

Dans ce résumé du grand ouvrage du P. Deschamps, nous avons retracé l'action malfaisante de la Franc-maçonnerie à travers le monde. Nous nous sommes efforcé de mettre en lumière les ténébreuses intrigues, le but sacrilège et criminel de cette secte, qui a été la pépinière de toutes les sociétés secrètes.

On peut dire de la Franc-maçonnerie qu'elle est la synthèse des sociétés secrètes, de même qu'on a pu prétendre, avec raison, que la Révolution était l'hérésie totale.

La Maçonnerie est la Révolution à l'état actif et vivant ; on doit donc lui appliquer le mot de l'illustre J. de Maistre : La Révolution est satanique !

Oui, la Franc-maçonnerie est satanique, et si son règne venait jamais à se réaliser pleinement, ce serait celui de l'Antechrist, annoncé comme l'essai de revanche passager et impuissant de l'antique ennemi vaincu par la croix du Calvaire. Mais sous les apparences de sa force momentanée, un œil perspicace distingue les symptômes et les causes d'une irrémédiable faiblesse.

Elle porte en elle le germe de sa défaite. Elle a réussi, à l'aide de son organisation occulte, et en faisant appel aux passions mauvaises, à recruter des adhérents ; mais la logique du mal pousse ces adhérents au delà des limites que la prudence de la bourgeoisie révolutionnaire croit avoir tracées, et c'est ainsi que les sectes, sorties des loges, s'unissent à elle dans la lutte impie contre l'Église, mais les taxent de modérantisme et les combattent, dès qu'une victoire de quelques jours met aux prises les appétits de domination qui sont au fond de ces prétendues revendications de la liberté des peuples. Les sectes sont vouées à une impuissance absolue comme résultat final ; à travers leurs contradictions, leurs dissensions intestines, elles sont condamnées à une uniformité qui n'est que l'enchaînement fatal de l'erreur et qui les force à tourner dans le même cercle. Elles sont marquées des *signes de la bête*, et portent le déshonorant stigmate de *l'idée satanique*, transmise dans tous les âges avec une caractéristique tenacité.

Les doctrines de la Franc-maçonnerie et des sectes sorties de son sein, ou qui se sont rattachées à elle, ne renferment aucun principe capable de permettre à une société de vivre. Elles oscillent sans cesse entre l'anarchie, la liberté et l'égalité des bêtes dans la forêt, et le plus monstrueux despotisme de l'État ou de la collectivité. Ces idées ont été cent fois mises à l'épreuve ; elles ont toujours échoué devant la réprobation de l'humanité outragée dans ses plus nobles instincts, ses intérêts les plus élevés et ses besoins les plus essentiels ; devant les réactions salutaires et spontanées de l'ordre naturel des sociétés, dont les lois ont été établies par le Créateur lui-même.

Un homme politique éminent, M. Fresneau, exprimait heureusement cette pensée en ce qui touche l'ordre politique :

« La secte pousse en avant, il faut suivre. Ainsi le veut la hiérarchie par la constitution même de la loge, l'antichristianisme habite au sommet. Plus on est avancé en grade, plus on est haut placé, plus on devient apte à devenir ministre. La force de la logique fait que les plus intolérants et les plus fanatiques mènent les autres, et l'organisation même de la secte exige qu'il en soit ainsi. L'obéissance serait volontiers débonnaire. Le commandement est nécessairement impie.

« Et c'est là ce qui, malgré toutes les hypocrisies, tous les mensonges, toutes les pasquinades, tous les escamotages de nos gouvernants, les obligera tôt ou tard à descendre du pouvoir, — et Dieu veuille que ce soit plus tôt que plus tard, — et les perdra. La cohésion de la faction et sa prospérité momentanée tiennent uniquement à l'absence de toute idée. On aurait du malheur si l'on ne heurtait contre quoi que ce soit dans le vide.

« De l'ordre temporel, dont elle ne sait rien, où elle ne peut rien, n'a de connaissances sur rien, elle s'est réfugiée dans l'ordre spirituel, où, en luttant à qui jettera le plus loin la pierre à Dieu, elle se trouve tout naturellement dispensée de faire ses preuves dans l'art de rendre l'État heureux et prospère. Là, dans la nécessité de s'abstenir de trop grosses violences contre lesquelles les frères eux-mêmes de bas étage murmureraient, et devant lesquelles l'opinion se révolterait, on choisit quelque mesure bien infectée de venin maçonnique, quoique anodine en apparence, et on en fait le critérium de la docilité jurée. Puis on apporte ce chef-d'œuvre politique au parti tout entier, et on groupe autour de cet objet d'art, deux fois, trois fois, dix fois, toujours par le même procédé, une majorité suffisante ; après quoi, l'on recommence, sans s'apercevoir que le public a éventé le secret de cette monotone comédie et s'en fatigue.

« Principe et mécanisme ne soutiennent pas le premier regard de la raison et sont en contradiction manifeste avec les besoins et les aspirations de la nation française. Regardez comment on naît, comment l'on meurt, de quoi l'on vit en France et en Europe, et vous verrez que, plus encore que l'Europe, la France, non par ses lois, mais par ses mœurs, sa littérature, ses actes, toute sa civilisation, est une nation chrétienne. Soutenir que dans une société qui a une religion, l'État n'en doit point avoir, ou bien encore que la France actuelle a une grande propension à brûler les gens pour les retenir dans le culte dominant ou les y faire rentrer ; ce sont là des thèses de fantaisie entièrement distinctes de ce point de fait, à savoir, que sur cent Français, quatre-vingt-dix-neuf naissent, meurent chrétiens et vivent de Christianisme sciemment, ou à leur insu, depuis leur berceau jusqu'à leur tombe (1). »

---

(1) *La Revue trimestrielle*, année 1880.

Il est frappant de constater qu'un mouvement de répulsion pour la Franc-maçonnerie se produit aussi dans les pays protestants, même dans ceux où les loges n'ont pas le caractère avancé qu'elles ont en France ou en Belgique.

Aux États-Unis, une association destinée à combattre la Franc-maçonnerie existe depuis longtemps et gagne aujourd'hui visiblement du terrain dans l'opinion. Sous le nom de *Christian national party*, elle multiplie les conférences, répand des publications populaires et s'adresse au grand public en présentant des candidats aux élections. Elle est composée exclusivement de protestants et est même animée de préjugés contre le Catholicisme, qui tiennent à une ignorance absolue chez ses membres des dogmes et des principes de morale enseignés par l'Église, car leur bonne foi et la sincérité de leurs sentiments chrétiens sont incontestables.

Le *Christian national party* attaque d'abord la Franc-maçonnerie comme détruisant dans le pays le Christianisme pratique et positif, en lui substituant un déisme vague, en sorte que « le plus mauvais chrétien peut être le meilleur maçon ».

Mais il la combat aussi comme corrompant et viciant le jeu normal des institutions républicaines. Dans une grande convention, tenue à Washington le 19 décembre 1883, le général J. W. Phelps a développé cet ordre d'idées en termes d'une remarquable élévation :

« Le contrôle que les loges exercent sur le vote populaire et l'éducation qu'elles répandent dans le peuple ne sont en accord ni avec la constitution des États-Unis, ni avec la religion sur laquelle la constitution est fondée. Ce secret contrôle est en réalité le gouvernement du pays. Il dispose des emplois publics et dirige les destinées nationales. Mais il manque du premier élément d'un gouvernement républicain, à savoir la responsabilité des gens en place. Quand le pouvoir gouvernant opère dans le secret et le mystère, il ne peut pas y avoir de vraie responsabilité. La loge est une oligarchie du plus mauvais caractère : elle fait arriver aux pouvoir les pires individus choisis dans un cercle restreint de dépravation politique…………

« Sous l'administration que la Franc-maçonnerie a donnée au pays, les institutions, la pensée, le sentiment américain ont dégénéré. Il n'y a rien dans la Franc-maçonnerie qui puisse neutraliser l'esprit de parti : elle le développe plutôt. Là où elle domine, comme chez nous actuellement, il ne peut pas se produire de véritables hommes d'État. Car ici comme en Amérique, derrière les partis, règne l'organisation secrète des loges, qui n'est qu'un sarcasme impie jeté sur la dignité de la nature humaine, un pouvoir occulte, ténébreux, sans scrupules, qui, loin d'appuyer des hommes publics, dignes de ce nom, aboutit à faire commettre dans la vie politique les plus viles et les plus ruineuses infamies. »

Un état de choses semblable existe en Suisse. Tout se fait dans les assemblées publiques par la direction secrète de la Franc-maçonnerie. C'est un fait tellement connu qu'en 1883, dans le conseil national, quelques membres indépendants ont hautement protesté contre ces influences occultes, qui réduisent les corps constitués de l'État à être de pures marionnettes.

La même année, il s'est fondé dans le canton protestant de Schaffouse une ligue du bien public, qui se propose d'ouvrir les yeux au peuple sur la domination secrète des loges et qui poursuit l'exclusion des francs-maçons de toutes les fonctions publiques.

Le domaine des relations privées n'en est pas moins altéré. Au point de vue social, l'existence d'une association secrète, qui favorise exclusivement ses membres, indépendamment des relations de famille, de voisinage, de lien professionnel, de nationalité, est contraire au bien général.

En Angleterre et en Amérique, il y a un rite maçonnique, appelé la Maçonnerie de marque, où l'on prête ce serment :

« Je jure que j'assisterai mon frère *Secret Monitor* de préférence à toute autre personne, en lui facilitant ses affaires, en lui envoyant des pratiques et de toutes les manières où je pourrai lui faire gagner jusqu'à un penny. Je jure d'avoir toujours ce serment présent à ma mémoire. Je m'engage solennellement à cela, sous peine d'avoir le cœur percé par le poignard d'un ennemi et de rester sans ami au jour du danger. Qu'ainsi Dieu me soit en aide ! »

Ce serment a une efficacité considérable, surtout quand il s'agit de permettre à un frère de profiter des deniers publics. Quoique dans les loges ordinaires on ne dise pas les choses si brutalement, la Maçonnerie n'en est pas moins essentiellement une *société d'appui mutuel*. Les vraies relations sociales sont ainsi troublées et corrompues.

De tels abus doivent provoquer une réaction inévitable.

Il en est de même dans le cercle de la vie de famille. La vie domestique, la fidélité conjugale, l'autorité paternelle, sont directement attaqués par les principes maçonniques. Mais si Jésus-Christ a élevé le mariage à la dignité de sacrement, l'institution de la famille n'en répond pas moins à des nécessités de l'ordre naturel, telles qu'un bon nombre de *frères* seront toujours inconséquents avec les doctrines de la loge et réagiront contre leur application dans leur foyer domestique, là où elle touche directement à leurs intérêts.

C'est surtout dans la *question ouvrière* que l'impuissance radicale de la Maçonnerie éclate.

C'est elle qui par ses excitations a créé depuis un siècle le conflit social. Le Communisme et l'Anarchisme sont en puissance dans tous ses rites. Les chefs suprêmes des loges sont en étroite communauté de pensées et de but avec les directeurs du Nihilisme, de l'Internationale, de l'Anarchisme, pour détruire à fond l'Église et bouleverser la société issue du Christianisme.

Mais sur le terrain pratique l'antagonisme s'accentue tous les jours davantage entre les deux armées, et cela malgré les chefs, par le fait même du principe de contradiction qui est à la base de la secte.

Les loges essaient vainement, les unes de propager le socialisme d'État, les autres de faire des conférences d'économie politique libérale ; mais les *compagnons* anarchistes se défient profondément des francs-maçons dans lesquels ils voient des *bourgeois*.

Écoutez plutôt ce qu'écrivait, le 8 décembre 1883, le journal l'*Émeute* de Lyon :

« Sait-on que parmi ces hommes hors la loi, les voleurs enfin, sait-on qu'on peut compter plusieurs centaines de mille auxiliaires, qui ont comme nous la société en horreur ? Eh bien ! puisque le bourgeoisisme a nettement déclaré la guerre aux anarchistes, puisqu'il nous a déjà fait des prisonniers, éclairci nos rangs, nous croyons qu'il est temps de renforcer nos bataillons avec tous les éléments qui épouseront nos haines. Du reste, *les filles et les escarpes ne sont que des individus en révolte contre la société !* Eh bien ! est-ce que nous sommes autre chose, nous ? Que les *puritains* se voilent la face s'ils le veulent ; mais voilà notre sentiment : oui, cette alliance nous paraît utile et profitable. Les voleurs sont des ennemis de la propriété ; et nous donc ? Les filles seront de puissants auxiliaires ; elles iront chercher les fils de famille jusque dans le giron de leur mère pour les pousser au vice, au crime même ; elles se feront servantes des filles des bourgeois pour pouvoir leur inculquer les passions honteuses et être à même d'ouvrir leur chambre à des amants pleins de convoitises ; en un mot, elles feront des enfants des riches des êtres dignes du mépris, se roulant dans toutes les prostitutions, tombés plus bas même que celles que leurs pères auront perdues. Il est encore une autre besogne utile qui incombera à ces auxiliaires femmes, au milieu de ces familles ennemies ; mais nous n'en dirons rien, et pour cause. Telle pourra être l'œuvre des femmes attachées à la Révolution. »

Ainsi, par une terrible loi du talion, les anarchistes se préparent à employer contre les bourgeois francs-maçons les armes empoisonnées que les illuminés, la Vente-Romaine et certaines loges d'adoption avaient, au siècle dernier et dans la première moitié de celui-ci, maniées dans l'ombre contre les hautes classes de la société !

Les chefs auront beau faire : ils sont débordés. Ils ne pourront plus faire coopérer au but politique et antichrétien des loges les formidables passions sociales qu'ils ont déchaînées.

Étrange ironie des choses, ou plutôt providentiel jugement de Dieu !

C'est au F∴ Jules Ferry, et aux préfets et magistrats qui ont expulsé les congrégations religieuse qu'incombe la tâche de lutter contre l'anarchisme.

A l'un d'eux, qui devant la Cour d'assises reprochait à Cyvoct l'emploi de la dynamite, le jeune anarchiste répondait :

« Si vous aviez eu la dynamite en 1789, c'est avec ça que vous auriez détruit la Bastille ! »

Voilà la grande faiblesse de la Maçonnerie et de toutes les sociétés secrètes.

Après les grandes catastrophes sociales, où l'orgie du pouvoir maçonnique à laquelle nous assistons jettera la société, nous pouvons entrevoir le moment où la Maçonnerie se trouvera affaissée, désorganisée, sans force, comme elle l'a été en 1814, en 1815, en 1873 !

La discussion publique à laquelle sont soumises aujourd'hui ses menées, la lumière qui commence à être projetée abondamment sur elle, malgré les efforts qu'elle fait pour cacher certaines manœuvres, rendront encore plus irrésistible la réaction de l'opinion contre elle.

Puissent les gens de bien profiter des fautes commises et ne pas refaire la puissance maçonnique en laissant passer l'heure de Dieu par leurs rivalités, leurs indécisions et leurs mesquines préventions.

Les hommes de bien doivent défendre de toute leur énergie et avec confiance l'ordre social que Dieu lui-même a établi, et l'Église qu'il a fondée par son sang. La foi, le patriotisme, l'amour de la famille, le bon sens le leur commandent. Que dans cette sainte mission ils ne se découragent point, et que, surtout dans notre France si tourmentée par la Révolution, les catholiques ne se laissent pas aller au désespoir, car la France n'a pas été remplacée dans sa tâche providentielle ; elle a souffert avec sa mère persécutée, elle connaîtra bientôt avec elle les jours du triomphe.

Le Christ a promis d'assister son Eglise jusqu'à la consommation des siècles, et si Dieu est avec nous, qu'avons-nous à craindre des puissances mêmes de l'enfer ? Nous sommes les soldats de l'ordre et de la vérité, de cet ordre hors duquel aucune nation ne peut vivre, de cette indéfectible vérité qui relie la terre au ciel, et qui est le guide infaillible de la conscience humaine.

Mais ce n'est pas assez de combattre individuellement, il faut, dans la presse ou à la tribune, dans les actes de notre vie publique comme dans ceux de notre vie privée, chacun selon sa situation et ses forces, travailler à la restauration du règne public de N. S. Jésus-Christ. A la parole impie : Le cléricalisme voilà l'ennemi ! répondons par ce cri jeté à tous les échos du monde catholique: La Révolution, voilà l'ennemie!

La longue série des succès de la secte depuis un siècle ne doit pas nous déconcerter. Quand on étudie l'histoire au point de vue élevé où se place Mgr Gay dans sa magnifique lettre doctrinale sur l'ouvrage du P. Deschamps, on voit que l'Église a traversé des épreuves aussi redoutables et soutenu des luttes aussi longues.

En plein moyen-âge, au milieu des siècles chrétiens,

au XIIe siècle, il se forma une redoutable coalition des sectes les plus diverses. L'antique manichéisme se réveilla dans la Lombardie et le sud de la France : il trouva des alliés dans le scepticisime que les riches bourgeois des villes du midi avaient puisé au contact des Arabes, dans la brutalité sensuelle des Templiers, dans la convoitise des biens de l'Église qui existait chez la noblesse, dans le faux zèle et l'austérité orgueilleuse des Vaudois. Une puissante société secrète répandit la contagion dans l'Allemagne, dans le nord de la France, et toucha même l'Angleterre. Le monde chrétien sembla sur le point de succomber. Les plus grands saints du XIIe siècle, St Bernard, notamment, luttèrent contre le mal sans succès apparent.

Mais après un siècle d'épreuves, quand tout semblait désespéré, un grand pape, Innocent III, et deux princes pieux, Louis VIII Cœur-de-Lion et Simon de Montfort, triomphèrent du mal, et leur victoire fut l'aurore du grand siècle chrétien où brille la radieuse figure de St Louis.

TABLE

	Pages
Encyclique de N. S. P. le Pape Léon XIII.........	I
Avertissement des éditeurs.......................	
CHAPITRE Ier. — Le problème de la Révolution...	1
— II. — Des caractères particuliers de l'action maçonnique suivant les temps et les pays...............	19
— III. — Les luttes de l'Église, la Maçonnerie et le Judaïsme.............	32
— IV. — L'organisation de la Maçonnerie..	42
— V. — Le secret de la Maçonnerie et le but dernier des sectes...........	51
— VI. — L'armée des Sociétés secrètes.....	62
— VII. — La légende et les rituels maçonniques ; les grades d'apprenti, de compagnon et de maître.......	82
— VIII. — Les grades de Rose-Croix et le chevalier Kadosch.............	105
— VIII bis. — L'athéisme et le positivisme dans la Maçonnerie.................	137
— IX. — La propagation de la Franc-maçonnerie au XVIIIe siècle.....	159
— X. — Les philosophes, les encyclopédistes et la destruction des jésuites.	176
— XI. — La révolution de 1789	190

		Pages
Chapitre XII.	— La dictature napoléonienne et l'œuvre maçonnique............	218
— XIII.	— Les Sociétés secrètes de 1814 à 1848.......................	246
— XIV.	— Mazzini et l'explosion de 1848...	272
— XV.	— Le second Empire et la destruction du pouvoir temporel du Pape....	290
— XVI.	— L'unification de l'Allemagne......	342
— XVII.	— Le travail intérieur de la Maçonnerie de 1852 à 1870..........	363
— XVIII.	— La République et le gouvernement maçonnique..................	389
— XIX.	— Les loges et la persécution religieuse......................	422
— XX.	— La République sociale universelle.	449
— XXI.	— Les Nihilistes et les Anarchistes..	463
— XXII.	— La faiblesse des Sociétés secrètes.	496

Avignon. — Imprimerie SEGUIN frères.